# International Finance

# 国际金融

冯志勇◎主　编
赵燕妮◎副主编

中国经济出版社
CHINA ECONOMIC PUBLISHING HOUSE
北京

**图书在版编目（CIP）数据**

国际金融／冯志勇主编；赵燕妮副主编. —北京：
中国经济出版社，2023.8（2025.4 重印）
ISBN 978-7-5136-7431-7

Ⅰ.①国… Ⅱ.①冯… ②赵… Ⅲ.①国际金融
Ⅳ.①F831

**中国国家版本馆 CIP 数据核字（2023）第 159777 号**

责任编辑　张利影
责任印制　李　伟
封面设计　久品轩

**出版发行**　中国经济出版社
**印 刷 者**　北京艾普海德印刷有限公司
**经 销 者**　各地新华书店
**开　　本**　710mm×1000mm　1/16
**印　　张**　25.75
**字　　数**　380 千字
**版　　次**　2023 年 8 月第 1 版
**印　　次**　2025 年 4 月第 2 次
**定　　价**　89.00 元
**广告经营许可证**　京西工商广字第 8179 号

**中国经济出版社** **网址** www.economyph.com **社址** 北京市东城区安定门外大街 58 号 **邮编** 100011
本版图书如存在印装质量问题，请与本社销售中心联系调换（联系电话：010-57512564）

# 前　言

在现代经济和金融日益全球化、资本及其他要素流动日益自由化的背景下，国际金融领域正经历着一个高速发展时期，国际金融领域的新问题、新现象层出不穷，使得国际金融学的内容发生了或正在发生着重大变化。中国作为经济快速增长的发展中大国，融入国际经济、金融体系的程度日益加深，迫切需要大量适应金融现代化、市场化、国际化发展趋势的国际金融人才，这对国际金融学的教学提出了越来越高的要求。因此，我们在多年教学和实践经验的基础上，结合当前国际金融领域的最新研究成果和实践动态，对国际金融的相关理论与研究方法进行了梳理，将全书分为十个章节。

第一章至第四章为国际金融理论阐述部分，对国际收支、汇率、外汇市场和外汇风险、国际储备进行概述，并介绍了主要的外汇市场交易以及对外汇风险的管理，为后文进一步研究国际金融问题做准备。

第五章至第八章在对国际金融理论进行阐述的基础上，结合当前阶段国际金融的发展，系统介绍了国际金融市场和机构的构成、特点以及国际货币体系的演变，分析了国际资本流动规律和国际债务的管理问题。

第九章至第十章主要研究开放经济条件下的宏观经济政策及政策的国际协调，其内容主要涉及一国在开放经济条件下宏观经济政策的实施以及不同国家之间的宏观政策协调等问题，旨在让学生理解政府宏观经济决策与汇率制度选择的依据及制约因素，提高政策分析能力。

本书第一章由徐曼芸编写，第二章由秦嘉颖编写，第三章由蔡沐言编写，第四章由李凯编写，第五章由周易编写，第六章由郭春晓编写，第七章由蒋晨曦、李盼编写，第八章由邢晋嘉编写，第九章、第十章由冯志勇、赵燕妮编写。全书由冯志勇构思、统稿，并负责总纂、校对和定稿。

全书在设计上遵循重点突出、结构合理、体系完整的编写逻辑，注重学生对国际金融学的理论体系构建以及相关的实践应用。本书从国际金融的理论出发，同时兼顾科学性和前瞻性，反映了学科前沿和国际金融领域的最新发展，较全面地介绍了相关内容。本书易于理解、便于教学，具有广泛的适应性，既可作为高等院校财经类高年级本科生的专业课教材，也可作为研究生的专业教材。

**冯志勇**

**2023 年春**

# 目 录


第一章 国际收支 …… 1

第一节 外汇与汇率 …… 1

第二节 国际收支概述 …… 10

第三节 国际收支平衡表 …… 14

第四节 国际收支的调节 …… 33

第五节 西方国际收支理论 …… 42

第二章 汇率 …… 71

第一节 汇率形成机制 …… 71

第二节 汇率的变动 …… 74

第三节 汇率制度 …… 88

第四节 外汇管制 …… 98

第五节 西方汇率理论 …… 111

第三章 外汇市场和外汇风险 …… 132

第一节 外汇市场概述 …… 132

第二节 主要的外汇交易 …… 142

第三节 外汇风险及其管理 …… 157

第四章 国际储备 …… 177

第一节 国际储备的概念、构成和作用 …… 177

第二节 国际储备的管理 …… 189

第五章 国际金融市场 …… 198

第一节 国际金融市场概述 …… 198

第二节 国际金融市场的构成 …… 208

第三节 欧洲货币市场 …… 215

第四节　亚洲货币市场 …… 227
第五节　国际金融创新 …… 231
**第六章　国际资本流动 …… 261**
第一节　国际资本流动概述 …… 261
第二节　国际资本流动的原因和影响 …… 266
第三节　国际债务和外债管理问题 …… 271
**第七章　国际货币体系 …… 281**
第一节　国际货币体系的概述 …… 281
第二节　现行的国际货币体系 …… 292
第三节　国际金融一体化 …… 300
**第八章　国际金融机构 …… 321**
第一节　国际货币基金组织 …… 322
第二节　世界银行集团 …… 330
第三节　国际清算银行 …… 338
第四节　亚洲开发银行 …… 341
第五节　亚洲投资银行 …… 344
**第九章　开放经济条件下的宏观经济政策 …… 348**
第一节　开放经济条件下的宏观经济政策目标 …… 348
第二节　开放经济条件下的政策工具与调控原理 …… 355
第三节　开放经济条件下的货币政策、财政政策 …… 361
**第十章　政策的国际协调 …… 381**
第一节　开放经济条件下的相互依存 …… 381
第二节　国际政策协调的基本概念及方案简介 …… 391
**参考文献 …… 402**

# 第一章　国际收支

国际收支涉及国与国之间经济、政治、文化等各方面往来活动，在国际金融中，国际收支涵盖了外汇（Foreign Exchange）、汇率（Exchange Rate）、国际金融市场及国际货币体系等知识内容，是一项基本且重要的内容。国际收支平衡表反映了一国对外经济的往来记录，能较好地帮助我们梳理国际金融的学科脉络，因此本书将国际收支放在第一章，作为研究国际金融学的基础步骤。

## 第一节　外汇与汇率

任何一个国家对外经济贸易都离不开外汇，外汇是一个国家国际储备的重要组成部分，也是清偿国际债务的主要支付手段。因此，本节对外汇与汇率的概念、作用及相关应用做简要介绍，具体内容将在相应章节讨论。

### 一、外汇

#### （一）外汇的概念

外汇是国际汇兑的简称，起源于外币兑换和国际汇兑行为。用法国学者盖伊丹·皮诺（Gaetan Pirou）的话来说，“国际主义的贸易与国家主义的货币”的共存产生了外汇。一国的对外经济交易，必然产生货币收付，由于没有统一的世界货币，各国货币制度又各不相同，一国货币不能在他国流通使用，国际上货币收付要经过本币与外币的兑换、国际汇款、记账存放等一系列活动。

1. 广义的外汇定义

在各国的外汇管理制度中，外汇的概念有所扩展，这是从管理的角度来规定外汇的内容的。如我国1996年1月颁布并于同年4月1日实施的《中华人民共和国外汇管理条例》第一章第三条规定，外汇是指以外币表示的可以用作国际清偿的支付手段和资产。此条例颁布实施不到三年的时间，现实情况就发生了变化，但对此条例没有进行修订，直到2008年8月1日国务院第二十次常务会议才修订通过，并自公布之日起施行。修订后的外汇包括：①外币现钞，包括纸币、铸币；②外币支付凭证或者支付工具，包括票据、银行存款凭证、银行卡等；③外币有价证券，包括债券、股票等；④特别提款权；⑤其他外汇资产。管理条例中的外汇不仅包括外国货币和以外币表示的支付工具，还包括不能直接用于国际支付结算的有价证券和其他外汇资产。因此，这是从广义的角度对外汇下的定义，泛指一切以外币表示的金融资产。

2. 狭义的外汇定义

外汇的静态概念为用于国际汇兑活动的支付手段和工具，其包括以外币表示的各种债权凭证，如在国外银行的存款凭证、汇票、本票、支票和银行卡等索取对象为银行存款的工具。在上述含义上的外汇具有以下特点：①外汇必须是以外币表示的国外货币资产；②外汇必须是能在国外得到偿付的货币债权；③外汇必须是可以自由兑换成其他支付手段的外币资产。

3. 国际货币基金组织（IMF）对于外汇的定义

IMF为了统一衡量各成员国国际收支记载的外汇收支及储备情况，对外汇做了如下解释：外汇是货币行政当局（中央银行、货币机构、外汇平准基金组织和财政部）以银行存款、财政部库券、长短期政府债券等形式保有的在国际收支出现逆差时可以使用的债权。

### （二）外汇的主要特征

1. 外币性

外币性，即外汇必须用外国货币来表示，这是外汇的基本特点。

2. 自由兑换性

一种货币要成为外汇，必须能自由兑换成其他货币或以其他货币表示的金融资产。

3. 普遍接受性和可偿付性

普遍接受性，即一种货币要成为外汇，除了能自由兑换外，还必须被各国普遍接受和运用；可偿付性，即这种外币资产能够保证得到偿付。

（三）外汇的作用

随着各国经济、政治、文化各方面交往关系的扩大和发展，外汇的作用日益显著，主要表现在以下几个方面。

第一，外汇是各国用来清偿国际债权债务的重要工具。用外汇清偿国际债权债务，不仅可以节省运送现金的费用，避免风险；还可以充分利用现代电子通信技术，缩短支付时间，加速资金周转。

第二，外汇能扩大国际信贷范围。外汇本身也是一种信用工具，利用这种信用工具可以使进出口商之间授受信用，扩大资金融通的范围和规模，从而促进国际贸易发展。

第三，利用外汇能实现购买力的国际转移。由于各国货币制度不同，一国货币不能在他国流通，不同国家的购买力不能转移。而外汇是以一国货币兑换成他国货币作为支付手段的，因此它能实现购买力的国际转移。

## 二、汇率

（一）汇率的概念

汇率也称为“汇价”“外汇牌价”或“外汇行市”，是指两种不同货币的兑换比率，或者说是以一国货币表示的另一国货币的价格。国际政治、经济、文化往来引起的债权债务关系，都要在有关国家之间办理国际结算，这种结算会涉及各种货币。只要结算不使用同一种货币，两种货币间就必须有一个兑换比率；在市场上进行的外汇买卖，也需要用这种比率来表示两种不同货币的价格。

### （二）汇率的标价方法

确定两种不同货币之间的比价，首先要确定用哪个国家的货币作为单位标准，用哪种货币表示其价格。这种标出汇率的方法叫作“汇率的标价法”。按照确定的标准不同，标价法分为直接标价法和间接标价法两大类别。世界上绝大多数国家都采用直接标价法。由于美元在国际支付和国际储备中的重要地位，为了与国际外汇市场上对美元的标价一致，除对英镑等少数货币继续使用直接标价法（Direct Quotation）外，对其他货币一律改用间接标价法（Indirect Quotation）公布汇率。

1. 直接标价法

直接标价法又称为“应付标价法”（Giving Quotation），是以一定单位（1个或100个、10000个等）的外国货币作为标准，折算为若干数额的本国货币来表示其汇率。在直接标价法下，汇率值越大，表示外币的价格越高，本币的价格越低；反之亦然。如人民币兑美元汇率。

月初：USD1＝CNY6.3665

月末：USD1＝CNY6.5660

说明人民币兑美元贬值，美元兑人民币升值。

2. 间接标价法

间接标价法又称为“应收标价法”（Receiving Quotation），是以一定单位的本国货币为标准，折算为若干数额的外国货币来表示其汇率。在间接标价法下，汇率值越大，表示外币的价格越低，本币的价格越高；反之亦然。如伦敦外汇市场汇率。

月初：GBP1＝USD1.2115

月末：GBP1＝USD1.2210

说明美元汇率下降，英镑汇率上升。

3. 美元标价法

除了上述两种标价方法外，在国际外汇市场上还使用美元标价法（US Dollar Quotation）。所谓美元标价法，是指将一定单位的美元折合成若干单位的各国货币来表示各国货币汇率的方法。第二次世界大战以后，由于纽约外汇市场交易量的迅速扩大以及美元的国际货币地位的确定，为便于在国际上进行外汇交易，银行间的报价都以美元为标准来表示各国货币的价格，这不仅可以简化报价程序，还可以广泛地比较各种货币的价格。例如，瑞士苏黎世一客户向德国某银行询问汇率，该银行的报价，不是直接报瑞士法郎兑欧元的汇率，而是报美元兑各国货币的汇率：

USD1 = CHF1.3240

EUR1 = USD1.0630

USD1 = CAD1.2800

USD1 = JPY114.2000

世界各金融中心的国际银行公布的外汇牌价，都是美元兑其他主要货币的汇率，非美元之间的汇率则通过各自兑美元的汇率进行套算。在上面的美元标价法下，我们可以比较容易地换算出各种货币之间的汇率关系，如欧元与瑞士法郎的汇率为

EUR1 = CHF(1.3240×1.0630) = CHF1.4074。

习惯上，人们将各种标价方法下等式左边数量不变的货币称为“基础货币”（Base Currency），把等式右边数量变化的货币称为“报价货币”（Quoted Currency）。在直接标价法下，基础货币为外币，报价货币为本币；在间接标价法下，基础货币为本币，报价货币为外币；在美元标价法下，基础货币通常为美元，报价货币为各国货币。在任一标价法下，汇率值的上升意味着基础货币的升值与报价货币的贬值，汇率值的下降意味着基础货币的贬值与报价货币的升值。在没有特别指明的情况下，在分析汇率的过程中，一般指的是直接标价法。

### （三）汇率的种类

汇率的种类很多，可以从不同角度对汇率进行分类，主要分类如下。

1. 按制定汇率的方法划分：基本汇率和套算汇率

基本汇率（Basic Rate）。外国货币的种类很多，在制定汇率时不需要制定出本国货币与所有货币的汇率关系，既不方便也没有必要。很多国家在制定汇率时，选择某一与本国对外经济关系中最紧密的货币作为基准货币。这

个基准货币的条件是：本国国际收支中使用最多，外汇储备中比重最大，同时又是可以自由兑换的、国际上普遍接受的货币。这种货币被称为“关键货币”（Key Currency）。根据本国货币与这种货币实际价值的对比计算出来的汇率，就称为“基本汇率”。另外，在国际外汇市场上，在美元标价法下，以美元为基准货币标出的汇率也称为“基本汇率”。

套算汇率（Cross Rate），也称为“交叉汇率”。在制定基本汇率的国家，各国在基本汇率制定出来以后，兑其他国家货币的汇率，是通过基本汇率参考主要外汇市场上的汇率套算出来的，这种根据基本汇率计算出来的本币与其他货币的汇率，称为“套算汇率”。如某日我国制定的基本汇率为USD1 = CNY6.5660，当时纽约外汇市场上美元兑英镑的汇率为GBP1 = USD1.2360，则可以套算出人民币兑英镑的汇率为GBP1 = CNY（6.5660 × 1.2360）= CNY8.1156。

另外，在美元标价法下，非美元之间进行交易的汇率，都要通过它们各自兑美元的汇率进行套算。因此，在国际外汇市场上，套算汇率是指通过各种货币兑美元的汇率套算出来的这些货币之间的汇率。①

2. 按银行外汇汇付方式划分：电汇汇率、信汇汇率和票汇汇率

电汇汇率（Telegraphic Transfer Rate，T/T Rate），即用电子方式通知付款的外汇汇率。在国际金融市场上，外汇汇率极不稳定，有时波动幅度很大。因此，在国际经济交易中，为避免汇率变动带来的风险，银行间经常使用交投时间最短的电汇方式。银行同业之间买卖外汇或资金划拨也使用电汇方式。由于电汇付款快，银行无法占用客户资金款项，所以电汇汇率较一般汇率高。另外，由于电汇调拨资金速度快，在外汇交易中占有很大比重，票汇汇率、信汇汇率都以电汇汇率为计算基准，电汇汇率因此成为各种汇率的基准汇率。外汇市场上标出的汇率，都是电汇汇率。

信汇汇率（Mail Transfer Rate，M/T Rate），即用信函的方式通知付款的外汇汇率。由于付款委托书的邮递需要一定的时间，银行在这段时间内可以

---

① 计算方法见上文美元标价法。

占用客户的资金，因此信汇汇率要比电汇汇率低。信汇汇率主要用于中国香港和东南亚地区，其他地区很少采用。

票汇汇率（Demand Draft Rate，D/D Rate），即银行在卖出外汇时，开立一张由国外分支机构或代理行付款的汇票交给汇款人，由其自带或寄往国外取款的汇兑方式。与信函一样，由于票汇从卖出外汇到支付外汇需要一段时间，银行可以在这段时间占用客户的资金，所以票汇汇率一般比电汇汇率要低。票汇在期限上有即期和远期之分，故汇率又分为即期票汇汇率和远期票汇汇率。

3. 按银行买卖外汇的角度划分：买入汇率和卖出汇率

买入汇率（Buying Rate），也称为“买入价”（Bid Rate），即银行向同业或客户买入外汇时使用的汇率。卖出汇率（Selling Rate），也称为“卖出价”（Offer Rate），即银行向同业或客户卖出外汇时使用的汇率。

买入价和卖出价都是从银行买卖外汇的角度来划分的，二者之间有个差价，这个差价是银行买卖外汇的收益，一般为1‰~5‰。

在外汇市场上，银行报价一般采用双向报价（Two-Way Price），即同时报出买入价和卖出价。在所报汇率中，前一数值较小，后一数值较大，二者的差额即为银行买卖外汇的收益，差额一般用“点”来表示，一点为1%的1%，即0.0001。在直接标价法下，前一数值为买入价，后一数值为卖出价；在间接标价法下，前一数值为卖出价，后一数值为买入价。如某日英镑兑美元的汇率为GBP1=USD1.2360/70，则在纽约外汇市场上，GBP1=USD1.2360为买入价，GBP1 = USD1.2370 为卖出价；在伦敦外汇市场上，GBP1 = USD1.2360为卖出价，GBP1=USD1.2370为买入价。

中间汇率（Middle Rate），是买入价与卖出价的平均数。各国报道汇率消息时常用中间汇率。

现钞汇率（Bank Notes Rate），即银行买卖外币现钞时的价格。一般国家都不允许外国货币在本国境内流通，只有将外币兑换成本国货币，才能购买本国的商品与劳务。银行买入的外币现钞，需要运送回其发行国，而运送外币现钞需要支付运费和保险费，这些费用须从银行买入的外汇中扣除，因此产生了买卖外币现钞的价格。银行在收兑外币现钞时所使用的现钞买入价要低于外汇买入价，卖出外币现钞时使用的汇价一般与外汇卖出价相同。

4. 按外汇的交割期限划分：即期汇率和远期汇率

即期汇率（Spot Rate），也称“现汇汇率”，是指买卖双方成交后，在未来两个营业日内办理交割使用的汇率。所谓交割，是指买卖双方履行合约进行钱货两清的授受行为。

远期汇率（Forward Rate），也称“期汇汇率”，是指买卖双方成交时，约定在将来的某个日期进行交割使用的汇率。

即期汇率与远期汇率一般要依附于具体的外汇交易，顾名思义，即期汇率是即期外汇交易使用的汇率，远期汇率是远期外汇交易使用的汇率。一般来说，远期汇率的买卖差价要大于即期汇率。

在银行的报价中，一般直接报出即期汇率，即同时报出即期汇率的买入价和卖出价。对于远期汇率，有两种报价方法：直接报价和远期差价（Forward Margin）或掉期率（Swap Rate）报价。

远期汇率的直接报价和即期汇率的报价相同，即直接报出远期汇率的买入价和卖出价。远期差价或掉期率报价，是报出远期汇率比即期汇率高或者低若干点来表示远期汇率，有三种情况：升水，即远期外汇比即期外汇贵；贴水，即远期外汇比即期外汇便宜；平价，即二者相同。之所以采用这种报价方法，主要是因为即期汇率是不断变化的，远期差价一般是不变的。①

在远期汇率的远期差价报价法中，一般来说也是直接报出买入价和卖出价。这样，远期差价的升水值或贴水值一般都有一大一小两个数值。如果报出“大数/小数”的远期差价，则在计算远期汇率时用即期汇率减去远期差价即可得到；如果报出“小数/大数”的远期差价，则在计算远期汇率时用即期汇率加上远期差价即可得到。

如某日某银行报出的英镑兑美元的即期汇率为 GBP1 = USD1.2360/70，一月期为“30/40”，三月期为“90/80”，则一月期汇率为 GBP1 = USD1.2390/

① 详见第二章第五节西方汇率理论中的利率平价说。

1.2410，三月期汇率为 GBP1=USD1.2270/90。

5. 按汇率是否经过调整划分：名义汇率、实际汇率

名义汇率（Nominal Exchange Rate）是由官方公布的或者市场决定的，没有经过任何调整的汇率，是现实中的货币兑换比例。

名义汇率包括名义双边汇率（Nominal Bilateral Exchange Rate）和名义有效汇率（Nominal Effective Exchange Rate）。名义双边汇率是外汇市场上报出的两种货币的比价；"名义有效汇率"是"名义有效汇率指数"的简称，指将两个或者两个以上的双边汇率指数，按照某种加权平均方法计算出来的平均值①。

实际汇率（Real Exchange Rate）是指在名义汇率的基础上剔除了通货膨胀因素后的汇率。实际汇率包括实际双边汇率（Real Bilateral Exchange Rate）和实际有效汇率（Real Exchange Effective Rate）。前者是名义双边汇率按同一时期两国相对通货膨胀率调整得到的。

$$E = E_s \cdot P^* / P \tag{1-1}$$

式（1-1）中，$E$ 为实际双边汇率，$E_s$ 为名义汇率，$P^*$ 为外国一般物价水平，$P$ 为本国一般物价水平。实际有效汇率是实际双边汇率指数的加权平均数。

6. 按外汇管制的松紧、宽严程度划分：官方汇率和市场汇率

官方汇率（Official Rate），亦称"法定汇率"，即政府规定的汇率。市场汇率（Market Rate），即以外汇市场供求关系决定的汇率。同时实行官方汇率和市场汇率两种汇率的国家，往往是实施外汇管制的国家，但管制较松的国家，官方宣布的汇率往往只起中心汇率的作用，实际外汇交易则按市场汇率进行。由于政府有关部门往往运用各种手段对外汇市场进行干预，市场汇率一般不致脱离官方汇率太大。当市场汇率脱离官方汇率过大，政府又无力干预时，就不得不宣布货币贬值或升值。

7. 按资金用途、性质划分：贸易汇率和金融汇率

贸易汇率（Trade Rate），主要是指用于进出口贸易及其从属费用方面的

---

① 详见第二章第二节汇率的变动。

汇率。

金融汇率（Financial Rate），主要是指资金转移和旅游等方面的汇率。

8. 按汇率制度划分：固定汇率和浮动汇率

固定汇率（Fixed Rate）是指一国货币与其他国家货币的兑换比例在规定的幅度浮动，当汇率上升超过最大限度或者下降超过最小限度时，该国货币当局就要干预其浮动，使其恢复到限度内。固定汇率可以分为国际金本位制下的固定汇率和布雷顿森林体系下的固定汇率。

浮动汇率（Floating Rate）是指一国货币的汇率不规定其上下波动的幅度，而是根据外汇市场上的供求关系自由升降。浮动汇率可以分为自由浮动汇率和管理浮动汇率。

9. 按适用范围划分：单一汇率和多种汇率

单一汇率（Single Rate），是指一国对外只使用一种汇率，各种不同来源和用途的外汇收付均按此汇率计算。

多种汇率（Multiple Rate），是指一国因用途、来源及交易种类不同而规定了两种或两种以上汇率，多种汇率也叫作“复汇率”。

## 第二节　国际收支概述

商品生产和商品交换是人类社会生产力发展的必然结果，而当商品生产和商品交换跨越了国界时，就形成了国际贸易。生产社会化与国际分工的发展，使各国之间的贸易往来、劳务的提供与取得、资本和利润的转移、科学技术的输出输入等经济交往关系以及其他交往关系（如政治、外交、科学文化教育等）日益密切，从而发生国际债权债务关系。这些债权债务关系须在一定时期内通过货币的形式进行清偿，该国在某一特定时期内由于收回对外债权和偿付对外债务引起的货币收支及其他以货币记录的经济交易，构成了国际收支（Balance of Payments）的主要内容。

## 一、国际收支概念的发展

从字面上来说，国际收支是指以货币计量的一国对外经济交往。随着生产力的发展，国际收支的概念也随之发生变化。

（一）早期重商主义时期国际收支的概念

对国际收支的研究始于重商主义。当时，重商主义者重视的主要是对外贸易，国际资金流动是作为对外贸易的附属，从贸易差额支付角度进行考虑的。重商主义者认为，货币是财富的唯一形式，财富的性质就是金银，一切经济活动的目的就是获取金银，而发展国际贸易，输入金银是一国富强的主要途径，出口超过进口是贸易的永恒原则，因此他们的国际收支主要指贸易收支。重商主义思潮对当时西欧国家有较大影响，各国普遍重视贸易收支差额问题，并根据贸易收支状况制定贸易政策。

（二）古典经济学时期国际收支的概念

18 世纪后期至 19 世纪，古典经济学派贸易理论在欧洲盛行，其推崇经济自由，反对国家干预。而且这一时期，金本位制在各国被普遍推行并且发挥了积极作用，一国的国际收支平衡可以通过黄金输出、输入自动调节，资本主义自由经济得以迅速发展，这更为古典经济学派的自由经济、自由贸易政策主张提供了理论基础，对国际收支的研究退居次要地位。

（三）现代国际收支的概念

第一次世界大战以后，金本位制在各国相继崩溃，出现的规模较大的国际短期资本流动和大量的战争赔款转移，使国际收支增加了新的内容，各国开始重新关心国际收支问题。20 世纪 30 年代的大危机及其以后发生的凯恩斯经济理论革命，使各国逐渐认识到一国对外经济活动与国内经济活动有密切的有机联系。此后，各国经济学家和政府才真正在政策及实践中开始重视对国际收支的研究。

第二次世界大战以后，世界经济交易的内容、范围不断扩大，国际收支又有了新的发展，包含了更广泛的内容。它不仅包括商品、劳务和资本往来方面的收支，而且包括教育、文化、科学往来等方面的收支；不仅包括涉及货币收支的国际交易，而且包括不涉及实际货币收支但须折算成货币加以记录的国际交易；不仅包括报告期内必须用现金结清的差额，而且包括已发生但须跨期结算的部分。另外，国际资本流动方式越来越多，储备资产形式也日益多样化……这些变化都反映在各国的国际收支中，逐渐丰富了国际收支的内容。

## 二、IMF 对国际收支下的定义

IMF 在《国际收支手册》（第五版）中对国际收支做了如下定义：“国际收支是一种统计报表，它系统地记载了在特定时期内一经济体与世界其他地方的各项经济交易。大部分交易是在居民和非居民之间进行，包括货物、服务和收入、对世界其他地方的金融债权和债务的交易以及转移项目（如礼赠）。”①

2008 年 11 月通过的《国际收支手册》（第六版）则对国际收支做了如下表述：“国际收支是某个时期内居民与非居民之间的交易汇总统计表，组成部分有：货物和服务账户、初次收入账户、二次收入账户、资本账户和金融账户。”

虽然不同版本《国际收支手册》对国际收支的表述存在着一定的差异，但这种差异更多地体现为账户的分类和归属，其核心内容存在着共性。对这一概念的把握应从以下三个方面入手。

### （一）国际收支中的交易是一个事后的、流量的概念

国际收支是在交易发生之后才做的记录，而非事前的估计或者预测。流量反映了经济价值的创造、转换、交换、转移或灭失，包括一个机构单位资产和负债的数量、组成或价值的变化。这种分类是流量账户的基础。在说到国际收支的时候，要求必须指出是属于哪个时期的，这个时期可以是一个月、一个季度、一年等，即要求说明国际收支的报告期。国际收支从流量入手，

① 《国际收支手册》第五版第 6 页。

与其紧密相连的是从存量入手的国际投资头寸（International Investment Position）。

（二）国际收支记载的经济关系变化主要是来源于两个当事人之间发生的交易

两个当事人中一方为居民，而另一方为非居民。对于居民与非居民，《国际收支手册》规定：在一个国家的经济领土内具有一经济利益中心（Centers of Economic Interest）的机构单位就是这个国家的一个居民单位。一个国家的经济领土既包括一个政府所管辖的地理领土，即天空、水域和国际水域下的大陆架，还包括在世界其他地方的飞地①。一个机构单位在一个国家是否具有经济利益中心的判定条件是：该机构单位在一国的经济领土上的某处（如住处、生产厂房或其他地点），无限期地或在长期固定的时间内从事或计划大规模从事经济活动和交易。这种活动或交易的具体地点不一定要求固定，只要它是坐落在经济领土之内即可。按照这一规定，居民包括在本国长期从事生产和消费的人或法人，符合上述情况的他国公民也可能属于本国居民。这时，居民可分为自然人居民和法人居民。自然人居民，是指那些在本国居住时间达一年以上的个人，但官方外交使节、驻外军事人员等一律是所在国的非居民；法人居民，是指在本国从事经济活动的各级政府机构、企业和非营利团体，但是国际性机构，诸如联合国、IMF等组织，是任何国家的非居民。

（三）国际收支记录两个法律主体涉及价值交换转移的相互行为

国际收支所记载的内容是国际经济交易，交易是两个机构单位之间通过共同协议或法律实施产生的，涉及价值交换或转移的相互行为。这些价值从总体上可概括为实际资源（货物、服务和收入）和金融资产。国际收支还记载涉及“转移”的交易，这些交易不同于交换，因为交易一方向另一方提供了经济价值，但是没有得到任何补偿。《国际收支手册》规定，如果价值在另一方没有得到体现，则在记账时用“转移”来表示。具体来看，主要包括五类交易：实际资源的买卖、实际资源的交换、金融资产的交易、无偿的实际

① 飞地，是指嵌在其他国家领土范围内的本国领土。

资源的转移和无偿的金融资产的转移。

## 第三节　国际收支平衡表

国际收支平衡表（Balance of Payment Presentation）是按照一定的编制原则和格式，全面系统地记录和总结一国国际收支状况的统计报表，其也是反映一国对外经济发展、偿债能力等的重要文件，是各国制定宏观经济政策的重要依据。

### 一、国际收支平衡表的概念

一个国家的国际收支情况，具体反映在这个国家的国际收支平衡表中。国际收支平衡表是按照会计的复式记账原则编制的、系统记录一国在一定时期内（年、季、月等）各个国际收支项目及其金额的统计表。编制国际收支平衡表的主要目的，在于使本国政府机构全面了解本国对外经济情况，以制定相应的经济政策。另外，每个 IMF 成员国，都有义务定期向 IMF 报送本国的国际收支平衡表。

国际收支平衡表是按照引起国际收支的原因和性质，分类归纳为不同账户进行编制和综合计算的。IMF 认为，为了方便使用和多方面发挥作用，如制定政策、分析研究、预测、进行双边比较、进行区域和全球范围的数据汇总等，国际收支统计数据必须放置在统一的框架内。因此，IMF 在《国际收支手册》中提出了国际收支平衡表账户分类、账户内容及格式的建议。其中，标准组成部分的内容必须完整和准确无误地报送基金组织。另外，为了进一步了解一些国家的情况或分析新的事态发展，IMF 还要求特定国家提供更详细的资料或补充信息。

## 二、国际收支平衡表的记账方法和计量原则

### （一）国际收支平衡表的记账方法

任何一笔对外经济交易都同时涉及了两个或两个以上的国际收支项目。比如，当一国进口一批货物，并用外汇来支付货款时，一方面表现为本国实际资源的增加（货物的进口），另一方面表现为外汇资产的减少；当一国向国外的灾民捐赠一批物资时，一方面表现为本国实际资源减少（货物的出口），另一方面表现为本国发生了一笔经常转移支出。

国际收支平衡表按照复式记账原理编制，在国际收支核算中，每一国际收支项目都设有“借方”（Debit）和“贷方”（Credit）。借方记录支出性经济行为，包括货物和服务的进口、收入的支付、转移支出、金融资产的增加和负债的减少，因此又称为“负号账户”（Minus Items）。贷方记录收入性经济行为，包括货物和服务的出口、收入的获得、接受转移、金融资产的减少和负债的增加，因此又称为“正号账户”（Plus Items）。每笔交易必须同时记入相关的双方，“有借必有贷，借贷必相等”，所以从原则上来讲，贷方之和应等于借方之和，表中的全部账目净余额为零。

**表 1-1　国际收支账户的借贷记录**

| 账户 | 借方 | 贷方 |
|---|---|---|
| 经常账户 | 1. 从国外进口货物和服务 | 向国外出口货物和服务 |
| | 2. 居民去国外旅游 | 非居民在本国旅游 |
| | 3. 居民购买国外劳务 | 非居民购买本国劳务 |
| | 4. 对非居民支付的投资收益 | 自非居民获得的投资收益 |
| | 5. 对非居民支付的经常转移 | 自非居民获得的经常转移 |
| 资本和金融账户 | 6. 对外短期或长期投资的增加 | 对外短期或长期投资的减少 |
| | 7. 对外短期或长期负债的减少 | 对外短期或长期负债的增加 |
| | 8. 储备资产的增加 | 储备资产的减少 |

### （二）国际收支复式记账方式举例

1. 对等交换的记录

对于存在对等支付关系的交易（有偿交易），直接按实际交易的支付内容进行对等记录，其涉及的会计科目在不同版本的《国际收支手册》中有所差异。

①出口商品。

借：增外汇资产（或增应收货款、减对外负债）

贷：商品出口

②外商投资收益转出。

借：投资收益支付

贷：减外汇资产（或增对外负债）

③对外投资。

借：对外投资

贷：设备出口（或外汇资产减少、对外负债增加）

2. 无偿转让的记录

对于不存在对等支付关系的交易（无偿转移），一方面按实际交易的内容或结果在有关账户上给予记录，另一方面在“经常转移账户”或“资本转移账户”上进行对应记录。无偿转让等价于实际转移流量的借贷对应物。

①接受外援物资。

借：货物进口

贷：获得无偿转让（外援）

②收入侨汇。

借：增加外汇资产

贷：获得无偿转让（侨汇收入）

### （三）国际收支核算的计量原则

1. 国际收支的计价原则

国际收支的基本计价原则是按现期市场价格估价，其包括实际交易价格、类似交易的市场价格、“收益还原”近似估价。在现实中，货物进出口贸易的计价标准有三种：离岸价格（FOB，装运港船上交货价格）、到岸价格（CIF，成本保险费、运输费价格）、成本加运费价格（C & F）。在国际进出口业务惯例中，对于同一笔进出口交易，出口国习惯用 FOB 来计价，进口国习惯用 CIF 来计价。

由于 FOB 和 CIF 的估价标准不统一，且保险、运输等费用的归类概念并不清晰，为了统一估算进口和出口，IMF 规定在国际收支统计中，进出口国均采用 FOB 来计价，将进口商品的保险费和运输费列入服务开支。

2. 国际收支记录的时间原则

国际收支的记录原则上遵循“权责发生制”，即在有经济价值产生、转换、交换、转移或消失时进行记录，凡是在当期所有权关系发生转移的，不论是否收到或支出款项，国际收支的记录时间都以所有权转移为标准。

3. 国际收支的记账单位

对外经济交易通常是以各种不同的货币单位来计量和表示的，国际收支核算必须首先将其换算成统一的货币记账单位，我国目前采用美元作为国际收支核算的记账单位。

## 三、国际收支平衡表的主要内容

国际收支平衡表标准组成部分包括三大账户：经常账户（Current Account）、资本账户和金融账户。经常账户和资本账户下的项目记录借方与贷方的总额，多数金融账户下的项目记录净额，即每个组成部分仅表现为一笔贷记或借记数额。

### （一）经常账户

经常账户记录的是实际资源在国与国之间的转移，是国际收支平衡表中最基础、最传统、最重要的项目。其主要包括货物和服务（Goods and Services）、初次收入（Primary Income）以及二次收入（Secondary Income）等三个子账户。

1. 货物和服务账户

（1）货物。

货物是经常账户乃至整个国际收支平衡表中最重要的项目，也称为“有形贸易”。货物为有形的生产性项目，对其可建立所有者权益，且其经济所有权可以通过交易由一机构单位转移至另一机构单位。贷方记录商品出口，借方记录商品进口。货物包括以下几个方面。

①一般商品。国际收支统计口径的一般商品包括经济所有权在居民与非居民之间发生变更并且不包括在以下特殊类别中的货物：转手买卖货物、非货币黄金，以及部分旅行、建设及别处未涵盖的政府货物和服务。

②转手买卖货物。转手买卖指（编报经济体）居民从非居民处购买货物，随后便向另一非居民转售同一货物，而货物未经过编报经济体。

③非货币性黄金。非货币性黄金指不用于政府储备资产的黄金进出口。

（2）服务。

服务在国际收支中占有越来越重要的地位，它包括的内容非常广泛，也称为“无形贸易”。服务是改变消费单位条件或促进产品或金融资产交换的生产活动成果。服务一般不是可以单独对其建立所有者权益的项目，服务通常无法与其生产分离开来。贷方记录服务出口，借方记录服务进口。服务包括以下几个方面。

①加工与维修维护服务。加工与维修维护服务包括由不拥有相关货物的企业承担的加工、装配、贴标签和包装等服务，居民为非居民所拥有的货物提供的维护和维修工作。

②运输。运输是将人和物体从一地点运送至另一地点的过程，包括相关辅助和附属服务，以及邮政和邮递服务。

③旅行。旅行贷方包括非居民在访问某经济体期间从该经济体处购买自用或馈赠的货物和服务；旅行借方包括居民在访问其他经济体期间从这些经济体购买自用或馈赠的货物和服务。

④建设。建设包括以建筑物、工程性土地改良和其他此类工程建设（例如，道路、桥梁和水坝等）为形式的固定资产的建立、翻修、维修或扩建。

⑤保险和养老金服务。保险和养老金服务包括提供人寿保险和年金、非人寿保险、再保险、货运险、养老金、标准化担保服务，以及保险、养老金计划和标准化担保计划的辅助服务。

⑥金融服务。金融服务指除保险和养老金服务之外的金融中介和辅助服务，包括通常由银行和其他金融公司提供的服务，例如，存款吸纳和贷款、信用证、信用卡服务、与金融租赁相关的佣金和费用、保理、承销、支付清算等；金融咨询服务、金融资产或金条托管、金融资产管理、监控服务、流动资金提供服务、非保险类的风险承担服务、合并与收购服务、信用评级服务、证券交易服务和信托服务。

⑦别处未涵盖的知识产权使用费。别处未涵盖的知识产权使用费包括知识产权使用费（如专利权、商标权、版权、包括商业秘密的工业流程和设计、特许权）；复制、传播（或两者兼有）原作或原型中的知识产权（如书本和手稿、计算机软件、电影作品和音频录音的版权）和相关权利（如现场直播和电视转播、线缆传播或卫星广播的权利）时，所涉及的许可费。

⑧电信、计算机和信息服务。电信服务包括通过电话、电传、电报、无线广播和电视线缆传输、无线广播和电视卫星、电子邮件、传真等广播或传送音频、图像、数据或其他信息，其中包括商业网络服务、电话会议和辅助服务，不包括所传输信息本身的价值。计算机服务包括硬件和软件相关服务及数据处理服务。信息服务包括通讯社服务，如向媒体提供新闻、照片和特写。其他信息提供服务包括数据库服务，即数据库构思、数据存储以及通过在线和磁性、光学或印刷介质分发数据与数据库（包括目录和邮件列表），网页搜索门户（客户输入关键查询字段寻找互联网址的搜索引擎服务）。另外，其他信息提供服务包括在内的项目还有：通过邮件、电子传输手段或其他手段直接非批量订阅报纸和刊物，其他在线内容提供服务，图书馆和档案服务（批量报纸和刊物计入一般商品）。下载的非软件类或视听类内容计入信息服务（下载的软件计入计算机服务，视听计入视听和相关服务）。

⑨其他商业服务。研究和开发服务包括与基础研究、应用研究相关的服务以及新产品和流程的实验性开发。专业和管理咨询服务包括法律服务、会

计服务、管理咨询服务、管理服务和公共关系服务；广告、市场研究和民意调查服务。技术服务、贸易相关服务与其他商业服务（包括建筑、工程和其他技术服务）；废物处理和防止污染服务、农业和采矿服务；经营租赁服务；贸易相关服务和其他商业服务。

⑩个人、文化和娱乐服务。个人、文化和娱乐服务包括视听和相关服务，其他个人、文化和娱乐服务。

⑪别处未涵盖的政府货物和服务。别处未涵盖的政府货物和服务包括：由飞地，如使馆、军事基地和国际组织，或向飞地提供的货物和服务；外交官、领馆工作人员与在海外的军事人员及其家属从东道国经济体购买的货物和服务；由政府或向政府提供的未计入其他服务类别的服务。

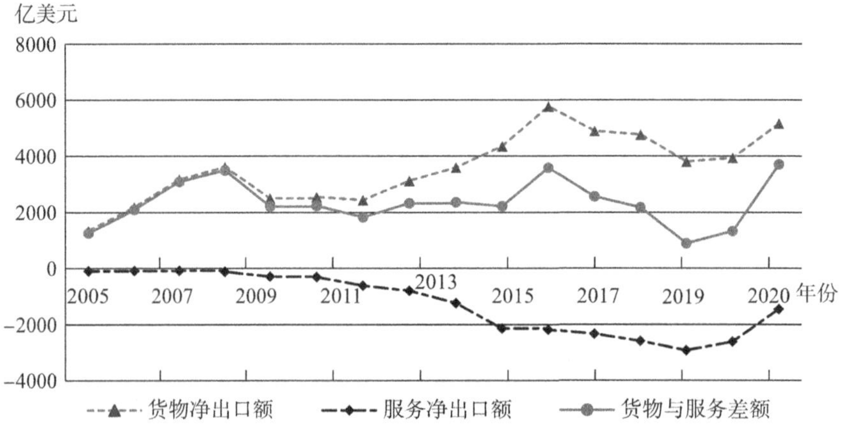


**图 1-1　2005—2020 年我国经常账户货物与服务差额**

资料来源：国家外汇管理局官网，www.safe.gov.cn。

2. 初次收入账户

初次收入账户显示的是居民与非居民机构单位之间的初次收入流量，反映的是机构单位因其对生产过程所做的贡献或向其他机构单位提供金融资产和出租自然资源获得的回报。其分为两类：与生产过程相关的收入、与金融资产和其他非生产资产所有权相关的收入。贷方记录的是本国从外国取得的初次收入，借方记录的是本国向外国支付的初次收入。初次收入包括以下几个方面。

①劳动者报酬。劳动者报酬表示个人在与企业的雇主–雇员关系中因对生产过程的劳务投入而获得的酬金回报，包括现金形式的工资和薪金、实物形式的工资和薪金、雇主的社保缴款。

②股息和准公司收益提取。股息为分配给股权所有者的已分配收益，因为后者投入资金供公司处置。来自准公司的已分配收益（诸如已分配分支机构利润）也纳入本栏目下。

③再投资收益。再投资收益与向其所有者分配留存收益的概念相关，包括归属于投资基金份额持有人的投资收益、直接投资的再投资收益。

④利息。利息是某类金融资产所有者因投入金融资产供某一机构单位处置而应收的一种投资收益，这类金融资产包括存款、债务证券、贷款和其他应收款。特别提款权持有收益和特别提款权分配收益也包括在利息内。

⑤归属于保险、标准化担保和养老基金保单持有人的投资收益。归属于保险、标准化担保和养老基金保单持有人的投资收益指保单持有人在保险和标准化担保计划中以技术准备金与养老金权益应付收入的形式拥有的债权的回报。

⑥租金。租金指将自然资源交由另一机构单位处置而获得的收入。

⑦产品和生产的税收与补贴。

综合而言，初次收入账户可以分为雇员报酬、投资收益和其他初次收入三个部分。投资收益的类别如表 1–2 所示。

**表 1–2　按职能划分投资收益的类别**

| 投资收益类别 | 内容 |
|---|---|
| 直接投资收益 | 参与企业管理或控制企业管理权等直接投资头寸的所有投资收益 |
| 证券投资收益 | 股权和债务证券头寸而产生的收益流量① |
| 其他投资收益 | 存贷款、贸易信贷和预付款以及其他应收付款账户相关的流量；保险、标准化担保和养老基金保单持有人的投资收益；除直接和证券投资以外的投资 |
| 储备资产收益 | 股权与投资基金份额收益和利息；对证券借贷和货币黄金贷款收取的费用与未分配黄金账户利息 |

① 在国际收支核算中，若上一个核算期的对外投资持有股权不足 10%，则属于证券投资；若以后通过追加新的投资达到了 10%，则此时新追加的投资就属于直接投资。

3. 二次收入账户

居民和非居民之间的实际资源或金融资产的所有权发生变更后，不涉及经济价值的补偿与回报，称为“经常转移”，亦称为“无偿转移”或“单方面转移”。贷方记录的是外国对本国的经常转移，借方记录的是本国对外国的经常转移。“二次收入”账户表示居民与非居民之间的经常转移。

在《国际收支手册》（第五版）之后，将转移区分为经常转移和资本转移。经常转移记录在经常账户中，资本转移则记录在资本账户中。资本转移是资产（非现金或存货）所有权从一方到另一方的转移，或使一方或双方获得或处置资产的转移，或债权人减免负债的转移。因非现金资产（非存货）的处置或获得而产生的现金转移也是资本转移。资本转移使交易一方或双方的资本存量发生相应变化，而不影响任何一方的储蓄。无费用的实物转移且包含下列要素时应属于资本转移：非金融资产（非存货，即固定资产、贵重物品或非生产资产）所有权的转移，或债权人不获得相应价值回报而减免债务。除了资本转移以外的所有类型的转移均属于经常转移。

从内容来看，经常转移可以分为个人转移和其他经常转移。

个人转移，指居民住户向非居民住户提供的或从其获取的所有现金或实物的经常转移，包括彩票和其他博彩形式、个人汇款等。

其他经常转移，包括对所得、财富等征收的经常性税收，社保缴款，社会福利，非寿险净保费，非寿险索赔，经常性国际合作，其他经常转移。

从主体角度来看，经常转移可以分为广义政府的经常转移，金融公司、非金融公司、住户和为住户服务的非营利机构的经常转移，养老金权益变化调整。

（二）资本账户

在 IMF 编制的《国际收支手册》（第四版）中，资本账户（Capital Account）或资本项目记录的是资本流动；在《国际收支手册》（第五版）中，资本账户和金融账户合并，称为“资本与金融账户”；在《国际收支手册》（第六版）中，将资本账户单列。

国际账户中的资本账户表述居民与非居民之间的应收和应付资本转移，以及居民与非居民之间非生产非金融资产的取得和处置。

非生产非金融资产包括自然资源，契约、租约和许可，营销资产（和商誉）。

资本转移的含义在前文经常转移部分已经做过解释。① 资本转移包括债务减免、非人寿保险索赔、投资捐赠、一次性担保和其他债务承担、税金和其他资本转移。

（三）金融账户

金融账户（Financial Account）记录涉及金融资产与负债以及发生于居民与非居民之间的交易。金融账户表明用于净国际融资交易的职能类别、部门、金融工具和期限。

与经常账户不同的是，资本账户和金融账户的各个科目不是按照借方发生总额与贷方发生总额记录的，而是按照借方净额或者贷方净额记录的。金融账户的净额记录指特定资产或负债的所有借方分录与同类型资产或负债的所有贷方分录轧差后得到的汇总数据。但是，金融资产的变化不应与负债的变化相轧差取净值，金融衍生产品以及平衡项目可能除外。

国际流动的资本，可以从不同角度进行划分。从资本的类型来看，可以分为直接投资，证券投资，金融衍生产品（储备除外）和雇员认股权，其他投资，储备资产；从资本的偿还期来看，可以分为长期资本和短期资本；从资本的交易主体来看，可以分为官方资本和私人资本。在《国际收支手册》（第四版）中，对资本的分类是按照资本的偿还期限进行分类的，而在《国际收支手册》（第五版）中则是按照资本的类型进行分类的，《国际收支手册》（第六版）在《国际收支手册》（第五版）的基础上做了一定的调整。

① 在国际收支平衡表中，如果交易一方向另一方提供了经济价值，但是没有得到任何补偿，记账时则用“转移”项目来表示。经常转移放在经常账户下，资本转移放在资本账户下。两者的区别是：资本转移导致交易一方或双方资产存量发生相应的变化，而经常转移影响可支配收入的水平，并且影响货物和服务的消费，也就是说，经常转移减少了捐助者的收入和消费，扩大了受援者的收入和消费。

1. 直接投资

直接投资是跨境投资的一种，特点是，一经济体的居民通过投资对另一经济体的居民企业实施了管理上的控制或重要影响。除了带来控制或影响的股权外，直接投资还包括与这种关系有关的投资，如投资于其间接影响或控制的企业、联属企业、债务和逆向投资。

2. 证券投资

证券投资指没有被列入直接投资或储备资产的，有关债务或股本证券的跨境交易和头寸。证券的可流通性是方便交易的一种方式，在其有效期内，证券可由不同当事人持有。这种可流通性使投资者能持有多元化的投资组合，并方便他们撤回投资。

3. 金融衍生产品（储备除外）和雇员认股权

金融衍生合约是一种金融工具，该金融工具与另一个特定的金融工具、指标或商品挂钩，通过这种挂钩，可以在金融市场上对特定金融风险本身（例如，利率风险、外汇风险、股权和商品价格风险、信用风险等）进行交易。金融衍生合约可分为期权和远期类合约。

雇员认股权作为一种报酬形式，是向公司雇员提供的一种购买公司股权的期权。一方面，雇员认股权的定价行为与金融衍生产品类似；另一方面，它们具有不同的性质（包括在有关授予日和归属日的安排上）和目的（雇员认股权是为了鼓励雇员为提升公司的价值做贡献，而不是交易风险）。如果授予雇员的认股权可以不受限制地在金融市场上交易，就可列为金融衍生产品。

4. 其他投资

其他投资为剩余类别，包括没有列入直接投资、证券投资、金融衍生产品（储备除外）和雇员认股权以及储备资产的头寸和交易。如果以下类别的金融资产和负债没有列入直接投资或储备资产，则被包括在其他投资中：其他股权；货币和存款；贷款（包括基金组织信贷的使用，以及来自基金组织的贷款）；非人寿保险技术准备金、人寿保险和年金权益、养老金权益、启动标准化担保的准备金；贸易信贷和预付款；其他应收/应付款；特别提款权分配（特别提款权持有列入储备资产）。

5. 储备资产

储备资产是由货币当局控制，并随时可供货币当局用来满足国际收支资金需求，用以干预外汇市场影响货币汇率，以及用于其他相关目的（例如，维护人们对货币和经济的信心，作为向外国借款的基础）的对外资产。储备资产必须是外币资产和实际存在的资产，不包括潜在的资产。由货币当局“控制”和“可供使用”是储备资产的基本概念，包括货币性黄金、特别提款权（Special Drawing Right，SDR）、在国际货币基金组织的储备头寸、其他储备资产（货币和存款、证券、金融衍生工具和其他债权）。2005—2021 年我国储备资产类型及规模如图 1-2 所示。

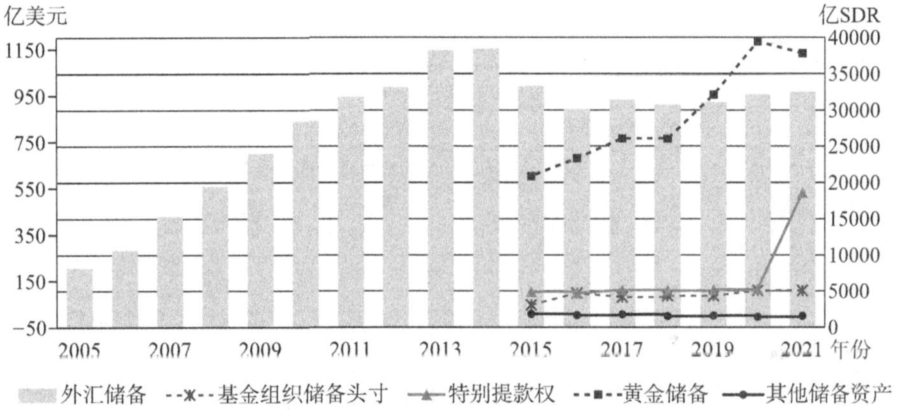


**图 1-2 2005—2021 年我国储备资产类型及规模**

资料来源：国家外汇管理局官网，www. safe. gov. cn。

## （四）误差和遗漏

国际收支平衡表采用复式记账原理编制，根据记账原则可形成一套整体上一致、正负账目相抵、总的净值为零的报表。但在实际上，国际收支报表得出的余额不可避免地表现为净的贷方余额或净的借方余额，如隐瞒交易导致原始资料失真、技术困难造成交易记录不完全、各子项目分别统计，口径难以一致导致借贷双方不相等。误差和遗漏（Errors and Omissions Account）是专门设置的平衡项目，使国际收支平衡表的借贷双方实现平衡，根据前三个项目的汇总结果，以相同数字记入会计账户的相反方向。因此，如果组成部分的贷方出现余额，那么在借方注上一笔数目相等的误差和遗漏；反之亦然。

根据上面的内容，我们可以对比《国际收支手册》（第四版）、《国际收支手册》（第五版）及《国际收支手册》（第六版）三个版次国际收支平衡表的主要结构（见表 1–3、表 1–4）。

**表 1–3　《国际收支手册》（第四版）与《国际收支手册》（第五版）内容比较**

<table>
<tr><th>《国际收支手册》（第四版）内容</th><th>《国际收支手册》（第五版）内容</th></tr>
<tr><td>经常账户<br>　货物<br>　无形收支<br>　　服务<br>　　收入<br>　无偿转移</td><td>经常账户<br>　货物与服务<br>　　货物<br>　　服务<br>　收入<br>　经常转移</td></tr>
<tr><td>资本账户<br>　长期资本流动<br>　短期资本流动</td><td rowspan="2">资本与金融账户<br>　资本账户<br>　金融账户<br>　　直接投资<br>　　证券投资<br>　　其他投资<br>　　储备资产</td></tr>
<tr><td>储备账户</td></tr>
<tr><td>误差与遗漏账户</td><td>误差与遗漏账户</td></tr>
</table>

**表 1–4　《国际收支手册》（第六版）详细内容**

单位：亿美元

| 国际收支 | 贷方 | 借方 | 差额 |
|---|---|---|---|
| 经常账户 | | | |
| 　货物和服务 | 540 | 499 | 41 |
| 　　货物 | 462 | 392 | 70 |
| 　　服务 | 78 | 107 | –29 |
| 　初次收入 | 50 | 40 | 10 |
| 　　雇员报酬 | 6 | 2 | |

续表

| 国际收支 | 贷方 | 借方 | 差额 |
|---|---|---|---|
| 利息 | 13 | 21 | |
| 公司的已分配收益 | 17 | 17 | |
| 再投资收益 | 14 | 0 | |
| 租金 | 0 | 0 | |
| 二次收入 | 17 | 55 | −38 |
| 对所得、财富等征收的经常性税收 | 1 | 0 | |
| 非寿险净保费 | 2 | 11 | |
| 非寿险索赔 | 12 | 3 | |
| 经常性国际转移 | 1 | 31 | |
| 其他经常转移 | 1 | 10 | |
| 养老金权益变化调整 | | | |
| 经常账户差额 | | | 13 |
| 资本账户 | | | |
| 非生产非金融资产的取得/处置 | 0 | 0 | |
| 资本转移 | 1 | 4 | |
| 资本账户差额 | | | 3 |
| 净贷出 /净借入（-）（来自经常账户和资本账户） | | | 10 |
| **金融账户（按职能类别）** | **金融资产净获得** | **负债净产生** | **差额** |
| 直接投资 | 8 | 11 | |
| 证券投资 | 18 | 14 | |
| 金融衍生产品（储备除外）和雇员认股权 | 3 | 0 | |
| 其他投资 | 20 | 22 | |
| 储备资产 | 8 | | |
| 资产/负债变化总额 | 47 | 57 | |
| 净贷出（+）/净借入（-）（来自金融账户） | | | 10 |
| 误差与遗漏净额 | | | 0 |

资料来源：国家统计局，《国际收支和国际投资头寸手册第六版（BPM6）》，2009 年，第 12 页。

## 四、国际收支平衡表的分析

### （一）国际收支盈余、赤字与平衡

由于一个国家的国际收支状况集中反映在国际收支平衡表中，因此全面分析一国国际收支平衡表，对研究该国国际收支状况及其发展趋势具有重要意义。

国际收支平衡表按照复式记账原理编制。从形式上来说，国际收支平衡表的借贷双方总额总是相等的，净差额为零。但是，具体到国际收支平衡表中每个账户的收支经常是不平衡的，总会出现一定差额，如贸易收支差额、服务收支差额等。这种差额称为“局部差额”（Partial Balance）。在这些差额中，如果贷方金额大于借方金额，当出现贷方余额时，则称为“顺差”（Surplus）；如果借方金额大于贷方金额，当出现借方余额时，则称为“逆差”（Deficit）。其中，某些账户可能出现盈余或赤字，但总的来看会由其他账户的赤字或盈余予以抵销。但是，这种平衡仅仅是形式上的平衡。

根据国际收支平衡表中各种经济交易的性质或动机，可以把国际经济交易分为自主性交易（Autonomous Transactions）和补偿性交易（Compensation Transactions）两大类。自主性交易也称“事前交易”（Ex-Auto Transactions），是指个人和企业以某种自主性的目的（如追逐利润、追求市场、旅游、汇款赡养亲属等）而从事的商品、服务和金融资产等方面的独立交易，在进行交易时并没有考虑到国际收支的平衡。补偿性交易也称“事后交易”（Ex-Post Transactions），是在国际收支的自主性交易发生不平衡时，为了弥补缺口而进行的交易。

在国际收支平衡表中画一条水平线，在这条水平线上放上所有的自主性交易，而在水平线下放上所有的补偿性交易。这样，自主性交易也被称为“线上项目”，补偿性交易也被称为“线下项目”。如果一国的国际收支线上项目贷方金额大于借方金额，当出现贷方余额时，则称为“国际收支顺差”或“国际收支盈余”；如果线上项目借方金额大于贷方金额，当出现借方余额时，则称为“国际收支逆差”或“国际收支赤字”；如果线上项目借方金额等于贷方金额，则称为“国际收支平衡”。①

自主性交易主要包括经常账户、资本账户以及金融账户的大部分内容。自主性交易发生后列入各有关账户，在一定时期必然存在差额，不是盈余就是赤字。补偿性交易包括全部因自主性交易发生不平衡时进行的融通交易，譬如，为弥补国际收支逆差而向外国政府或国际金融机构借款，或动用官方储备等。在分析中，人们往往把净误差和遗漏、储备资产变动称作“平衡项目”，视为补偿性交易。国际收支平衡，是真实的或者是内容上的平衡，以补偿性交易维持的平衡，仅仅是形式上或者是数额上的平衡。

### （二）国际收支平衡表的分析方法

首先，应对国际收支平衡表进行全面分析。国际收支平衡表内每个账户都有其独特内容，反映不同的对外经济活动，因此不仅要对国际收支平衡表中经常账户、资本账户、金融账户进行逐项分析，而且要对各大类中的具体细目进行逐项分析，特别要对在本国对外经济关系中占有重要地位和起主导作用的账户做重点分析。另外，由于国际收支各账户是一个有机整体，在分析中还必须找出其内在联系及规律，以把握总体。

其次，对国际收支平衡表还应进行比较分析。比较分析有两个方面的含义。一是对一国各个时期的国际收支平衡表进行连续分析和对比分析，掌握其顺差、逆差变化的实质原因和发展趋势，从而得出结论。例如，资本流动对输入国来说增加了外汇收入，改善了国际收支状况，在这一时期的国际收支平衡表上，一般会出现金融账户的平衡或顺差；但从长远来看，如果输入资本的投入并没有从根本上改善该国经常账户特别是贸易收支的状况，那么随着输入资本还本付息期的到来，该国的国际收支就可能出现逆差，甚至引发危机。二是对同期不同国家的国际收支进行比较分析。现代世界经济中各国之间各方面联系十分紧密，一国经济发生变化，会对其他国家产生影响；同时，他国经济的发展变化，也必将在该国经济关系中有所反映。例如，美

① 当然，国际收支平衡表账面是平衡的，线上项目的余额与线下项目的余额刚好相反，因此，对线上项目的分析也可以从线下项目进行。如线下项目出现借方余额，则线上项目必然为贷方余额，即国际收支顺差；反之，如线下项目出现贷方余额，则为国际收支逆差。

国高额贸易赤字的存在，与日本的高额贸易顺差密切相关，美国和日本之间因此产生了激烈的争端。而美国和日本贸易争端长期不能顺利解决，则在一定程度上加深了美国的贸易保护主义倾向。由于美国和日本都是世界贸易大国，因此美国的贸易保护主义对其他国家也会产生不利影响。

最后，为了研究一国对外收支的平衡情况，还应对国际收支平衡表进行差额分析。在国际收支分析中经常采用的差额主要有以下几个。

1. 贸易账户差额

贸易账户差额（Trade Account Balance）包括货物与服务项目。对许多国家来说，由于贸易收支在整个国际收支中所占比重较大，其差额对本国国际收支有重大影响。同时，贸易账户差额还表现了一个国家或地区自我创汇的能力，反映了一国的产业结构和产品在国际上的竞争力及其在国际分工中的地位，是一国对外经济交往的基础，影响和制约着其他账户的变化。

2. 经常账户差额（Current Account Balance）

由于经常账户是一国国际收支自主性交易的主要部分，经常账户若能保持顺差，该国国际收支就可能处于较为有利的地位；否则，将对该国国际收支产生不利影响。经常账户除贸易账户外，还包括初次收入账户和二次收入账户。假定二次收入账户数额较小，则初次收入账户与贸易账户之间的关系就成为经常账户能否保持平衡的重要因素。初次收入账户主要反映资本通过直接投资或间接投资取得的收入，因此初次收入账户与一国的国外净资产或净负债密切相关。即一国国外净资产数额越大，从国外得到的收入就越多，贸易账户就可以保持更多的赤字；相反，国外净负债越多，向国外支付的收入就越多，贸易收支就必须实现更多的盈余才能维持经常账户的平衡。

3. 金融账户差额（Financial Account Balance）

一国贸易流量与金融流量存在对应关系，经常账户中实际资源的流动与资本金融账户中资产所有权的流动是对应的，在不考虑误差与遗漏因素时，经常账户中的余额与资本金融账户余额必然存在方向相反、数量相等的余额。当经常账户出现顺差时，资本金融账户应为相应的赤字，即一国出现金融资产净流出以维持国际收支平衡。当经常账户发生逆差时，资本金融账户应存在相应盈余，即一国利用金融资产的净流入为经常账户赤字融资。资本金融账户的融资来源于两个方面：一是吸引国外资金流入，这主要受利率、各种投资利润率、预期汇率趋势和税负以及政治等因素的影响；二是如果一国难以吸引外资流入，那么该国必须通过本国政府持有的金融资产（官方储备）进行融资。对于一国来说，其储备是有限的，所以这一融资是有限的。值得注意的是，在传统经济中，国际资本流动曾长期依附贸易流动，本身流量有限，但在20世纪70—80年代后，国际资本流量远远超过了国际贸易流量，从根本上摆脱了对贸易的依附关系，并具有了相对独立的运动规律。现在，资本金融账户余额已不仅仅是经常账户余额的被动反映，在很多情况下，它对经常账户产生主动性影响。

4. 总差额

总差额（Overall Balance）也称“综合差额”。总差额是经常账户差额、资本账户差额、金融账户差额和净误差与遗漏之和，即仅仅把储备资产放在了线下，线上项目包括的内容最为全面。在国际收支平衡表的分析中，IMF倡导使用这一概念，我国也使用这一概念。在一般情况下，如果没有特别指明，所谓国际收支的顺差或逆差，就是指总差额的顺差或逆差。总差额反映了报告期内一国国际收支状况对其储备的影响，如果报告期内总差额出现不平衡，就只能增减官方储备进行调节了。

5. 净误差与遗漏

净误差与遗漏（Net Errors and Omissions）一般是由统计技术原因造成的，但有时也有人为因素，当该账户持续出现数额较大、方向相同差额时，人为因素的可能性就较大了。譬如，一国的净误差与遗漏账户中持续存在数额较大的借方余额，该国就可能存在资本外逃、走私、骗汇等非法活动。

（三）国际收支平衡表应用简例

例1. 某国企业出口价值800 000美元的设备，该企业在海外银行的存款相应增加。

借：金融账户——其他投资——海外存款　800 000

　贷：经常账户——货物与服务——货物出口　800 000

例 2. 某国居民到外国旅游花销 300 000 万美元，该费用从该居民的海外存款中扣除。

借：经常账户——货物与服务——服务——旅游　300 000

　贷：金融账户——其他投资——海外存款　300 000

例 3. 某国企业在海外投资所得利润 1500 000 美元，其中，750 000 美元用于当地再投资，500 000 美元购买当地商品运回国内，250 000 美元结售给政府换取本币。

借：金融账户——直接投资　750 000

　　经常账户——货物与服务——货物进口　500 000

　　金融账户——储备资产　250 000

　贷：经常账户——初次收入——投资收益　1500 000

例 4. 某国政府动用 400 000 美元储备向国外提供无偿援助，另提供相当于 600 000 美元的粮食药品援助。

借：经常账户——二次收入——经常转移　1000 000

　贷：金融账户——储备资产（外汇储备）　400 000

　　经常账户——货物与服务——货物出口　600 000

简化版国际收支平衡表实例如表 1-5 所示。

表 1-5　简化版国际收支平衡表实例

单位：美元

| 账户 | 差额 | 贷方 | 借方 |
|---|---|---|---|
| 一、经常账户 | 1 100 000 | 2 900 000 | 1 800 000 |
| 1. 货物与服务 | 600 000 | 1 400 000 | 800 000 |
| A. 货物 | 900 000 | 1 400 000 | 500 000 |
| B. 服务 | -300 000 | 0 | 300 000 |
| 2. 初次收入 | 1 500 000 | 1 500 000 | 0 |
| 3. 二次转移 | -1 000 000 | 0 | 1 000 000 |
| 二、资本账户 | 0 | 0 | 0 |
| 三、金融账户 | -1 100 000 | 700 000 | 1 800 000 |
| 1. 直接投资 | -750 000 | 0 | 750 000 |
| 2. 证券投资 | 0 | 0 | 0 |
| 3. 金融衍生产品 | 0 | 0 | 0 |
| 4. 其他投资 | -500 000 | 300 000 | 800 000 |
| 5. 储备资产 | 150 000 | 400 000 | 250 000 |
| 四、误差和遗漏 | 0 | 0 | 0 |

# 第四节　国际收支的调节

根据前文的分析，国际收支失衡是一种常态，而国际收支持续性失衡会对一国甚至相关国家的经济产生重大影响，因此官方会根据国际收支失衡的原因并遵循调整国际收支的原则找到合理的手段应对收支失衡问题。

## 一、国际收支失衡的原因

一国国际收支失衡可以由多种原因引起，对于不同原因引起的国际收支不平衡，应采用不同的方法进行调节。从性质上进行划分，国际收支不平衡可分为以下几种。

### （一）季节性失衡和偶然性失衡

由生产和消费的季节性造成的国际收支失衡称为“季节性失衡”。这一类失衡主要体现在发展中国家尤其是一些以农产品出口为主的国家，在农产品出口时，国际收支顺差；反之，则出现逆差。这一类失衡具有规律性强、可预测的特点。

由一次性的突发事件造成的国际收支失衡称为“偶然性失衡”。如地震、战争、骚乱等天灾人祸，这些因素出现后，会造成出口的下降，进口的增加，导致国际收支出现逆差。这一类失衡是无规律、不可预测的。

季节性因素和偶然性因素造成的国际收支失衡是暂时的，在这些因素消失之后，国际收支有自动恢复的趋势。

### （二）周期性失衡

周期性失衡（Cyclical Disequilibrium），是指一国经济周期波动引起的国际收支失衡。当一国经济处于衰退期时，社会总需求下降，导致国内支出下降，进口需求也相应下降，国际收支有顺差的趋势；当经济由衰退期进入复苏期时，进口需求上升，出口供给若未全面恢复，国际收支会出现顺差减少甚至逆差状况；当经济处于高涨和繁荣期时，国内投资与消费需求剧增，进口需求相应大量增加，如果超过出口供给，则国际收支很可能出现逆差。二战前，周期性失衡在发达资本主义国家表现比较明显；二战后，主要发达国家的经济周期具有同步性，这一类型的失衡有所减弱。但是，其会对发展中国家的国际收支产生影响，当这些国家处于衰退期时，对发展中国家产品的进口需求会下降，造成发展中国家出口下降。

### （三）收入性失衡

收入性失衡（Income Disequilibrium），是指由一国国民收入的变化引起的国际收支的不平衡。在市场经济国家，除了经济周期的不同阶段会引起国民收入的增加和减少外，经济增长率的高低，也会导致国民收入的增减。如果经济增长率高，则国民收入增加，该国的商品、劳务等输入和旅游、单方面转移等支出也可能随之增加，从而造成国际收支逆差；反之，如果国民收入减少，国内需求下降，则有利于出口，并使进口减少，国际收支就有可能恢复平衡或出现顺差。从长期来看，经济增长率高意味着一国生产率的提高和投资回报率的上升，可以较为有效地扩大出口、吸引外资，从而改善国际收支状况。

### （四）结构性失衡

结构性失衡（Structural Disequilibrium），是指由于国内产业结构特别是出口产业结构不能适应国际市场需求结构变化而发生的国际收支失衡。结构性失衡通常反映在贸易账户或经常账户上。结构性失衡有三个方面的原因。一是一国经济和产业结构变动的滞后引起的国际收支失衡，如当国际市场发生变化时，新的产品取代了老的产品，新的需求取代了老的需求，若该国的经济和生产结构不能及时根据新情况加以调整，那么该国的出口就会下降并可能出现逆差。二是一国的出口产业结构单一，一旦国际市场对其产品的需求下降，该国国际收支就会立即恶化。三是一国的要素价格结构发生了变化导致的国际收支失衡，如一国是劳动力禀赋丰富的国家，如果工资上涨率超过劳动生产率提高的幅度，则该国的出口产品就会丧失竞争力，导致出口下降造成逆差。

### （五）货币性失衡

货币性失衡（Monetary Disequilibrium），是指由一些货币性因素如一国的价格水平、成本、利率、汇率等的变动引发的国际收支失衡。在一定的汇率水平上，当一国物价普遍上涨或发生通货膨胀时，产品出口成本提高导致国际竞争力下降，出口减少；与此同时，进口成本降低，进口增加，国际收支发生逆差。反之，一国物价稳定或通货膨胀程度低，使出口成本降低，同时进口成本提高，导致出口增加、进口减少，国际收支出现顺差。在一定的价格水平上，本币的贬值会使本国出口增加，进口减少，国际收支发生顺差；反之，本币的升值，会使出口减少，进口增加，国际收支出现赤字。另外，一国利率水平的提高，会吸引外国资本的流入，同时抑制资本的流出，使国际收支出现顺差；反之，一国利率水平的降低，会使国际收支出现逆差。

(六) 外汇投机和不稳定的国际资本流动造成的国际收支失衡

在实行了浮动汇率制度之后，国际金融市场上存在巨额的国际游资（Hot Money），一有风吹草动，这些资本就会在各国之间频繁地流动，以追逐投机利润。这种变化莫测的短期资本流动常常造成一国的国际收支尤其是短期的不稳定。

导致国际收支失衡的原因很多，既有客观的，也有主观的；既有外部的，也有内部的；既有政治社会因素的作用，也有经济发展到一定阶段必然出现的一些因素的影响，还有一些偶发性因素，如自然灾害、政治动乱等也会使相关国家贸易条件、投资环境恶化，从而造成出口下降、资本外流，外汇投机猖獗，导致国际收支出现逆差。在现实经济活动中，各种因素交织在一起，还存在一些相互激发或相互抵消的作用，这就使国际收支失衡的原因变得较为复杂。在对国际收支进行调节时，必须首先找出主要原因，才能施以正确的调节措施。

## 二、国际收支持续性失衡对一国经济的影响

国际收支不论是出现逆差还是顺差，都是既有有利的一面，也有不利的一面。但不管是顺差还是逆差，都是持续时间越长，产生的不利影响越大。当然，人们一般认为国际收支逆差造成的危害比国际收支顺差大，强调对国际收支逆差的调节。但从二战后的情况来看，一些国家的国际收支持续顺差，对经济发展产生了一些不利影响。因此，目前一些国家开始重视调节持续顺差。

(一) 国际收支持续性逆差对国内经济的影响

1. 逆差国面临货币贬值压力

国际收支持续逆差会导致逆差国外汇短缺，外汇汇率上升，本币汇率下跌。如果逆差严重且在短期内难以缓和，则会造成本币汇率过度下跌，这样不但会削弱本币在国际上的地位，而且因汇率波动较大而加大对外贸易和资本流动的风险，甚至引起国际资本大量外逃，进而引发货币危机。

2. 国家信用受损

国际收支持续性逆差还会导致外汇储备大量流失。当一国发生持续性逆差导致本币急剧下跌时，中央银行无论动用外汇储备干预外汇市场稳定汇率，还是动用外汇储备弥补逆差，都会严重消耗该国的储备资产，甚至造成外汇储备枯竭，削弱其国际清偿能力，进而加剧损害该国的国际地位和声誉。

3. 过度逆差将阻碍经济健康发展

中央银行在逆差情况下对外汇市场的干预，还会导致国内的通货紧缩，引起经济增长速度放慢和失业率上升。另外，持续性逆差使该国获取外汇的能力减弱，一部分国际储备资产又因弥补逆差而丧失，这样有可能使该国生产资料必需品的进口减少，进而也会影响国民经济的增长以及就业水平的提高。

### （二）国际收支持续性顺差对国内经济的影响

1. 挤占国内外市场

国际收支持续性顺差使市场上外汇供给大于需求，引起外汇汇率下跌，本币汇率上升，从而提高以外币表示的本国出口商品的价格，降低以本币表示的外国进口商品的价格，削弱本国在国际贸易中的价格竞争力，这样有可能导致国内外市场规模减小甚至失去国内外市场。

2. 影响总供求关系

国际收支持续性顺差有可能破坏国内经济均衡，使社会总需求大于总供给。首先，一国国际收支持续性顺差如果是由贸易收支顺差即商品大量出口造成的，则会引起国内社会产品供给减少，使国内需求相对过大；其次，一国国际收支持续性顺差造成本币汇率上升，对本国出口不利，如果中央银行被迫进入市场进行干预，增加本币的投放，就会创造新的需求，加大通货膨胀压力；最后，持续顺差还会使本国对外国资本更具吸引力，新的外资流入进一步加大货币供给和社会需求，使社会总需求与总供给之间的失衡更趋恶化。

3. 增加贸易摩擦

一国国际收支持续性顺差意味着其他国家国际收支的逆差，影响到其他国家的经济利益和经济发展，这必然导致国际贸易摩擦，贸易伙伴国贸易保护主义倾向日益严重，从而不利于国际经济关系的正常发展。

4. 导致国内资源过度开发

国际收支持续性顺差还有可能破坏本国经济的持续发展。一些发展中国家科学技术水平较低，出口商品以资源型的初级产品为主，这些国家如果保持持续顺差状况，则意味着国内资源的过度开发，将会给这些国家的经济可持续发展留下巨大隐患。

总的来看，一国要保持国际收支绝对平衡是不可能的，也就是说在一定时期内，国际收支的顺差和逆差都是不可避免的，但这并不意味着政府对此可以不加干预，政府的责任就是把国际收支的失衡程度控制在一定限度内，并保持适量的国际储备和较强的国际清偿能力。政府对国际收支的调节需要针对失衡原因和状况选择相应的政策措施。

## 三、国际收支调节的原则

### （一）按照国际收支失衡的类型选择调节的方式

由于国际收支失衡不同类型的产生原因和影响结果均存在差异，因此要因地制宜地进行调节。针对季节性和偶然性失衡，由于失衡是短期性的，可以动用该国的外汇储备或者向国外短期借款进行弥补，但是这种方式如果用于持续的巨额逆差则收效甚微。针对货币性失衡，一般采用调整汇率的方式，即逆差国实行本币贬值，顺差国实行本币升值。但无论升值还是贬值，都只能在实施之初收到成效，而不能做到一劳永逸。针对结构性失衡，主要采用对金融贸易进行直接管制的方式，也是在短期内有效。针对周期性失衡和收入性失衡，一般采用财政政策和货币政策进行调整。

### （二）不应与一国经济内部均衡的经济目标相冲突

如国际收支逆差，同时国内经济不景气，实施高利率有利于国际收支的调节，而实施低利率则有利于国内经济的调节，二者不能同时实现，这时应首先考虑国内经济的平衡。

### （三）注意国际影响，避免国际纠纷

在选择调节方式的时候，应考虑到其他国家尤其是贸易伙伴国的承受能

力，否则会遭到他国的报复。

## 四、国际收支调节的手段

### （一）国际收支自动调节机制

在市场经济条件下，一国的国际收支失衡，会引起一些经济变量的反应，并使国际收支自动趋于平衡。

1. 货币-价格机制

在不同货币制度下，货币-价格机制对国际收支的调节过程是不同的。在国际金本位制度下，一国的国际收支可以通过黄金的输出入自动恢复平衡。譬如，一国国际收支发生逆差，引起黄金外流，国内货币存量减少，国内一般物价水平下跌，物价下跌可刺激出口、抑制进口，贸易差额因此得到改善。在国际收支顺差情况下正好相反。在以纸币流通为基础的货币制度下，货币-价格机制是通过汇率的变动引起相对价格的变动，进而影响国际收支。当一国国际收支发生逆差时，由于对外支出大于对外收入，引起本国货币汇率下跌。本币汇率下跌使本国出口商品价格相对下降、进口商品价格相对上升，从而使出口增加，进口减少，贸易收支得到改善。

2. 收入机制

当一国因出口减少而发生逆差时，国内货币流通量减少，利率上升，国内投资需求和消费需求减少，国民收入随之减少。国民收入下降引起社会总需求下降，进口需求下降，进口减少使贸易收支趋于平衡。在国际收支顺差情况下相反。

3. 利率机制

国际收支失衡引起的利率变动在两个方面对国际收支产生反作用。如在国际收支逆差情况下，一方面利率上升使国内投资需求和消费需求下降，进口减少，贸易差额得到改善；另一方面利率上升会吸引外国资本流入，从而使资本账户收支得到改善，国际收支趋于平衡或出现顺差。

国际收支自动调节机制只有在纯粹的自由经济中才能产生上述作用，而在二战以后，这种纯粹自由经济的基础已不复存在，国家干预、政府采用各种经济政策主动调节经济过程已成为经济活动的重要内容，各国政府对本国国际收支的调节政策也成为宏观经济政策的重要组成部分。

### （二）国际收支政策调节

国际收支失衡的原因是较为复杂的，一国政府在对国际收支进行调节时，必须首先找出主要原因，才能施以正确的调节措施。在目前情况下，各国对国际收支失衡通常采取以下几种调节措施。

1. 产业政策

针对经济结构失衡造成的国际收支失衡，一国政府应根据国际产业结构的变化和国际市场供求的变化，不断调整产业结构，提高出口竞争力。自20世纪90年代以来，世界经济结构发生了很大变化，进入了从传统制造业向现代信息产业的转变过程。在这种情况下，对于在世界经济发展中处于主导地位的发达国家来说，随着发展中国家产业升级的加速和经济的逐渐成熟，进行产业结构调整，提高出口竞争力的主要途径就是加强研究与开发，获取能影响未来世界经济发展的技术和资源优势；对于发展中国家来说，则主要是积极引进外国直接投资，提高自身研究开发水平，抓住机会，在扩大其传统制造业在世界市场份额、提高经济水平的同时，努力为未来的产业升级做好准备。

2. 财政政策和货币政策

对于国际收支周期性失衡和货币性失衡，一国政府通常采用扩张性或紧缩性财政政策和货币政策，提高或降低收入和物价，进而消除国际收支的逆差或顺差。在财政政策方面，一般是通过对各类税收和对公共支出系统的调节来影响收入与支出。譬如，在国际收支顺差情况下，财政当局通过扩张性的财政政策，以减税和增加预算支出刺激企业及个人的投资需求与消费需求，进而使收入增加或物价上涨，导致进口增加，减少国际收支顺差。在货币政策方面，货币当局一般通过各类货币政策工具，增加或减少货币供应量，进而影响国内社会总需求规模和国际资本流向，达到调节国际收支的目的。譬如，在国际收支逆差状况下，可通过提高利率吸引国际资金流入，以金融账户顺差弥补经常账户逆差。

3. 外汇缓冲政策

外汇缓冲政策，是指货币当局通过动用官方储备或向外筹措短期借款，缓和或抵消外汇需求或供给发生较大波动时造成的国际收支短期失衡的影响。国际上一般的做法是建立外汇平准基金，当市场出现超额外汇供给或需求时，货币当局运用该基金在外汇公开市场上进行操作，买进或卖出外汇，以抵销超额外汇供给或需求。这种方法对于消除偶发性因素或非正常资本流动造成的国际收支短期失衡，具有灵活、简便的优点，它能使国际收支失衡的影响限于官方储备资产的变动，在失衡不是很严重的情况下，可在不改变国内经济运行秩序和不引起国内金融市场动荡的情况下实现国际收支平衡。

4. 汇率政策

调整汇率作为调节国际收支的政策手段，在不同汇率制度下表现形式是不同的。在固定汇率制度下，货币当局采用货币法定升值或法定贬值的方法，降低或提高本国货币的对外价值，以达到调节国际收支的目的。譬如，当一国发生国际收支逆差时，货币当局可宣布本国货币实行对外贬值，使本国出口商品以外币表示的价格下降和使进口商品以本币表示的价格上升，通过进出口商品相对价格的变化促进出口、抑制进口，减少国际收支逆差并使之趋于平衡。在浮动汇率制度下，货币当局可在外汇公开市场上进行操作，在国际收支顺差状况下使本币汇率上浮，或在国际收支逆差状况下使本币汇率下浮，改变进出口商品相对价格水平，以达到调节国际收支的目的。在实行钉住汇率制度的国家，这一政策表现为货币当局直接调整或干预本币对关键货币的比价，使汇率稳定在一个预期的合理水平。

5. 直接管制

直接管制，是指一国政府以行政命令的办法，直接干预国际经济交易。另外，采用差别汇率的方式也可以达到管制外汇的目的。这类政策包括进口管制和出口管制，又分为数量管制和价格管制两种类型。数量性进口管制主要包括进口许可证、进口配额、外汇管制等；价格性进口管制主要是指运用关税壁垒，提高进口成本。数量性出口管制主要是指以出口许可证来限制某些商品的出口，这些商品有的是由于国内需求较多，或与国内经济关系较为密切，过多出口可能对国内经济产生不利影响；有的是由于国内供给较多，但国际市场较狭窄，过多出口会使销售价格下降，因此规定必须取得许可证才能出口。价格性出口管制更多地运用于对出口采取奖励，如出口津贴、出口免税、出口退税、出口信贷等。

直接管制对于调节一国国际收支，效果较为迅速和明显，针对性更强，不易引起经济的整体变动。因此，对于局部性失衡，这种方法更有效。但直接管制容易引起贸易伙伴国的报复，与多边贸易规则相悖。在市场经济不发达的国家，长期靠行政力量调节国际收支，一方面使市场发育更为迟缓，本国企业生产效率更难提高；另一方面容易变显性赤字为隐性赤字，一旦政策力度减小或取消，问题就会重新显现。

## 第五节　西方国际收支理论

国际收支理论是国际金融学的基本课题，主要研究、分析一国国际收支的决定因素和调节国际收支的政策措施。经典的国际收支理论能为国际收支的学习及应用提供理论指导。

### 一、重商主义国际收支理论

在资本主义历史上，国际贸易的形成和发展，早于国际资本流动，这就造成了在相当长的时间里，国际收支的内容基本上就是贸易差额，与此相对应，国际收支理论也从属于国际贸易学说。这一过程从重商主义开始一直延续到20世纪30年代。

早在300多年前，重商主义者就着重研究了贸易收支问题，他们认为，只有对外贸易才是国家获取货币财富的真正源泉，因为商人可以通过对外贸易将商品输出国外，换回金银，从而增加国内的货币存量。而在对外贸易中，必须遵循“多卖少买、多收入少支出”的原则，以保持对外贸易顺差。在这里，重商主义者首次采用了“贸易顺差”这一概念。但在如何保持顺差问题上，早期重商主义者和晚期重商主义者存在分歧，因而出现了货币差额论和贸易差额论的区别。

货币差额论的重要代表人物是英国的早期重商主义者约翰·海尔斯。他认为，在对外贸易中，为了保持顺差，应注意不要向外国购买超过本国向外国卖出的东西，要设法将货币留在国内，不使货币流向国外。基于此，他既反对从外国输入商品，又反对初级产品的出口。他认为，前者只会引起货币的外流，而输出本国初级产品，经外国加工后再以高价输入，这样不仅卖出的商品便宜，买进的工业品贵，使货币外流，还剥夺了国内的生计。

晚期重商主义的贸易收支理论的核心是贸易差额论。晚期重商主义者认识到，货币产生贸易，贸易增加货币，货币只有在不断的运动中才能不断地增多。因此，国家不应该禁止货币输出，而应该允许将货币输出国外以便扩大对外国商品的购买。但是，在对外贸易中，必须保持贸易顺差原则，因为只有出超才能使国家积累货币财富，出超越多国家就越富有。因此，他们坚持扩大国内制造业产品的输出，限制本国能生产的消费品，特别是奢侈品的输入。于是，奖出限入成为晚期重商主义时期的重要贸易政策。

晚期重商主义代表人物托马斯·孟（Thomas Mun，1571—1641）还进一步提出了总贸易差额论。他认为，在对个别国家的贸易中，应允许贸易收支逆差存在，只要总的贸易差额保持顺差就可以了。另外，在某一时期国家从对外贸易中取得的货币入不敷出是可以被允许的，只要贸易实现平衡，货币就能流回国内，使财富增多。托马斯·孟还提出，影响一国对外贸易平衡的不仅仅是贸易收支，还包括非贸易收支和转移支付。他详细开列了这些账户的名称：①旅客费用；②馈赠礼物；③走私货物；④外汇兑换的货币利息及货物、人身保险获得的利益；⑤汇往国外的货币；⑥外国捐赠；⑦进出口货物运费、利润等。上述②、③、⑤、⑥是转移支付项目，而①、④、⑦是非贸易收支项目。此外，托马斯·孟还主张用复式记账法编制贸易平衡表，贸易平衡表包括了前述所有的内容。从贸易平衡表的结构和记账方法来看，他的平衡表与现代国际收支平衡表十分相似。从这点来看，托马斯·孟的学术思想是国际收支理论发展的起源。

## 二、价格-铸币流动机制

价格-铸币流动机制的创始人大卫·休谟（David Hume，1711—1776）生活的年代，是英国工场手工业鼎盛并向机器大工业过渡的时期。在商业资本统治时期，英国工业基础十分薄弱，它要求鼓励输出、限制输入，以免受外国货的竞争与打击。因此，当时英国政府采取贸易保护政策，限制自由贸易。然而，随着资本主义生产的迅速发展，英国的工业基础日益强大，工业资本逐步取得了统治地位。为了便于对外竞争，工业资本要求贸易自由。于是，放弃重商主义的贸易保护政策，鼓吹自由贸易，就成了这一时期英国资本主义发展的首要问题。休谟的价格-铸币流动机制，就是在这一背景下提出来的。

休谟认为，只要世界各国相互保持贸易关系，一国对外贸易的货币收支有余或不足就会自动调节，使各国的贵金属均衡分配。他所说的这种货币的均衡分配，不是指绝对数量的平均分配，而是指各国拥有的货币同各自的商品和劳务数量以及工业与技艺发展水平之间保持的比例大致相同。

休谟以英国为例，来说明这种国际价格机制的自动调节作用。

假设英国的货币一夜之间消失4/5，那么一切劳动和商品的价格将会相应下降。在这样的价格条件下，还有哪个国家能在国际市场上与英国进行竞争，或以与英国同样的价格从事海运和出售工业品呢？于是，用不了多少时间，英国就会弥补它所损失的货币量并赶上邻国的水平。一旦达到这一目的，英国就会立即丧失其廉价商品和廉价劳动的有利条件，外国货币也就不再流入英国。相反地，假设英国的货币在一夜之间增加4倍，那么劳动和商品的价格将会相应提高。在这样的价格条件下，哪个国家能买得起英国的货物呢？英国无法阻止外国商品进口，也无法限制本国货币外流，直到英国的货币量下降到与邻国相等为止。

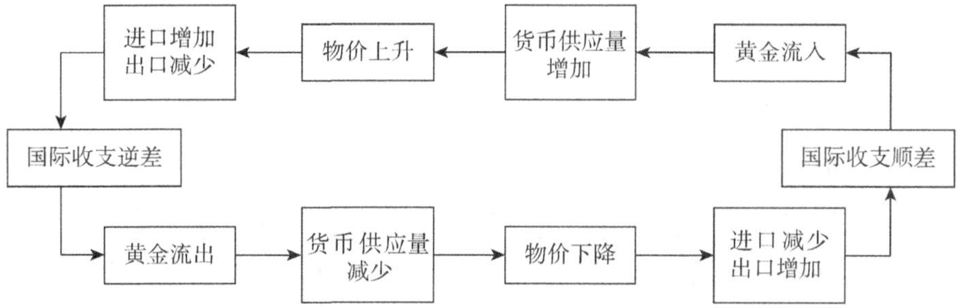


**图 1-3 休谟的价格-铸币流动机制**

休谟认为，汇率变动也会通过价格机制的作用自动调节贸易收支，即贸易逆差使逆差国汇率下跌，当汇率跌至铸币的输出点以下时，就会引起国际黄金流动，并引起该国国内货币数量减少，物价和收入下降，出口增加，进口减少，从而纠正贸易逆差。如果一国出现贸易顺差，则汇率变动对贸易收支的调节过程与上述过程相反。

因此，休谟认为，在国际金本位制下，任何国家都不能维持永久的国际收支顺差，而逆差国也不必担心会长期失去它的全部货币供给。但是，“价格-铸币流动机制”的实现需要具备一些前提条件。第一，不存在大量失业，否则货币供给量的变动很难导致物价相应变动。第二，没有国际资本流动，否则国际收支失衡未必引起黄金流动。第三，各国都必须遵守金本位制的货币纪律，一方面，不能限制黄金自由流动；另一方面，在出现国际收支失衡时，不应对货币供给施加相反的影响，如逆差国紧缩信用或顺差国扩大信用。第四，保持自由商品市场，政府不加以政策干预，物价具有完全弹性，各国处于完全竞争、充分就业状态。

## 三、弹性分析理论

20 世纪 30 年代，各国实行竞争性的货币贬值，因此，汇率变动频繁。这种汇率的剧烈变动特别是货币的竞相贬值，对国际收支会带来什么样的影响，引起了经济学家的注意。英国经济学家琼·罗宾逊（Joan Robinson）和 A. 勒纳（A. Lerner）在马歇尔微观经济学与局部均衡分析方法的基础上发展起来的弹性分析法（Elasticity Approach）就产生于这样一种背景下。

（一）马歇尔-勒纳条件

弹性分析法主要研究货币贬值取得成功的条件及其对贸易收支差额的影响。其假定前提有以下几点。①弹性分析建立在局部均衡基础上，这意味着它只考虑汇率变化对进出口商品的影响，其他一切条件（包括收入、其他商品价格、偏好等）不变，进出口需求曲线本身的位置不变，货币贬值的收入效应和价格效应被省略。②贸易商品的供给弹性为无穷大，从而按照本国货币表示的出口价格不随需求增加而上涨，与出口相竞争的外国商品价格也不因需求减少而下降。当进口需求减少时，以外国货币计算的进口商品价格不下降；当进口替代商品需求增加时，与进口相竞争的国内商品价格也不上升。假设供给弹性为无穷大，可以使对外币的需求弹性等于对进口商品的需求弹性。③经济处于充分就业状态，即收入不变而价格可变，因而进出口商品的需求就是这些商品和其替代品的价格水平的函数。④没有资本移动，国际收支等于贸易收支；贸易最初是平衡的，汇率变化很小。该理论主要围绕进出口商品的供求弹性讨论汇率变化对国际收支调节的作用，因此称为“弹性分析法”。

汇率变动会引起商品、劳务相对价格的变动，价格变动会引起需求和供给数量的变动。需求量或供给量变动的百分比与价格变动的百分比之比，称为需求或供给对价格的弹性，即“需求弹性”或“供给弹性”。贬值能否改善贸易收支，取决于进出口商品需求与供给的弹性，在假定贸易商品的供给弹性为无穷大的条件下，主要考虑进出口商品需求弹性。

出口商品的需求弹性公式为

$$E_x = \frac{Q_x\%}{P_x^F\%} \tag{1-2}$$

式（1-2）中，$E_x$ 为出口商品的需求弹性，$Q_x$ 为出口商品数量，$P_x^F$ 为出口商品外币价格。

进口商品的需求弹性公式为

$$E_m = \frac{Q_m\%}{P_m\%} \quad (1-3)$$

式（1-3）中，$E_m$ 为进口商品的需求弹性，$Q_m$ 为进口商品数量，$P_m$ 为进口商品本币价格。

由式（1-2）和式（1-3）可见，所谓进出口商品的需求弹性，就是指进出口商品的需求数量对进出口商品价格变化的反映程度，实质上就是一种比例关系。这种比例关系的值越高，弹性越大，说明进出口商品价格能在较大程度上影响进出口商品的需求数量；这种比例关系的值越小，弹性越小，说明进出口商品价格对进出口商品的需求数量的影响较小。

假定供给具有完全弹性，那么贬值的效果就取决于需求的弹性，如果以 $E_m$ 表示进口需求弹性，以 $E_x$ 表示出口需求弹性，那么贬值改善贸易收支状况的充分必要条件就是

$$E_x + E_m > 1 \quad (1-4)$$

这一条件的根据由马歇尔提出，并由勒纳加以发展，所以称为“马歇尔-勒纳条件”（Marshall-Lerner Condition）。

马歇尔-勒纳条件可以用供求曲线来说明。以美、英两国模型为例。如图1-4所示为以美元计算的英国出口供给与需求。（由于一国国际收支的本质问题是外汇短缺，对进出口分析以外币为单位更适宜。）

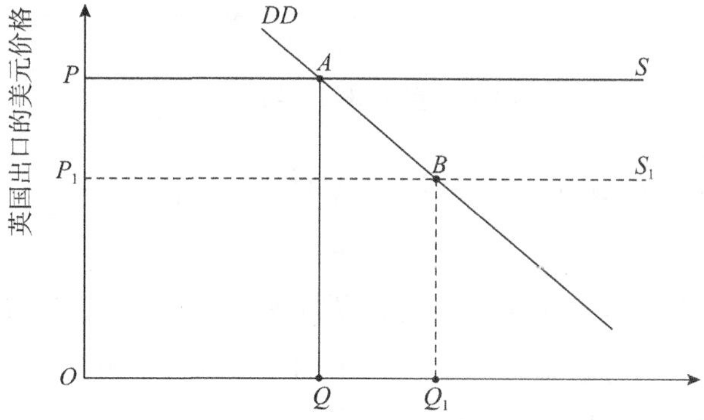


**图 1-4 以美元计算的英国出口供给与需求**

假设供给弹性为无穷大，需求与美元价格成反比。再假设贸易在现行汇率上达到平衡。贬值使出口的美元价格下降，从点 $P$ 到点 $P_1$，导致供给曲线从 $S$ 下移到 $S_1$，供求均衡点由点 $A$ 向点 $B$ 移动，贬值前出口的美元收入为 $OPAQ$，贬值后为 $OP_1BQ_1$。那么，贬值后的外汇收入是否大于贬值前的外汇收入，取决于出口需求的价格弹性 $E_x$。当 $E_x<1$ 时，收入下降；当 $E_x=1$ 时，收入不变；当 $E_x>1$ 时，收入增加。

假设贬值本身不改变进口的美元价格，而是提高进口的英镑价格。再假设在任一美元价格上，与英镑相关的需求具有弹性，即进口需求弹性大于零（$E_m>0$），那么贬值就可以使进口需求减少，需求曲线向左移动，从 $DD$ 移到 $D_1D_1$，进口需求量从点 $Q$ 降到点 $Q_1$，进口的美元支出下降，从 $OPCQ$ 缩小到 $OPDQ_1$（见图 1-5）。

显然，外汇收入的总变化取决于进出口需求弹性，即本国对进口商品需求的价格弹性和外国对本国出口商品需求的价格弹性的大小。

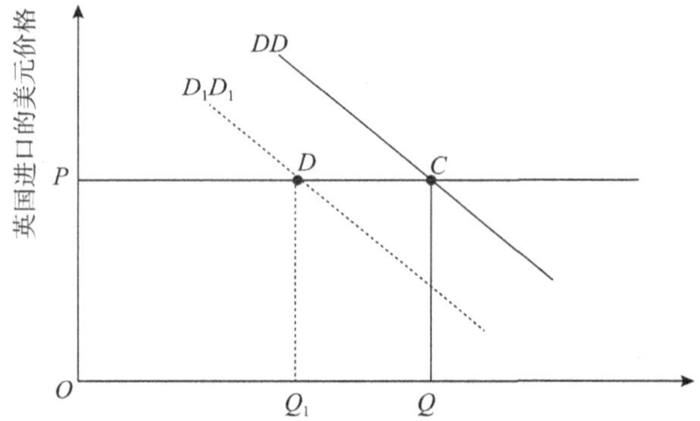


**图 1-5　英国进口供给与需求**

进一步分析，如果以本国货币记录贸易收支，设

$$B = P_xX - rP_m^FM \tag{1-5}$$

式（1-5）中，$B$ 表示以本币记录的贸易收支，$P_x$ 表示出口商品的本币价格；$X$ 表示出口数量；$r$ 为汇率，即单位外币的本币价格；$P_m^F$ 表示进口商品外币价格；$M$ 表示进口数量。

根据弹性的定义，一方面，如果本币贬值 1%，出口外币价格下降 1%，

出口数量就会增加 $E_x\%$（$E_x$ 即出口需求弹性的绝对值）。这样，由于出口本币价格不变，以本币表示的出口收入会随出口数量的增加而等幅增加，其变动为 $E_x\% \times P_xX$。

另一方面，如果进口外币价格不变，进口商品本币价格上升1%，进口数量就会减少 $E_m\%$（$E_m$ 即进口需求弹性的绝对值）。这样，因进口数量下降而引起的进口支出变动为 $-E_m\% \times rP_m{}^FM$，因本币价格上升而引起的进口本币支出变动为 $1\% \times rP_m{}^FM$，整理为 $(1-E_M)\% \times rP_m{}^FM$。

综合进出口收支的变动，即可得到

$$\Delta B = E_x\% \times P_x X - (1 - E_m)\% \times r P_m^F M \tag{1-6}$$

如果 $E_X\% \times P_xX > (1-E_M)\% \times rP_m{}^FM$，那么国际收支就会由于汇率贬值而改善；反之，则会恶化。如果按照前设假定，贬值前贸易收支是平衡的，即 $P_xX = rP_m{}^FM$，$E_x + E_m > 1$ 就成为汇率贬值能带来国际收支改善的必要条件。也就是说，在进出口供给弹性无穷大的情况下，只要一国进出口需求弹性的绝对值之和大于1，本国货币贬值就可以改善贸易收支状况。

### （二）毕肯戴克-罗宾逊-梅茨勒条件

马歇尔-勒纳条件的假设前提是进出口供给弹性无穷大，即进口和出口的供给曲线为水平线，而实际上在充分就业条件下，这一假定条件并不十分合理。如果摒弃这一假定条件，进出口以供给方货币表示的价格就不会在贬值后保持不变。出口的本币价格（$P_x$）与进口的外币价格（$P_m^F$）将因贬值而分别上升和下降。进出口数量也不会单纯取决于进出口需求弹性，而是分别由进口的供给弹性与需求弹性、出口的供给弹性与需求弹性共同决定的。由于出口的本币价格上升，进口的本币价格也不再像在进口价格不变时上升那么大，贸易条件可能因贬值而恶化，这主要视进出口商品的供给弹性之乘积大于还是小于进出口商品的需求弹性之乘积而定。

在这种情况下，马歇尔-勒纳条件不再适用。本国货币贬值能否带来贸易收支的改善，取决于进出口供给弹性是否满足毕肯戴克-罗宾逊-梅茨勒条件（Bickerdike-Robinson-Metzker Condition），即

$$\frac{E_x E_m(S_x + S_m + 1) + S_x[S_m(E_x + E_m - 1)]}{(E_x + S_x) + (E_m + S_m)} > 0 \quad (1-7)$$

式（1-7）中，$S_x$ 和 $S_m$ 分别代表出口供给弹性与进口供给弹性。显然，马歇尔-勒纳条件仅仅是毕肯戴克-罗宾逊-梅茨勒条件的一个特例。

从上述分析可以看到，弹性理论揭示了汇率改变国内外产品之间和本国贸易品与非贸易品部门之间的相对价格影响进出口供给需求的机制，在一定程度上反映了世界市场的现实情况。但应该看到，在充分就业和收入不变的假定条件下，贬值之所以能改善贸易收支，部分是因为贬值通过本国生产的贸易品与非贸易品相对价格水平的变化，诱发生产资源从非贸易品部门转移到贸易品生产部门，并抑制本国居民减少对出口品的消费，以满足国内外需求转换的要求。但是，随着贸易品的产量增加，非贸易品的产量减少，加上国内居民由于贸易品的价格上升转向对非贸易品的需求增加，非贸易品的相对价格会逐渐回升。由此，非贸易品的生产止跌回升，由非贸易品部门释放出的转移到贸易品部门的资源逐渐减少。可见，贬值改善贸易收支的作用并不是一劳永逸的，其无法从根本上解决贸易收支逆差问题。

### （三）弹性分析理论的局限性

弹性分析理论研究汇率变动对国际收支状况的价格调节机制，在一定程度上反映了当时的国际贸易情况，然而它不可避免地存在一些局限性。

第一，弹性分析理论建立在局部均衡基础上，忽略了汇率调节引起的收入效应和支出效应，实际上货币贬值的结果使出口开始增加，以此为起点，国民收入、进口也会增加；本国进口减少意味着外国国民收入和进口（本国的出口）也趋向减少，因此弹性分析理论对贬值效应的分析是不全面的。

第二，弹性分析理论是一种静态分析。实际上，贬值在短期内并不能立即引起贸易数量的变化。因为在国际贸易中，对价格做出的需求变动反应存在“时滞”，贸易收支在贬值初期反而会恶化，只有经过一段时期后，贸易收支才能有所改善，而贬值导致贸易收支出现更大改善的“正常效应”，则需要更长时间。货币贬值的 J 形曲线效应如图 1-6 所示。

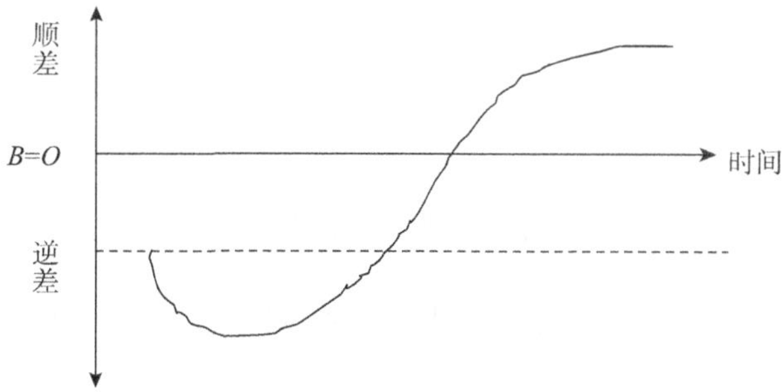


**图 1-6 货币贬值的 J 形曲线效应**

为什么贸易收支会先恶化呢？首先，如果一国对外贸易受制于贬值以前的合同，那么贬值并不立即影响贸易品与非贸易品的相对价格。其次，即使相对价格发生变化，也会有认识迟延、决策迟延、传递迟延和生产迟延的情况发生。所有这些，都将导致短期内的进出口数量变化幅度小于货币价格下降的幅度。此外，人们的心理因素也会对贬值的效果产生影响，如果人们认为目前的贬值只是进一步贬值的一个信号或前奏，那么国内进口商会因为担心今后进口要支付更多的货币而加速订货，外国进口商则会推迟从贬值国的进口，从而减少贬值国的出口。这样，在贬值后的一段时期贸易收支反而恶化了，只有再经过一段时间贸易收支才会逐渐好转。这一过程很像字母“J”，所以被称为“J 形曲线效应”。

## 四、乘数理论

乘数理论（Multiplier Approach），又称“收入论”或“收入分析法”（Income Approach），分析的是在汇率和价格不变的条件下收入变动在国际收支调整中的作用。乘数理论同样不考虑国际资本流动，将国际收支等同于贸易收支。它的基本精神是，进口支出是国民收入的函数，自主性支出的变动通过乘数效应引起国民收入变动从而影响进口支出。

由凯恩斯的乘数原理我们知道，一国国民收入会因自主性支出变动而发生多倍的变动。在引入进出口贸易后，凯恩斯主义的国民收入决定模型变为

$$Y = \frac{1}{1 - c + m}(C_0 + I + G + X - M_0) \tag{1-8}$$

模型（1-8）中，$Y$、$c$、$m$、$C_0$、$I$、$G$、$X$、$M_0$ 分别表示国民收入、边际消费倾向、边际进口倾向、自主性消费、投资、政府支出、出口、自主性进口。在总需求中，自主性部分的变动构成被乘数，而受收入影响的诱发性部分则影响乘数的大小。一般来说，对外贸易乘数 $\frac{1}{1 - c + m}$ 小于封闭经济条件下的乘数，但仍大于1。因此，无论 $C_0$、$I$、$G$，还是 $X$、$M_0$，这些自主性支出的变动都会带来国民收入的多倍变化。显然，凯恩斯主义也倡导一国实现贸易盈余，主张鼓励出口，抑制进口，以刺激经济，提高国民收入。这被称为“新重商主义”政策，在第二次世界大战后被西方国家奉为圭臬。

由于进口随国民收入的增减而增减，贸易差额也受国民收入的影响。不考虑国际资本流动，国际收支差额（$B$）就等于贸易收支差额。这就有

$$B = X - (M_0 + mY)$$

即

$$B = X - M_0 - \frac{m}{1 - c + m}(C_0 + I + G + X - M_0) \tag{1-9}$$

式（1-9）表明，一国可以通过需求管理政策调整国际收支。当一国国际收支出现赤字时，货币当局可以实施紧缩性财政货币政策，降低国民收入，以减少进口支出，改善国际收支；当一国国际收支出现盈余时，货币当局可以实施扩张性财政货币政策，提高国民收入，以增加进口支出，减少国际收支盈余。这种通过收入变动调整国际收支的效果，取决于本国边际进口倾向（$m$）的大小，亦即取决于进口需求收入弹性和开放程度的大小，因为边际进口倾向$\left(\frac{\Delta M}{\Delta Y}\right)$为进口需求收入弹性$\left(\frac{\Delta M}{M} \times \frac{Y}{\Delta Y}\right)$与开放程度$\left(\frac{M}{Y}\right)$之积。这表明，一国开放程度越大，进口需求收入弹性越大，一定规模的紧缩政策带来的国际收支改善程度就越大。

出口、自主性进口的变动（如因贬值通过需求转换引起的）除了直接带来国际收支的变动外，还会通过国民收入的变化，导致诱发性进口的变动，从而

进一步影响国际收支状况。基于此，一些西方学者如哈伯格（A. C. Harberger）等将贬值由弹性论说明的需求替代效应与这一收入效应结合起来，修正了贬值能改善国际收支的条件。这一条件不再是马歇尔-勒纳条件，而是更严格的哈伯格条件（Harberger Condition）：

$$E_x + E_m > 1 + m \tag{1-10}$$

显然，这一条件要比马歇尔-勒纳条件更富有现实意义，因为它考虑了贬值通过收入的变动对国际收支产生的影响，并且出口供给弹性无穷大的假定更接近于非充分就业的现实。

以上分析假定考虑的对象是一个小国，如果考虑的对象是一个大国，即它的进出口供求对外国经济会产生不可忽视的影响，就需要将国外回应考虑进去。为了方便分析，假设世界由两个大国构成。这样，A 国的出口就是 B 国的进口，A 国的进口就是 B 国的出口。假定最初 A 国出口增加，就意味着 B 国进口增加。但 B 国的国民收入会随之下降，导致 B 国进口支出减少，即 A 国出口收入减少。因此，在存在国外回应的情况下，A 国的对外贸易乘数将比原来的小。

国外回应还可成为经济周期世界同步性的机制，A 国出现经济衰退，国民收入下降，导致进口支出减少，也就是 B 国出口收入减少，从而引起 B 国国民收入下降。如果在分析贬值对国际收支的影响时进一步考虑国外回应的作用，那么哈伯格条件就需要进一步修正为

$$E_x + E_m > 1 + m + m^* \tag{1-11}$$

式（1-11）中，$m^*$ 为贸易伙伴国的边际进口倾向。这就是说，在进出口供给弹性无穷大的情况下，大国只有在进出口需求弹性之和大于 1+本国和外国的边际进口倾向时，贬值才能有效地改善国际收支。而 $E_x + E_m > 1 + m$ 的条件则适用于小国。

乘数理论阐述了对外贸易与国民收入之间的关系，以及各国经济通过进出口途径相互影响的原理，对于我们理解现实经济状况有一定的启发意义。但这一理论是建立在凯恩斯乘数原理的基础上的，模型中没有考虑货币量和价格因素的作用。如果国内已处于充分就业状态，出口增加就意味着过度需

求，将造成需求拉起的通货膨胀。出口增加引起的总需求增加不同于投资增加引起的总需求增加，后者虽会引起通货膨胀，但从动态来看，它过一段时期后会形成新的生产能力，增加供给，可以在一定程度上抵消过度需求，但出口引起的过度需求则不会形成生产能力。这是以乘数理论引出的新重商主义政策的应用局限性所在。另外，乘数理论同样没有考虑资本流动，因此关于收入对国际收支的影响分析并不全面。收入上升虽然能刺激进口增加，但收入上升往往意味着经济繁荣，由此可能会吸引外国资金流入，带来资本账户收支的改善，抵消其对经常账户收支的不利影响。

## 五、吸收分析理论

吸收分析（The Theory of Absorption Approach ）是西方经济学中论述国际收支的又一重要理论。这一理论是 20 世纪 50 年代由詹姆斯·米德（James Meade）、西德尼·亚历山大（Sidney Alexander）等经济学家提出来的。吸收分析理论以凯恩斯宏观经济理论为基础，从一国国民收入与支出的关系出发，注重将国际收支调节纳入一国总体经济活动进行考察，强调收入和吸收在国际收支调节中的作用。

### （一）吸收分析理论的基本公式

吸收分析理论从凯恩斯的国民收入方程式出发，提出其理论公式：

$$Y = C + I + G + (X - M) \tag{1-12}$$

式（1-12）中，$Y$ 为国民收入，$C$ 为消费，$I$ 为投资，$G$ 为政府支出，$X$ 为出口，$M$ 为进口。

式（1-12）经移项整理后，得

$$X - M = Y - (C + I + G) \tag{1-13}$$

如以 $B$ 代表国际收支经常账户差额，则 $B=X-M$；以 $A$ 代表国内资源的吸收①，即国内支出总和，则 $A=C+I+G$。将其代入式（1-13），可得

① 1952 年，亚历山大在其发表的《贬值对贸易差额的影响》一文中，把国内总支出称为“总吸收”，意思是国内资源的消耗，即国民收支中被国内吸收的部分。

$$B = Y - A \tag{1-14}$$

在式（1-14）中，国际收支=总收入-总吸收，国际收支平衡意味着总收入=总吸收；如果总收入>总吸收，则多余的部分将被出口到国外，国际收支出现顺差；如果总收入<总吸收，则国内需求超过国内生产的部分将通过进口来弥补，国际收支出现逆差。

### （二）吸收分析理论的政策主张

根据上述理论公式，吸收理论所主张的对国际收支逆差的调节政策，就是增加收入减少支出。前者称为“支出转换政策”（以下简称“转换政策”），如通过货币贬值使出口增加（吸收法假定贬值是出口增加的唯一原因）；后者称为“支出减少政策”（以下简称“吸收政策”），如运用紧缩性的财政货币政策减少对贸易商品（进口）的过度需求。

根据不同的经济社会状况，吸收理论主张采取不同的调节政策。首先，如果一国已实现充分就业，即所有的资源已被充分利用，那么要增加净出口的唯一途径是减少吸收，即采用吸收政策。其次，如果一国尚未实现充分就业，收入（$Y$）没有达到最大可能值，那么在维持吸收（$A$）不变的条件下，可通过增加收入（$Y$）、增加出口（$X$）的办法增加净出口，即采用转换政策。

吸收分析理论还具有强烈的政策搭配取向。一国出现国际收支逆差，表明该国的总需求超过总供给，即总吸收超过总收入。这时，就应当运用紧缩性的财政货币政策减少对贸易商品（进口）的过度需求。但紧缩性的财政货币政策在减少进口需求的同时，也会减少对非贸易商品的需求和降低总收入，因此，还必须运用转换政策即通过贬值增加出口，使该国在进口需求减少的同时出口能够扩大，出口扩大会引起国民收入和国内吸收的增长，这样就可消除紧缩性财政货币政策对国内经济的不利影响。因此，如果一国要同时实现内部平衡与外部平衡两项目标，就必须同时运用吸收政策和转换政策，即用吸收政策调节总需求，用转换政策调节总供给以抵消吸收政策的不利影响，实现总吸收等于总收入的内部与外部同时平衡。

### （三）贬值效应对国际收支的影响

吸收理论还特别重视从宏观经济的角度考察贬值对国际收支的影响。吸收分析理论认为，由于国际收支经常账户与国内总收入、国内总吸收有直接相关关系，所以贬值对国际收支（贸易收支）的影响取决于贬值对总收入与总吸收的影响：如果贬值后总收入的提高大于总吸收，国际收支就会得到改善；如果贬值后总吸收的提高大于总收入，国际收支就会恶化。其变化由下述恒等式的增量形式表示。

$$\Delta B = \Delta Y - \Delta A \tag{1-15}$$

吸收法认为，货币贬值影响经常账户差额，可通过两种方式进行：一是货币贬值导致该国生产的变化，生产的变化导致收入的变化，收入变化引起吸收的变化，最后经常账户差额被变化了的收入与吸收的差额所改变；二是货币贬值可以改变与任一既定实际收入水平相联系的实际吸收量。

货币贬值对收入有直接效应 $\Delta Y$，而对吸收的效应则可分为两部分：一是收入引起的吸收变动；二是除收入以外的其他因素引起的吸收变动，也可称为“贬值对吸收的直接效应”。前者可表示为 $c\Delta Y$，其中，$c$ 是边际吸收倾向（增加一个单位收入中用于吸收的百分比）；后者可表示为 $\Delta A_d$。

由于

$$\Delta A = c\Delta Y + \Delta A_d \tag{1-16}$$

所以

$$\Delta B = (1 - c)\Delta Y - \Delta A_d \tag{1-17}$$

由此，货币贬值对国际收支状况的实际效果要取决于三个因素：贬值对实际收入产生的直接效应，边际吸收倾向的大小，贬值对吸收的直接效应。

第一，贬值对实际收入产生的直接效应。货币贬值后，对出口与进口替代的需求增加将会产生明显的收入增加效应。但是，贬值要起到改善国际收支的作用，必须存在闲置资源。只有在存在闲置资源时，贬值后闲置资源流入出口生产部门和进口替代部门，这些部门的生产才能扩大，国民收入才能增加。另外，本币贬值后，由于出口受贬值的影响比进口大，以外币计算的出口价格下降幅度大于以外币计算的进口价格下降幅度，本国贸易条件恶化，实际收入下降，如果吸收不变或者上升，贸易收支就会恶化。

第二，边际吸收倾向的大小。出口扩大会引起国民收入和国内吸收同时增加，只有当边际吸收倾向小于 1，即吸收的增长小于收入的增长时，整个社会增加的总收入才会大于增加的总吸收，贬值才能最终改善国际收支。

第三，贬值对吸收的直接效应。贬值对吸收的影响表现在三个方面。一是现金余额效应，这是贬值对吸收最重要的直接效应。贬值会导致进口品和本国生产的贸易品价格上升，在货币供给量不变的情况下，将使人们以货币形式持有的财富（现金余额）实际价值下降。这样，人们为了将实际现金余额恢复到意愿持有的水平，一方面会减少商品和劳务开支，即减少吸收；另一方面会变卖手中的证券，售出证券价格引起证券价格的下降，使利率上升，进一步减少吸收。二是收入再分配效应。贬值引起的价格上升将带来收入的再分配，由于各收入阶层的边际吸收倾向不同，这将会影响吸收。在物价上涨期间，价格的上涨一般先于工资的提高，这样就使价格上涨带来的名义收入增量成为企业家的利润。另外，物价上涨还使实际收入的很大一部分转变为政府的税收。一般认为，高收入阶层和政府的边际吸收倾向较低。因此，从总体上来看，物价上涨使收入从具有高边际吸收倾向的人群向具有低边际吸收倾向的人群转移，收入再分配的结果是整个社会的吸收总额减少，使贸易收支获得改善。此外，虽然高收入阶层的消费倾向低于低收入阶层，但如果高收入阶层将其利润所得用来增加投资，那么整个社会的吸收总额也不一定会减少。三是货币幻觉效应。假定货币收入与价格同比上升，实际收入未发生变化，但由于货币幻觉的作用，人们往往只注意价格的上升，所以减少消费，增加储蓄，一国的吸收总额就会随之减少。

上述分析表明，贬值对收入的直接效应和对吸收的直接效应表现在各个方面，而其综合效应则是不确定的，也就是说，贬值并不能保证 $\Delta B$ 为正。特别是，在贬值国已处于充分就业状态，虽然贬值使国外需求增加，但是实际收入不能相应增加时，贬值只能通过压缩吸收来改善贸易收支差额，但其作用是微弱的。因此，贬值的同时必须实施紧缩需求的政策措施，才能达到改善贸易收支状况的目的。

### （四）吸收分析理论评价

吸收法从总吸收与总收入的相对关系出发，考察国际收支失衡的原因并提出其调节政策，这是吸收法与弹性法的重大区别。另外，就理论基础和分析方法而言，吸收法是建立在凯恩斯的宏观经济学基础上的，采用的是一般均衡分析方法；而弹性法则是建立在马歇尔等的微观经济学基础上的，采用的是局部均衡分析方法。

吸收理论含有强烈的政策搭配取向，并指出了国际收支失衡的宏观原因和注意到国际收支调节中的货币问题，它吸收了弹性理论中的某些合理内容，也指出了弹性理论的缺点。从这一点来看，吸收理论在国际收支调节理论的发展过程中，具有承前启后的作用。吸收理论假定贬值是出口增加的唯一原因，并以贸易收支代替国际收支，这是该理论的主要缺点。从宏观角度来看，上述假定不够全面，还存在自相矛盾的情况。

## 六、货币分析理论

货币分析理论（The Theory of Monetary Approach）是随货币主义兴起而出现的，其主要创始人是哈里·约翰逊（Herry Johnson）和他的学生雅各布·弗兰科（Jacob Frenkel）。货币分析理论的出现与20世纪60年代在美国兴起的货币主义学说有关，它是从货币的角度而不是从商品的角度，来考察国际收支失衡原因并提出相应政策主张的。

### （一）货币分析理论的假定前提

货币分析理论有三个基本经验假定。

第一，在充分就业均衡状态下，一国货币需求是收入、价格和利率等变量的稳定函数，但影响货币需求的因素是相互独立的。就一国而言，货币需求的利率弹性较低，而实际收入的增减直接引起实际现金余额相同程度的增减。因此，实际现金余额需求是实际收入的正函数。由于实际收入在短期内变化不大，在长期内变动相对平衡，所以从长期来看，其现金余额需求是稳定的。

第二，贸易商品的价格主要是外生的，国际上存在着完全自由的套购活动，这些买卖活动把不同国家出售的同一种商品或金融资产维持在同一价格水平上，即存在“一价定律”。因此，在长期内，一国价格水平和利率水平接近世界市场水平。

第三，货币供给不影响实物产量。

## （二）货币分析理论的基本公式

货币需求 $M_d$ 是收入 $Y$ 与利率 $I$ 的稳定函数，即

$$M_d = f(Y, I) \tag{1-18}$$

货币供给等于基础货币乘以货币乘数，为了方便分析，假定货币乘数为1，那么货币供给就是基础货币。基础货币分两部分：一是国内创造的部分（$D$），是通过国内银行体系创造的信用；二是来自国外的部分（$F$），是经由国际收支获得的盈余，即国际储备。

$$M_s = D + F \tag{1-19}$$

移项可得

$$F = M_s - D \tag{1-20}$$

假定在长期内货币需求等于货币供给，即

$$M_d = M_s \tag{1-21}$$

由此，可导出最基本的方程式为

$$F = M_d - D \tag{1-22}$$

以上假定条件和基本公式阐明了货币分析理论的基本观点。

第一，从长期来看，一国货币需求是稳定的，货币供给由国内信用创造和国际储备两部分构成。如果政府扩大了国内信用部分（$D$），人们持有的货币存量就会超过名义货币需求量。由于货币供给不影响实物产量，在价格不变的情况下，多余的货币就要寻找出路。对个人和企业来说，在一国价格水平和利率水平与世界市场水平接近的情况下，他们会大量购买国外商品或金融证券；对整个国家来说，就表现为货币外流，由此导致国际收支逆差。反之，当一国国内名义货币供给量低于名义货币需求量时，各个经济单位就要寻找额外的货币余额。对个人来说，人们只有相对于收入减少他们的支出；对一国来说，可以通过国际收支盈余吸收外国货币恢复均衡。

第二，国际收支主要是一种货币现象，影响国际收支的根本因素是货币供给量，国际收支逆差是由国内货币供给过多引起的，国际收支顺差是由货币需求过度引起的。一国只要保持货币的增加与真实国民收入的增长相一致，

就可以保持国际收支的平衡与稳定。

(三) 贬值对国际收支的影响

货币论在考察贬值对国际收支的影响时，假定“一价定律”成立，式(1-18)就可以写为

$$M_d = rPf(Y, I) \tag{1-23}$$

式（1-23）中，$r$ 为以本币衡量的外币价格（直接标价法），$P$ 为国外的价格水平。当本国货币贬值时，$r$ 值上升，由此引起国内价格 $rP$ 上升，则货币需求 $M_d$ 相应上升，从而使国际收支发生顺差（或使逆差减少）。由此，上述公式可归结为以下几点。

第一，在充分就业条件下，贬值意味着商品价格的变动，贬值国国内价格上涨，升值国国内价格下跌。

第二，物价变动意味着实际现金余额的变动，贬值国的实际现金余额减少，因而压缩支出，以实现贸易顺差；升值国的实际现金余额增加，因而扩大投资和消费对经济有扩张作用，会引起贸易逆差。因此，实际现金余额的变动将对国际收支失衡起到调节作用。

第三，一国若要通过货币贬值改善国际收支逆差状况，就不能在货币贬值时增加国内的名义货币供给。因为，$F=M_d-D$，如果 $D$ 与 $M_d$ 同时增加，并且 $D$ 的增加大于或等于 $M_d$ 的增加，贬值就不能改善国际收支逆差状况。

(四) 货币分析理论的政策主张

货币分析理论认为，国际收支是能自动调节的。如上所述，货币主义者认为，国际收支失衡是由货币供求失衡引发的，这种失衡如果不能在国内得到调整，必然产生货币的内流或外流。由于货币的流动既不是由经常账户差额引发的，也不是由资本账户差额引发的，而是自发产生的。因此，即使政府不进行干预，国际收支失衡也会随实际现金余额的变动在一个不长的时间内消失，最后趋于平衡。

上述分析舍去了汇率的变化，即建立在固定汇率制度下。而该理论的研究者认为，即使在浮动汇率制度下，国际收支仍然可以自动达到平衡。在浮

动汇率制度下，货币供给完全在各国货币当局控制之下，汇率是否变动，取决于两国各自的货币增长与真实国民收入增长的差距是否相等。如果相等，则汇率不变；如果不相等，则差距大的一国货币下浮，差距小的一国货币上浮，汇率变动引起国内物价变动，进而引起两国实际现金余额发生变动，最终使国际收支自动恢复平衡。因此，在这种情况下，各国可以根据国内需求执行稳定的货币政策，而不必考虑国际收支问题。

（五）货币分析理论评价

货币分析理论的一个重要贡献是从开放经济的角度区分了货币的国内来源和国外来源。在部分准备金制度下，一国银行体系既能创造信用，也能收缩信用。在既定的货币需求下，货币当局需要决定的问题是，这一需求是靠国内来源（银行体系创造信用）还是靠国外来源（国际收支盈余）来满足。货币分析理论还强调国际收支顺差或逆差会引起货币存量的变动，从而影响一国的经济活动。因此，这一理论是为国内经济服务的。

但是，货币分析理论也存在一些缺陷。首先，货币分析理论着重于长期分析，认为从长期来看，货币需求是收入、利率的稳定函数。而事实上，货币需求在短期内并不稳定。如果货币需求不稳定，那么国际收支就不能仅仅从货币供给的变化中预测出来。其次，货币分析理论颠倒了商品流通与货币流通的关系。货币分析理论假定货币供给对实物产量和收入没有影响，但事实上，在货币供给变动到全部国际收支变动的过程中，货币政策首先影响国内需求，因而国内产量可能会发生变动，这也会影响收入的变动。货币分析理论把货币因素视为决定性因素，而把收入水平、支出政策及其他实物因素看成次要因素，这是把经济运行的因果关系颠倒了。最后，货币分析理论认为，在采用贬值政策调节国际收支逆差时，必须结合紧缩性货币政策。我们知道，在实际经济运行中，当名义货币供给大于货币需求时，价格必然上升。在价格刚性的情况下，降低名义货币供给，只能导致实际现金余额的下降。因此，这一政策实施的必然后果是：以牺牲国内实际现金余额或实际消费、投资、收入和经济增长来纠正国际收支逆差。这是许多陷入国际收支危机的国家，特别是发展中国家难以接受的。

20世纪30—70年代是西方国际收支理论发展的鼎盛期。除了经济思潮的更替外，更与经济形势的发展息息相关。一种理论的产生往往是出自客观现实的需要，弹性分析法是在金本位制崩溃后各国汇率剧烈波动的背景下应运而生的，这一理论的主题便是汇率贬值对一国国际收支状况究竟会产生怎样的影响。二战后，在可调整的固定汇率制度条件下，西方国家宏观经济政策的外部目标是维持国际收支的平衡。这时出现的各种国际调整机制理论大都以国际收支、外汇储备为考察主题。只是直到布雷顿森林体系崩溃后，西方学者的注意力才从国际收支转移到汇率决定问题上。

第二次世界大战后特别是20世纪60年代以来，世界经济领域出现的一个最显著现象是国际资本流动获得了巨大发展。在此之前，国际上的经济交往以商品贸易为主，资本流动的规模有限，一国的国际收支盈余或赤字主要取决于经常账户的状况。因而，第一次世界大战后初期出现和发展的各种理论如弹性理论、乘数理论、吸收理论等都忽略了资本账户收支，而将经常账户收支甚至贸易收支等同于国际收支。随着国际资本流动的飞速发展，局限于经常账户收支分析的凯恩斯主义国际收支理论明显暴露出它的缺陷。随后兴起的国际收支货币论自然就特别强调货币因素和国际流动资本的作用了。

西方的任何一种国际收支理论都不能对国际收支的决定和调整做出一个完美的说明，然而各种理论并不是相互对立、相互排斥的，而是相互补充的，区别只是对同一经济过程描述的方法和角度不同，强调的重点不同。通过以下方程式，我们可以清楚地看到这一点。

$$Y = A + (X - M) \tag{1-24}$$

贸易差额（$X-M$）实际上是对外资产的净积累。如果不考虑资本流动，后者就仅由现金余额（$R$）构成，由此贸易差额可以用三种方式来表述。

$$B = Y - A = X - M = \Delta R \tag{1-25}$$

货币分析理论强调其中的$\Delta R$，弹性分析理论的出发点是（$X-M$），吸收分析理论则将注意力放在收入与支出的大小对比（$Y-A$）上。在政策主张上，货币分析理论重视货币政策，弹性分析理论偏重转换政策（汇率贬值），而吸收分析理论相对注重财政政策。实际上，单独使用上述各项政策往往无法解决问题，许多西方学者也主张将贬值政策和财政政策、货币政策协调并用。

**附录 1-1：国际收支平衡表的分类和标准组成部分［《国际收支手册》（第六版）］**

**1　经常账户**

1.1　货物和服务

1.1.1　货物

1.1.1.1　国际收支口径的一般商品

1.1.1.2　转手买卖下的货物净出口

1.1.1.3　非货币黄金

1.1.2　服务

1.1.2.1　对他人拥有的实物投入的制造服务（加工服务）

1.1.2.2　境外加工货物——发出货物（CR.），返回货物（DR.）

1.1.2.3　别处未涵盖的维护和维修服务

1.1.2.4　运输

1.1.2.5　旅行

1.1.2.6　建设

1.1.2.7　保险和养老金服务

1.1.2.8　金融服务

1.1.2.9　别处未涵盖的知识产权使用费

1.1.2.10　电信、计算机和信息服务

1.1.2.11　其他商业服务

1.1.2.12　个人、文化和娱乐服务

1.1.2.13　别处未涵盖的政府货物和服务

1.2　初次收入

1.2.1　雇员报酬

1.2.2　投资收益

1.2.2.1　直接投资

1.2.2.2　证券投资

1.2.2.3　其他投资

1.2.2.4　储备资产

1.2.3　其他初次收入

1.2.3.1　生产税和进口税

1.2.3.2　补贴

1.2.3.3　租金

1.3　二次收入

1.3.1　广义政府

1.3.1.1　对所得、财富等征收的经常性税收

1.3.1.2　社会保障缴款

1.3.1.3　社会福利

1.3.1.4　经常性国际合作

1.3.1.5　广义政府的其他经常转移

1.3.2　金融公司、非金融公司、住户和为住户服务的非营利机构

1.3.2.1　个人转移（居民和非居民住户间的经常转移）

1.3.2.2　其他经常转移

1.3.3　养老金权益变化调整

**2　资本账户**

2.1　非生产非金融资产的取得/处置

2.2　资本转移

2.2.1　广义政府

2.2.1.1　债务减免

2.2.1.2　其他资本转移

2.2.2　金融公司、非金融公司、住户和为住户服务的非营利机构

2.2.2.1　债务减免

2.2.2.2　其他资本转移

**3　金融账户**

3.1　直接投资

3.1.1　股权和投资基金份额

3.1.1.1　除收益再投资外的股权

3.1.1.2　收益再投资

3.1.2　债务工具

3.1.2.1　直接投资者对直接投资企业的债权

3.1.2.2　直接投资企业对直接投资者的债权（逆向投资）

3.1.2.3　联属企业之间

3.2　证券投资

3.2.1　股权和投资基金份额

3.2.1.1　中央银行

3.2.1.2　存款性公司，中央银行除外

3.2.1.3　广义政府

3.2.1.4　其他部门

3.2.2　债务证券

3.2.2.1　中央银行

3.2.2.2　存款性公司，中央银行除外

3.2.2.3　广义政府

续表

| | |
|---|---|
| 3.2.2.4 其他部门 | 3.4.3 贷款 |
| 3.3 金融衍生工具（储备除外）和雇员认股权 | 3.4.5 贸易信贷和预付款 |
| 3.3.1 中央银行 | 3.4.6 其他应收/应付款——其他 |
| 3.3.2 存款性公司，中央银行除外 | 3.4.7 特别提款权 |
| 3.3.3 广义政府 | 3.5 储备资产 |
| 3.3.4 其他部门 | 3.5.1 货币黄金 |
| 3.3.4.1 其他金融公司 | 3.5.2 特别提款权 |
| 3.3.4.2 非金融公司、住户和为住户服务的非营利机构 | 3.5.3 在国际货币基金组织的储备头寸 |
| 3.4 其他投资 | 3.5.4 其他储备资产 |
| 3.4.1 其他股权 | 3.5.4.1 货币和存款 |
| 3.4.2 货币和存款 | 3.5.4.2 证券 |
| | 3.5.4.3 金融衍生工具 |
| | 3.5.4.4 其他债权 |

**附录 1-2：我国 2017—2021 年国际收支平衡表**

单位：亿美元

| 项目 | 2017 年 | 2018 年 | 2019 年 | 2020 年 | 2021 年 |
|---|---|---|---|---|---|
| 1. 经常账户 | 1886 | 242 | 1029 | 2488 | 3173 |
| 贷方 | 27471 | 29473 | 29304 | 30204 | 38780 |
| 借方 | -25585 | -29231 | -28275 | -27716 | -35607 |
| 1.1 货物和服务 | 2170 | 879 | 1318 | 3586 | 4628 |
| 贷方 | 24293 | 26510 | 26310 | 27389 | 35543 |
| 借方 | -22123 | -25631 | -24992 | -23803 | -30915 |
| 1.1.1 货物 | 4759 | 3800 | 3930 | 5111 | 5628 |
| 贷方 | 22162 | 24174 | 23866 | 25100 | 32159 |
| 借方 | -17403 | -20374 | -19936 | -19989 | -26531 |
| 1.1.2 服务 | -2589 | -2921 | -2611 | -1525 | -1000 |
| 贷方 | 2131 | 2336 | 2444 | 2289 | 3384 |
| 借方 | -4720 | -5257 | -5055 | -3814 | -4384 |
| 1.1.2.1 加工服务 | 179 | 171 | 153 | 127 | 135 |
| 贷方 | 181 | 174 | 157 | 132 | 142 |
| 借方 | -2 | -3 | -4 | -5 | -7 |

续表

| 项目 | 2017 年 | 2018 年 | 2019 年 | 2020 年 | 2021 年 |
|---|---|---|---|---|---|
| 1.1.2.2 别处未涵盖的维护和维修服务 | 37 | 47 | 65 | 43 | 41 |
| 贷方 | 60 | 72 | 102 | 77 | 79 |
| 借方 | -23 | -25 | -37 | -34 | -38 |
| 1.1.2.3 运输 | -560 | -669 | -590 | -380 | -206 |
| 贷方 | 373 | 423 | 462 | 567 | 1273 |
| 借方 | -933 | -1092 | -1052 | -947 | -1479 |
| 1.1.2.4 旅行 | -2193 | -2369 | -2188 | -1211 | -944 |
| 贷方 | 386 | 404 | 358 | 100 | 113 |
| 借方 | -2579 | -2773 | -2546 | -1311 | -1057 |
| 1.1.2.5 建设 | 37 | 50 | 51 | 45 | 57 |
| 贷方 | 123 | 136 | 144 | 126 | 154 |
| 借方 | -86 | -86 | -93 | -81 | -97 |
| 1.1.2.6 保险和养老金服务 | -74 | -67 | -62 | -94 | -144 |
| 贷方 | 41 | 49 | 48 | 30 | 49 |
| 借方 | -115 | -116 | -110 | -124 | -193 |
| 1.1.2.7 金融服务 | 18 | 12 | 15 | 8 | 5 |
| 贷方 | 34 | 33 | 39 | 48 | 52 |
| 借方 | -16 | -21 | -24 | -40 | -47 |
| 1.1.2.8 别处未涵盖的知识产权使用费 | -239 | -302 | -278 | -293 | -351 |
| 贷方 | 48 | 56 | 66 | 86 | 117 |
| 借方 | -287 | -358 | -344 | -379 | -468 |
| 1.1.2.9 电信、计算机和信息服务 | 75 | 65 | 79 | 64 | 106 |
| 贷方 | 269 | 300 | 349 | 390 | 507 |
| 借方 | -194 | -235 | -270 | -326 | -401 |
| 1.1.2.10 其他商业服务 | 169 | 192 | 194 | 195 | 338 |

续表

| 项目 | 2017 年 | 2018 年 | 2019 年 | 2020 年 | 2021 年 |
|---|---|---|---|---|---|
| 贷方 | 593 | 662 | 692 | 698 | 869 |
| 借方 | -424 | -470 | -498 | -503 | -531 |
| 1.1.2.11 个人、文化和娱乐服务 | -19 | -24 | -31 | -20 | -19 |
| 贷方 | 8 | 10 | 10 | 10 | 14 |
| 借方 | -27 | -34 | -41 | -30 | -33 |
| 1.1.2.12 别处未涵盖的政府货物和服务 | -18 | -27 | -21 | -11 | -16 |
| 贷方 | 17 | 18 | 16 | 25 | 16 |
| 借方 | -35 | -45 | -37 | -36 | -32 |
| 1.2 初次收入 | -165 | -614 | -392 | -1182 | -1620 |
| 贷方 | 2897 | 2685 | 2735 | 2455 | 2745 |
| 借方 | -3062 | -3299 | -3127 | -3637 | -4365 |
| 1.2.1 雇员报酬 | 149 | 82 | 31 | 2 | -13 |
| 贷方 | 217 | 181 | 143 | 147 | 171 |
| 借方 | -68 | -99 | -112 | -145 | -184 |
| 1.2.2 投资收益 | -319 | -713 | -433 | -1204 | -1638 |
| 贷方 | 2673 | 2483 | 2575 | 2279 | 2536 |
| 借方 | -2992 | -3196 | -3008 | -3483 | -4174 |
| 1.2.3 其他初次收入 | 4 | 18 | 11 | 20 | 31 |
| 贷方 | 7 | 21 | 18 | 28 | 38 |
| 借方 | -3 | -3 | -7 | -8 | -7 |
| 1.3 二次收入 | -118 | -24 | 102 | 84 | 165 |
| 贷方 | 282 | 278 | 259 | 360 | 492 |
| 借方 | -400 | -302 | -157 | -276 | -327 |
| 1.3.1 个人转移（居民和非居民住户间的经常转移） | -25 | -4 | 0 | 4 | 9 |
| 贷方 | 70 | 62 | 40 | 42 | 54 |

续表

| 项目 | 2017 年 | 2018 年 | 2019 年 | 2020 年 | 2021 年 |
|---|---|---|---|---|---|
| 借方 | −95 | −66 | −40 | −38 | −45 |
| 1. 3. 2 其他二次收入 | −93 | −20 | 102 | 81 | 156 |
| 贷方 | 212 | 216 | 219 | 319 | 438 |
| 借方 | −305 | −236 | −117 | −238 | −282 |
| 2. 资本和金融账户 | 179 | 1532 | 263 | −901 | −1499 |
| 2. 1 资本账户 | −1 | −6 | −3 | 0 | 1 |
| 贷方 | 2 | 3 | 2 | 2 | 3 |
| 借方 | −3 | −9 | −5 | −2 | −2 |
| 2. 2 金融账户 | 180 | 1538 | 266 | −900 | −1500 |
| 资产 | −4239 | −3620 | −2605 | −6752 | −8116 |
| 负债 | 4419 | 5158 | 2871 | 5852 | 6616 |
| 2. 2. 1 非储备性质的金融账户 | 1095 | 1726 | 73 | −611 | 382 |
| 资产 | −3324 | −3432 | −2798 | −6463 | −6234 |
| 负债 | 4419 | 5158 | 2871 | 5852 | 6616 |
| 2. 2. 1. 1 直接投资 | 278 | 923 | 503 | 994 | 2059 |
| 2. 2. 1. 1. 1 资产 | −1383 | −1430 | 1369 | 1537 | −1280 |
| 2. 2. 1. 1. 1. 1 股权 | −1363 | −1129 | −1090 | −1347 | −992 |
| 2. 2. 1. 1. 1. 2 关联企业债务 | −20 | −301 | −279 | −190 | −288 |
| 2. 2. 1. 1. 1. a 金融部门 | −178 | −208 | −175 | −237 | −370 |
| 2. 2. 1. 1. 1. 1. a 股权 | −176 | −200 | −191 | −238 | −338 |
| 2. 2. 1. 1. 1. 1. b 关联企业债务 | −2 | −8 | 16 | 1 | −32 |
| 2. 2. 1. 1. 1. b 非金融部门 | −1205 | −1223 | −1194 | −1300 | −910 |
| 2. 2. 1. 1. 1. 1. b 股权 | −1186 | −930 | −898 | −1108 | −654 |
| 2. 2. 1. 1. 1. 2. b 关联企业债务 | −18 | −293 | −296 | −192 | −256 |
| 2. 2. 1. 1. 2 负债 | 1661 | 2354 | 1872 | 2531 | 3340 |
| 2. 2. 1. 1. 2. 1 股权 | 1406 | 1859 | 1623 | 2208 | 2772 |
| 2. 2. 1. 1. 2. 2 关联企业债务 | 255 | 495 | 249 | 323 | 568 |

续表

| 项目 | 2017 年 | 2018 年 | 2019 年 | 2020 年 | 2021 年 |
|---|---|---|---|---|---|
| 2.2.1.1.2.a 金融部门 | 121 | 176 | 184 | 171 | 235 |
| 2.2.1.1.2.1.a 股权 | 90 | 149 | 159 | 109 | 185 |
| 2.2.1.1.2.2.a 关联企业债务 | 32 | 26 | 25 | 62 | 50 |
| 2.2.1.1.2.b 非金融部门 | 1539 | 2178 | 1688 | 2360 | 3105 |
| 2.2.1.1.2.1.b 股权 | 1316 | 1710 | 1463 | 2099 | 2587 |
| 2.2.1.1.2.2.b 关联企业债务 | 223 | 468 | 225 | 261 | 518 |
| 2.2.1.2 证券投资 | 295 | 1069 | 579 | 955 | 510 |
| 2.2.1.2.1 资产 | -948 | -535 | -894 | -1512 | -1259 |
| 2.2.1.2.1.1 股权 | -328 | -177 | -293 | -1314 | -856 |
| 2.2.1.2.1.2 债券 | -620 | -358 | -601 | -199 | -403 |
| 2.2.1.2.2 负债 | 1243 | 1604 | 1474 | 2468 | 1769 |
| 2.2.1.2.2.1 股权 | 362 | 607 | 449 | 803 | 831 |
| 2.2.1.2.2.2 债券 | 881 | 997 | 1025 | 1664 | 938 |
| 2.2.1.3 金融衍生工具 | 4 | -62 | -24 | -108 | 111 |
| 2.2.1.3.1 资产 | 15 | -48 | 14 | -51 | 179 |
| 2.2.1.3.2 负债 | -12 | -13 | -37 | -58 | -68 |
| 2.2.1.4 其他投资 | 519 | -204 | -985 | -2452 | -2298 |
| 2.2.1.4.1 资产 | -1008 | -1418 | -549 | -3363 | -3873 |
| 2.2.1.4.1.1 其他股权 | 0 | -15 | -15 | -5 | -6 |
| 2.2.1.4.1.2 货币和存款 | -571 | -150 | -1017 | -1463 | -1525 |
| 2.2.1.4.1.3 贷款 | -435 | -818 | 260 | -1352 | -1205 |
| 2.2.1.4.1.4 保险和养老金 | 0 | -6 | -12 | -32 | -44 |
| 2.2.1.4.1.5 贸易信贷 | -194 | -653 | 368 | -371 | -616 |
| 2.2.1.4.1.6 其他 | 191 | 224 | -132 | -141 | -478 |
| 2.2.1.4.2 负债 | 1527 | 1214 | -437 | 911 | 1576 |
| 2.2.1.4.2.1 其他股权 | 0 | 0 | 0 | 0 | 0 |
| 2.2.1.4.2.2 货币和存款 | 1079 | 514 | -557 | 922 | 656 |

续表

| 项目 | 2017 年 | 2018 年 | 2019 年 | 2020 年 | 2021 年 |
|---|---|---|---|---|---|
| 2. 2. 1. 4. 2. 3 贷款 | 501 | 321 | 425 | -183 | 51 |
| 2. 2. 1. 4. 2. 4 保险和养老金 | 7 | 2 | 18 | 31 | 33 |
| 2. 2. 1. 4. 2. 5 贸易信贷 | -12 | 408 | -288 | 78 | 335 |
| 2. 2. 1. 4. 2. 6 其他 | -47 | -31 | -35 | 62 | 85 |
| 2. 2. 1. 4. 2. 7 特别提款权 | 0 | 0 | 0 | 0 | 416 |
| 2. 2. 2 储备资产 | -915 | -189 | 193 | -289 | -1882 |
| 2. 2. 2. 1 货币黄金 | 0 | 0 | 0 | 0 | 0 |
| 2. 2. 2. 2 特别提款权 | -7 | 0 | -5 | -4 | -416 |
| 2. 2. 2. 3 在国际货币基金组织的储备头寸 | 22 | -7 | 0 | -23 | 1 |
| 2. 2. 2. 4 外汇储备 | -930 | -182 | 198 | -262 | -1467 |
| 2. 2. 2. 5 其他储备资产 | 0 | 0 | 0 | 0 | 0 |
| 3. 净误差与遗漏 | -2066 | -1774 | -1292 | -1588 | -1674 |

注："贷方"按正值列示，"借方"按负值列示，"差额"等于"贷方"加上"借方"。本表除标注"贷方"和"借方"的项目外，其他项目均指"差额"。

资料来源：国家外汇管理局官网，www. safe. gov. cn。

## 案例与思考

### 墨西哥债务危机

在墨西哥金融危机爆发之前，墨西哥政府不仅严格管制价格，而且管控利率和汇率。为了快速实现工业化和现代化，赶超主要发达国家，墨西哥政府选择了"政府主导型经济增长+进口替代型发展战略"这一模式。随着时间的推移，与所有实行进口替代发展战略的国家一样，墨西哥也遇到了国际收支失衡的困境。1973—1982 年，墨西哥的外债平均每年增长 30%，从 40 亿美元增加到 800 多亿美元，而"沃尔克冲击"① 后的资本外逃迫使墨西哥银行为了补充储备进行更多的借贷。然而，墨西哥政府现在实际上是在为了偿还

① 为应对美国经济"滞胀"的危机，沃尔克突然将最低贷款利率从 9%上调到 20%。

旧债而举借新债，只要华尔街银行仍然愿意对其到期的债务进行展期，这种恶性循环就会持续下去，对于债务危机与货币贬值的预期使富裕公民和企业的资本大量外逃，在此过程中迅速耗尽了央行的外汇储备。国际收支失衡严重影响到墨西哥经济发展，在国际金融市场上借债解决问题并不长久。当经济衰退时，墨西哥政府无力按时偿还到期的国际债务，墨西哥债务危机就由此爆发。

1982 年 8 月，墨西哥政府宣布不能按时偿还到期的国外债务，由此拉美债务危机拉开序幕，“政府主导型经济增长+进口替代型发展战略”这一模式也暴露出弊端。在快速推进经济改革和经济对外开放的同时，墨西哥政府却一直采用比索钉住美元的汇率制度。由于当时墨西哥通货膨胀率远远高于美国的通货膨胀率，比索钉住美元的汇率制度造成了比索高估，产生了鼓励进口、抑制出口效应，最终造成巨额贸易逆差。在经常账户巨额逆差的情况下，为了维持国内国际收支平衡，墨西哥政府加快开放资本市场，吸引国外资本流入。当时，大量资金并没有进入墨西哥实体经济领域，当国内外政治经济形势发生变动时，国际资本流动方向发生逆转，最终引发了墨西哥金融危机。因此，比索钉住美元的汇率制度是酿成墨西哥金融危机的根源，国际收支失衡是墨西哥金融危机的导火索。

## 本章思考题

1. 经常项目和资本项目包括哪些内容？
2. 国际收支失衡的原因有哪些？
3. 如何调节国际收支的失衡，应该遵循哪些原则？
4. 请简述价格-铸币流动机制的原理。
5. 结合现今国际形势，谈谈我国的国际收支状况。

# 第二章 汇 率

## 第一节 汇率形成机制

汇率机制是一个国家经济发展中非常重要的问题，也是一个国家实行经济调控的重要手段，体现着该国货币的对外价值和经济实力，同时直接影响着一国对外贸易、资本流动和国际收支的平衡。汇率机制的选择同经济发展模式一样，在不同的历史阶段呈现出不同特点。本节将根据不同的货币体系划分，分析不同历史阶段下的汇率形成机制。

### 一、金币本位制度下的汇率形成机制

从 19 世纪中期至 20 世纪初期，西方国家实行典型的金本位制度，即金币本位制度（Gold Coin Standard System）。第一次世界大战结束后，国际货币制度由金币流通向纸币流通过渡，一些国家实行金块本位制和金汇兑本位制，金块本位制和金汇兑本位制是不完全、不稳定的金本位制度。

在金币本位制度下，金币用一定数量和成色的黄金铸造，金币中含有的纯金量叫作“含金量”（Gold Content）。黄金作为世界货币，在国际结算过程中，是按其含金量计算的。两个实行金本位制度的国家货币单位含金量之比，叫作“铸币平价”（Mint Par）。两种金币的含金量是决定它们汇率的物质基础，铸币平价则是它们的汇率标准。即

$$1\text{ 单位 A 国货币}=\frac{\text{A 国货币含金量}}{\text{B 国货币含金量}}=x\text{ 单位 B 国货币} \qquad (2-1)$$

在金本位制度条件下，英国 1 英镑货币的重量为 123.27447 格令

(Grain)，成色为22K，即含金量为113.0016格令纯金；美国1美元的重量为25.8格令，成色为90%，即含金量为23.22格令纯金。按含金量计算两种货币的铸币平价是：$\frac{113.0016}{23.22} \approx 4.8666$ 。表明1英镑含金量是1美元含金量的4.8666倍，因此，1英镑=4.8666美元就是美元与英镑的铸币平价。

外汇市场的实际汇率，既由铸币平价决定，又受到外汇供求影响，因此，汇率围绕铸币平价上下波动。当一国国际收支发生逆差时，对外国货币需求量增加，从而使外国货币汇率上升，该国货币汇率下跌；当一国国际收支发生顺差时，对外国货币需求量减少，从而使外国货币汇率下降，本国货币汇率上升。但是，在金本位制度下，汇率的波动不是漫无边际的，而是基本以黄金点（Gold Points）为其界限。所谓黄金点也叫作“黄金输送点”，是指汇率上升或下降引起黄金输出与输入的界限，包括黄金输出点和黄金输入点。在直接标价法下，黄金输出点等于铸币平价加上运送黄金的费用，黄金输入点等于铸币平价减去运送黄金的费用。

在国际金本位制度下，黄金可以自由输出、输入，当汇率对交易有利时，交易者就会用外汇办理国际结算；当汇率过高或过低时，交易者就可以不使用外汇而改用在两国间运送黄金的方法清偿国际债权债务。因此，汇率的波动以黄金点为界。铸币平价加减运送黄金的各项费用，大致就是两种货币之间的黄金输送点。在黄金流动过程中，还形成了一个黄金-物价-国际收支自动调节机制，对汇率起着自动调节作用。当一国国际收支发生逆差引起外汇汇率上升并引起黄金输出时，该国货币流通量减少，通货紧缩，物价下降，该国出口商品在国际市场上竞争力增强，出口增加，进口减少，国际收支趋于平衡；同时，由于出口增加、进口减少，外汇市场上对外汇的供给增加、需求减少，外汇汇率下降向铸币平价靠拢。可见，在金币本位制度下，由于黄金点和黄金-物价-国际收支自动调节机制的作用，汇率的波动被限制在一定范围内，并对汇率起到了自动调节作用。

## 二、金块本位制度和金汇兑本位制度下的汇率形成机制

金币本位制度发展到一定时期后，由于黄金生产速度赶不上世界经济发

展对货币日益增长的需求，黄金作为流通手段、支付手段的职能作用逐渐被削弱并被纸币取代。在第一次世界大战爆发前后，这一矛盾越发激化，金币本位制度终于崩溃。第一次世界大战后，各国试图恢复典型的金本位制度，但均告失败。之后，各国在纸币流通的前提下分别实行了金块本位制度和金汇兑本位制度。

在金块本位制度下，只有在大规模支付时才使用黄金，这时黄金是以金块的形式参与流通和支付的。金汇兑本位制度则是一种更广义的金本位制度，在金汇兑本位制度下，纸币成为法定的偿付货币，但本国货币与黄金之间并不存在直接联系，而是通过另外一种实行金块本位制度国家的货币与黄金保持联系。在这两种货币制度下，虽然各国都对纸币规定了含金量，但是在日常生活中，黄金已基本退出了流通和支付领域，纸币在法律上或名义上代表的含金量，在实际运行中可能会产生两种现象。

第一，纸币实际代表的含金量与货币当局法定的含金量一致，这时，汇率决定的基础，就是各国货币单位代表的含金量之比即金平价（Gold Parity）。

第二，纸币名义上的含金量和纸币实际代表的含金量不一致，这时纸币名义上的含金量就不能真正用来确定汇率，而应由其实际代表的含金量决定两国货币的汇率。而第一次世界大战以后，各国均发生了不同程度的通货膨胀，纸币贬值现象普遍存在，纸币名义上的含金量大大高于其实际代表的含金量，这时纸币名义上的含金量已不能用来确定汇率了。金块本位制度和金汇兑本位制度是被削弱的、残缺不全的金本位制度，在这一制度下，汇率已失去了稳定的基础。1929—1933 年，世界经济危机爆发时，很多国家维持的这两种货币制度也很快崩溃了。

第二次世界大战后，国际社会建立了布雷顿森林体系，该体系的特点为：美国实行有限制的金块本位制度，各国货币以美元为中心实行金汇兑本位制度，美元直接与黄金挂钩，其他国家货币又与美元挂钩，即其他国家通过各自规定的货币含金量与美元建立固定比价关系。IMF 还规定了汇率波动的界限，若汇率波动超过此界限，则各国货币当局有义务进行干预。由此可以看出，这是一种人为规定并控制的汇率机制。

### 三、现行国际货币体系下的汇率形成机制

现行的国际货币制度，是布雷顿森林体系崩溃即各国逐渐放弃了以美元为中心的汇率制度后逐渐建立起来的，称为“牙买加体系”。

在牙买加体系下，各国货币基本上与黄金脱钩，即在法律上不再规定货币的含金量，黄金平价不再成为决定汇率的基础，汇率由各国纸币代表的实际价值量来衡量或决定。我们知道，纸币代表的实际价值量是很难确定的，但在一个国家的一定时期内，纸币代表的价值量总是要表现为一定的商品量，这就是纸币的购买力平价。一国纸币的购买力平价，反映了该国货币的对内价值。从理论上来说，货币的对内价值，是决定其对外价值的基础，所以，两国货币购买力平价之比，就成为决定两国货币汇率的基础。但进一步来说，以购买力平价确定汇率必须以两国同类商品的价值量相等为条件，然而在现实生活中，各国之间存在着生产条件、劳动生产率、资源稀缺程度等方面的差别，还存在着历史、社会经济制度、风俗文化传统等方面的影响，这种价值量又是很难相同的。因此，也有人主张用进出口商品的国际市场价格衡量两国纸币的汇率。

牙买加体系以实行浮动汇率制为核心，因此汇率的波动是经常的、频繁的，汇率的涨落几乎不受限制。直到 1985 年以后，西方国家才针对汇率波动过于频繁、幅度过大，对经济运行造成不良影响的现实情况，建立起联合干预机制，在认为必要的时候，对那些动荡较大的货币予以干预。

## 第二节　汇率的变动

汇率作为一国货币对外价格的表现形式，通常会受到国内外经济、政治等外界因素的影响。研究影响汇率变动的主要因素，实际上就是研究影响外汇市场供求变动的主要因素。在一个高度开放的国家里，外汇的供给和需求主要取决于进出口商品（包括技术、劳务等）市场以及国内外货币与资本市

场上的供求均衡状况；同时，外汇的供求也受到政府对外汇市场的干预以及人们对未来货币供应量、物价水平等预期心理的影响。本节将对影响汇率变动的因素以及汇率波动造成的影响进行分析。

## 一、货币的升值与贬值

在不同的汇率制度下，汇率变动的形式有一定区别。

### （一）法定升值和法定贬值

法定升值和法定贬值，是固定汇率制度下汇率变动的两种形式。在这一制度下，政府以法定的含金量规定货币的价值，称为“法定平价”。法定升值就是政府以法令的形式提高本国货币的含金量，降低外汇汇率。相反，法定贬值则是政府以法令的形式降低本国货币的含金量，提高外汇汇率。

### （二）上浮和下浮

上浮和下浮，是浮动汇率制度下汇率变化的两种形式。在该制度下，货币汇率随市场供求关系的变化而上下波动。当外汇供不应求时，其汇率上升，称为“上浮”；当外汇供过于求时，其汇率下降，称为“下浮”。外汇汇率上浮意味着该国货币贬值，外汇汇率下浮意味着该国货币升值。

### （三）高估和低估

高估和低估，是指货币的汇率高于或低于其均衡汇率。在固定汇率制度下，官方汇率若能正确反映两国间的经济实力对比与国际收支状况，则官方汇率与均衡汇率趋于一致，官方汇率就是均衡汇率；在浮动汇率制度下，外汇市场上的供给与需求相对平衡时形成的汇率就是均衡汇率。当官方确定的汇率或市场现行汇率高于或低于均衡汇率时，汇率就是被高估或低估了。

## 二、汇率变动的幅度和有效汇率

### （一）汇率变动幅度的计算

汇率变动通常用百分率来表示。

对于报价货币，汇率变动幅度的计算公式为

$$升（贬）值率=\frac{原汇率-升（贬）值后的新汇率}{升（贬）值后的新汇率}\times 100\% \quad (2-2)$$

若已知升（贬）值率，则计算新汇率的公式为

$$升（贬）值后的新汇率=\frac{原汇率}{1+升（贬）值率} \quad (2-3)$$

对于基础货币，汇率变动幅度的计算公式为

$$升（贬）值率=\frac{升（贬）值后的新汇率-原汇率}{原汇率}\times 100\% \quad (2-4)$$

### （二）有效汇率

#### 1. 双边汇率指数

汇率是一国货币同其他货币相互兑换的比例，它本身就是双边的。因此，选定一种汇率，确定基期和基期指数，就可以计算出某一报告期的指数，即双边汇率指数。

例如，美元与英镑的汇率。1973 年，1 英镑平均兑换 2. 4500 美元；2022 年，1 英镑平均兑换 1. 2100 美元。如果以 1973 年为基期，基期指数为 100，那么 2022 年英镑兑美元的双边汇率指数为（1. 2100/2. 4500）×100＝49. 39，表示英镑兑美元贬值了 50. 61%；2022 年美元兑英镑的双边汇率指数为（2. 4500/1. 2100）×100＝202. 48，意味着美元兑英镑升值了 102. 48%。

双边汇率指数是计算各种汇率指数的基础。

#### 2. 多边汇率指数

确定好统一的基期和计算口径，选择一种平均方法，用两个或者两个以上的双边汇率指数计算出的一个平均数，即多边汇率指数，也就是有效汇率指数，简称“有效汇率”。

根据上面的计算方法，我们可以计算出一国货币对各国货币在某一时期的双边汇率指数，再采用一种平均方法加以平均，得到的结果就是该国货币的有效汇率。显然，在一个有效汇率的计算中，对各种货币不分轻重地加以平均是不恰当的，有必要采用能区分权重的平均方法。

（1）双边贸易加权法。

双边贸易加权法是以某一年度该国与各选定国之间双边进出口贸易额为权数根据的加权法。例如，选定 10 个国家，找出该国与这 10 个国家全年进出口贸易数字，以该国对这 10 个国家的进出口贸易总额为 1，则可以得到该国对这 10 个国家中各个国家的双边贸易额占总贸易额的比重，这 10 个小于 1 的分数即为权数；以各国的权数分别乘以相关的双边汇率指数，求出平均数，即得到该国双边贸易加权的有效汇率。

（2）世界范围贸易加权法。

世界范围贸易加权法是以某一年度各选定国全部对外进出口贸易额为权数根据的加权法。例如，选定 10 个国家，找出这 10 个国家全年世界范围进出口贸易数字，以这 10 个国家的世界范围进出口贸易总额为 1，则可以得到这 10 个国家中各个国家的世界范围贸易额占总贸易额的比重，这 10 个小于 1 的分数即为权数；以各国的权数分别乘以相关的双边汇率指数，求出平均数，即得到该国世界范围贸易加权的有效汇率。

### （三）实际有效汇率

汇率变动会引起物价变动，而物价变动反过来又会影响汇率的变动。因此，有必要用某种物价指数调整有效汇率指数。一般来说，经过调整的有效汇率指数称为“实际有效汇率指数”，没有经过调整的有效汇率指数称为“名义有效汇率指数”。根据不同目的，可以选用如下不同物价指数对汇率指数进行调整。

1. GDP 平减指数

GDP 平减指数基本上反映本国生产的最终产品卖给最终使用者的价格平均变动情况，比较全面地反映该国货币在国内的购买力变动状况。例如，这种物价指数在 2021 年为 100，2022 年为 110，则该国货币在国内的购买力降低了 10%；同时，该国货币有效汇率指数在 2021 年为 100，2022 年为 90，则该国货币的汇率平均贬值 10%。若把该国货币的对内、对外交换价值综合来看，则 2022 年的实际有效汇率指数为（110×90）/100 = 99，基本上没有变动。

2. 加工制品的批发物价指数或再加上原材料的批发物价指数

加工制品的批发物价指数或再加上原材料的批发物价指数与该国的贸易有直接关系。例如，该国某年的加工制品批发价格指数为106，而有效汇率指数为92，则（106×92）/100＝97.52，表示该国货币对外交换价值没有下跌8%，而是下跌2.48%；同时，它是一种物价指数，表明该国的加工制品在国外市场上的价格没有上涨6%，而是下跌了2.48%。因此，该国产品在国外的竞争力有所增强。

3. 相对的正常化单位劳动成本

相对的正常化单位劳动成本，是指统计制造工业中的工时劳动报酬被除以正常的工时产量，并以指数表示。IMF就是采用这种指数来调整汇率。

## 三、影响汇率变动的因素

### （一）国际收支

国际收支是一国对外经济活动的综合反映，其主要组成部分如贸易收支状况、资本流动状况都直接影响外汇市场的供求关系，在很大程度上影响了汇率的基本走势和实际水平。国际收支状况对汇率变动的影响如图2-1所示。

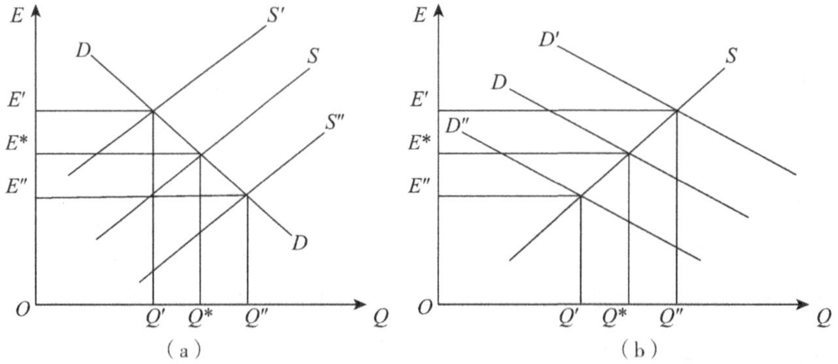


**图2-1　国际收支状况对汇率变动的影响**

在图2-1中，纵轴为外汇汇率$E$，横轴为外汇供求$Q$。假定某国的国际收支处于平衡状况，其外汇市场上的均衡汇率为$E^*$。从外汇供给方面考察（假定该国外汇市场上需求基本稳定，即外汇需求曲线 $D$ 不变），当该国国际收支出现逆差时，其外汇供给就会相对减少，曲线 $S$ 向左移至 $S'$，这时外汇汇率由 $E^*$ 上升至 $E'$；当该国国际收支出现顺差时，该国的外汇供给就会相对增加，曲线 $S$ 向右移至 $S''$，这时外汇汇率由 $E^*$ 下降至 $E''$。从外汇需求方面考察（假定该国外汇市场上的供给基本稳定，即外汇供给曲线 $S$ 不变），当该国国际收支出现逆差时，该国对外汇的需求就会增加，曲线 $D$ 向右移至 $D'$，这时外汇汇率由 $E^*$ 上升至 $E'$；当该国国际收支出现顺差时，该国对外汇的需求就会减少，曲线 $D$ 向左移至 $D''$，这时外汇汇率由 $E^*$ 下降至 $E''$。

在实际经济运行中，一国国际收支状况对汇率的影响是很大的，但在某些情况下并不是确定的，这主要看国际收支失衡的性质。短期的、临时的、小规模的国际收支失衡，可能会被国际资金流动、相对利率变化、相对通货膨胀率变化、政府干预等因素抵消。不过，持续性的巨额国际收支差额，一般都会引起相关国家汇率的变动。

### （二）通货膨胀程度

通货膨胀是影响汇率变动的一个长期、主要且根本的因素。一国货币对外价值的基础是其对内价值，如果货币对内价值下降，则必然引起其对外价值下降。即一国若发生通货膨胀，该国货币代表的价值就会减少，其实际购买力也会随之下降，进而导致货币对内贬值。在大多数情况下，货币对内贬值必然会引起对外贬值。如果两国都发生了通货膨胀，且幅度基本一致，两者就会相互抵消，两国货币的名义汇率可以不受影响。如果两国的通货膨胀率存在差异，两国货币汇率就会发生变化。通货膨胀率相对较高的国家，其货币汇率会下降；而通货膨胀率相对较低的国家，其货币汇率会上升。

通货膨胀对一国经济的影响是全方位的，因此，它对汇率的影响也是多方面的。

第一，通货膨胀通过贸易收支影响汇率。一国一旦发生通货膨胀，其出口商品、服务的国内成本就会提高，这会削弱该国出口商品在国际市场上的竞争力，影响出口外汇收入；同时，在汇率不变的条件下，该国的进口成本会相对下降，进口利润增加，使进口外汇支出增加。出口收入减少和进口支出增加，导致贸易收支出现逆差，外汇市场外汇供给减少、需求增加，推动外汇汇率上升、本币汇率下跌。

第二，通货膨胀通过国际资本流动影响汇率。一国发生通货膨胀，必然使该国货币的实际利率降低，趋利动机使投资者将资本移向国外，致使金融账户收支状况恶化，对本币造成汇率下跌的压力；资本的过度外流，还直接造成市场外汇供不应求，外汇汇率上升，本币汇率下跌。

第三，通货膨胀通过人们对货币走势的预期影响汇率。一国通货膨胀不断加剧，会影响人们对该国货币汇率走势的心理预期，进而在市场上抛售本币、抢购外汇，进一步推动本币汇率下跌。

（三）利率水平

一国利率水平的高低，是反映借贷资本供求状况的主要标志。一般来说，在资本安全性与流动性不变时，利率的高低，会使国际短期资本发生移动，进而影响汇率。其具体表现是：当一国的利率水平相对较高时，对外国资本吸引力增强，外资流入该国。外国资本在流入该国时，必须兑换成该国货币，于是造成外汇市场上对该国货币需求增加，该国货币汇率趋于上升。反之，一国货币利率水平相对较低，会引起国内短期资本流出。当国内资金流出时，必须先兑换为外国货币，于是外汇市场上对外汇需求增加，对该国货币需求减少，该国货币汇率趋于下跌。

但是，在考察利率对汇率的影响时，还应该注意进行比较：一是比较外国利率水平，二是比较本国通货膨胀率。如果本国利率上升，但其幅度低于外国利率上升幅度，或者低于本国通货膨胀率的上升幅度，那么本国货币汇率不仅不会上升，有时还会呈现下降趋势。

利率对长期汇率的影响是十分有限的。与国际收支、通货膨胀等因素不同，利率在很大程度上属于政策工具的范畴，具有一种被动性。但是，利率对短期汇率具有较大影响。

（四）经济增长率差异

一国实际经济增长率与其他国家的差别，与未来汇率的变动有着极为复杂的关系。首先，在其他条件不变的情况下，一国经济增长率相对较高，其国民收入增加也会相对较快，这样会使该国增加对外国商品、劳务的需求。如果该国对外汇需求的增加大于可得到的外汇供给，则该国货币汇率下跌。其次，如果该国是一个出口导向型国家，经济增长主要以出口增长推动，那么该国的出口增长率往往高于进口增长率。这样，该国可得到的外汇供给就会高于外汇需求，使该国货币汇率呈上升趋势。最后，经济增长率也会通过人们对经济发展的预期影响汇率。当国内外投资者把该国较高的经济增长率视为经济健康发展、资本收益率提高的表现时，就会把资本投入该国，资本流入的增加有可能支持该国货币汇率趋于上升。

（五）财政收支状况

一国财政收支状况如何，对该国货币汇率的变化也会产生很大影响。一国在发生财政赤字后，弥补财政赤字的方法有多种，如采取减少政府开支、增加税收、增发国债等方法以减少财政支出、增加财政收入，或以增发货币的方式直接弥补财政赤字等。采用紧缩财政的方法会导致投资需求、消费需求降低，国内居民可支配收入减少，物价下滑，促使出口增加，推动本国货币汇率上升；增发货币弥补财政赤字，有可能导致国内通货膨胀，物价上升，出口下降，最终导致该国货币汇率下跌。

（六）其他因素

1. 国际储备

较多的国际储备，表明政府干预外汇市场、稳定汇率的能力较强，因此，储备充足或增加能增强外汇市场对本国货币的信心，有助于本国货币汇率的上升；储备不足或减少，该国货币汇率往往呈下跌趋势。

2. 政治局势

如果一国国内社会动荡不安，战争连绵不断，政府经常更迭，或者遇到严重的自然灾害等，社会经济就会停滞不前，国内资本纷纷外逃，国际投资者望而却步，该国货币必然呈疲软走势。

3. 心理预期因素

当人们对某一国家经济政治前景充满信心，认为持有其货币不仅能满足消费需求，而且能投资获利时，就会买入该货币，市场上对该货币需求上升，汇率上升；反之，当人们对某种货币信心不足时，就会纷纷卖出该货币，导致该货币汇率下跌。心理因素对货币汇率影响极大，有时甚至对货币短期汇率走势产生主导性作用。

4. 投机因素

市场投机者是外汇市场不可缺少的组成部分。一方面，投机者承担了市场风险，增加了市场流动性；另一方面，大量投机资金充斥市场，在短期内为追逐利润而不断流动，会给市场带来极大风险。投机者的活动，特别是过度投机引发的短期巨额资金流动与货币转换，必然会扩大市场汇率的波动幅度，影响汇率的稳定。

5. 中央银行的干预行为

在开放的市场经济条件下，中央银行进入市场直接进行外汇买卖，对汇率的影响是最直接的，效果也是最明显的。如果政府干预的目的是阻止本币汇率下跌，中央银行就会在外汇市场抛出外币，买进本币；反之，如果中央银行进入市场是为了避免本币过分坚挺，就会抛出本币，买进外币，从而增加外币需求和本币供给，促使本币汇率趋向下跌。

## 四、汇率变动对经济的影响

汇率作为宏观经济变量，在受到其他宏观经济条件或要素影响的同时，其变动对国民经济也有广泛而复杂的影响。汇率的变动包括货币升值（上浮）和货币贬值（下浮）两个方面，以下着重介绍货币贬值对经济的影响。至于货币升值，因为其影响正好与贬值相反，所以不做赘述。

### （一）货币贬值对一国国内经济的影响

货币贬值对一国国内经济的影响，一般通过以下几个效应发生作用。

1. 替代效应

替代效应也称为“相对价格效应”或“资产组合调整效应”，是指一国货币贬值引起的相对价格体系变动，并由此触发的进出口商品替代和金融资产组合的调整过程。

从理论上来说，一国货币贬值，首先使进出口商品的价格发生变化。从出口方面来看，在本国货币贬值条件下，本国出口商品以外币表示的价格下降，会引起出口量的增加；至于出口总值是否也会相应增加，则取决于出口量的增加带来的收益，能否抵销出口商品价格的下降带来的损失并且有余。从进口方面来看，在本国货币贬值条件下，以本币表示的进口商品价格上涨，会引起进口量的减少，以外币表示的进口总值会因此下降。上述变化带来的结果是：出口值增加，进口值减少；或者即使出口值有所下降，只要下降幅度小于进口值的减少幅度，货币贬值就能改善一国贸易收支差额。

货币贬值也会对货币替代产生一定的影响。所谓货币替代，是指一国经济发展过程中，因人们对本国货币币值的稳定失去信心，或本国货币资产收益率相对较低时，而发生的外币替代本币执行货币职能的一种现象。货币替代会造成资金外流或资本逃避，导致国内金融秩序不稳定，并削弱中央银行货币政策效率。产生货币替代的前提条件是货币的自由兑换，当货币不能自由兑换时，大规模的货币替代和资金外流是难以发生的。当货币能够自由兑换时，任何非稳定因素及其相关的心理预期，都会引起货币替代和资金逃避。

决定货币替代的因素主要有：两国金融资产名义收益率、通货膨胀率的对比和本币汇率走势的预期。用公式表示即

本国金融资产名义收益率-本国通货膨胀率-本币预期高估率+本币预期低估率=外国金融资产名义收益率-外国通货膨胀率

本币预期高估表示预期汇率将贬值，本币预期低估表示预期汇率将升值。当左项小于右项时，货币替代便会发生。从公式中可以看出，如果本国金融资产名义收益率和本国通货膨胀率已定，汇率水平就是影响货币替代程度的主要因素。预期货币贬值将提高货币替代程度；反之，预期货币升值即汇率低估有助于降低货币替代程度。当一国货币汇率被低估时，外币资产持有者在趋利动机下，会卖出外币资产、买入本币资产，出现货币反替代。但这种货币反替代的效应是短期的，从长期来看，汇率低估会通过货币供应、价格

效应等一系列机制的作用，导致物价水平上涨、通货膨胀率提高和金融资产名义收益率降低，最终抵消对货币反替代的影响。

2. 收入效应

收入效应，是指一国货币贬值引起的贸易条件变化对该国国民收入产生作用的过程。

在一般情况下，一国的货币贬值最终会增加该国的实际出口数量，减少实际进口数量，从而为本国的出口行业以及与进口产品竞争的行业提供更多的就业机会，并由此触发一个增加国民收入的乘数过程。当然，在实际国民收入增加的过程中，由于边际进口倾向的作用，本国的进口又会有所增加，这给贬值后贸易差额的改善带来一些不利影响。

但是，从较长期的情况来看，贬值的收入效应对一国经济发展是否有利，具有很大的不确定性，这主要看贬值后该国贸易条件的变化情况。所谓贸易条件就是一国进出口商品的交换比价，即一国出口商品物价指数与其进口商品物价指数之比。如果相对进口商品价格来说，一国出口商品价格水平下降，即该国要用更多的出口商品才能获得一定数量的进口商品，就意味着该国贸易条件恶化。所以，概括地讲，一国货币贬值，如果引起该国贸易条件恶化，就会使该国的国民收入下降至较低的水平；反之，如果货币贬值能使该国贸易条件保持不变或得到改善，那么贬值就会提高国民收入。

还应该指出的是，上述分析都是在这样一个假定前提下进行的：一国处于非充分就业条件下，还存在过剩的生产资源和生产能力。实际上，在一国已实现充分就业的条件下，收入效应的作用是完全不同的。因为这时一国货币贬值虽然能使出口增加，但用于满足国内需求的生产必须相应减少。所以，该国货币贬值后，其就业状况、生产能力和资源利用水平不变，改变的只是贸易与非贸易商品在生产上的分配比例。这一问题将在讨论货币贬值分配效应时进行研究。

3. 实质现金余额效应

实质现金余额效应实际上也是一种收入效应，是指在货币发生贬值后，该国居民购买等量外币需要的本国货币增加，使其对外国产品（包括技术、服务和其他金融资产）的购买力下降。此外，贬值还会引起国内物价上涨，最终使该国居民持有的实质现金余额减少。在一般情况下，人们总希望持有的实质现金余额占其实际总收入的比率保持不变。于是，在贬值后人们往往通过减少支出、压低消费来积累现金余额，以恢复原来的现金余额与其他形式财富的比例关系。因此，实质现金余额效应导致的支出减少，一方面会通过乘数作用使一国的国民收入有所下降；另一方面能减少进口，对贸易收支的改善产生有利影响，并能减轻国内通货膨胀的压力。

4. 价格效应

价格效应，是指一国的货币贬值，除了能改变贸易商品相对价格外，还能对非贸易商品乃至国内物价总水平产生影响作用。贬值的一个直接效果就是使进口商品的本币价格上升，如果本国货币当局对此不仅不采取任何紧缩性的抵消措施，反而为了维持原来的生产规模，满足原来的消费水平，还通过扩大货币供应的方法迁就这种价格上涨的压力，那么贸易商品价格的上涨必然会波及非贸易商品的价格，从而导致国内物价水平的普遍上涨。更进一步来说，货币贬值的价格效应在上述条件下，有可能使一国陷入通货膨胀的恶性循环中：贬值提高了进口商品（包括实际的进口商品和与进口竞争的商品，即国内生产和销售的进口商品的替代品）和出口商品（包括实际出口的商品和在国内出售的出口商品的替代品）的本币价格，由此引发成本推进型的通货膨胀。而通货膨胀的发生或加剧，又会使本国的出口商品以及本国生产的、与进口竞争的商品在市场上的竞争力下降或丧失，从而使本国的贸易逆差扩大，国际收支恶化，这又进一步引起贬值。因此，国际收支存在持续性巨额逆差的国家（特别是发展中国家），很容易陷入“贬值—通货膨胀—再贬值—通货膨胀进一步加剧”的恶性循环中。当然，这种恶性循环现象的发生，应该存在于上述假定条件下，即本国货币当局在贬值时没有采取紧缩性货币政策以抵消物价上涨的压力，而这一假定条件在实际经济运行中并不是必然存在的。反过来说，如果货币当局采取了紧缩银根的政策措施，那么虽然贬值使贸易商品本币价格有所上升，但由于实质现金余额效应的作用，市场上会出现对名义货币的超额需求，从而形成一种对通货膨胀的抵消性压力。

由此可见，贬值对通货膨胀的影响取决于除外汇市场以外的一些宏观经济变量的情况，主要取决于一国货币供给政策。

5. 利率效应

利率效应与实质现金余额效应密切相关。一国发生货币贬值后，人们的名义货币收入虽然保持不变，但其实质现金余额减少了。而在实质现金余额减少后，必然会出现货币供不应求的现象。如果假定一国的货币供应量不变，为了减少货币需求，持有现金的机会成本，即名义利率必须提高。这种利率效应，一方面会使投资活动减少，减轻通货膨胀压力；另一方面较高的利率水平会吸引外国资本流入本国，使本国的国际收支得到改善。

6. 分配效应

分配效应，是指贬值引起的不同社会经济单位的收入分配发生变化的过程。一国货币贬值后，由于相对价格效应的作用，出口商品价格竞争力增强，出口量增加，这会使国际贸易商品的制造商和销售商以及向国际市场输出劳务的经济单位受益。与此同时，贬值使另外一些经济单位的利益受到损害，这主要是指依靠生产和出售非贸易商品而获取收入的经济单位，这些经济单位的生产和生活费用会因货币贬值而增加，其实际收入必然减少。这种损害即使是在该国贸易条件在贬值后并未发生恶化的情况下，也是存在的。

另外，从资源流动和分配的角度进行分析，贬值使某些企业的生产规模得以扩大，从而使与这些企业有关的生产要素所有者获益，而其他行业和部门的生产要素所有者则相应地遭受损失。譬如，贬值使一国的出口生产扩大，如果该国的出口部门都是资本密集型的，那么资本的所有者将大大获益；如果出口部门是劳动密集型的，那么劳动力所有者就会受益；等等。

7. 财富效应

贬值不仅使本国货币购买力发生变化，产生价格及实质现金余额等效应，而且使本国持有的国际储备资产的实际价值发生变动，形成财富效应。也就是说，如果一国国际储备资产中的外国货币与本国货币的汇率发生变动，那么该部分储备资产的实际价值也会发生增减。但国际储备货币汇率变动产生的财富效应，对于储备货币发行国和储备货币持有国的影响是不同的。对于储备货币发行国来说，储备货币汇率下跌，使其对外债务负担减轻，从中获益；对于储备货币持有国来说，储备货币汇率下跌，使其持有的储备资产实际价值减少，蒙受损失。由于汇率变动会对一国储备资产价值产生影响，各国在选择储备资产最佳组合时，必须认真考虑汇率变动的财富效应，较好的策略使本国的国际储备资产多样化，尽可能分散汇率风险，获取汇率变动收益。

8. 预期效应

预期效应，是指在货币贬值引发国内物价上涨的情况下，社会各经济单位就未来的价格、汇率变动趋势，做出种种预测并采取相应措施的过程。

综上所述，汇率变动对一国经济的影响是错综复杂的，它往往同其他宏观经济变量融合在一起共同产生作用。因此，在研究分析货币贬值效应时，应首先了解与分析国内和国际的基本经济情况。就国内经济而言，应研究国民经济是否处于充分就业状况；国内是否存在通货膨胀，其产生原因、发展趋势如何等。从一国的外部经济情况来看，应考虑本国经济对外开放的程度、本国经济在世界经济中所处的地位等问题。一般来说，经济开放程度比较高，对世界经济依赖性比较强的国家，汇率变动的影响就比较大。另外，产业结构比较单一、出口商品未形成多样化结构的国家，汇率变动的影响也比较大。

### （二）货币贬值对世界经济的影响

首先，汇率变动对世界经济的影响表现在国际贸易上。一般来说，汇率稳定有利于国际贸易的发展，汇率动荡不定，则会增加外汇风险，不利于各国贸易的扩大。其次，汇率变动对国际资本流动也有重大影响。汇率稳定有利于长期资本的输出和输入，使资金供求可以在全球范围内得到调节，从而更好发挥资金的作用，促进世界经济的增长；反之，如果汇率不断波动，就会阻碍生产性资本的国际流动，而投机性的短期资金却因此会在国际金融市场中频繁流动，形成对有关国家国际收支的外来冲击。最后，汇率的动荡不稳还会加剧国际经济摩擦，使矛盾激化，这不仅对经济较为脆弱的发展中国家造成严重损害，还会触发发达国家之间的矛盾与冲突。

# 第三节 汇率制度

## 一、汇率制度概述

所谓汇率制度（Exchange Rate System），是指一国货币当局对本国货币汇率变动的基本方式所做的一系列安排和规定。其基本内容有以下几点。①确定汇率的原则与依据，比如，是以货币本身的价值为依据，还是以法定代表的价值为依据；是由市场决定，还是由官方规定；等等。②维持与调整汇率的方法，比如，是采取公开法定贬值或升值方法，还是采取任其浮动或有限干预方法等。③汇率波动的界限。④管理汇率的法规、制度和政策等。⑤制定、维持与管理汇率的官方机构。

汇率制度是一个长期的概念，一旦确定，就会在相当长时期内保持不变，变化的是汇率制度下的汇率。传统上，根据汇率变动的幅度，汇率制度被分为两大类型：固定汇率制度和浮动汇率制度。西方各国在 20 世纪 70 年代之前实行固定汇率制度。后来，由于美元危机，布雷顿森林体系崩溃，各国开始采用浮动汇率制度。这两种类型的汇率制度既有继承性的内在联系，又有经济条件变化的互相区别。

### （一）固定汇率制度

固定汇率制度，是指以本位货币本身或法定含金量作为确定汇率的基准，汇率比较稳定的一种汇率制度。在不同的货币制度下，固定汇率制度的特点和内容是不同的。

1. 国际金本位制度下的固定汇率制度

自 1816 年英国首先实行了金本位制度后，到 20 世纪初，这一货币制度达到了最鼎盛的时期。当金本位制度成为一种国际性的货币制度后，各国货币含金量的对比关系，就成为固定汇率制度稳定的基础。国际金本位制度下的固定汇率制的特点是：①黄金成为决定两国货币汇率的物质基础，因为在金本位制度下是以含金量规定货币代表的价值；②汇率波动幅度很小，即使因供求关系变化使货币汇率发生变化，也被限制在黄金输送点的范围内，因此国际金本位制度下的固定汇率是一种比较稳定的汇率制度。

2. 纸币流通下的固定汇率制度

第一次世界大战以后，盛行了近 100 年的金本位制度趋于衰落，西方国家先后建立起金块本位制度和金汇兑本位制度。在 1929—1933 年世界经济危机中，西方国家的金块本位制度和金汇兑本位制度又受到了致命打击，统一的国际金本位制度随之瓦解。

国际金本位制度瓦解以后，各国为了追求相对稳定的汇率制度，不断地探索和实践在管理通货的基础上实行纸币流通条件下的固定汇率制度。在这种制度下，汇率根据各国纸币法定含金量的对比关系来确定，但汇率的波动幅度没有黄金输送点的限制，只能依靠政府人为干预市场的方式维持汇率的稳定，各国只能通过行政或协议方式保证汇率围绕中心汇率上下波动。

1944 年 7 月，在美国新罕布什尔州布雷顿森林召开的联合国货币金融会议（也称为“布雷顿森林会议”），通过了《国际货币基金协定》和《国际复兴开发银行协定》，统称《布雷顿森林协定》。在《国际货币基金协定》关于“货币平价”条款和其他有关条款的规定中，确立了美元与黄金直接挂钩、其他国家货币与美元挂钩并与美元建立固定比价关系的汇率制度，从而形成了二战后纸币流通体制下的固定汇率制度。这一汇率制度的基础，对于美国来说是一种有限制的美元-黄金的金块本位制度，而对于其他国家来说则是一种以美元为中心的金汇兑本位制度，因此，这一汇率制度的决定基础仍然是各国货币的法定含金量，即黄金平价。其主要特点如下。

第一，美元与黄金直接挂钩。基金组织成员国政府必须确认 1934 年 1 月美国公布的 1 盎司黄金 = 35 美元的黄金官价，并且必须协助美国中央银行维持这一价格水平；美国中央银行则承担各国政府或中央银行按黄金官价向美国兑换黄金的义务。

第二，除美国以外的其他国家的货币不直接与黄金发生联系，而是与美元挂钩，实行“可调整的钉住汇率制”（Adjustable Peg System）。《国际货币基金协定》规定，各成员国必须以美元为其货币确定官方的中心汇率，这一汇率称为“中心汇率”或“平价”（Par Value parity）。也就是说，其他国家的货币必须与美元建立固定比价关系。美元的含金量规定为 0.888671 克黄金，其他各国政府也必须确定本国货币的含金量，并通过各国货币含金量与美元含金量的对比，确定各国货币对美元的比价（黄金平价）以及与他国货币之间的比价。例如，1946 年 12 月 18 日，IMF 宣布 1 英镑的金平价为 3.58134 克纯金，按照含金量的对比，英镑与美元的汇率就是 1 英镑兑 4.03 美元。

第三，各国货币兑美元的汇率波动幅度不得超过平价的±1%，若超出该范围，则各货币当局有义务进行干预，维持外汇行市的稳定。如英镑与美元的汇率，市场上汇率波动的界限为“3.9897~4.0703”。

第四，成员国的货币平价一经确定不得随意改变，只有当一国的国际收支发生“根本性不平衡”（Fundamental Disequilibrium），中央银行无法维持既定汇率时，才允许对本国货币进行法定贬值或升值。如果平价的变更幅度在 10%以内，则成员国可自行调整，事后只需要通知 IMF 确认即可；但是，如果调整使三年内累积幅度达到或超过 10%，则必须事先征得 IMF 的批准方可进行。

在这一制度下，中央银行干预外汇市场不是采取直接管制方式，而是通过间接手段，如利用外汇平准基金参与公开市场业务活动进行。当外汇供不应求，汇率上升至接近或突破上限时，央行在市场上卖出外汇；当外汇供过于求，汇率下跌至接近或越过下限时，央行买进外汇，以此调节外汇供求和稳定汇率。

这种“可调整的钉住汇率制”结合了固定汇率与弹性汇率的特点：在短期内要求汇率稳定，这类似金本位制度，可以避免外汇市场的剧烈波动；在出现“根本性不平衡”时，有关国家可以进行调整，这又类似弹性汇率，避免了金本位制度的硬性调节要求。由于这种汇率制度注重监督、协调各国的对外经济，特别是汇率政策以及国际收支的调节，避免出现竞争性的货币贬值，所以对各国经济的稳定和增长起到了积极作用。

### （二）浮动汇率制度

1950年，美国国际收支开始出现逆差，而且赤字越来越大。1950—1972年，美国赤字累计达886亿美元，绝大部分是用美元偿付的，这就增加了美国境外的美元数量，形成美元大量过剩的局面。在布雷顿森林体系下，国际收支的严重不平衡，要求逆差国实行紧缩政策，以减少进口；要求顺差国实行扩张政策，以减少出口，但这是任何国家都难以接受的。因为，在二战后，避免大规模失业已成为各主要西方国家的重要政策目标，一般国家都不愿意为了调节国际收支而采取紧缩政策。由于逆差国不愿采取措施平衡国际收支，而顺差国都希望获得更多的国际收支盈余，于是调节机制失灵，汇率制度陷入日益严重的危机。1971年8月15日，尼克松政府停止美元兑换黄金，并对进口货征收10%的附加税，以此要挟各国调整汇率。1971年12月18日，各国达成了《史密森协定》，然而它并不能解决这一汇率制度的根本问题，美元危机继续发展。到1973年，主要西方国家的货币都实行了浮动汇率，国际汇率制度实际上进入了浮动汇率制度（Floating Exchange Rate System）时期。1978年4月1日，生效的《国际货币基金协定第二次修正案》承认这一既成事实，把浮动汇率制度合法化了，于是平价体系完全瓦解。

浮动汇率制度，是指一国不规定本币与外币的黄金平价和汇率上下波动的界限，货币当局也不再承担维持汇率波动界限的义务，汇率随外汇市场供求关系变化而自由上下浮动的一种汇率制度。

从不同角度进行划分，浮动汇率制度可分为不同类型。

1. 从汇率受到干预的程度进行划分

自由浮动（Free Floating），也称为“清洁浮动”（Clean Floating），是指一国货币当局对汇率不进行干预，任其随外汇市场供求决定的汇率制度。实际上，完全的自由浮动仅存在于理论划分中，在现实中并不存在。

管理浮动（Managed Floating），也称为“肮脏浮动”（Dirty Floating），是指一国货币当局按照本国经济利益需求，不同程度地或明或暗地在外汇市场上对汇率进行干预。干预的措施主要有以下几个。第一，直接干预市场，即中央银行进入公开市场直接参与外汇买卖活动，以调节外汇供求，使汇率向央行预定的目标波动。第二，调整银行利率或贴现率，即央行通过提高或降低利率（或贴现率），调节市场资金供求，影响本币币值和国际收支，进而影响汇率。第三，控制或鼓励资本流动。资本流动会影响资本账户差额，当一国出现国际收支逆差时，可采取控制资本流出的措施；当出现国际收支顺差时，可采取控制资本流入的措施，其结果都会对汇率变动产生影响。

2. 从汇率浮动方式或程度进行划分

（1）钉住汇率制。钉住汇率制，是指钉住一种货币或特别提款权或其他货币组合浮动的汇率制度。其具体又可分为以下两种。①钉住一种货币浮动，是指本币汇率随着另一种货币汇率的变动而变动，当被钉住的货币汇率上浮时，该货币的汇率也随之上浮；反之亦然。②钉住特别提款权或其他货币组合浮动。特别提款权按照几种主要货币的汇价计值，汇率相对稳定。其他货币组合，也称为“一篮子货币”或“货币篮子”，是一国按照本国与主要贸易伙伴的贸易比重选择和设计的、类似于特别提款权的货币组合。这种浮动制的优点，一是保值，二是汇率波动幅度很小。从实行钉住汇率制的国家组成来看，其大多数是一些出口结构单一的小国。由于它们的国际贸易伙伴比较单一，因此实行钉住汇率制度可以有效预防对外贸易中的汇率风险，稳定国际收支。

（2）有限弹性浮动。有限弹性浮动，是指一国货币的汇率钉住某一种货币或一组货币的有限弹性浮动。对单一货币的有限弹性，是指一国货币汇率以另一种货币为中心上下波动，但并不高度依附于这种货币，波幅也不太大。实行这种制度的只有少数几个国家，基本属于美国在中东的主要石油供给国。这些国家作为世界石油生产大国，出口对象比较单一，但是进口结构相对多元化。因此，同样是出于在正常状况下稳定出口收入，同时在美元兑世界其他主要货币波动激烈的情况下，尽量稳定进口支出的考虑，这些国家的货币主要是以美元为基础进行有限浮动的。

对一组货币的有限弹性，也叫作“联合浮动”（Joint Floating）。某些国家因发展经济关系的需要，组成某种形式的经济联合体，建立稳定的货币区，对成员国的货币汇率，设定中心汇率及上下波动界限，由成员国共同维持彼此间汇率的稳定；对除经济联合体以外其他国家的货币汇率，则任其受外汇市场供求变化的影响而上下自行波动，不加干预。如 1999 年，欧元启动前欧洲货币体系下的汇率制度。

（3）较大弹性浮动。汇率的波动不受限制，以独立自主的原则进行汇率调整。其具体又可分为以下几种。①根据一套指标调整汇率。指标因国而异，大多数是以本国的外汇储备、国际收支状况、消费物价指数及与本国贸易关系密切的有关国家物价的变动情况等作为调整本国货币汇率的依据。②较灵活的管理浮动。即一国政府对汇率的制定与调整给予一定的干预。③单独浮动。实行这一制度的目前主要是除欧盟以外的世界经济中的主要工业化国家，如美国、英国、日本、澳大利亚和加拿大等。单独浮动的方式也有很多，如工业化国家大多采取由外汇市场自由浮动，政府利用各种政策加以引导的形式；而不少发展中国家则采取以政策引导和干预为主、以市场决定为辅的方式。

以上各种类型的划分，并不是固定不变的。随着汇率安排的多样化，有的国家会调整原来的汇率制度，以适应各国变化了的经济发展要求。

浮动汇率制度对国际经济产生了十分深远的影响，其中既有积极的作用，也有消极作用。积极作用主要表现在两个方面。

首先，可防止国际金融市场游资对硬货币国家的冲击。由于各国国际收支情况不同，顺差国家的货币，其汇率往往呈上升趋势，国际金融市场上的游资，为了保值或为了谋取投机利润，会在市场上大量抢购这种货币。在固定汇率制度下，顺差国政府为了维持“平价”，必须在市场上卖出本币、买进外币，这样有可能造成对该国的通货膨胀压力，影响其经济稳定发展。而在浮动汇率制度下，相关国家并无义务在市场上维持汇率，因而不会出现国际资本冲击问题。

其次，可防止某些国家外汇储备的流失。在固定汇率下，当一国出现国际收支逆差使其货币在市场被大量抛售时，该国政府为了维持“平价”，必须在市场上抛出外汇、买进本币，这样会造成该国家外汇储备大量流失。而这一问题，在浮动汇率下同样可以避免。

但是，浮动汇率制度也给国际经济活动带来了许多负面影响。

一方面，加大了国际贸易和国际投资风险。由于供求关系不平衡等因素的存在，在浮动汇率制度下，汇率波动频繁，使进出口贸易成本难于核算。进出口商不仅要考虑商品价格，而且要考虑货币选择和汇率，影响了贸易的顺利成交。对于国际投资者来说，频繁波动的汇率也使其投资风险加大，投资前景难以预测，使投资活动特别是长期投资活动难以顺利进行，影响了国际投资资金的流动。

另一方面，汇率频繁变动和波动幅度加大，给国际投机者以可乘之机，助长了国际金融市场的投机活动。尤其是当国际投机失败波及银行或企业时，将会进一步加剧国际金融市场的动荡。

## 二、固定汇率制度与浮动汇率制度的争论

关于固定汇率制度与浮动汇率制度的争论，由来已久。在实行浮动汇率制度以后，这一争论不仅没有停止，反而更为激烈。尽管固定汇率制度与浮动汇率制度的两分法已不能反映当前世界各国汇率制度的多样化局面。但钉住汇率制度与弹性汇率制度仍是一国面临的基本选择，而这一新的两分法只不过是旧两分法在新的现实背景下的变体。因此，我们有必要阐述一下赞成和反对浮动汇率制度的理由。

赞成浮动汇率制度的理由主要有以下几点。

（1）国际收支均衡得以自动实现，无须以牺牲国内经济为代价。

在固定汇率制度下，国内经济目标服从国际收支目标，当一国国际收支失衡时，就需要采取紧缩性或扩张性财政货币政策，从而给国内经济带来失业增加或物价上升的后果。或者说，当国内经济出现产量下降或通货膨胀时，一国由于顾忌对国际收支的影响，而不能采取扩张性或紧缩性货币政策，在浮动汇率制度下，一国国际收支的失衡可以经由汇率的自由波动而予以消除，故财政货币政策可专注于国内经济目标的实现。

（2）增加本国货币政策的自主性。

在固定汇率制度下，主要贸易伙伴国采取扩张性的货币政策引起国际收

支赤字，也就意味着本国的国际收支盈余。这将带来外汇储备的增加，从而使本国货币供给增加。有些学者曾指出，在布雷顿森林体系下，世界各国的货币政策都是由美国制定的。当美国实行扩张性或紧缩性的货币政策时，其国际收支就会出现赤字和盈余，并带来世界其他国家货币兑美元的汇率上升或下跌的压力。而为了维持固定汇率，世界各国必须购进或售出美元，由此导致货币供给的增加或减少。但在浮动汇率制度下，一国可以听任本币在外汇市场上上浮或下浮，而不必通过外汇储备和货币供给的增减来适应主要贸易伙伴国的货币政策。

（3）避免国际性的通货膨胀传播。

在固定汇率制度下，国外发生的通货膨胀，很容易传播到国内。其传导渠道有两个：一是国外通货膨胀通过一价定律造成本国商品和劳务价格的直接上升；二是国外通货膨胀通过外汇储备的变化造成本国货币供给的增加，从而间接引起本国物价上涨。而在浮动汇率制度下，国外通货膨胀不会影响本国的外汇储备，只会带来本币升值，从而抵消国外通货膨胀通过进出口对国内物价的直接影响。

（4）无须太多的外汇储备，可使更多的外汇资金用于经济发展。

在浮动汇率制度下，一国由于无义务维持汇率的稳定，因此不需要像在固定汇率制度下那么多外汇储备。这部分节约下来的外汇资金，可用于进口更多的国外资本品，增加投资，促进经济发展或增长。

（5）可以促进自由贸易，提高资源配置的效率。

由于浮动汇率制度能使国际收支自动达到均衡，一国可以避免在固定汇率制度下那些为维持国际收支而采取的贸易管制措施，从而避免本国资源配置的扭曲，提高经济效率。

（6）可以提高国际货币制度的稳定性。

由于浮动汇率制度下，各国的国际收支能自动且迅速地获得调整，而不致出现累积性的长期国际收支赤字或盈余，因此可以避免巨大的国际金融恐慌。从这个意义上来说，浮动汇率制度确保着各国外汇市场和国际货币制度的稳定。

至于反对采用浮动汇率制度的理由，主要有以下几点。

（1）给国际贸易和投资带来更大的不确定性。

浮动汇率制度使进出口商无法确定未来汇率的变化，给国际贸易和投资带来更大的不确定性，因而倾向于固守国内市场。就贸易来看，进出口在价格和收益的不确定性下，即使利用期汇交易，也势必会增加贸易成本。更何况并非所有的外汇风险皆可通过期汇交易予以消除，如进出口从报价到成交这一期间的汇率风险，以及期限较长的对外债权债务面临的汇率风险就无法避免。同样，在投资方面汇率变动也可能使投资者发生资本损失，抵销投资收益。由此可见，浮动汇率制度将妨碍国际贸易和投资的顺利进行。

（2）使一国更有通货膨胀倾向。

浮动汇率制度使一国更有通货膨胀倾向的理由主要有两个。①固定汇率制度对国际收支赤字国政府施加的压力比对盈余国政府大。因此，允许采用浮动汇率就会使赤字国削弱“物价纪律”。②在浮动汇率制度下，一国汇率下浮必导致进口价格的上升，从而直接或间接助长国内一般物价的上升，并可能导致“物价上升—汇率下浮”的恶性循环，但当一国汇率上浮时，由于棘轮效应，国内物价却不下降。经验表明，以货币定值过高降低国内通货膨胀的手段，其成效是令人失望的。因此，浮动汇率制度较容易导致通货膨胀。

（3）汇率波动对国内资源的配置形成不利影响。

当本币汇率大幅贬值时，该国资源就会流入对外竞争能力因此而提高的出口品和进口替代品部门。然而，一旦本币汇率升值，这些资源在贸易品部门就会过剩而重新流出。由此，汇率波动将带来资源的配置不当。

（4）汇率自由波动未必能隔绝国外经济对本国经济的干扰。

这是因为在国际资本流动日益发展的情况下，使国际收支自动达成均衡的汇率未必就是使经常账户收支达成均衡的汇率。这样，从 $Y=C+I+G+(X-M)$ 来看，由于浮动汇率制度无法保证 $(X-M)=0$，本国的总需求和国民收入不能完全取决于国内支出 $(C+I+G)$，而仍会通过进出口渠道受到国外经济的影响。

## 三、影响一国汇率制度选择的主要因素

以上叙述了固定汇率制度和浮动汇率制度的主要优劣之处。那么，一国究竟是应该实行固定汇率制度还是浮动汇率制度，或者说是应该实行钉住汇率制度还是弹性汇率制度呢？显然，一国应根据各自的具体情况而定，做到扬长避短。1978 年 4 月，《国际货币基金协定第二次修正案》对会员国自由选择汇率制度的合法性已做了认可。汇率制度的选择已成为世界各国十分现实的重大政策问题。

关于汇率制度的选择，影响较大的理论主要有两种：一种是“经济论”，另一种是“依附论”。

汇率制度选择的“经济论”，是由美国前总统肯尼迪的国际经济顾问罗伯特·赫勒（Robert Heller）提出来的。他认为，一国汇率制度的选择，主要由经济方面因素决定。这些因素是：①经济开放程度；②经济规模；③进出口贸易的商品结构和地域分布；④国内金融市场的发达程度及其与国际金融市场的一体程度；⑤相对的通货膨胀率。这些因素具体与汇率制度选择的关系是：经济开放程度高，经济规模小，或者进出口集中在某几种商品或某一国家的国家，一般倾向于实行固定汇率制度或钉住汇率制度。经济开放程度低，进出口商品多样化或地域分布分散化，同国际金融市场联系密切，资本流出入较为可观和频繁，或国内通货膨胀与其他主要国家不一致的国家，则倾向于实行浮动汇率制度或弹性汇率制度。根据赫勒对一些国家汇率政策的比较，浮动汇率制度明显趋于同一国进出口对国民生产总值（GNP）的低比率（开放程度低），进出口贸易商品结构和地域分布的高度多样化，相对较高的通货膨胀率，以及金融国际化的高度发展相联系。

汇率制度选择的“依附论”，主要是由一些发展中国家的经济学者提出的。这一理论认为，一国汇率制度的选择，取决于其对外经济、政治、军事等方面联系的特征。它集中探讨的是发展中国家的汇率制度选择问题，认为发展中国家在实行钉住汇率制度时，采用哪一种货币作为“参考货币”，即被钉住货币，取决于该国对外经济、政治关系的“集中”程度，亦即取决于经

济、政治、军事等方面的对外依附关系。在美国进口总额中占有很大比例，或者从美国得到大量军事赠予以及从美国大量购买军需物资的国家，还有同美国有复杂条约关系的国家，往往将本国货币钉住美元。同法国有传统殖民地联系的非洲国家，则趋向于钉住法国法郎。而同美国等主要工业国的政治经济关系较为“温和”的国家，则往往选择钉住合成货币。同时，这一理论指出，选择哪一种参考货币，反过来又会影响一国对外贸易的经济关系和其他方面关系的发展。

## 第四节　外汇管制

外汇管制（Foreign Exchange Control）是指一国政府为平衡国际收支和维持本国货币汇率等而对外汇进出实行的限制性措施。在中国，外汇管制又被称为“外汇管理”。本节将对外汇管制的概念、主要内容和经济效应进行系统的分析。

### 一、外汇管制概述

#### （一）外汇管制的概念

所谓外汇管制，是指一国通过国家法律、法令、条例等形式对外汇资金的收入和支出、汇出和汇入、本国货币与外国货币的兑换方式及兑换比价进行的限制。

外汇管制是国际经济发展到一定阶段的产物。在商品经济发展的初期阶段，因为国与国之间是一种自由贸易关系，国际收支依靠市场交易自动取得平衡，所以当时没有外汇管制。随着经济的不断发展，自由资本主义向垄断资本主义过渡，至19世纪末，资本主义国家经济危机威胁不断加深，战争阴云越来越浓，一些国家开始出现国际收支逆差，造成外汇短缺、黄金外流，政府为缓和国际收支失衡危机，稳定本国货币汇率，开始实施外汇管制政策。一战爆发前后，各参战国军费开支猛增，一些国家还产生了战争赔款，需要大量外汇资金，而战争又影响了正常的对外贸易，外汇收入减少，国际收支逆差状况越发严重，汇率激烈波动。为了动员资金支付军费和战争赔款，政策下令禁止黄金外流，限制进口支付，外汇管制进入较全面的实施阶段。但这一时期，管制内容只是一些简单的条例，还没有形成法律和制度。1929—1933 年经济危机的爆发，使所有资本主义国家陷入了国际收支失衡的深渊，各大国为摆脱危机，在国际市场上激烈竞争，并实行贸易保护主义政策，国际市场投机加剧、汇率极不稳定，于是各国又实行了更加严格的外汇管制，并纷纷以法律形式颁布了一系列外汇管制法令、条例。二战时期，各项管制法令、法规更为严密和完善，外汇管制达到了高潮。二战后，各国为了恢复本国经济，仍实行严格的外汇管制。20 世纪 60 年代后，随着经济的高速发展，各国经济一体化、国际化程度的提高，西方发达国家逐步放松了管制。如 1960 年，德国开始逐步开放经济，取消外汇管制；1979 年月 10 月，英国撤销了外汇管制条令；20 世纪 80 年代以后，日本基本放开了市场，取消了对外汇的管制。

从外汇管制产生、发展的过程来看，外汇管制是经济发展过程中政府的一种宏观经济管理行为，即由于世界经济发展不平衡，当经济危机的存在使一国出现了外汇供应不足、国际收支失衡，并且影响到该国的宏观经济均衡时，那么该国就要实行外汇管制。而如果在世界经济正常稳定发展的情况下还继续实行管制，就有可能影响该国对外经济的正常稳定发展。在这种情况下，政府应逐步放松外汇管制，直到基本取消管制。

### （二）外汇管制的对象

各国的外汇管制法令或条例，往往是首先明确外汇管制的对象，这主要包括“人”与“物”两部分。对于“人”，大多数国家奉行户籍标准（Household Standard），即将人分为居民和非居民。一般来说，对居民的管制较为严格，而对非居民则宽松得多。对于“物”，主要是指受到管制的国际支付手段或资产。一般来说，“物”包括以外币表示的支付凭证、有价证券以及外国纸币、铸币等信用工具；对贵金属及本国货币的携出、携入管理，也属于对物管理的范畴。

另外，一些国家还在地区、行业和国别方面实施一些管制措施。对地区的管制，主要指对不同地区实行不同的管制政策，如各国通常对出口加工区、保税区、经济特区等实行比较宽松的管制政策。对行业的管制，在出口方面，一般是对传统出口行业实行比较严格的管制政策，对高新技术出口则采取相对优惠的政策；在进口方面，对高技术和人民生活必需品的进口采取较优惠的政策，而对生活奢侈品行业的进口则采取较严厉的管制措施。对国别的管制，主要是指针对不同国家、不同地区的情况采取不同的外汇管制政策。

### （三）外汇管制类别

按照作用过程划分，外汇管制可分为直接管制和间接管制两种类型；按照管制形式划分，外汇管制可分为数量管制、价格管制和综合管制三种类型。

1. 直接管制与间接管制

直接管制，是指以政府外汇管理部门对外汇交易直接地、强制性地加以控制，即对外汇买卖和汇率实行直接干预与控制，带有刚性和强制性特征，对作用对象可产生最直接的效果。例如，国家规定所有外汇收入都必须卖给国家指定银行，所有外汇支出都必须经过外汇管理机构的批准。也就是说，一切外汇交易都必须通过国家指定银行，不允许私人自由买卖外汇。在资本流动方面，国家规定所有或超过一定数额的资本转移必须经过批准。

间接管制，是指国家外汇管理机构对外汇的供给与需求实行间接的管理。间接管制通常采用一些市场手段来间接控制外汇的收支和稳定汇率，进而影响外汇供求和交易数量。如建立外汇平准基金，通过参与外汇市场的交易，干预市场汇率，防止汇率激烈波动等。

2. 数量管制、价格管制和综合管制

数量管制，是指国家对外汇买卖和进出国境的商品数量实行管制。通过进口限制、许可证制度、限定外汇市场交易数额，甚至对资本输出入和银行账户存款调拨进行审批管理等手段，实现对进出口数量、资本流动和外汇供求的统筹调节与管制。数量管制的特点，一是超限额限制，即对超过限额的交易给予限制，对限额内的交易不加限制；二是限买不限卖，只限制居民购买外汇，不限制居民向国家出售外汇。

价格管制，也称为“成本管制”，是指国家对汇率或进出口商品价格进行管制。有的国家对不同的外汇交易规定不同的汇率，以达到奖出限入、吸引外资的目的。

一国如果在外汇管制中同时采用上述几种措施，或两种以上措施搭配使用，那么该国采用的就是综合管制类型。在具体实施中，外汇管理部门常针对不同时间、条件选择两种或两种以上的管制措施配合使用。由于这种管制方法涉及面广，灵活性大，很多国家予以采用。

## 二、外汇管制的主要内容

### （一）外汇资金收入的管制

外汇资金收入，是指货物、服务出口，资本输入引起的外汇收入。就管制程度而言，一般对货物、服务出口的管制相对较松，对资本流动的管制相对较严。

1. 对货物、服务的出口收汇管制

出口收汇管制的主要目标是增加和集中外汇收入，以保证进口需求和国际收支平衡。其主要内容可分为两大类。第一类是出口收汇的集中，通常是通过建立和实施出口结汇制度完成的。所谓出口结汇，是指国家规定出口商必须在一定时间内将出口所得外汇结售给政府或政府指定的银行。第二类是对出口收汇的鼓励，如允许出口收汇中的部分收入归企业自行使用，或允许企业在市场上按市场汇率出售，使出口企业得到更多的本国货币收入。另外，许多国家还采取非汇管性措施鼓励出口，如优惠信贷、税收优惠等。

2. 对资本输入的管制

由于各国国际收支地位不同，所以对资本输入管制的目的和方法也大相径庭。如国际收支持续顺差的国家（主要是发达国家），为了防止本币汇率过分坚挺而影响本国出口商品的国际竞争能力，往往采取各种措施限制外国资本的流入。而国际收支持续逆差的国家（主要是发展中国家）则相反，它们往往采取各种措施积极鼓励外资流入。但是，自 20 世纪 80 年代拉美国家爆发国际债务危机以来，很多发展中国家在积极吸引外资的同时，也开始注意对资本输入进行有序管理。

对资本输入的有序管理，主要集中在两个方面。第一，对长期资本输入实行期限结构、投入方向等输入条件的限制。实施期限结构管制的主要目的是使还款期限相对分散化和均衡化，不至于过分集中；对资本投向的管制主要是使外资投入方向、行业、项目符合本国经济发展和产业政策的需要。另外，资本来源不集中在某一国家，使用的货币不集中于某一币种，资金换市场的比重要适当，等等，都是引进外资时需要注意的问题。

第二，对短期资本输入的管制主要集中在控制短期资本数量上，即短期资本在输入资本总额中的比例不宜过高；商业性短期信贷在一些国家也受到一定限制。总的来说，对于短期资本输入，各国（包括发达国家）大都采取较严厉的管制措施。

### （二）外汇资金运用的管制

外汇资金的运用主要在于货物、服务的进口付汇和资本输出。

1. 对货物、服务的进口付汇管制

在进口付汇方面进行严格管制的国家，一般是经济发展程度较低的国家。管制的目的，主要在于保证必需的技术、设备、原材料、生活品等的用汇，一些国家为了保护本国民族产业的发展，也对一些相关产品实施进口管制。通常采用进口许可制和配额制进行管制。只有获准进口，才能申请进口外汇。进口许可证的签发，通常要考虑进口总量、进口商品结构、进口商品的生产国别、进口支付的条件等。进口配额制主要对各种商品的进口规定数量或金额，超过规定数额就不允许进口。

2. 对资本输出的管制

对资本输出的管制范围包括禁止购买外汇作为资本输出国外，禁止有价证券、黄金等的输出，有限度地限制本国货币、投资利润和股息的携出或汇出，或对本国居民在国外的投资收益加征税收，以及限制对国外公司提供信贷，等等。在这一方面，发展中国家大都实施严格的管制，一般不允许个人和企业自由输出或汇出外汇资金。但近年来，随着区域经济一体化和贸易集团化趋势的出现，不少发展中国家开始积极向海外投资，通过直接投资打破地区封锁，带动本国出口贸易的增长。如中国、拉美国家、东盟国家等近年来的海外投资都十分活跃。

### （三）汇率的管制

汇率管制涉及汇率水平、汇率种类和汇率制度等三个方面的内容。

1. 汇率水平的管制

汇率水平的管制，即在浮动汇率制度下或固定汇率制度下，对本国货币与外国货币的比价进行的管制，包括比价水平的确定和比价水平的调整。汇率水平管制中涉及的问题主要有：①汇率水平的决定基础；②汇率政策的主要目标；③汇率水平变动的经济影响。这些问题在其他章节中已有介绍，在此不再赘述。

2. 汇率种类的管制

汇率种类的管制主要指一国是实行单一汇率，还是实行双重汇率或多重汇率。双重汇率和多重汇率都属于复汇率范畴，所谓复汇率，是指一国政府对本国货币与另一国货币的兑换规定了一种以上的汇率。据 IMF 统计，截至 1997 年，世界上实行复汇率的国家有 23 个，其中，实行双重汇率的国家有 17 个，实行多重汇率的国家有 6 个。

复汇率制度的实施形式主要有以下几种。

第一，固定的差别汇率制度。固定的差别汇率制度即根据外汇的不同来源和用途规定不同的汇率，或者说，不同的汇率适用于不同性质的交易（如商品交易和资本交易），或适用于某种类型的商品（如生活必需品和奢侈品）。

有的国家根据交易性质把汇率分为金融汇率和贸易汇率。前者由外汇市场决定，政府不加干预，适用于金融交易；后者由官方决定，相对稳定，适用于所有商业交易。实行这种复汇率形式，通常是由于金融市场短期资本流动过于频繁，汇率波动过大。政府为了稳定进出口和国内物价，对商品、服务的进出口汇率实施干预，使其稳定在一个理想的区域内。

有的国家对不同类型的进出口商品采用不同的汇率。在进口方面，主要是对必需品与奢侈品采用不同的汇率，必需品进口的汇率较为优惠，而奢侈品进口汇率较为不利；在出口方面，通常是对本国具有垄断优势的商品出口采用不太优惠的汇率，对不具有优势的商品出口采用较优惠的汇率。采用这种复汇率制度的主要目的是对某些行业或商品的生产给予鼓励，而对另外某些行业的生产或商品进口进行限制。在这种复汇率制度下，汇率种类往往较多，如20世纪80年代阿根廷曾实行多重汇率制度，汇率多达17种，美元兑阿根廷比索的汇率从7000~40000。

有的国家还把外汇账户区分为居民账户和非居民账户，对前者采用固定汇率，对后者则采用浮动的、由市场供求决定的汇率。还有的国家根据国内经济发展的需要，对资本的输出和输入也分别采用不同的汇率。

第二，官方汇率与市场汇率并行制度。在这种复汇率制度下，政府规定本国货币与某一关键货币的法定汇率，这一汇率一般定得偏低（本币币值高估），因此与之并行的市场汇率水平就较高。官方汇率与市场汇率之间的差异使不同的交易者在市场上的地位产生差别，政府就通过这一手段达到鼓励或限制某些行业或商品进出口的目的。

第三，外汇留成制度。在一国已存在官方汇率与市场汇率两种汇率的条件下，官方对不同的出口企业或不同的出口商品实行不同的收汇留成比例，或按不同的留成比例发给出口商一种凭证，这种凭证可证明出口商向官方（或其指定银行）出售过外汇。出口商可将留成的外汇（现汇）或外汇凭证在平行市场或调剂市场按市场汇率出售，以此得到的收益，实际上是由社会提供的一种额外的出口补贴。留成比例较高的企业得到的补贴较多，留成比例较低的企业得到的补贴较少。对于进口商来说，他们在购买外汇时，除了要按官方汇率支付相应的本国货币外，还得事先在市场上购入外汇凭证，这就构成了进口商的一项额外成本。由此可见，外汇留成制度是复汇率制度的一种隐蔽形式。

另外，对出口按商品类别不同给予不同的财政补贴（或税收减免），或者对进口按类别课以不同的进口附加税，都会导致不同的实际汇率。

通过复汇率制度，一国政府可以在对外贸易中实施奖出限入的政策，可以在资本流动中实施鼓励外资流入、限制本国资本流出的战略。但是，从本质上来说，复汇率制度是一种歧视性的价格政策，它使价格关系变得扭曲和复杂，使企业在一种不公平的环境中进行竞争，它还容易招致贸易伙伴国的不满甚至报复，不利于国际经济关系的发展。另外，复汇率制度在行政管理上也存在一些难以解决的问题，如管理成本较高，对管理人员要求较严，如果管理人员不能达到应有素质，就会错误运用复汇率，甚至引发诸如逃汇、套汇、虚报、受贿、作弊等犯罪行为，使政策运用效果下降。实践表明，复汇率制度虽然经常被作为一种政策措施加以利用，但由于存在种种弊端，许多国家都是把它当作一种权宜之计。更重要的是，复汇率制度不利于建立公正的国际货币关系和健全的国际货币体系，因此IMF不赞成其成员国实行歧视性汇率安排或采用复汇率制度，在IMF监督与协助下，实行复汇率制度的国家正在逐渐减少。

3. 汇率制度的管制

汇率制度的管制是指采用固定汇率制度，还是浮动汇率制度，或是介于两者之间的某种汇率制度，如有管理的浮动汇率制度、钉住汇率制度，或者波动幅度较大的固定汇率制度。任何一种汇率制度，都有其内在的优点和缺点，一国采用什么样的汇率制度，不能仅从抽象意义上判断，还应该考虑本国实际情况。正如IMF指出的："没有任何一种汇率制度适合所有国家或在所有的情况下采用。无论采用何种汇率机制，它都必须与潜在的宏观经济政策保持一致。"

## 三、外汇管制的经济效应分析

外汇管制对一国经济的发展既有积极的作用也有消极的影响，主要表现在以下几个方面。

### （一）外汇管制的积极作用

1. 控制对外贸易

恰当而适量地运用外汇管制对外贸进行控制，在一定时期内可以促进本国经济的发展。政府可通过外汇管制对一切与外贸有关系的外汇交易活动和外汇资金的来源与运用进行管制，并由此支持本国商品的出口，限制不利于本国经济发展的商品进口，为本国商品生产和市场创造良好的国内环境。这一目的对于发展中国家来说尤为重要。

2. 巩固货币信用，稳定物价

在一国经济动荡、货币关系较为脆弱时，可利用外汇管制来达到巩固货币信用关系、稳定汇价，避免或抑制输入型通货膨胀的目的。由于纸币的对内价值表现为国内物价，对外价值表现为汇率，所以汇率、物价与通货膨胀密切相关。汇率稳定，有利于本国经济贸易的稳定发展；而汇率不稳定，既会直接影响进出口商品价格，又会间接影响国内货币流量，甚至引发通货膨胀。因此，大多数国家在汇率波动剧烈时，都强行运用国家力量实行外汇管制。

3. 防止资本外逃，维持国际收支平衡

外汇管制对资本输出入起着直接的调控与限制作用。首先，外汇管制可以防止资本外逃。资本外逃大部分是政局不稳、通货膨胀严重或投机过盛等因素引起的。资本的大量外逃，会引起国内投资与消费不足，外汇支出增加，国际收支逆差扩大，从而影响整个经济的发展。因此，各国都以外汇管制的形式禁止大量资本输出，以稳定和促进国内经济的发展。其次，外汇管制可以维持国际收支平衡。在正常情况下，一国国际收支不平衡（如发生逆差）可以通过提高利率、收缩信用以及减少对外汇的需求等措施进行调节，但这些措施存在时滞效应，极有可能加重经济衰退等副作用，尤其在政治经济局势急剧动荡时，依靠上述措施不仅不能阻止资本外逃之势，反而会对国际收支构成极大威胁。因此，许多国家无论是在正常时期还是在局势不稳时期，都会在一定范围内实施不同程度的外汇管制。

4. 保护本国民族产业

通过外汇管制限制外国同类产品和产业的进口，可以减少国内进口替代产业和其他发展水平不高的产业面临的竞争压力，从而保护本国民族产业的发展，这对于发展中国家来说尤其重要。

### （二）外汇管制的消极影响

作为一种对市场的行政干预，外汇管制无论在理论上还是在实践中都存在着种种弊端、缺陷或局限性。从理论分析的角度来看，外汇管制具有三大缺陷。

1. 外汇管制会使市场信号变形，在世界范围内降低资源最佳配置的效率

譬如，一国实施外汇管制旨在维持其货币的过低定值（本币低估），以期达到鼓励出口、抑制进口的目的。在这种情况下，根据官方汇率折算，出口品的外币价格被低估，而进口品的本币价格却被高估。这种价格扭曲，一方面保护了国内较落后的生产能力，使一部分缺乏效率的国内企业能继续生存；另一方面进口品由于价格高昂难以进入，如果这些进口品包括高新技术、先进设备、技术含量较高的新材料等，就会使国内产业失去产业结构提升的机会。其结果是，该国的经济发展水平维持在落后状态，源自国际分工与专业化生产的国际贸易利益也会大大减少。另外，如果本国出口品价格低估情况严重，还容易招致其他国家的反倾销制裁，引发贸易摩擦。因此，外汇管制付出的代价在国际贸易上是相当高的。

2. 外汇管制还会使资本的优化配置遭受扭曲

外汇管制阻碍了资本从低收益的地区或产业向高收益的地区或产业流动，从而使资本供求在世界范围内的调节变得缺乏效率，这对各国的经济发展是不利的。譬如，发展中国家由于国内建设资金的缺乏，需要引进外资以做补充，所以一般都对外资的流入给予优惠汇率，以补偿其承受的较大投资风险；而对于本国资本的外流，则采取完全禁止或使用惩罚性汇率的措施予以阻止。这种差别汇率成为私人投资收益率与社会投资收益率产生偏差的主要根源。通过这种差别汇率，国外资本被引入一些国内私人资本不愿投资但社会效益较高的经济项目，这些项目对整个社会有利，因此，社会投资收益率要高于私人投资收益率。但是，在外汇管制条件下，由于官方制定的汇率很难正确反映投资的私人收益率与社会收益率之间存在的适量偏差，所以差别汇率无法有效地把外资引入上述项目。而且，在一般情况下，给予外资的优惠汇率并不根据投资种类与投资项目加以区分，这实际上形成了对所有外国投资都一视同仁的补贴，这不但与政策的初衷不符，也使资源配置效率低下。

3. 严格的外汇管制会破坏正常的国际贸易秩序，阻碍国际资本自由流动，影响世界经济的发展

在严格的外汇管制下，一国货币不能兑换成其他国家的货币，国际资金

结算因而受到限制，如果各国货币都丧失了兑换性，就不能开展多边贸易和进行多边结算，世界贸易的范围势必大为缩减。另外，在外汇管制下，一国货币的汇率是由政府决定的，不受市场供求关系的直接影响，它必然会与在自由外汇市场上由供求关系决定的国际汇率均衡体系发生脱节，从而对建立正常的国际货币关系、推进世界经济的发展产生不利影响。再者，在外汇管制下，外汇的供求受到严格的限制，外汇市场上不能进行多边交易，国际资本的自由流动受到严重阻挠，国际金融市场被人为地分割，这必然是与流通、生产和资本的国际化进程背道而驰的。

正是由于上述种种弊端和不利影响，IMF 原则上反对其成员国实施外汇管制，特别是反对对经常账户进行管制。然而，尽管如此，从各国经济发展的历史来看，无论是经济实力雄厚的发达国家，还是刚刚获得政治独立、正在努力发展民族经济的发展中国家，在特定的经济环境与条件下，都毫无例外地实施过或正在实施外汇管制，只是各国在管制形式和管制程度上有所不同而已。

## 四、货币可自由兑换

货币可自由兑换与外汇管制密切相关。外汇资金收入和运用的管制，是依靠货币兑换管制实现的，或者是以货币兑换管制为前提的。如果一国的货币可充分自由地兑换成另一国货币，那么对外汇收入和运用的管制便会难以进行。

### （一）货币可自由兑换的概念

国际支付体系问题的核心内容是各国货币的兑换性问题。二战以后，IMF 积极致力于建立一个以货币自由兑换为基础的国际支付体系，目的在于促进国际贸易自由化和扩大化。《国际货币基金协定》第 1 条第 4 款明确指出，IMF 的宗旨之一就是“协助建立成员国间经常性交易的多边支付制度，并消除妨碍世界贸易发展的外汇管制”。IMF 对成员国履行货币自由兑换义务的要求，主要是从国际收支的角度规定的，其中，主要指货币在经常项下可兑换。

1. 经常账户可兑换

IMF 认为，经常账户可兑换，是指取消对经常性国际交易支付和转移的各种限制，其主要内容体现在《国际货币基金协定》第 8 条第 2、第 3、第 4 款中：成员国未经基金组织同意，不得对国际经常性往来支付加以限制；成员国不得施行歧视性的货币措施或多重汇率制；成员国对其他成员国持有的本国货币，如其他成员国提出申请应予兑回。IMF 还在该协定第 30 条款中对“经常性往来支付”做了进一步解释，即“经常性往来支付”是指不作为资本转移的支付，包括（但不限于）以下各项：①所有有关对外贸易，其他经常性业务（包括劳务在内），以及正常的短期银行信贷业务的支付；②贷款利息及其他投资净收入的支付；③数额不大的偿还贷款本金或摊提直接投资折旧的支付；④数额不大的赡家汇款。可见，经常性往来支付主要是指经常账户往来支付。因此，按照这个要求，一国的货币如果实现了在经常项下可兑换，其货币就会在很大程度上成为可自由兑换货币。

从以上规定可以看出，IMF 关于货币自由兑换的含义主要强调以下几个方面。①突出国际收支经常账户往来中的自由兑换，强调取消这方面的外汇管制。②强调实行单一汇率制，取消多重汇率制。③承担无限制地兑回他国持有的本国货币的义务。符合上述规定和要求的成员国称为“第 8 条款成员国”。

如果一国未承担 IMF 第 8 条款的义务，则称为 IMF 的“第 14 条款成员国”。这些国家每年要向 IMF 提交报告，并与 IMF 磋商取消外汇管制、实现经常项下可兑换的有关事宜和过渡性安排。

2. 资本项目可兑换①

一般来说，全面的自由兑换还包括资本项目的自由兑换，但资本项目的自由兑换不属于《国际货币基金协定》第 8 条款的硬性规定。资本项目可兑换是指取消对资本流入、流出的汇兑限制。相对于经常账户可兑换性而言，IMF 对资本项目可兑换的定义以及在管理范围内的处理方式未做严格规定。在该协定第 3 条款第 3 节中还指出，成员国可以对国际资本流动采取必要的控制，只是任何成员国对此类管制的实施不得限制经常性交易的支付或过分

① 在 IMF《国际收支手册》（第四版）中，这一账户为“资本项目”；在第五版、第六版中，为“金融账户”。其含义有所不同，但在此均指对资本流动下的汇兑限制问题。

延迟资金的转移以及各项承诺的交割。IMF 之所以这样规定，是因为资本项目可兑换犹如一把“双刃剑”：一方面，一国允许资本项下货币的自由兑换，既有利于改善投资环境，也有利于资本资源的优化配置；另一方面，资本项目可兑换会带来资本外逃的风险，严重时还会引发金融危机。因此，尽管目前有不少发达国家原则上实现了货币在资本项下可兑换，IMF 在资本项目管制方面的态度也有一些变化，但仍有许多国家对资本项目可兑换持谨慎态度。当然，从长期来看，随着经济一体化、全球化的不断发展，资本输入、输出也将进一步国际化，货币实现在资本项下可兑换，将成为大多数国家的一种必然选择。

### （二）实现货币可自由兑换的条件

一国什么时候建立货币自由兑换体制，主要取决于该国的经济条件。IMF 把这些条件归结为四个方面。

一是合适的汇率，主要是指能使该国经济收支大致均衡的、可反映市场供求状况的汇率。高估的汇率不利于对外竞争，造成国际收支困难；过度贬值的汇率又使进口过于昂贵，造成国内生产、投资的困难。

二是充足的国际清偿手段，主要包括该国的国际储备和对外筹资能力。这是任何实行货币自由兑换的国家保持宏观经济稳定必备的条件。充足的国际清偿手段体现了一国的经济实力，在遇有意外的国内、国际事变时，可以防止因信心动摇而发生的资本外逃和货币投机风潮。

三是健全而有效的宏观调控体系。宏观经济政策中最重要的是货币政策和财政政策。如果货币政策和财政政策不当或失误，就会导致国际收支失衡、国民信心动摇、投机泛滥、通货膨胀等恶果。

四是企业对市场价格能有灵敏反应的机制。这种机制使企业具有对市场价格做出灵敏反应的动力，使国家的汇率政策、对外贸易政策等能对生产和投资起到调节、促进或约束作用。这个条件对于改革中的原计划经济国家是一项较为艰巨但又必不可少的任务，也是一个必备的前提条件。

# 第五节 西方汇率理论

自货币产生以来，商品在不同国家或地区之间流动时使用不同的货币，就必然要涉及两国货币的兑换比率（汇率）。

汇率理论是国际金融理论的核心内容之一。汇率理论的发展至少可以追溯到中世纪，第一个研究汇率决定理论的学者是15世纪初意大利佛罗伦萨的罗道尔波利斯，而最早提出比较系统的汇率理论的是16世纪的萨拉蒙卡学派。随后，英国的许多古典经济学家如休谟、穆勒、戈逊、马歇尔等都讨论过汇率问题，其中，戈逊的国际借贷理论（Theory of International Indebtedness）对后来的汇率理论有很大影响。

1914年，第一次世界大战的爆发导致了金本位制度的崩溃，在此后一段时间里，汇率出现了混乱局面。1918年，第一次世界大战结束后，国际社会又面临着重新评价汇率的问题。在这种情况下，卡塞尔的购买力平价理论（Theory of Purchasing Power Parity）和阿夫达里昂的汇兑心理说应运而生。

20世纪30年代，世界性经济危机导致了经济学上的凯恩斯革命和第二次世界大战。凯恩斯革命冲击了早期经济学理论，形成了凯恩斯主义汇率理论。20世纪70年代中后期，随着货币主义学派的兴起，资产市场理论发展起来。

在一战以前的金本位制度下，汇率的波动受铸币平价和黄金输送点的自动调节，处于相对稳定的状态。随着两次世界大战的爆发，各国都相继禁止金银等贵金属的输出，同时国内市场上金币的流通也基本停止了。这时，各国经济学家不得不重新研究探讨汇率的决定及汇率的变动等问题，购买力平价理论和汇兑心理理论应运而生。

## 一、购买力平价理论

### （一）购买力平价理论主要内容

购买力平价理论是现代汇率理论中最有影响力的理论之一，1922年，瑞典经济学家古斯塔夫·卡塞尔在其代表作《1914年以后的货币与外汇》中对这一理论进行了系统阐述。

卡塞尔认为，本国人之所以需要外国货币，或外国人之所以需要本国货币，是因为这些货币在各自发行国均具有对一般商品的购买力；两国货币购买力就是决定两国货币汇率的最基本依据；汇率的变化也是由两国货币购买力之比的变化决定的。在具体分析中，卡塞尔把购买力平价划分为两种形式：绝对购买力平价和相对购买力平价。

1. 绝对购买力平价

本国货币与外国货币之间的汇率等于本国货币购买力与外国货币购买力（一般物价水平的倒数）之间的比率，这就是绝对购买力平价。绝对购买力平价说明在某一时点上汇率的决定。

如果 $P_a$ 表示本国的一般物价水平，$P_b$ 表示外国的一般物价水平，$E$ 表示用本国货币表示的外国货币的汇率，那么绝对购买力平价就可以表示为

$$E = \frac{P_a}{P_b} \tag{2-5}$$

卡塞尔对绝对购买力平价做了几点重要解释：①购买力平价是现实汇率水平运动的趋势，尤其在自由贸易情况下，这一假设才更有效；②如果一国对进口和出口的管制程度基本相同，则绝对购买力平价仍然适用；③在计算货币的购买力时，应以反映所有产品和服务的总体价格水平为基础，而且只包括本国自己生产的产品和服务的价格，不包括进口商品的价格。

绝对购买力平价也称为“一价定律”，因为根据卡塞尔的理论，如果不考虑商品在国际上流动的运输成本、贸易费用以及关税和非关税壁垒，那么商品的套购活动会导致同质商品的价格在世界各地趋于同等水平。只是各国货币汇率将以一国货币表示的价格折算成以另一国货币表示的价格而已。用公式表示就是

$$P_a = E \cdot P_b \tag{2-6}$$

2. 相对购买力平价

1918年，第一次世界大战结束后，各国在战争期间滥发不兑现的银行券，

导致通货膨胀和物价上涨，绝对购买力平价必须根据新情况进行修正，因而产生了相对购买力平价。

相对购买力平价的基本内容是：不同国家货币购买力之间的相对变化，是汇率变动的决定性因素。

相对购买力平价以物价指数求得均衡汇率。假设基期的时间为零，$E^0$ 代表本国基期汇率，$P_a^0$ 代表本国基期物价指数，$P_b^0$ 代表外国基期物价指数，$E^t$ 代表经过 $t$ 时间变动后的汇率，$P_a^t$ 代表经过 $t$ 时间变动后的本国物价指数，$P_b^t$ 代表经过 $t$ 时间变动后的外国物价指数。则相对购买力平价的公式可写为

$$\frac{E^t}{E^0}=\frac{P_a^t/P_a^0}{P_b^t/P_b^0} \tag{2-7}$$

或

$$E^t=E^0\times\frac{P_a^t/P_a^0}{P_b^t/P_b^0} \tag{2-8}$$

基期汇率如何选择？卡塞尔认为，基期应为一个正常的时期，或市场汇率处于长期均衡汇率的时期。在实际计算相对购买力平价时，人们通常用两种方法确定基期汇率：一种方法是利用绝对购买力平价计算出基础汇率水平，但这一方法对数据的数量和质量的要求都很高，因而准确性较差；另一种方法是使用选定的现实市场汇率，这一方法虽然省去了收集和计算上的许多麻烦，但必须保证选定的基期汇率是长期均衡的。

在纸币流通条件下，相对购买力平价更具有实际意义，因为它指出汇率变动取决于不同国家之间货币购买力或物价的相对变化，即汇率的变动与同一时期两国物价水平的相对变动成比例。因此，这种解释更具有政策上和操作上的意义：当两国购买力比率发生变化时，应对两国货币之间的汇率做出调整。

### （二）购买力平价理论评价

购买力平价理论自产生以来，便在西方国家受到推崇，认为它正确地解释了实际生活中汇率变动的原因，其优点主要有以下几个。

第一，购买力平价理论解释了中长期汇率变动的主要原因在于各国存在

的通货膨胀。一国物价上涨高于他国，纸币对内贬值，短期内不一定引起纸币对外贬值，但在相当一个时期后必然引起纸币对外贬值，在世界经济发展过程中有许多事例可以证明这一点。

第二，由于购买力平价是把两国货币各自对一般商品和服务的购买力比率作为汇率决定的基础，因此能相对合理地体现两国货币的对外价值。统计资料证明，相对购买力平价很接近均衡汇率。

第三，购买力平价理论为金本位制度崩溃后各国纸币的定值和比较提供了共同的基础。

基于以上原因，100 年来，购买力平价理论在西方汇率理论中一直占有重要地位，对当代西方国家的汇率政策也有重大影响，而且许多西方经济学家仍然把它作为预测长期汇率趋势的理论指导。

但是，购买力平价理论也存在一些不足之处。

第一，由于各国社会经济制度各异，经济发展水平、劳动生产率及物价水平都存在很大差异，两国同种商品的价值量也存在差异。在这种情况下，两国的价格水平之比不能反映两国货币实际代表的价值量之比，从而不能完全反映两国货币汇率水平。一般来说，两国之间经济发展水平和科技运用水平差别越大，劳动生产率差别就越大，工资、商品及服务价格的差别也就越大，相应地，购买力平价和均衡汇率的差距也越大，因此购买力平价理论难以适用于发展水平不同的国家。

第二，在购买力平价理论中，物价水平与汇率之间的作用是单向的，即物价水平决定了汇率水平。而在实际经济活动中，两者是相互作用的，物价水平的变动不仅可以引起汇率变动，汇率的变动也会引起物价水平的变动，如输入型通货膨胀。

第三，购买力平价理论在实际计算具体汇率时，存在着一些技术上的困难。譬如，在选择物价指数时，到底是选取国际贸易中的可贸易品的物价指数，还是选取国内全部商品的一般物价指数，两种选择在计算和比较上都存在困难。如果采用前者，则可能由于国际贸易商品品种经常变换，实际上很难进行计算和比较；如果采用后者，则由于不同国家的产业结构和消费偏好不尽相同，计算和比较也有困难。

第四，物价水平虽然是影响汇率变动的重要原因，但不是唯一的因素。其他如国民收入、资本流动、生产成本、贸易条件、国际需求甚至世界政治经济形势的变动等，都能影响外汇供求的变动，并进而影响汇率的变动。

第五，购买力平价理论的一些假设条件在现实中是不成立的。如假设不存在关税和非关税壁垒，没有运输成本，以及商品套购活动可以自由而顺利地进行等。这些不能成立的假设使该理论的准确性受到影响。

## 二、利率平价理论

利率平价理论首先由英国经济学家凯恩斯在 1923 年出版的《货币改革论》一书中提出，后来经一些西方经济学家的发展成为一种远期汇率决定理论。该理论把远期外汇市场与即期外汇市场联系在一起，是一种充分强调利率对汇率影响的远期汇率决定理论。

### （一）利率平价理论的主要内容

利率平价理论产生于追求利润的套利活动。一个投资者在没有资本管制的市场上有两种选择：投资于国内或投资于国外。在其他条件相同的情况下，投资者将比较这两种投资收益的高低，并选择收益较高的投资形式。因此，当两国货币利率存在差异时，投资者有可能把资本从利率较低的国家转移到利率较高的国家，以套取利息差额，即进行套利活动。投资者的这种套利活动最终将使这两种投资的收益相等。

若用 $S$ 表示某种外币的即期汇率，用 $F$ 表示这种外币的远期汇率，用 $I_a$ 表示本国货币的利率，用 $I_b$ 表示外币的利率，并假设远期汇率与利率的期限相同（如为 1 年）。这样，投资者用 1 单位本国货币在国内投资的到期收益为 $1+I_a$；如果投资者把本币兑换为外币后投资于国外，则外币到期收益为 $(1+I_b)/S$。投资者为防止汇率波动造成的风险损失，会通过远期外汇市场按远期汇率将其在国外的投资本息卖出。所以，这一投资的本币到期收益为 $(1+I_b)F/S$。对于大额投资而言，交易成本很低。因此，在不考虑交易成本的情况下，两种投资机会之间的套利活动使下式成立：

$$1+I_a=(1+I_b)F/S \tag{2-9}$$

把式（2-9）稍做变形便可得到

$$\frac{I_a-I_b}{1+I_b}=\frac{F-S}{S} \tag{2-10}$$

式（2-10）的右边就是远期汇率的升水率或贴水率。当外国货币利率较低时，式（2-10）左边近似等于$I_a-I_b$，因此式（2-10）可以表示为利率平价公式：

$$I_a-I_b=\frac{F-S}{S} \tag{2-11}$$

式（2-11）充分表明了利率平价理论的基本观点。①在没有交易成本的情况下，远期汇率的升水率（或贴水率）等于两种货币的利率差。②如果本币利率高于外币利率，则外币在远期市场上必为升水；如果本币利率低于外币利率，则外币在远期市场上必为贴水。这是因为在其他条件不变的情况下，当投资者在本币金融资产与外币金融资产之间进行选择时，如果远期汇率升水小于利率差额，人们就会抛售以外币表示的金融资产，转而购买本国的金融资产。由此产生的资本流入，一方面使外汇市场上即期外汇供给增加，同时远期外汇需求增加，这必然导致即期外汇汇率下降或远期外汇汇率上升，或两者同时出现，这时远期外汇升水率上升；另一方面使本币利率降低。当远期外汇升水率与利率差额大约相等时，两国间的资本流动终止；反之，当远期汇率升水率大于利率差额时，人们的投资行为刚好相反，资本流出到国外市场，国内利率提高，远期外汇升水率下降，利率平价恢复。

（二）利率平价理论评价

利率平价理论很好地解释了远期外汇市场上汇率与利率之间的关系，在充分研究了即期、远期外汇市场运行规律的基础上，说明了远期外汇市场上汇率与利率的相互作用机制，在理论上纠正了以往汇率理论研究的某些偏差和不足。另外，利率平价理论还说明了远期汇率是预测即期汇率的最佳指标，这在汇率预测中具有一定的实践指导意义。

尽管利率平价理论在理论推理上是严密的，但在实践中很难得到准确的验证，因为这一理论也存在一些缺陷。

第一，利率平价理论说明，即期汇率与远期汇率的差价等于国内外货币利率的差价，因此世界各地的实际利率水平是一样的，这实际上是利率的“一价定律”。如果利率平价发生作用，市场上的套利活动就会无利可图。然而，情况并非完全如此，市场上总是有套利机会出现，因为经济活动中存在一些使即期、远期差价偏离利率平价的因素。这些因素包括以下几点。①交易费用。利率平价理论的一个基本假设是不存在交易成本。实际上，在外汇交易中，成本是一个非常重要的因素，它不仅直接影响利率与汇率的关系，而且影响各类市场参加者的行为动机，从而影响他们做出的交易决策，使理论预测与实际情况出现偏差。②除投资套利者外的其他市场交易者的交易行为，如进出口商等许多人，他们进行交易不是为了套利，这也会使即期、远期汇率差价与利率平价不一致。③税收因素。④社会政治风险。⑤人们的预期心理以及交易时滞等因素都会影响这一理论的准确性。

第二，利率平价理论假定资本流动不存在障碍，即套利活动可以无限制地进行。但目前很少有对资本转移及其他交易条件完全不加以限制的国家和地区。而且，即使货币当局对资金流动不加限制，套利活动所需资金的供给弹性也是有限的，这将自动约束套利活动。

## 三、国际收支理论

利率平价理论在假定国内外利率不受国际资本流动影响的条件下，运用抛补利率平价理论讨论了远期汇率的决定，但在分析时忽略了国际收支在汇率决定中的作用。实行浮动汇率制度以后，一些学者在国际借贷理论的基本分析框架基础上，将有关国际收支的理论分析运用于国际贸易和国际资本流动对汇率决定的影响，形成了国际收支理论（Theory of Balance of Payments）。

1861 年，英国经济学家戈逊（G. L. Goschen）在总结前人理论的基础上，出版了《外汇理论》一书，提出了汇率的国际借贷理论，也称为“外汇供求理论”（Theory of Demand and Supply of Foreign Exchange），这是第一次出现系统的汇率决定理论。

戈逊认为，汇率变动主要取决于外汇市场上外汇资金的需求与供给，而外汇的供求则起源于本国与外国之间的借贷。这种借贷关系发生以后，必然要引起外汇资金在本国与外国之间的流出、流入，从而形成外汇的收入与支出。两国之间的借贷不仅可以由两国之间的商品输出或输入引起，而且可以由两国之间股票与债券的买卖、利润和捐赠的支付及资本交易引起。国际借贷的变动决定了汇率的变动，其他因素如物价水平、黄金存量、信用状况、利率水平等，也对汇率的变动有影响，但都属于次要因素。

戈逊在研究中，还进一步把国际借贷分为固定借贷和流动借贷。前者指尚未进入支付阶段的借贷，后者指已进入支付阶段的借贷。他认为，只有流动借贷才能影响外汇的供求，从而对汇率的变动产生直接影响。

流动借贷与外汇供求之间存在直接的三重关系。①若一国的国际借贷相等，则外汇供求也相等，因而汇率不发生变动。②若一国的流动债权大于流动债务，则外汇的供给大于需求，外汇汇率就会下跌，本币相对于外币升值。③若一国的流动债务大于流动债权，则外汇需求大于供给，外汇汇率上升，本币相对于外币贬值。由于戈逊划分的流动借贷与狭义的国际收支即经常账户收支的内容一致，所以“国际借贷理论”又被称为“国际收支理论”。国际借贷理论为国际收支理论的早期形式。

国际收支理论的倡导者认为，在分析汇率决定时，可以沿用国际借贷理论的上述基本分析框架，但必须至少从两个方面对国际借贷理论加以修正和改进。一是将国际资本流动纳入汇率决定的分析。在国际借贷理论提出时，国际资本流动受到严格的控制，分析的重点被放在贸易收支上。在国际借贷理论提出，尤其是在二战以后，国际资本流动获得迅速发展，国际收支中资本账户占有越来越重要的地位。国际资本流动与以贸易收支为主要构成的经常账户收支共同影响着外汇供求流量，决定着汇率的水平和变动。二是进一步应用贸易收支和国际资本流动的有关理论分析探讨深层的汇率决定因素。在国际借贷理论提出以后，国际经济学界对国际收支的分析有了很大的发展，这些分析在很大程度上说明的是影响贸易收支和国际资本流动的因素。正是这些因素通过影响国际收支作用于外汇供求和汇率，构成了汇率决定的深层因素。

### （一）外汇供给、外汇需求和外汇市场的多重均衡

为方便起见，我们假定只存在两个国家，即本国和外国，来分析均衡汇率的决定。

按照国际收支理论，均衡的汇率是使外汇市场上外汇供给和需求流量保持平衡的汇率。对外汇的需求产生于本国对外国商品、服务和外币资产的需求，进口支出和资金外流构成了外汇需求。进一步来看，进口支出的高低又主要取决于汇率值、本国国民收入、国内物价水平、国外物价水平。简单来说，本国国民收入增长越快，对进口品的需求就越多；本国物价水平相对于国外物价水平越高，本国居民对进口品的需求越大；外汇汇率越高，意味着外国商品折算成本币表示的价格越高，本国对外国商品的进口就越少。对于外币资产的需求，取决于国内外利率和汇率预期。因此，外汇需求是汇率、本国国民收入、国内外物价水平、国内外利率和汇率预期的函数。

对外汇的供给产生于外国对本国商品、服务和本币资产的需求，本国的出口收入和资金内流形成了外汇供给。同理，外汇供给是汇率、外国国民收入、国内外物价水平、国内外利率和汇率预期的函数。与外汇需求不同的是：①出口是外国而不是本国国民收入的函数；②除汇率外的其他各种变量，对外汇供给的作用方向正好与对外汇需求的作用方向相反；③外汇汇率上升可能带来外汇供给的增加，也可能造成外汇供给的减少。这是因为外汇供给源于外国对本国商品、服务和资产的需求形成的对本币的需求。在外汇市场上，外国对本币的需求数量需要除以汇率值才能折算成外汇的供给。尽管外汇汇率上升会使本国商品、服务相对于外国商品、服务便宜，带来外国对本国商品、劳务的需求增加，并相应导致在外汇市场上对本币需求的增加，但外汇汇率上升也使外国人在购买更多的本币时需要提供的外汇数量可能增加，也可能减少。如果撇开其他影响因素，则外汇汇率与外汇供给、外汇需求之间的关系可用图 2-2 描述。

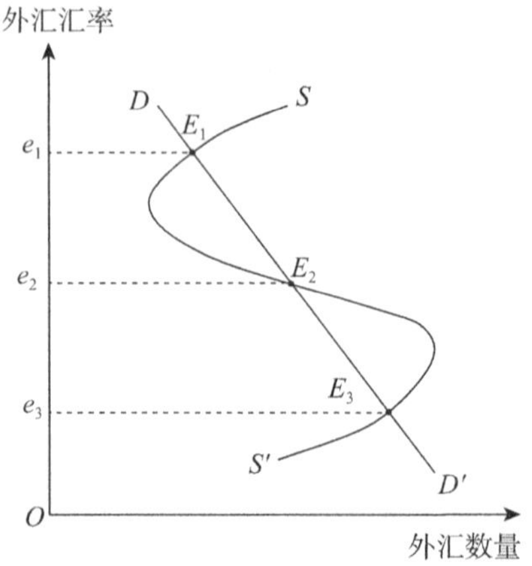


**图 2-2　外汇市场的多重均衡**

在图 2-2 中，需求曲线 $DD'$ 为一条向右下方倾斜的曲线，反映了外汇需求随外汇汇率上升而减少；供给曲线 $SS'$ 为一条弯曲的曲线，反映了外汇供给随外汇汇率上升可能出现增加，也可能出现减少。曲线 $DD'$ 与曲线 $SS'$ 在点 $E_1$、点 $E_2$ 和点 $E_3$ 多处相交，形成了多重均衡点。其中，点 $E_1$ 和点 $E_3$ 为稳定均衡点，而点 $E_2$ 为非稳定均衡点。这就是说，一旦汇率离开点 $E_2$ 水平，汇率就会越偏越远，如当汇率高于 $E_2$ 时，外汇供给量会下降并低于外汇需求量，造成外汇供不应求，促使外汇汇率进一步上升，直到 $E_1$；反之亦然。

（二）均衡汇率的决定

为简便起见，通常假定外汇供给曲线为一条向右上方倾斜的曲线。在这种情况下，外汇供给曲线和外汇需求曲线只有唯一的相交点，这就是均衡点。按照这一分析框架，各种因素是通过供给曲线和需求曲线的左右移动使均衡汇率发生变化的，如图 2-3 所示。

（1）当本国国民收入上升或下降时，本国进口的增加或减少将引起外汇需求曲线向右或向左移动，从而导致外汇均衡汇率的上升或下降，即本国货币在外汇市场的贬值或升值。

（2）当外国国民收入上升或下降时，本国出口的增加或减少将引起外汇供给曲线向右或向左移动，从而导致外汇均衡汇率的下降或上升。

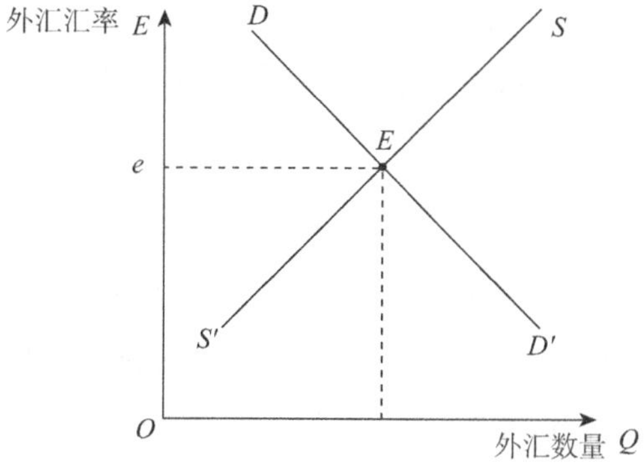


**图 2-3 均衡汇率的决定**

（3）当本国物价水平相对于外国物价水平下降时，本国的出口将增加，进口将减少。这将同时通过外汇供给曲线的右移和外汇需求曲线的左移，导致外汇均衡汇率的下降。

（4）当本国物价水平相对于外国物价水平上升时，本国的出口将减少，进口将增加。这将同时通过外汇供给曲线的左移和外汇需求曲线的右移，导致外汇均衡汇率的上升。

（5）当本国利率相对于外国利率上升或下降时，资金的内流或外流将引起外汇供给曲线或外汇需求曲线的右移，导致外汇均衡汇率的下降或上升。

（6）当市场预期外汇汇率出现上升或下降时，资金的外流或内流将引起外汇需求曲线或外汇供给曲线的右移，导致外汇均衡汇率的立时上升或下降。这是所谓“预期会自我实现”这一金融市场公理在外汇市场的体现。

由此，国际收支说基本模型的结论可简单概括为

$$E=f\left[\overset{+}{y_d},\ \overset{-}{y_f},\ \overset{+}{p_d},\ \overset{-}{p_f},\ \overset{-}{i_d},\ \overset{+}{i_f},\ \overset{+}{E}(e)\right] \tag{2-12}$$

式（2-12）中，$E$、$y$、$p$、$i$ 和 $E$（$e$）分别表示外汇汇率、国民收入、物价水平、利率和未来外汇汇率预期值，下标 $d$ 与 $f$ 分别代表本国和外国，上标“+”和“-”分别表示均衡汇率是相应变量的增函数或减函数。

## 四、资产市场理论

资产市场理论是 20 世纪 70 年代中期以后发展起来的一种重要的汇率决

定理论。这一理论一经问世，便迅速得到西方学术界的普遍关注，也获得一些实际部门的青睐，成为IMF、美国联邦储备银行和一些有条件的跨国公司及跨国银行制定汇率政策或分析、预测汇率变化的主要根据之一。

资产市场说是在国际资本流动获得高度发展的背景下产生的，因此特别重视金融资产市场均衡对汇率变动的影响。一国金融市场供求存量失衡后，市场均衡的恢复不仅可以通过国内商品市场的调整来完成，在各国资产具有完全流动性的条件下，还能通过国外（金融）资产市场的调整来完成。汇率作为两国资产的相对价格，其变动有助于资产市场均衡恢复，消除资产市场的超额供给或超额需求。均衡汇率，就是指两国资产市场供求存量保持均衡时两国货币之间的相对价格。这是资产市场说的基本思想。

资产市场说的一个重要分析方法是一般均衡分析法。相较于传统理论的分析方法，一般均衡分析法的最大突破在于它将商品市场、货币市场和证券市场结合起来进行汇率决定分析。基于国际商品和资本流动的高度发展，国内外这六个市场的相互作用和联系大大加强。在这些市场中，国内外商品之间和资产之间有一个替代程度的问题。在一个国家的三种市场之间，有一个在受到冲击后进行均衡调整的速度快慢对比问题。对替代程度和调整速度的不同假设，引出了各种资产市场说的模型。

对国内外资产替代程度的不同假定，引出了资产组合平衡论和货币论的区分。前者假定国内外资产之间不具有完全的替代性。如果资产之间具有完全的替代性，那么它们在收益与风险之间存在等量的互补关系，风险较高的资产同时具有较高的收益，收益率中含有风险补偿。具有完全替代性的国内外资产之间的风险差异在于，持有外国资产会出现汇率风险。因此，在均衡状况下，两国资产的收益差异在于预期汇率变化率，即非抛补利率平价成立。在这种情况下，一国公众对于是选择本国证券还是外国证券作为其投资组合的资产持无所谓的态度。如果国内外资产之间不具有完全的替代性，两国利差就不仅仅是预期的汇率变化率，还包括其他风险的补偿费。在这种情况下，投资者就得依据“收益-风险”分析法在国内外资产之间进行精心选择。在这两类模型中，汇率在维持国内外资产市场均衡中的作用渠道是不同的。

### （一）汇率的货币论

汇率的货币论强调货币市场对汇率变动的要求，假定国内和国外资产完全替代，而非抛补利率平价连续存在。一国货币市场失衡后，国内商品市场和证券市场会受到冲击，在国内外市场紧密联系的情况下，国际商品套购机制和套利机制就会发生作用。在商品套购和套利过程中，汇率会发生变化，以符合货币市场恢复均衡的要求。但是，在调整过程中，是国际商品套购机制还是套利机制发挥作用呢？这取决于两个市场的调整速度对比。弹性价格货币论的模型假定商品市场与证券市场一样能迅速、灵敏地加以调整，在货币供给对利率的收入价格效应发生作用、抵消流动性效应对利率影响的情况下，货币市场失衡将带来价格的变化，而不会导致利率的变化，因此，是国际商品套购机制在发生作用，而不是套利机制在发生作用。而黏性价格模型（汇率超调模型）则假定证券市场的反应要比商品市场灵敏得多，故短期内是利率和汇率的变动，而不是价格和汇率的变动来恢复货币市场的均衡。

1. 弹性价格货币模型

在弹性价格货币模型中，由于各国商品具有完全的替代性，商品套购过程中一价定律成立，各种商品的价格用同一种货币表示处处相等，即购买力平价连续存在。

$$P_d = EP_f \tag{2-13}$$

在价格水平完全富有弹性的情况下，货币市场的失衡会立即完全反映在商品市场上。两国的价格水平决定于货币供应和货币需求，以 $M_s$ 和 $M_s^f$ 分别表示国内货币供给与国外货币供给，以 $M_d$ 和 $M_d^f$ 分别表示国内货币需求与国外货币需求，那么

$$P_d = \frac{M_s}{M_d},\ P^f = \frac{M_s^f}{M_d^f} \tag{2-14}$$

将式（2-13）和式（2-14）综合起来，就得到

$$E = \frac{M_s}{M_d} / \frac{M_s^f}{M_d^f} \tag{2-15}$$

国际商品套购机制就通过商品市场的价格水平将汇率与两国货币市场的

供给和需求存量联系起来。均衡汇率正是使两国货币市场的相对供给存量被公众意愿持有的汇率水平。两国货币需求函数为

$$M_d=\kappa Y^{\alpha}I^{-\beta},\ M_d^f=\kappa^f Y^{f\alpha}I^{f-\beta} \tag{2-16}$$

式（2-16）中，$Y$ 和 $I$ 分别为收入与利率水平，$f$ 表示国外变量，$\kappa$、$\alpha$、$-\beta$ 分别表示以货币形式持有收入的比例、货币需求的收入弹性和利率弹性。$\kappa$、$\alpha$、$-\beta$ 均为大于零的常数。为简便起见，假定两国货币需求的收入和利率弹性相同，以货币形式持有收入的比例相同。

将式（2-16）代入式（2-15），整理后即可得到弹性价格货币论的简单汇率模型：

$$E=\frac{M_s}{M_s^f}\cdot\left(\frac{Y}{Y^f}\right)^{-\alpha}\left(\frac{I}{I^f}\right)^{\beta} \tag{2-17}$$

取对数值，则有

$$E=(M-M^f)-\alpha(Y-Y^f)+\beta(I-I^f) \tag{2-18}$$

式（2-18）中，$E$、$M$、$Y$ 和 $I$ 分别为汇率、货币供给、收入与利率的对数值。

结论有以下两点。①汇率变动与本国货币供给成正比，与外国货币供给成反比。当本国货币供给相对于他国增加时，外汇汇率上升，即本国货币对外国货币贬值。②外汇汇率与本国相对于他国的收入呈反方向变动，与利率呈同方向变动。当本国国民收入相对增加时，外汇汇率下降，即本国货币的对外国货币汇价上涨；当本国利率相对上升时，外汇汇率上升。这与国际收支说的结论正好相反。

可以看出，弹性价格货币论的汇率模型实际上是购买力平价说的现代翻版，只是在购买力平价说的基础上，采用现代货币学派的货币供求理论进一步说明物价水平。这种理论对于说明长期汇率趋势有一定的意义，并重新唤起了人们对货币的重视。

2. 黏性价格模型

黏性价格模型是美国麻省理工学院教授鲁迪格·多恩布什（Rudiger Dornbusch）于1976年提出的，它同样强调货币市场均衡对汇率变动的作用。多恩

布什认为，货币市场失衡后，商品市场价格具有黏性，而证券市场反应极其灵敏，利息率将立即发生调整，使货币市场恢复均衡。正是由于价格短期黏住不动，货币市场恢复均衡完全由证券市场承受，利息率在短时期内必然超调，即调整的幅度要超出其新的长期均衡水平。如果资本在国际可自由流动，利息率的变动就会引起大量的套利活动，由此带来汇率的立即变动。与利息率的超调相适应，汇率的变动幅度也会超过新的长期均衡水平，亦即出现超调的特征。这是黏性价格模型的基本结论。

弹性价格货币模型和黏性价格模型都强调货币市场均衡在汇率决定中的作用，同属汇率的货币论。但前者假定价格是完全灵活可变的，而后者修正了其价格完全灵活可变的看法。多恩布什认为，在短时期内价格水平具有黏性，不会立即因货币市场失衡发生调整，因此弹性价格货币模型不能用来分析短期的汇率变动。只有从长期来看，价格才会完成因货币市场失衡引起的均衡调整。这样，弹性价格货币模型可视为一种说明汇率长期变动的模式。货币市场失衡后，证券市场的利息率会立即变动，使其恢复均衡。汇率水平正是在证券市场的调整过程中被决定的。但变动后的汇率水平只是短期均衡水平，当商品市场价格开始调整，并逐渐向长期均衡水平过渡时，汇率水平由商品市场和资产市场的相互作用决定。当调整过程完成，商品市场达到长期均衡时，汇率水平也达到弹性价格模型说明的长期均衡水平。因此，黏性价格模型是货币论的动态模式。它说明汇率如何由于货币市场失衡而发生超调，又如何从短期均衡水平达到长期均衡水平。

多恩布什关于汇率动态调整的具体分析可做如下表述：货币市场出现失衡（如由于货币供应量的扩张）后，由于短期内价格黏住不变，实际货币供应量会增加。要使货币市场恢复均衡，人们对实际货币余额的需求就必然增加。实际货币需求是国民收入和利息率的函数。在国民收入短期内难以增加而保持不变的情形下，利息率会下降，使人们愿意拥有增加的实际货币余额。在各国资产具有完全流动性和替代性的情况下，利息率下降会引起资金外流，进行套利活动，由此导致外汇汇率上浮，或本国货币贬值。

然而，外汇汇率并不会永久高居在这一短期均衡水平上，而是会逐渐回落，出现与最初反方向的变化。这时，商品市场并没有处于均衡状态，而是处于超额需求状态，这是因为：①利息率下降会刺激总需求；②外汇汇率上升使世界商品市场偏离一价定律，产生商品套购机会，由此使世界需求移向本国商品，从而带来总需求的上升。在产量不变的情况下，通过商品市场的超额需求，这两个渠道最终将带来价格的同比例上升。在价格上升的过程中，实际货币供应量相应地下降，带来利息率的回升，结果是资本内流和外汇汇率的下浮或本币升值。由此，价格、利率和汇率相互作用下去，直到汇率达到弹性价格模型（实际上就是购买力平价说）所说明的长期均衡水平。最终，货币扩张引起的仅仅是价格、汇率等名义变量的同幅度上升，而实际变量如实际汇率、实际货币供应量等则恢复到最初的水平（见图 2-4）。

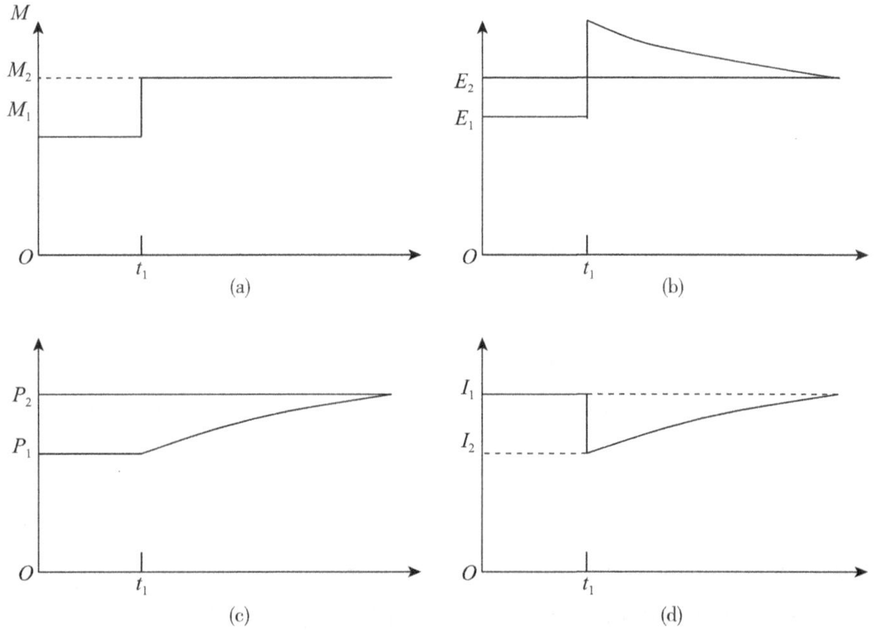


**图 2-4　货币市场失衡后的动态调整过程**

在图 2-4 中，横轴以指数形式表示时间 $t$，纵轴以指数形式表示货币供应量 $M$、直接标价法的汇率 $E$、价格水平 $P$ 和利率水平 $I$。在起始长期均衡状态，国内货币供应量为 $M$，相应的均衡价格水平为 $P_1$，利率水平为 $I_1$，与国

外利率 $I_f$ 相等，均衡汇率水平为 $E_1$；购买力平价存在，也没有升值或贬值的预期。假设在时间 $t_1$，货币当局将国内货币供应量提高到 $M_2$，其他条件不变，长期均衡价格水平应提高到 $P_2$，形成新的购买力平价。但是，在短期内，商品劳务市场价格黏性不能立即调整到位。然而，在资产市场上，调整是即时的。货币供应量提高后，由于价格黏性，过多的货币余额使利率下降到 $I_2$，低于国外利率 $I_f$，引起资本外流。同时，由于 $I_2<I_f$，套利机制也要求本币远期升值，所以短期汇率水平必须超调到 $E_3$，超过长期均衡汇率 $E_2$ 的水平。

多恩布什的贡献主要在于总结了汇率现实中的超调现象，并在理论上首次予以系统的阐述。在他看来，货币市场的失衡总是会造成汇率的超调，在浮动汇率制度下汇率的大幅度波动是很难避免的。多恩布什认为，汇率在短期内不仅会偏离绝对购买力平价，而且会不符合购买力平价理论的相对形态。在汇率从短期均衡向长期均衡过渡中，本国价格水平在上升，但外汇汇率不升反降，即本币在外汇市场上反而升值。这一论述对于我们分析购买力平价理论和理解现实汇率的波动有一定的意义。但汇率超调模型也存在不足之处，主要是：它将汇率波动完全归结于货币市场的失衡，而否认商品市场上的实际冲击对汇率的影响，未免失之偏颇；它假定国内外资产具有完全的替代性，事实上，由于交易成本、赋税待遇和各种风险的不同，各国资产之间的替代性还远远没有达到可视为一种资产的程度。

### （二）资产组合平衡理论

布朗逊（W. Branson）、库礼（P. Kouri）等学者认为，汇率货币论仅仅强调货币市场均衡在汇率决定中的作用，未免过于片面。更重要的是，汇率货币论关于各国资产具有完全替代性的假设过于严格。由此，他们主张用“收益-风险”分析法取代通过套利和商品套购机制的分析，探讨国内外资产市场（包括货币和证券市场）的失衡对汇率的影响。他们接受了多恩布什关于短期内价格黏性的看法，因此，在他们的模式中，短期内资产市场的失衡是通过资产市场内国内外各种资产的迅速调整加以消除的，而汇率正是使资产市场供求存量保持和恢复均衡的关键变量，这是资产组合平衡理论的基本思想。

托宾的资产组合选择理论的中心论点是，理性的投资者会将其拥有的财富，按照收益与风险的权衡，配置于各种可供选择的资产上。在各国资产具有完全流动性的情况下，一国居民持有的金融资产不仅包括本国货币和本国债券，还包括外国货币和外国债券，后者合称“国外资产”。一国私人部门（包括个人居民、企业和银行）的财富持有可表示为

$$W=M+N_p+E\cdot F_p \tag{2-19}$$

式（2-19）中，$W$、$M$、$N_p$、$E$、$F_p$ 分别表示私人部门持有的财富净额、本国货币基础、本币债券、汇率（以本币表示的外币价格）和国外资产。需要进一步说明以下内容。

私人部门持有的各种资产形式是以其净资产额（资产与负债的差额）表示的。在本国货币供应量中，尽管银行存款是个人居民和企业的资产，却是银行的负债，因此整个私人部门以本国货币形式持有的财富额（$M$）应该是货币基数，即对中央银行持有的资产。同样地，私人部门以本币债券形式持有的财富额（$N_p$）应是政府债券持有额，以国外资产形式持有的财富额（$F_p$）为对外资产和负债的差额。另外，$F_p$ 只有折算为本国货币表示，才能与其他用本国货币表示的资产汇总相加。

进一步来看，$N_p=N-N_e$，即私人部门的政府债券持有额为政府债券总额（$N$）减去中央银行持有的部分（$N_e$），而政府赤字决定 $N$ 的累积率（变动额）；$F_p=F-R$，即私人部门的对外资产净额为一国对外资产净额（$F$）减去中央银行持有的部分，即外汇储备（$R$）；$M=N_e+R$，即本国货币基数源于中央银行持有的政府债券和外汇储备两部分，也就是说，$M$ 是中央银行通过向私人部门买卖 $N$ 和 $F$ 控制的。

那么，对于财富总额，私人部门又会如何在本国货币、本国证券与国外资产之间进行比例分配呢？这显然取决于各类资产的预期收益率高低。本国货币的预期收益率为零，本国证券的预期收益率就是国内利息率（$i$），而国外资产的预期收益率是国外利息率（$i_f$）加预期货币贬值率（$\pi_e$）。各种资产的比例应与本身的预期收益率成正比，与其他替代性资产的预期收益率成反比。因此，私人部门资产组合中各种资产的比例分配将随国内外各种资产的预期收益率的变动而发生调整。这可用方程式来表示。

$$M=\alpha\ (i,\ i_f,\ \pi_e)\ W \tag{2-20}$$

$$N_p=\beta\ (i,\ i_f,\ \pi_e)\ W \tag{2-21}$$

$$E\cdot F_p=\gamma\ (i,\ i_f,\ \pi_e)\ W \tag{2-22}$$

$$\alpha+\beta+\gamma=1$$

式（2-20）至式（2-22）中，$\alpha$、$\beta$、$\gamma$ 分别表示私人部门愿意以本国货币、本国证券和国外资产形式持有的财富比例。当各种资产供给量发生变动，或者各种资产的预期收益率发生变动时，私人部门实际的资产组合比例与其意愿的资产组合比例不吻合，即原有的资产组合平衡被打破，或者说资产市场供求存量发生失衡。这样，私人部门就会对现有的资产组合进行调整，以使资产组合符合意愿，恢复资产市场均衡。在进行国内外资产之间的调整过程中，本国资产与外国资产之间的替换会引起外汇供求流量的变化，从而带来汇率的变化。汇率的变动通过影响私人部门对财富的重新估价［因为汇率（$E$）的变动影响以本国货币表示的国外资产额（$E\cdot F_p$）］，起着平衡资产供求存量的作用。均衡汇率正是使私人部门意愿持有现有国内外各种资产存量组合的汇率水平。

下面我们看一看资产市场的各种失衡是如何影响汇率变动的。

当外国资产市场失衡致使外国利息率上升时，$\gamma$ 会提高，而 $\alpha$、$\beta$ 相应会下降。这样，在原先的资产组合上，本国货币和债券会出现超额供给，而净国外资产（$F_p$）则出现超额需求，当公众重新平衡其资产组合时，就会拿本国货币和本国债券去换国外资产，由此导致外汇汇率上升，使国外资产额（$E\cdot F_p$）上升，直到资产组合重新符合公众意愿。反之，当外国利息率下降到引起公众资产组合调整时，汇率就会下降。

当一国经常账户出现盈余时，私人部门持有的净国外资产（$F_p$）就会增加，使 $F_p/W$ 大于意愿比率 $\gamma$。在重新平衡资产组合时，人们就会拿超额的净外汇资产去换本国货币和本国债券，结果是汇率下降，直到净国外资产额（$E\cdot F_p$）愿意为公众所拥有。反之，当经常账户发生赤字时，$F_p$ 会下降，要求汇率 $E$ 上升，使之回到原先的水平。

当一国出现政府赤字而发行政府债券时，本国债券（$N$）会相应增加。

在政府向中央银行出售债券的情况下，$N_c$ 的增加会导致 $M$ 的增加，致使公众拿出新增的一部分货币去换本国债券和国外资产。对国外资产的需求增加，会引起汇率的提高。但如果政府债券由私人部门认购，$N_p$ 就会增加。一方面，$N_p$ 的增加提高私人部门的财富总额，由此使 $F$ 的需求增加，促使汇率提高；另一方面，由于债券供给增加提高了本国利息率，会诱使公众将一部分对资产的需求由 $F$ 转向 $N$，由此造成汇率下降。净影响取决于国外资产的需求财富弹性与国外资产对本国利率的交叉弹性何者为大。

当中央银行通过购入政府债券增加货币供给时，私人部门会发现本国货币供过于求，而债券却供不应求。当私人部门用超额货币去交换本国债券时，利率会下降，这样对国外资产的需求就会扩大，从而导致汇率上升。当中央银行通过购入国外资产增加货币供给时，本国货币就会供过于求，国外资产就会供不应求，从而引起居民拿本国货币去交换国外资产，同样导致利率下降和汇率上升。反之，当中央银行减少货币供给时，则造成利率上升和汇率下降。

当各种因素引起私人部门预期汇率将要上升或下降时，它们会愿意提高或降低 $\alpha$、$\beta$、$\gamma$，相应降低或提高 $\alpha$ 和 $\beta$。当重新平衡资产组合时，人们会用本国货币和本国债券去换国外资产，或用国外资产去换本国货币和本国债券，由此导致外汇汇率上升或下降。汇率变动后，以本币表示的国外资产额就会调整到与新的需求额相一致的水平。

至此，资产组合平衡模型关于外国利息率、各种国内外资产存量变动及汇率预期对汇率影响的比较静态分析可以概括为

$$E = (\overset{+}{i_f},\ \overset{+,\ -}{N},\ \overset{+}{M},\ \overset{-}{F},\ \overset{+}{\pi_e}) \tag{2-23}$$

式（2-23）中，各项因变量上方的“+”或（和）“-”表示汇率与所指因变量呈同方向或反方向变化。

资产组合平衡理论的贡献主要在于克服了汇率的货币论中关于国内外资产完全替代的假定，并将传统理论强调的经常账户收支也纳入了汇率的资产市场理论。但这一模型也存在一些不足，如对于商品市场的失衡如何影响汇率，没有纳入其分析；其用财富总额代替收入作为影响资产组合的因素，而

又没有说明实际收入对财富总额的影响。

就整个资产市场理论而言，资产组合平衡模型对汇率研究的方法进行了重大变革，如用一般均衡分析代替局部均衡分析，用存量分析代替流量分析，用动态分析代替静态分析，并将长、短期结合起来，确实令人耳目一新，为今后的汇率研究创造了条件。再者，对于使以往理论迷惑不解的汇率剧烈波动现象，资产市场理论提出了独特的见解，尤其是强调货币因素和预期因素在其中的作用，这对我们理解汇率现实有一定的意义。

### 案例与思考

2015 年 12 月 11 日，中国外汇交易中心在中国货币网正式发布 CFETS 人民币汇率指数。该指数包括 13 种货币，其中，美元在“一篮子货币”中的权重为 26.4%，欧元占比为 21.4%，日元占比为 14.7%。该指数公布当天，离岸人民币兑美元汇率跌破 6.56，创四年新低。截至 15 日收盘，在岸人民币出现八连跌。

长期以来，市场观察人民币汇率主要是看人民币兑美元的双边汇率。发布专门的人民币汇率指数，是引导市场在观察人民币汇率时不仅以美元为参考，也要参考“一篮子货币”。

思考：人民币和美元这对多年来形影不离的“恋人”正式分手了！这意味着什么？

## 本章思考题

1. 简述金本位制度下和纸币流通制度下汇率的形成机制。
2. 衡量汇率变动的指标有哪些，什么因素会导致汇率变动？
3. 什么是外汇管制，外汇管制会带来哪些影响？
4. 当前主要的汇率理论有哪些？概述其各自的核心思想。

# 第三章　外汇市场和外汇风险

## 第一节　外汇市场概述

外汇市场是国际金融市场的核心组成部分，国际贸易、国际融资以及其他国际经济活动都涉及不同货币之间的兑换，因而都离不开外汇市场。外汇市场也是金融创新的重要场所，许多金融衍生品交易都发生在外汇市场，这些创新产品和工具为套期保值者提供了避险工具，也为投机者提供了投机的舞台。

### 一、外汇市场的类型

所谓的外汇市场是指外汇买卖的交易场所，或者说不同货币之间彼此进行交换的场所。

根据不同的标准，我们可以把外汇市场划分成以下不同类型。

（一）按组织形态划分

1. 有形外汇市场

有形外汇市场又称为“具体的外汇市场”，主要是指进行外汇交易的各方在有固定交易场所和设施的外汇交易所内，在规定的营业时间里进行交易的市场。比较著名的有形外汇市场有瑞士的苏黎世、法国的巴黎、德国的法兰克福、荷兰的阿姆斯特丹、意大利的米兰等，因为这些外汇市场主要集中于欧洲大陆国家，所以又被称为“大陆式外汇市场”。

2. 无形外汇市场

外汇市场更多的时候表现为一个无形市场，又称为“抽象的外汇市场”。

这是一个由电话、电传、传真和计算机网络等通信工具将买卖双方连接起来的庞大的外汇交易系统，交易的任何一方只要通过电信方式就可以进入这个市场进行交易。伦敦和纽约的外汇市场就采取了这一形式，故又称“英美式外汇市场”。此外，日本东京、中国香港和加拿大等地的外汇市场也是无形外汇市场。

无形外汇市场的迅速发展，使各国的局部市场发展成全球性的统一大市场，使有固定交易时间的市场成为一个可以 24 小时不间断进行外汇交易的市场。例如，在北京时间凌晨 5 时，新西兰惠灵顿、澳大利亚悉尼的外汇市场相继开市，8 时日本东京市场开市，10 时中国香港、新加坡市场开市，下午 3 时法国巴黎、德国法兰克福、英国伦敦市场又相继开市，晚上 9 时美国纽约市场开市。凌晨 4 时纽约市场收市时，惠灵顿、悉尼市场又相继开始新一天的交易。一天 24 小时，人们都可以通过无形外汇市场进行交易。由于无形外汇市场使外汇交易更加便利，并且效率明显提高，所以无形外汇市场迅速发展，即使在欧洲大陆国家，大部分外汇交易也是在无形外汇市场进行的。无形外汇市场无疑是当今外汇市场的主导形式。

### （二）按交易主体划分

1. 外汇零售市场

外汇零售市场主要是银行同客户之间买卖外汇的市场。客户可能是因为进出口需要买卖外汇，也可能因为投资于某一外汇资产而买卖外汇，无论是哪种情况，银行都在外汇终极供应者与终极需求者之间起中介作用，即一方面从客户手中买入外汇，另一方面把外汇卖给需要的客户，从中赚取买卖差价。因为，这一层次的外汇市场与外汇批发市场相比，每笔交易的金额相对较小，所以叫作“外汇零售市场”。

2. 外汇批发市场

外汇批发市场，是指银行同业之间进行外汇交易的市场，因为这一市场交易的金额大、起点高，所以被称为“外汇批发市场”。外汇批发市场和外汇零售市场构成了我们通常意义上所称的“广义外汇市场”，而批发市场则是狭义的外汇市场。外汇批发市场汇集了巨额的供求流量，因此外汇批发市场决定着外汇市场的即时汇率，而外汇零售市场的汇率就是在外汇批发市场汇率的基础上加减一定点数形成的。

在外汇批发市场中主要有三个层次的外汇交易：商业银行之间进行的外汇交易，中央银行同商业银行进行的外汇交易以及各国中央银行进行的外汇交易。

商业银行之间进行的外汇交易主要是为了轧平在零售市场上交易产生的外汇头寸，即持有的专门用于外汇买卖业务的每种外币的数量，也就是外币库存。银行在为客户提供外汇买卖的中介服务时，因为客户对各种外汇买卖金额的不匹配，难免使银行某种或多种外汇的买入数量超过卖出数量，即超买，导致银行的外汇库存过多，出现多头头寸；或者卖出数量超过买入数量，即超卖，出现空头头寸。这两种头寸统称“敞口头寸”。对于银行来说，敞口头寸是一种外汇风险，因为它们要承担汇率变动的风险。例如，在多头头寸情况下，如果以后汇率出现下跌，或在空头头寸时汇率发生上升，银行为了平衡头寸在卖出多余头寸或买入外汇补足头寸时就会面临损失。因此，银行需要在汇率尚未变动时及时通过同业之间的交易轧平头寸，即抛出多头头寸的外汇，买入空头头寸的外汇。除为了轧平头寸外，银行还可能出于投机、套利、套汇等目的买卖外汇。

中央银行从事外汇交易主要是为了进行外汇干预。在固定汇率制度下，中央银行进行外汇交易是为了维持固定的货币平价关系。在浮动汇率制度下，各国中央银行为了把汇率维持在符合本国利益需要的水平上，也会进行外汇干预。中央银行除了可能通过与商业银行或他国中央银行的外汇交易进行干预外，也可能与他国中央银行进行联合干预。除了外汇干预的目的外，中央银行进行外汇交易还可能是出于调整外汇储备的币种结构、增加储备收益等目的，这种行为属于外汇储备管理。

### （三）按交割时间划分

按交割时间可以把外汇市场分为即期外汇市场和远期外汇市场。即期外汇市场，是指外汇买卖成交后在两个交易日内办理交割的外汇市场；远期外汇市场，是指买卖双方签订交易合同后，约定在将来某一时间按合同规定的汇率和金额进行交割的市场。

（四）按管制程度划分

按政府的管制程度，可以把外汇市场划分为：①自由市场，即外汇交易不受政府限制的市场；②平行市场，即在官方设定的外汇市场之外存在的外汇市场；③外汇黑市，即非法交易外汇的市场。平行市场和外汇黑市都是政府对外汇市场予以管制的产物，其区别在于前者得到了政府认可，而后者则不被政府认可。

（五）按市场地位划分

按市场地位，可以把外汇市场划分为全球性的外汇市场和区域性的外汇市场。前者是世界各国居民广泛参与的市场，如伦敦、纽约和香港市场；后者则主要是所在地周边地区居民参与的市场，如阿姆斯特丹和米兰等市场。

## 二、外汇市场的参与者

外汇市场的主要参与者如下。

（一）商业银行

商业银行是外汇市场的主体和外汇业务的中心，外汇市场上几乎所有的大额交易都是由商业银行办理的。在实行外汇管制的国家，中央银行一般指定或授权一些商业银行经营外汇业务，被指定或授权的银行即称为“外汇银行”，又称为“外汇指定银行”（Appointed Bank）或“授权银行”（Authorized Bank）。在外汇市场上，交易活跃的商业银行习惯上都被称为“外汇银行”。

商业银行一般在批发和零售两个层次的外汇市场经营外汇买卖业务。如前文所述，在外汇零售市场上，它们通过与客户的买卖交易赚取买卖差价；在外汇批发市场上，它们通过与其他银行的交易轧平在零售市场上交易带来的敞口头寸。银行有时候也在外汇市场上做一些投机交易，如当其预期某一货币将升值时，就买入这一货币，即持有该种货币的多头头寸。大中型商业银行也在衍生外汇市场参与外汇交易，而且很多外汇衍生产品都是由它们设计和提供的。

一些大型的跨国银行还在外汇市场上承担了做市商（Market Maker，或Jobber）职责，即独立给出外汇的买卖报价，随时应客户要求按其确定报价买卖外汇。同时，这些银行的外汇交易员（Trader）还在各个外汇市场与其他银行的外汇交易员进行交易，以此来平衡外汇头寸。成为做市商需要具备一定的条件，如需要有雄厚的资本和实力，对汇率的未来走势有较好的把握能力，在各大外汇市场都有结算账户，并有足够的能力清算大笔的外汇交易。尽管中小银行也有参与批发市场交易的，但一般不会成为做市商，它们通常在外币库存增加时直接调低报价，而在库存不足时调高报价，以此鼓励客户买进或卖出外汇，进而实现自身头寸的平衡。

（二）外汇经纪商

外汇经纪商（Broker），是指协助外汇交易双方进行交易的中介机构，但中介机构本身并不是交易主体，既不持有外汇，也不需要外汇，而是只向客户提供中介服务，并向其收取佣金。外汇经纪商需要随时与全球的外汇市场保持紧密联系，根据瞬息万变的外汇行情报出最新的买入价和卖出价，并迅速做出安排，使客户节约了收集信息的成本，其外汇交易能按较有利的汇率成交。外汇经纪商的存在有助于外汇交易的迅速达成，可提高外汇市场的效率。例如，假设客户A由于业务关系，需要从位于纽约的波士顿银行买入1000万英镑的外汇，即波士顿银行向其客户A出售1000万英镑。为了轧平这一交易产生的英镑头寸，波士顿银行可以直接与当地的花旗银行或美国银行进行交易，或者与位于伦敦的渣打银行或汇丰银行进行交易。但是，在最短时间内直接寻找卖出同样数量英镑的交易对象比较麻烦，需要付出较高的搜寻成本和交易成本，而且价格不一定是最优的。因此，波士顿银行可以向纽约或者伦敦的经纪商咨询报价并下订单，经纪商通过自己庞大的交易网络，为其寻找最优的交易对手。

可见，银行通过经纪商进行交易主要是为了缩短交易时间（给经纪商打1个电话可能省去给可能的交易对手打10个电话），同时可以保持匿名身份，因为在交易双方确认货币兑换的汇率之前，参与者身份信息的泄露会在很大程度上影响其交易报价。把不通过经纪商进行的交易称作“直接交易”，反之则称作“间接交易”。

### （三）进行商业或投资活动的企业和个人

进出口商、跨国证券投资者、跨国公司或者个人都有可能需要利用外汇市场进行商业和投资活动，其还会利用外汇市场管理和规避国际交易中的汇率风险。如跨国公司作为套期保值者，一般会利用外汇远期合约的安排，保证以外币表示的资产和负债在合约期内的本币价值不变。

### （四）投机者和套汇者

投机者和套汇者进行外汇交易的目的既不同于外汇经纪商，也不同于进行商业或投资活动的公司和个人，他们参与外汇市场，仅仅是为了从市场本身的交易中获取收益。他们是出于自身的利益进行交易，无须服务客户，也无须保证市场交易的连续性。投机者的所有利润都来自汇率变动，而套汇者则试图从同一时刻、不同市场的汇率价差中获得无风险收益。

投机和套汇行为多半由大的国际银行的外汇交易员代表银行进行。因此，银行同时扮演了外汇交易和投机套汇者的角色，当然银行很少承认自身的投机行为。

### （五）中央银行

中央银行一般不直接参与外汇市场活动，而是通过经纪商进行外汇交易，以免暴露自己的身份。如前文所述，中央银行通过在外汇市场进行外汇交易，增加外汇储备或卖出多余的外汇资产，以此影响本国货币的币值。中央银行的动机不是为了获取收益，而是为了实现汇率目标。因此，尽管中央银行参与外汇市场活动有时是为了外汇储备的保值和增值，但很多时候，中央银行出于宏观经济管理的需要宁愿承担外汇交易的风险，这是它们与其他市场参与者最显著的区别。

## 三、外汇市场的交易模式

外汇市场主要有以下两种交易模式。

### （一）竞价驱动交易模式

竞价驱动（Auction-Driven）又称“指令驱动”（Order-Driven），在该交易模式下，买卖双方以自己设定的价格向交易所的竞价撮合系统提交买入指令和卖出指令，外汇交易所按照价格优先、时间优先的原则为买卖双方进行撮合成交。例如，银行 A 提交 EUR1 = USD1. 1374 买入 1000 万美元的指令，同时银行 B 提交 EUR1 = USD1. 1372 卖出 1000 万美元的指令，则外汇交易所不能为其撮合成交；如果银行 C 提交 EUR1 = USD1. 1374 卖出 1000 万美元的指令，则其可以与银行 A 成交。当采取竞价驱动交易模式时，交易的清算通常是通过交易所集中完成的，即所谓的集中清算。竞价驱动交易模式在国际外汇市场上并不多见。

### （二）报价驱动交易模式

前文已经提到，一些实力雄厚的大银行往往在外汇市场发挥了做市商的作用。做市商不断向客户报出买卖价格，并按其主动报出的价格接受客户的买卖要求，以其自有资金和外汇与客户进行交易，从而为市场提供流动性，并通过买卖价差实现一定的利润。因此，做市商的最基本作用是持续双向报价，为市场提供流动性，使大额交易迅速达成，提高市场的效率。此外，做市商的报价一般比较稳定，从而也起到了减缓市场波动的作用。做市商报价驱动（Dealer-Driven 或 Quote-Driven）交易模式已经成为当今外汇市场上最主要的交易模式。当采取这种交易模式时，交易的清算通常是在做市商和其客户之间直接进行的，即所谓的双边清算。我国银行间外汇市场起初实行竞价驱动交易模式，现在实行竞价驱动和做市商报价驱动两种机制并行的交易模式。

## 四、外汇市场的交易程序

外汇交易一般有五个基本的交易程序：询价、报价、成交、确认和交割。在开始第一项交易程序询价前，首先交易一方必须选择交易对手。一般来说，交易方会选择资信良好、报价迅速、买卖价差小、服务水平高的外汇银行作为交易对手，以保证交易的成功。其次交易一方需要自报家门，通过电话或电传与对手交易，让对手知道自己银行的名称、交易代码等，以便对方决策。如果通过路透社开发的外汇交易系统与对手交易，本银行的名称就会自动显示在对方的终端上，因此不必主动标示。下面，我们分别对五种交易程序做简单介绍。

（一）询价

询价就是发起外汇交易的一方询问对方有关货币的买入价和卖出价，但并不一定需要表明自己希望买入还是卖出。除了买卖价格外，询价的内容还应包括交易的币种、数量、交易方式、交割时间以及其他可能影响交易价格的因素。按照惯例，交易金额通常以百万美元为单位，以 million 表示，或缩写作 MIO 或 M。

（二）报价

接到询价的银行交易员应迅速做出反应，及时向询价者报出相关货币现汇或期汇的买卖价格。因为交易双方对汇价的大致水平都非常清楚，所以报价时一般只报出最后两位数字。例如，英镑兑美元的即期汇率是 1.3342/48，交易员只需要报 42/48 即可。

（三）成交

询价者接到报价后需要在数秒钟内做出成交或放弃交易的表示。如果询价者表示愿意以报价成交，则报价者必须以报出价格买卖外汇，不能反悔。如果询价者不满意该报价或者超过时间没有做出反应，报价者就可以撤销报价。外汇交易通信工具的多通道话音记录仪会把交易对话一字一句记录下来，打印出来的记录即可作为交易的原始凭证或交易合约。

（四）确认

因为询价、报价和成交都是通过电话、电传或电脑网络在非常短的时间内完成的，需要交易双方当事人将交易的所有细节以书面形式确认一遍，以便清算工作的进行和日后的查询。

### （五）交割

交割，是指买卖双方在合同规定的日期一手交钱、一手交货的行为，即将卖出的外汇划入买方账户并收取相应款项的过程。这是外汇交易的最后一个过程，也是最有实质意义的过程。

## 五、外汇市场的主要特征

外汇市场与国际货币市场、资本市场、黄金市场以及衍生品市场密切联系，成为贯穿这些市场的一条主线，它们也共同组成了统一的国际金融大市场。但因为外汇交易本身的独特性，外汇市场也独具特点。

### （一）交易规模巨大

随着各国对各自外汇市场开放步伐的加快以及越来越多的国家对资本项目交易的放开，全球外汇交易量持续增长，外汇交易市场已经成为世界上交易规模最大的市场。

### （二）交易币种比较集中

在外汇市场交易的货币大多为可自由兑换货币，主要有美元（USD）、欧元（EUR）、日元（JPY）、英镑（GBP）、瑞士法郎（CHF）、加拿大元（CAD）、澳大利亚元（AUD）、新加坡元（SGD）、港币（HKD）等。

### （三）交易地域分布集中

外汇市场按地域分主要有欧洲、北美洲和亚洲三大市场，英国的伦敦、美国的纽约、日本的东京、德国的法兰克福、瑞士的苏黎世、中国的香港等国际金融中心是这些市场的典型代表，全球大多数的外汇交易集中于这些市场。

### （四）外汇市场全球一体化运作，全天候交易

前文已经提到，外汇市场在很大程度上是一个无形的市场，迅捷、发达的通信网络使外汇市场突破了时间和空间的限制，我们可以在全球任何一个有通信网络覆盖的地方全天 24 小时不间断地进行外汇交易，但各个时点的交易深度或者说流动性不尽相同，从格林威治时间早上 8 时欧洲市场开市到美

国市场收市的这段时间是外汇市场交易量最大的时候，因为这是欧元兑美元交易的主要时段。由于该时段市场流动性最强，所以如果需要确保一些大宗交易顺利实现，就应该选择在这段时间交易。当一天的交易在美国结束，日本东京和中国香港交易者开始进行下一天的交易时，市场的流动性较差。在这个时段里，一些中央银行和实力强大的投机商有时会通过大额交易来改变外汇价格，从而影响第二天欧洲市场外汇的开盘价。

### （五）汇率波动频繁，不同市场间的汇率差日益缩小

自20世纪70年代各国实行浮动汇率制度后，国际资本流动规模越来越大，金融自由化程度越来越高，使得汇率波动日益频繁。尽管如此，由于各国的外汇市场已经连成了一个统一的全球大市场，各地的行情变化可以迅速传播，因此各市场之间的汇率差距能迅速得到调整。当不同外汇市场相同货币的汇率有差异时，迅速而规模巨大的套汇行为就会产生。套汇活动使得汇率较低市场的需求激增，汇率较高市场的需求骤降。需求增加的货币，其汇率会迅速上升，而需求减少的货币，其汇率会迅速下降，结果各外汇市场的货币汇率差异会在非常短的时间内得到消除。

### （六）外汇衍生工具不断增多，交易规模不断扩大

随着各国货币汇率波动的日益频繁，外汇风险越来越大，各国进出口商、跨国公司、跨国银行等交易主体迫切需要更多金融工具来规避风险，这使外汇衍生工具有了存在的必要，而现代计算机技术和信息技术的发展也为金融创新提供了可能的技术手段。各种外汇衍生工具不断涌现，而且其交易额不断增长。外汇衍生产品的交易与国际贸易、国际投资以及投机活动密切结合在一起，成为国际金融市场上一股重要的推动力量。

### （七）各国政府对外汇市场干预频繁

如前文所述，中央银行参与外汇市场最主要的目的是干预外汇市场，维持固定汇率制度，或在浮动汇率制度下使汇率向有利于本国利益的方向发展。由于外汇市场及汇率对一国经济发展的影响巨大，干预外汇市场促进国际收支平衡，从而影响或者稳定国内经济发展，是各国中央银行的货币政策目标

之一。自20世纪80年代以来，西方国家货币汇率的过度波动给各国经济带来了不利影响，因此各国政府从未停止对外汇市场的干预。

# 第二节　主要的外汇交易

目前，世界上外汇交易的类型很多，本节主要介绍常见的外汇交易，包括即期外汇交易、远期外汇交易、掉期交易、套汇交易和套利交易。

## 一、即期外汇交易

### （一）即期外汇交易的概念

即期外汇交易又称为“现汇交易”，是指外汇买卖成交后，原则上在两个营业日内办理交割的外汇交易。即期外汇交易的交割日也称为“起息日”，一般为成交日之后的第二个营业日，如果恰逢银行非营业日或节假日，则顺延至下一个营业日。买卖双方根据需要也可以将起息日约定为成交当日或成交次日。在即期交易中，交割日的确定是十分重要的。这是因为在国际自由兑换货币中，几乎所有货币的利率都是高低各异的，而即期交易涉及的金额一般比较大，一笔款项早交割或晚交割一天，其利息收益或损失就可能很大，所以即期交易的交割日直接关系买卖双方的经济利益。

即期外汇交易使用的汇率称为“即期汇率”。即期汇率是外汇市场最基本的汇率，其他交易的汇率都是以即期汇率为基础计算出来的。即期汇率主要取决于成交时市场上对该货币的供求状况，在实行有管理的浮动汇率制度的国家，即期汇率还在一定程度上受到政府干预和制约。此外，交割时运用的汇付方式，对即期汇率也有一定影响，电汇汇率较高，信汇和票汇的汇率都要低于电汇汇率，其实际差额大体相当于资金在途期间占用资金所得的利息收入。在发达国家，即期外汇交易者为避免汇率风险，同时为了加速资金周转，一般都倾向于运用电汇方式，因而报出的即期汇率也多属于电汇汇率。

即期外汇交易是外汇市场上最常见的一种交易方式，其交易量居各类外汇交易之首。即期外汇交易一般没有固定的场所，通常是大公司和外汇经纪人、客户之间通过电话、电传及电报进行的。

（二）交叉汇率的计算

所谓交叉交易，是指两种非美元货币的兑换交易。目前，世界各主要外汇市场都是按美元标价法公布汇率的，美元和其他货币的兑换交易可以直接利用市场上的汇率进行，而非美元之间的货币汇率，就必须通过这些货币各自与美元的汇率进行套算。

（1）两种汇率的中心货币相同时，采用交叉相除法。

例如，即期汇率

USD1＝CHF1.3520/30

USD1＝HKD7.7840/50

则可套算瑞士法郎兑港币的汇率为

CHF1＝HKD（7.7840/1.3530）～（7.7850/1.3520）

即

CHF1＝HKD5.7531/81

（2）两种汇率的中心货币不同时，采用同边相乘法。

例如，即期汇率

USD1＝CAD1.2810/20

GBP1＝USD1.5805/15

GBP1＝CAD（1.5805×1.2810）～（1.5815×1.2820）

即

GBP1＝CAD2.0246/75

## 二、远期外汇交易

（一）远期外汇交易的概念

远期外汇交易（Forward Exchange Transaction），是指交易双方按照事先约定的汇率，在未来某一确定的日期交割一定数量的某种货币的外汇交易。因为远期合约中的合同金额、到期时间、约定汇率等都可以由签约双方协商确定，所以远期合约可以说是一种为客户“量体裁衣”式的合约，受到很多进出口商欢迎。但也因为其自身具有的“个性”，或者说非标准化的特点，使其流动性较差，合约无法中止，在市场上难以转手。远期合约的非标准化特点，使远期外汇交易一般采用场外交易方式。场外交易又称“柜台交易”（Over The Counter，OTC），是不通过交易所进行的交易，因而不是集中交易，而是所谓的“点对点”或“一对一”交易，如银行与客户之间的交易，故一般不必支付保证金，这使远期交易有一定信用风险。例如，银行在与客户签署了远期合约后，为了避免汇率风险，就需要在外汇市场上进行对冲，以平衡头寸，但若客户未履约，银行就会因此产生外汇风险头寸，面临着汇率变动的风险。因此，银行在与客户进行远期外汇交易时，一般要求客户具有一定的授信额度。

在远期外汇市场上，购买远期外汇者主要是有远期外汇支出的进口商，负有短期外币债务的债务人，输入短期资本的谋利者，以及对远期汇率看涨的投机商等。卖出远期外汇者主要是有远期外汇收入的出口商，持有不久到期的外币债权的债权人，输出短期资本的谋利者，以及对远期汇率看跌的投机商等。

### （二）远期外汇交易的类型

远期外汇交易根据交割日是否固定，可分为固定交割日的远期外汇交易（Forward Exchange Transaction）和择期交割远期外汇交易（Optional Forward Transaction）。

#### 1. 固定交割日的远期外汇交易

固定交割日的远期外汇交易，是指交易双方约定在将来某一固定日期进行外汇交割。签订这种远期合同的进出口商或债权债务人一般已经签订了合同，合同约定了何时收取外汇或者何时支付外汇，通过固定交割日的远期外汇交易规避外汇风险。

远期外汇交易的交割日，是在即期外汇交易交割日的基础上加上整月或整月的倍数，而不管这个月有多少天。譬如，4 月 15 日星期一成交的 3 个月期固定交割日的远期外汇交易，即期外汇交易的交割日是4月17日星期三；3个月期的外汇交易的交割日定为7月17日星期三，买卖双方只能在7月17日这一天，按照合同约定的汇率办理交割。

2. 择期交割远期外汇交易

择期交割远期外汇交易（Forward Option），是指客户可以在某一段时间任意选择交割日的远期外汇交易。它可以分为部分择期交易和完全择期交易两种。部分择期交易，是指买卖双方约定客户可以在将来的某一时间开始到合同到期日的任意时间选择交割日。譬如，4月15日星期一成交的3个月期选择交割日的远期外汇交易，在4月17日至7月17日之间的任何一个营业日中，只要交易一方提出，另一方就应该按合同的规定完成交割。择期交割远期外汇交易可以使客户在不能确定付汇或收汇确切时间的情况下规避外汇风险。但因为择期外汇交易对客户有利，而银行只能根据客户的选择被动地进行交易，所以一般择期外汇交易的约定汇率是在可以选择的时期内银行各档汇率中对银行最有利的汇率。

（三）远期汇率的标价

远期外汇交易使用的汇率称为“远期汇率”，远期汇率的标价方法有两种。

1. 直接标明远期外汇的实际汇率

例如，某日东京外汇市场日元兑美元的汇率：

即期汇率　　　USD1 = JPY105.35/46

1个月远期汇率　USD1 = JPY105.56/76

3个月远期汇率　USD1 = JPY106.46/86

这种方法通常用于银行对客户的报价。在银行同业交易中，瑞士、日本等国也采用这种报价方法。尽管采用该方法报送远期汇率直观明了，但改动起来比较费事，因此大部分市场都不采用这种报价方法。

2. 标出远期差价，即远期汇率与即期汇率之间的差额

（1）用升水、贴水和平价表示。

升水（At Premium）表示远期汇率比即期汇率高，贴水（At Discount）表

示远期汇率比即期汇率低，平价（At Par）表示远期汇率与即期汇率相同。目前，这种表示方法已为世界各地的主要外汇市场所采用。

在以升水、贴水表示远期汇率时，由于各国的汇率标价方法不同，其实际远期汇率的计算方法也不一样。

①直接标价法下远期汇率的计算。

远期汇率=即期汇率+升水值

远期汇率=即期汇率-贴水值

例如，某日苏黎世外汇市场，美元兑瑞士法郎的汇率为即期汇率 USD1 = CHF1.3240/50，3 个月升水 0.25/0.38 美分，则远期汇率应为 USD1 =（CHF1.3240+0.0025）~（1.3250+0.0038），即 USD1=CHF1.3265/88。

相反，如果 3 个月美元贴水 0.40/0.26 美分，则远期汇率应为 USD1 =（CHF1.3240-0.0040）~（1.3250-0.0026），即 USD1=CHF1.3200/24。

②间接标价法下远期汇率的计算。

远期汇率=即期汇率-升水值

远期汇率=即期汇率+贴水值

例如，某日伦敦市场，英镑兑美元的汇率为即期汇率 GBP1=USD1.3805/15，3 个月升水 0.65/0.48 美分，则远期汇率应为 GBP1 = USD（1.3805-0.0065）~（1.3815-0.0048），即 GBP1=USD1.3740/67。

相反，如果 3 个月美元贴水 0.35/0.50 美分，则远期汇率应为 GBP1 = USD（1.3805+0.0035）~（1.3815+0.0050），即 GBP1=USD1.3840/65。

（2）用点数表示。

所谓点数（Points）是指货币汇率的基本点，每个基本点代表该货币最小价值单位的 1%，为 1%的 1%。在一般情况下，汇率在一天内也就是在小数点后的第三位数变动，即变动几十个点，不到 100 个点。表示远期汇率的点数有两栏数字，分别代表买入价与卖出价，直接标价法下买入价在先，卖出价在后，间接标价法则相反。

在根据即期汇率和远期点数计算实际远期汇率时，不论采用何种标价方法，其计算原则都是：前小后大往上加，前大后小往下减。

例如，在纽约外汇市场上：

| | 即期汇率 | 6个月远期 |
|---|---|---|
| USD/CHF | 1.3434/42 | 15/10 |

瑞士法郎兑美元远期汇率的点数为15/10，第一栏点数大于第二栏点数，故实际远期汇率数字就为相应的即期汇率数字减去远期点数，即USD1=CHF（1.3434-0.0015）~（1.3442-0.0010），得到USD1=CHF1.3419/32。

如要检验上述计算结果是否正确，其判断标准是：远期外汇的买卖差价总是大于即期外汇的买卖差价。因为对于银行来说，从事外汇交易的利润来源主要就是买入、卖出外汇之间的差价，在远期外汇交易中，银行承担的风险要比从事即期外汇交易的风险大，因而也要求有较高的收益，表现在外汇价格上就是远期外汇的买卖差价要大一些。在上例中，我们计算出的6个月远期外汇的买卖差价为13点，大于即期外汇的买卖差价8点，因而可以肯定计算结果是正确的。

### （四）远期汇率与利率的关系

远期汇率与利率的关系十分密切，在其他条件不变的情况下，一种货币对另一种货币是升水还是贴水，升水或贴水的具体数字以及升水或贴水的年率，受这两种货币之间的利息率水平与即期汇率的直接影响。它们之间的这一联系，可以通过下面的例子予以说明。

外汇银行作为外汇市场的主体，在经营外汇业务时必须遵循买卖平衡的原则，以防范汇率风险，假设某日德国某银行卖出的远期美元多，买进的远期美元少，二者之间不能平衡。此时，该银行必须拿出一定欧元现汇，购买相当于上述差额的美元外汇，并将其存放到美国的银行，以备已卖出的美元远期外汇到期时，办理交割。如果美元的利率低于欧元的利率，则该银行将在利息上遭受损失，因此该银行要把由于经营该项远期外汇业务引起的利息损失，转嫁给远期外汇的购买者，即客户买进远期美元的汇率高于即期美元的汇率，从而发生美元升水。

例如，纽约市场美元年利率为5%，法兰克福市场欧元年利率为7%，即期汇率（中间价）为USD1=EUR0.8400，德国某银行超卖3个月远期

1000 万美元，则该银行需要动用自己的资金 840 万欧元，按上述汇价，购买 1000 万美元，存放在美国纽约的银行，以备 3 个月后向顾客交割。这时，该银行将会有利息损失，金额为 840×（7%−5%）×3/12＝4.2（万欧元）。此时，该银行理所当然地要将 4.2 万欧元的利息损失转嫁到购买 3 个月期美元外汇的顾客身上，致使该顾客需要支付 844.2 万欧元才能购买 3 个月远期 1000 万美元，即银行报出的 3 个月远期美元价格为 USD1＝EUR0.8442。与即期汇率 USD1＝EUR0.8400 相比，美元更贵了，升水 EUR0.8442−EUR0.8400＝EUR0.0042。

在上例中，欧元的利率高于美元的利率，从而出现美元远期汇率升水，而欧元远期汇率贴水。远期汇率升水（或贴水）的具体数字可由下列公式计算得出。

$$\text{升（贴）水值}=\text{即期汇率}\times\text{两地利差}\times\frac{\text{月数}}{12}$$

如上例，德国某银行 3 个月美元远期外汇升水值应为

0.8400×（7%−5%）×3/12＝0.0042（欧元）

法兰克福市场 3 个月远期美元外汇的实际价格应为

USD1＝EUR0.8400+EUR0.0042＝EUR0.8442

一种货币对另一种货币的升水（或贴水）值不方便比较，折成年率就便于比较了。其公式为

$$\text{升（贴）水率}=\frac{\text{升（贴）水值}}{\text{即期汇率}}\times\frac{12}{\text{月数}}$$

上例中，3 个月美元远期外汇升水 0.0042 欧元，代入公式可计算出其升水率为

$$(0.0042/0.8400)\times(12/3)\times100\%=2\%$$

可见，美元远期升水率，相当于纽约和法兰克福两地的利差。如果由于贸易和投资的关系，市场上对欧元远期外汇的需求增加，欧元远期汇率上升，致使美元兑欧元远期升水的折年率小于两地利差 2%，则国际资金的投机者就会在即期市场以美元买进欧元，并将欧元存放在德国以获得高利息收入。同

时，为防范欧元存款到期后的外汇风险，投机者会在购买欧元现汇进行存款的同时，在远期市场上再卖出欧元，购买期限相同、与欧元金额等值的远期美元。由此引起美元远期需求增加，使美元远期汇率上升，对欧元升水增大，最后即期汇率和远期汇率的差异会自动地与两地利率差异接近平衡。

综上所述，远期汇率与利率的关系可归纳为以下内容。

其他条件不变，两种货币之间利率水平较低的货币远期汇率表现为升水，利率水平较高的货币其远期汇率表现为贴水。

远期汇率和即期汇率的差异决定于两种货币的利率差异，并大致和利率的差异保持平衡。

值得注意的是，虽然两种货币利差的相关程度是决定升水、贴水及其价值大小的主要因素，但不是唯一因素。一个国家货币币值的变化、经济政策的实施、中央银行对外汇市场的干预程度、人们对市场的心理预期、外汇投机程度以及国际政治、经济形势的变化等，都不同程度地影响着各种货币的升水、贴水。因此，也会导致远期外汇的升水、贴水幅度完全脱离市场利率运动或两地利率水平的差异。

### （五）远期外汇交易的应用

人们进行远期外汇交易的具体目的是多方面的，但不外乎是为了套期保值（Hedging）和投机（Speculation）。套期保值，是指卖出或买入金额等于一笔外币资产或负债的外汇，使这笔外币资产或负债以本币表示的价值避免遭受汇率变动的影响。而投机则是根据对汇率变动的预期，有意持有外汇的多头或空头，希望利用汇率变动赚取利润。

（1）进出口商和资金借贷者为避免商业或金融交易遭受汇率变动的风险而进行远期外汇买卖。

在国际贸易中，从买卖合同签订到货款清算之间有相当一段时间，在这段时间内，如果计价货币的汇率出现变动，进出口商就不能做出正确的成本和利润估计，还可能遭受损失。为了避免汇率变动带来的损失，进出口商在签订买卖合同时，可与银行叙做买入或卖出远期外汇的交易，到支付或收进货款时，他们就可以按照原先确定的汇率办理交割。例如，英国某进口商从美国进口一批货物，价值 1381 万美元，3 个月后货到付款。按签约时的市场汇率 GBP1 = USD1. 3810 计算，英国进口商需要支付 1000 万英镑的货款。但如果 3 个月后英镑发生贬值，汇率跌至 GBP1 = USD1. 3700，那么进口商就得支付 1008. 0292 万英镑，比 3 个月前多付 8. 0292 万英镑。为此，该英国进口商在签约的同时，便在外汇市场上购进 1381 万 3 个月期的美元期汇，3 个月后履行购入美元期汇的义务，将所获美元用于支付货款，从而避免了英镑贬值带来的损失。而英国进口商为此付出的代价仅仅是因美元期汇升水而多支付的英镑金额（如果美元期汇贴水，则英国进口商反而少支付英镑）。假设美元 3 个月期汇升水 10 点（远期汇率为 GBP1 = USD1. 3800），那么进口商花费 7246 英镑（USD1381 万/1. 3800≈GBP1000. 7246 万）就可达到避免 8. 0292 万英镑损失的目的。在此例中，由于英国进口商 3 个月后将发生一笔外汇负债，为此，他通过购买 3 个月期汇进行套期抵补，从而达到使这笔负债得到保值的目的。

另外，进出口商采用远期外汇交易，可以在签订贸易合同时，精确地计算出贸易合同的本币价值，从而有利于成本或利润的核算。

同样地，在国际资金借贷业务中，资金贷放者与借入者分别拥有国外债权和债务。如果这些债权和债务是以外币来计值的话，那么不论是债权人还是债务人，都会面临到期收回或偿还资金时，因外汇汇率变动而蒙受损失的风险。如果他们在贷出或借入资金时，就相应地卖出或买入相同期限的期汇，就可消除汇率风险。

（2）外汇银行为平衡期汇支付进行期汇买卖，进出口商等顾客利用期汇交易实际上是将汇率变动的风险转嫁给外汇银行。

外汇银行在对顾客进行期汇交易时，同一种货币、同一种交割期限的买卖金额很难一致。一些货币的远期头寸出现多头，另一些货币的远期头寸则出现空头，甚至在同一种货币中，几种交割期限的远期头寸出现多头，而另几种交割期限的远期头寸则出现空头。这样，汇率变动以后可能遭受损失的就是银行。银行为避免这种损失，就需要轧平各种货币、各种交割期限的期汇头寸，即将多头抛出，将空头补进。例如，某日在 3 个月期美元期汇的交易中，一家伦敦银行从顾客手中买进 25 万美元，卖出 18 万美元。这样，这家银行就拥有 7 万美元的 3 个月期美元期汇的多头。为避免 3 个月后美元跌价，该银行必须卖出 7 万美元的 3 个月期美元期汇。该银行这种为轧平头寸而从事的外汇买卖操作称为“外汇头寸调整交易”。

（3）进行外汇投机。

外汇投机是利用外汇市场的汇率波动赚取价差收益的外汇交易，可分为两种形式。

一是先卖后买。先卖后买，即“卖空”或“空头”。当投机者预期某种外币汇率将有较大幅度下跌时，即在价位相对较高时先行预约卖出期汇。到期后该种外汇汇率若果然下跌，则用较低的汇率买进该种货币的现汇来交割远期。在这种方式中，卖出远期时，投机者手里实际上并无外汇，故称“卖空”。例如，某投机商预期美元兑日元可能贬值，即在东京外汇市场以USD1 = JPY105.36 的汇率卖出 100 万美元的 3 个月期汇。在交割日他应支付 100 万美元现汇，收入 10536 万日元。若 3 个月后，美元果真贬值，届时的现汇汇率就为 USD1 = JPY103.50。此时，他买进 100 万美元现汇只需要支付 10350 万日元，而用买进的美元履行期汇合同，可收入 10536 万日元，净赚 186 万日元的价差。

二是先买后卖。先买后卖，即“买空”或“多头”。当投机者预期某种货币的汇率将上扬时，就在该货币价位较低时在外汇市场上先行预约买进该种货币的远期。到期后，该货币若果真升值，就按上升的汇率卖出该货币，并以其收入来交割远期，从中获利。例如，6 个月的远期汇率为 EUR 1 = USD 1.1740，投机者预期欧元会大幅升值，于是在纽约市场买入 100 万欧元，交割时候需要支付 117.4 万美元。若 6 个月后欧元升值，纽约市场现汇汇率变为 EUR1 = USD1.1840，则投机商用 99.1554 万欧元买进 117.4 万美元，履行远期外汇合约后收入 100 万欧元，净赚 8446 欧元。

在期汇市场上进行投机，实际上并不涉及现金或外汇的实物收付，投机者只需要支付少量的保证金，而不必持有足额的现金或外汇，因此，容易把交易做大，当然，风险也大。而在现汇市场进行投机，由于要求立即交割，投机者必须持有足额的现金或外汇，交易的规模受到了限制。

## 三、掉期交易

掉期交易（Swap）又称“调期交易”，是指将币种相同、金额相同，但交易方向相反、交割期限不同的两笔或两笔以上外汇交易结合起来进行的交易。简言之，就是以 A 货币兑换成 B 货币，并于未来某一特定时间，再以 B 货币换回 A 货币的交易。例如，美国某公司成交了一笔 3 个月期欧元兑美元的掉期交易，这笔交易实际上包括了两笔方向相反的买卖，即该公司在即期外汇交易卖出美元买入欧元的同时，又在远期外汇交易卖出欧元买入美元。发生掉期交易的原因很多，如该公司在该时间持有或者可能容易筹得美元，而又需要欧元，在一定时期后，该公司又需要收回美元；或者该公司在做套利的同时，为抵补风险而做一个掉期交易（称为“抵补套利”或“抛补套利”）。

掉期交易包括即期对远期（Spot Against Forward）和远期对远期（Forward to Forward）两种主要形式。即期对远期，是指买进或卖出一笔现汇的同时，卖出或买进一笔期汇的掉期交易；远期对远期，是指买进或卖出一笔期汇的同时，卖出或买进一笔交割期限不同的期汇的掉期交易。

掉期外汇交易起源于外汇银行同业间的头寸调整交易，从本质上来看，也是一种套期保值的做法，而不是为了投机获利。但与一般意义上的套期保值做法不同：①掉期外汇交易的两笔交易要求同时进行，而一般的套期保值在第一笔交易之后进行；②掉期外汇交易的两笔交易金额要求完全相同，而一般的套期保值交易的两笔交易金额可以不一致，即可以做不完全的套期保值。

## 四、套汇交易

套汇（Arbitrage）交易，是指外汇市场上的交易者利用某一特定时刻不同市场的汇率差异，在汇率较低的市场买进，同时在汇率较高的市场卖出，从中赚取汇率差额的外汇交易，也称为“地点套利”。在一般情况下，各个外汇市场同一种货币的汇率是非常接近的，但有时也会出现差异，甚至会出现较大差异。当这种差异发生并达到一定程度（足以抵补调拨资金花费的电讯、手续等费用）时，就会引起套汇活动。套汇的结果，使汇率较低的市场对该种货币的需求上升，引起该种货币汇率上涨；反之，使汇率较高的市场对该种货币的供给上升，引起该种货币的汇率下跌，从而使不同外汇市场的汇率差异趋于消失。套汇交易有多种类型，这里主要介绍两角套汇和三角套汇两种类型。

### （一）两角套汇

两角套汇（Two Points Arbitrage）也称“直接套汇”（Direct Arbitrage），是指套汇者直接利用两个外汇市场之间在同一时刻、同一种货币的汇率差异，同时低价买进、高价卖出以谋取利润的外汇交易。

例如，东京市场和香港市场在某一时间内的汇率分别为：

东京市场　USD1 = HKD7. 7813/33

香港市场　USD1 = HKD7. 7863/83

从上述汇率可以看出，美元在香港市场的价格高于在东京市场的价格，根据“贱买贵卖”的原则，套汇者可在香港市场上以 USD1 = HKD7. 7863 的价格卖出美元，买进港币；同时，在东京市场上以 USD1 = HKD7. 7833 的价格卖出港币，再买进美元。这样，1 美元就可得 0. 0030 元港币的套汇利润，若以 100 万美元进行套汇，则可赚得 3000 元港币（不考虑交易费用）。

### （二）三角套汇

三角套汇（Three Points Arbitrage）也称“间接套汇”（Indirect Arbitrage），是指利用三个不同地点的外汇市场中不同货币之间的汇率差异，同时在三个外汇市场上进行外汇买卖，以赚取汇率差额的外汇交易。

三角套汇较两角套汇复杂，不易直观地看出各外汇市场的汇率差异，其套汇过程可按以下两个步骤进行。

第一步，判断三个外汇市场是否存在套汇的机会。

判断三个外汇市场的套汇机会可以用两个方法。

第一，任意选取两个外汇市场，将这两个外汇市场上的汇率换算成与第三个外汇市场相同的汇率（换算的方法在现汇交易中已经介绍过），然后进行比较。如果存在差异，则存在套汇机会；如果不存在差异，则不存在套汇机会（实际上，此时与直接套汇相同）。

第二，将三个外汇市场上的汇率均改成相同的标价法（直接标价法或者间接标价法均可），并且将被表示的货币的单位确定为 1，然后用三个汇率的买入价或三个汇率的卖出价相乘，如果乘积等于 1 或几乎等于 1，则说明各市场汇率基本平衡，不宜套汇；如果乘积不等于 1，则说明有汇率差异，存在套汇机会①，且偏差越大，汇率差异越大。

假定，某日同一时间，纽约、伦敦、巴黎三地市场汇率为：

纽约　GBP1 = USD1. 5705/15

伦敦　GBP1 = HKD12. 3862/72

巴黎　USD1 = HKD7. 7863/83

因纽约采用直接标价法，巴黎可看作直接标价法（考虑市场换为香港。实际上，统一标价法的结果是使货币在不同市场的位置交替），因此只需要把伦敦市场的间接标价法改为直接标价法，即 HKD 1 = GBP 1/12. 3872 ~ 1/12. 3862，然后三地汇率相乘：

$$1.5705\times\frac{1}{12.3872}\times 7.7863\approx 0.9872$$

或

$$1.5715\times\frac{1}{12.3862}\times 7.7883\approx 0.9881$$

结果不等于 1，说明这三个外汇市场存在汇率差异，可以进行套汇。

第二步，选择某种货币作为初始投放货币进行套汇。一般以套汇者所持货币为初始投放货币，本例假定为 100 万美元。按以上汇率，套汇者应这样进行套汇：USD → GBP → HKD→USD。即在纽约市场卖出 100 万美元，汇率

① 如果连乘的结果小于 1，则套汇的方法为买入在同种标价法下的基础货币（等式左边货币），卖出报价货币（等式右边货币）；如果结果大于 1，则卖出基础货币，买入报价货币。

为 GBP1=USD1.5715，买入 100/1.5715 万英镑；在伦敦市场卖出 100/1.5715 万英镑，汇率为 GBP1=HKD12.3862，买入 100/1.5715×12.3862 万港元；在巴黎市场卖出 100/1.5715×12.3862 万港元，汇率为 USD1=HKD7.7883，买入 1012001.21 美元。

从计算结果可以看出，投资者投入 1000000.00 美元，最后可得 1012001.21 美元，盈利 1012001.21-1000000.00=12001.21（美元）（未考虑交易费用）。

有关套汇交易，有几点需要加以说明。

为便于分析套汇的结果，套汇交易应从初始投放货币开始，到初始投放货币结束。而且，套汇交易必然是获利的，如果出现了亏损，则说明套汇的路径错误，将套汇的路径反过来即可。

套汇交易涉及一些成本，包括获得信息的费用以及电报费、电传费，付给外汇经纪人的佣金，某种货币买入和卖出的差价等交易费用，因此，套汇的净利润取决于汇率差异和套汇成本两个因素，套汇活动并非一直进行到各外汇市场报出的汇率完全一致为止。

由于现代通信技术发达，同一时间内不同外汇市场间的汇率差异很小，存在的时间也很短，所以套汇交易都采用电汇方式进行。

成功的套汇交易除判断正确快捷、计算准确迅速外，还需要有大额交易资金和高效的信息网络及传递工具，才能及时捕捉把握机会，获取套汇利润。

外汇管制与国家干预的消除是套汇的必要条件之一。

## 五、套利交易

套利交易又称“时间套利”，是指利用不同国家或地区进行短期投资的利率差异，将资金从利率较低的国家或地区转移到利率较高的国家或地区，以赚取利息差额的外汇交易。例如，某时期 3 个月美元存款利率为 6%，而同期欧元存款利率却高达 8%，套利者就会把美元资金兑成欧元进行短期投放，这样可增加 2%的利息收入。但是，由于套利者将美元兑成欧元后承担了汇率风险，因此，套利交易往往与掉期交易一起进行。

如上例，某时期3个月美元存款利率为6%，同期欧元存款利率为8%，某美国公司为了赚取两种货币间2%的利差，把持有的美元兑换成欧元进行短期投资。假定当时美元兑欧元的即期汇率为EUR1=USD1.2400，该公司卖出1240万美元，买入1000万欧元存入德国某银行。如果3个月内美元兑欧元的汇率不变，该公司在投资期满时应获得本利共1000×(1+8%×3/12)=1020（万欧元），兑换成美元为1020×1.24=1264.8（万美元）。如果直接用美元投资，同期投资的本利只有1240×(1+6%×3/12)=1258.6（万美元），相比之下，前者多赚了6.2万美元的利息差额收益。

但是，如果在这一时期欧元汇率下跌，而且下跌幅度超过2%，该公司就有可能遭受损失。譬如，3个月期满时欧元汇率下跌到EUR 1=USD 1.2000，那么该公司的投资本利1020万欧元就只能兑换到1224万美元，不仅损失了利息，连本金也蒙受了损失。因此，为了避免汇率风险，该公司在做上述即期交易时就同时做一个掉期交易，即在即期市场卖出美元买入欧元的同时，在远期市场上卖出欧元买回美元。那么，即使投资期满时欧元汇率下跌，该公司也可按已约定的期汇汇率进行交割，从而避免损失。

套利者为了避免汇率风险，在套利的同时做一个反向远期交易，即掉期交易加以抵补①。这时，套利者不仅要考虑两种货币的利率差异，而且要考虑它们的即期汇率与远期汇率的差异。如前文所述，在其他条件不变的情况下，利率水平较高的货币，其远期汇率表现为贴水；利率水平较低的货币，其远期汇率表现为升水。套利者在利用掉期交易保值时，若欧元3个月远期汇率贴水率等于2%，套利者就无利可图了；若欧元3个月远期汇率贴水率低于2%，则套利者在计算其利息差额利润时，还应该减去欧元贴水的损失。如上例，假定欧元3个月远期汇率贴水率为1.2%，即远期汇率为EUR1=USD 1.2400×（1−1.2%×3/12）≈USD1.2363，则进行欧元3个月短期投资的本利1020万欧元可兑换1020×1.2363=1261.026（万美元），套利收益为1261.026−

① 根据交易者是否对套利交易的风险进行抵补，可以将套利交易分为未抵补套利和抵补套利。未抵补套利也称为“纯粹的套利”，它的结果具有不确定性，具有典型的投机性质；抵补套利一般将套利行为与掉期交易结合起来进行。

1258.6=2.426（万美元）。

在利用资金移动套取利润的活动中，还存在另一种情况。譬如，在上例中，假定欧元3个月远期汇率贴水率为5%，大于欧元与美元的利率差2%。这时，投资者就不能按照上述程序进行交易，而应在即期市场卖出欧元、买入美元，同时在远期市场上卖出美元、买进欧元。这样，投资者在货币市场上损失2%的利差，但在外汇市场上由于高价卖出和低价买进欧元，获得了5%的即期汇率与远期汇率的差价。相比之下，还赚了3%的利润。

套利活动引起的资金移动将会对即期汇率、远期汇率和利率产生影响。如在第一例中，若套利者在即期市场上卖出美元、买入欧元，则会引起欧元即期汇率上涨，远期汇率下跌，使即期汇率与远期汇率的差异扩大，欧元远期贴水率上升，并与利率差异趋于一致，使套利者无利可图。在第二例中，投资者的资金调拨活动也会对汇差和利差产生同样的影响，使两者趋于一致。这时，外汇市场与货币市场处于均衡状态，各种套利活动即行停止。

## 第三节 外汇风险及其管理

### 一、外汇风险概述

#### （一）外汇风险的概念

外汇风险（Foreign Exchange Risk），又称“汇率风险”，是指在国际经济、贸易、金融等活动中，以外币定价或衡量的资产、负债、收入与支出以及未来经营活动中可能产生的净现金流量在用本币表示其价值时，因汇率波动而产生损失或收益的不确定性（uncertainty）。因此，外汇风险是由于汇率变动引起当事人未来收益、净现金流、资产或负债的价值变化的不确定性，外汇风险的直接成因在于汇率的变动。外汇风险并非仅仅表现为汇率的不利变动带来损失，也可能表现为汇率的有利变动获得收益。跨国公司、经营进出口业务的公司、金融机构等在经营过程中都会产生外汇风险，甚至只在国内生产销售的企业也可能因为进口产品的竞争而面临风险。因此，外汇风险涉及的范围非常广泛，企业管理者的一个重要任务就是度量和管理外汇风险，使企业的收益、净现金流和市场价值保持稳定。

### （二）外汇风险的构成因素

外汇风险一般包括三个因素：本币、外币和时间。

在国际经济交易中，如果只以本币计价结算，不发生本币与外币之间的兑换关系，就不存在由于汇率变动带来的损失，从而不存在外汇风险；如果只以某种外币计价结算，不形成不同货币之间的兑换关系，自然也就不存在外汇风险。但是，这种情况在现实中几乎是不存在的，因为不管以哪种外币计价结算，最终都必须进行本币与外币之间的兑换，才能保证企业的正常运转，考核企业的经济效果，尤其是在禁止外币在本国流通的情况下更是如此。同时，国际经济交易应收款的最后收进、应付款的最后付出，以及借贷本息的偿付，总有一个期限，正是这个期限构成了外汇风险的时间因素，因为汇率变动是在一定时间间隔的条件下形成的，没有时间间隔就谈不上汇率的变化，也谈不上外汇风险。

根据外汇风险的这三个构成因素，在国际经济交易中使用外币所占比例越大，风险就越大；而使用本币所占比例越大，则风险越小。时间越长，风险越大；时间越短，风险越小。

从时间与兑换这两个因素来看，外汇风险分为时间风险和价值风险。改变时间结构，如缩短一笔外币债权债务的收取或偿付时间，可以减少外汇风险，但不能完全消除外汇风险，因为本币与外币兑换存在的汇率波动风险依然存在。譬如，一个企业 60 天后有一笔出口外汇收入，这里既存在时间风险，又存在价值风险。假设该企业从银行借入一笔金额相等、期限相同的外汇贷款，60 天后以出口收入归还贷款，这种做法把未来的时间风险转移到现在，消除了时间风险，但受汇率波动影响的价值风险仍然存在。若要消除价值风险尚需采取措施，即将借入的外币兑换成本币，然后以此投资或作为企业的流动资金，这样才能消除全部风险。否则，把借入的外汇作为外币存款挂在账户上，价值风险依然存在。

### （三）外汇风险的类型

外汇风险一般可分为三类：交易风险、营运风险、折算风险。

1. 交易风险

交易风险（Transaction Exposure），是指已经签订的以外币标价的合同，由于当前汇率与将来结算时的汇率存在差异，相同金额的外币合约按现时汇率和未来汇率折算为本币金额不同时产生的风险。导致交易风险的可能情况主要有：①已经签订的以外币计价的进出口合同，在未来的某一时间里履行和结算；②以延期付款为结算方式的进出口业务，将要付出或收到的货款用外币结算；③以外币计价的国际借贷业务；④其他以外币计价的资产和负债等。例如，一家英国公司与一家美国银行签订了 1 亿美元的借款合约，借款利率为 10%，合约要求英国公司 1 年后归还 1.1 亿美元的本金和利息。由于英镑兑美元的汇率不确定，英国公司在取得借款的时候不能准确知道 1 年后需要用多少英镑兑换 1.1 亿美元。如果英镑兑美元升值（贬值），则英国公司需要用较少（较多）的英镑来归还美元借款本金和利息。

2. 营运风险

营运风险（Operating Exposure），也称“经济风险”（Economic Exposure），是指由于无法预料的汇率变化而引起企业未来营运现金流变化进而导致企业价值发生变化的风险。企业价值变化的程度取决于汇率变动对其未来销售额、销售价格和生产成本的影响程度。例如，中国一家主要生产服装供出口美国的企业，其生产线是在 2005 年 7 月 21 日汇率制度改革之前建设的，当时每件服装的成本为 90 元人民币，出口价格为 12 美元，人民币兑美元的汇率为 8.27，每件服装的净利润为 9.24 元人民币，成本利润率为 10.27%。汇率制度改革后，服装的生产成本和出口价格都没有变化，至 2007 年 7 月16 日，人民币兑美元的汇率为 7.5681，则该企业的每件服装利润为 0.82 元，成本利润率为 0.91%，近乎没有利润。如果人民币继续升值，那么该企业只能调整生产和经营策略，不然就有可能破产。因此，营运风险可能影响企业整体的生产经营，是企业经营中不可忽视的因素。

3. 折算风险

折算风险（Translation Exposure），又称“会计风险”（Accounting Exposure），是指跨国公司的母公司在采用本币编制母公司和国外子公司的合并财务报表时，因汇率变动而使合并财务报表的数字发生变化的可能性。因为国外子公司的财务报表一般是以外币编制的，所以在汇总财务报表时必须折算成以母公司本币计量的财务报表，这时候就可能出现折算风险。如中国跨国公司的海外子公司，在中国总部需要编制以人民币表示的合并资产负债表和利润表时，必须将其海外子公司所在地使用的诸如美元、欧元、日元等国外货币表示的会计科目价值重新用人民币进行计算，由于年末人民币兑外币的汇率与业务发生时的汇率可能存在差异，在编制合并报表时会产生折算风险。

## 二、外汇风险管理

管理外汇风险的方法很多，大致可以分为两大类：事前和事后。事前称为“外汇风险的防范”，主要是通过改善企业内部经营来实现；事后称为“外汇风险的转嫁”，主要是利用外汇市场金融资产的交易来实现。同时，针对上文提到的交易风险、营运风险和折算风险这三种风险，有其独有的风险管理方式。

### （一）事前外汇风险的防范措施

1. 国际经营多样化

国际经营多样化是防范外汇风险中经济风险的一种基本策略，主要是指企业将经营活动分散于多个行业，或将原料采购地、产品生产地和销售地按比较利益原理在世界范围进行分布和配置。企业实行经营多样化之后，一旦汇率出现意料之外的变动，一方面，企业面临的风险损失基本上能被风险收益弥补，自动防范经济风险；另一方面，企业可主动采取措施，迅速调整其经营策略，如根据汇率的实际变动情况，增加或减少某地或某行业等的原料采购、产品生产量或销售量，将经济风险带来的损失降到最低。

2. 筹资分散化

筹资分散化也是防范外汇风险中经济风险的一种基本策略，是指企业从多个资本市场以多种货币形式获得借贷资金。通过这种多渠道、多币种的筹资，可分散汇率、利率变化的风险。例如，以美元一种货币筹资，筹资者就承受了美元汇率变动的全部风险，若美元升值，其还本付息的负担就会加重，使筹资成本提高；如果同时以日元、欧元、英镑等多种货币筹资，由于这些货币比价互有升降，就减少或抵消了汇率变动的风险。

3. 做好货币选择

在对外经济交易中，交易货币选择不当往往会造成重大损失。正确的选择，不但可以避免损失，还可以获得汇率变动带来的收益。选择交易货币的一般原则如下。

第一，争取使用本国货币计价结算。以本币计价结算，清偿时不会发生本币与外币之间的兑换，从根本上避免了外汇风险。

第二，“收硬付软”原则，即对将要收入或构成债权的货币，选择汇率稳定或趋升的货币，即所谓“硬币”；对将要支付或构成债务的货币，选择汇率趋降的货币，即所谓“软币”。

第三，要综合考虑汇率变动趋势和利率变动趋势。在国际借贷业务中，借方通常会选择利率水平较低的货币，但在正常情况下，利率水平较低的货币是汇率趋升的货币，如果借入货币汇率的上升幅度大于两种货币的利差，借款人就会遭受损失。因此，在国际市场上筹集资金时，必须把汇率和利率因素加以综合考虑，权衡利弊，做出正确选择。对于固定利率和浮动利率的选择，主要看利率的水平与趋势，若借入货币利率趋升，则应选择固定利率贷款；若借入货币利率趋降，则应选择浮动利率贷款。

4. 利用对销贸易防范外汇风险

对销贸易又叫“对等贸易”或“反向贸易”，是指将进口与出口联系起来进行货物交换的贸易方式。对销贸易的具体形式很多，如易货贸易、清算账户贸易和转手贸易等。由于这些贸易方式不涉及货币的实际收付或只需要少数的现汇收付，交易各方事先规定好互换商品的价格，因此任何一方都不存在汇率风险。

### （二）事后外汇风险的转嫁措施

1. 提前或推迟外汇收付

提前或推迟外汇收付是根据对汇率的预测，对在未来一段时间内必须支付和收回的外汇款项采取提前或推迟结算方式以达到防范外汇风险或获取汇率变动收益的目的。一般而言，如果预期计价结算货币的汇率趋跌，那么出口商或债权人应设法提前收汇，以避免应收款项的贬值损失，而进口商或债务人则应设法推迟付汇。反之，如果预期计价结算货币汇率趋升，出口商或债权人就应当尽量推迟收汇，而进口商或债务人则应当设法提前付汇。

不过，值得注意的是，提前或推迟外汇收付依据的是进出口商对汇率的预测。若预测准确，则不仅能避免外汇风险，而且能额外获益；若预测失误，则将遭受损失。因此，这种措施带有投机性质。另外，在实际收付过程中，进出口商单方面提前或推迟收付外汇并不容易，因为要受到合同约束、外汇管制、国内信用等方面的限制。

2. 资产负债表保值

资产负债表保值是避免折算风险的主要措施。这种方法要求在资产负债表上保持风险资产与风险负债的数额相等，以使其折算风险头寸为零。只有这样，汇率变动才不会带来任何折算上的损失。

资产负债表保值，主要是通过企业对其短期资产负债结构进行调整实现的。这是由于长期资产、长期负债的流动性差，企业在短期内无法使之迅速增加或减少，因而难以对其进行调整，而短期资产、短期负债的流动性强，企业在短期内容易对其进行调整。调整的重点主要是短期资产中的应收账款、存货、现金、银行存款和短期投资等，以及短期负债中的应付账款、应付利息、短期贷款和短期票据等。

资产负债表保值的基本原则是：如果预测某种货币将要升值，则增加以此种货币持有的短期资产，或减少以此种货币表示的短期负债，或两者同时并举；反之，如果预测某种货币将要贬值，则减少以此种货币持有的资产，或增加以此种货币表示的负债，或两者并举。

3. 采取保值措施

（1）合同中加列保值条款。

货币保值，是指选择某种与合同货币不一致的、价值稳定的货币，将合同金额转换为所选货币进行表示，在结算或清偿时，按所选货币表示的金额以合同货币完成收付。在长期合同中，往往采用这类做法。

①黄金保值条款。黄金保值条款即在贸易合同中，规定黄金为保值货币，在签订合同时，按当时计价结算货币的含金量，将货款折算成一定数量的黄金，到货款结算时，再按此时的含金量，将黄金折回成计价结算货币进行结算。黄金保值条款通行于固定汇率时期，现今由于黄金非货币化，以及黄金价格的不稳定，此方法已不再被采用。

②硬币保值条款。硬币保值条款即在贸易合同中，规定某种软币为计价结算货币，某种硬币为保值货币。在签订合同时，按当时软币与硬币的汇率，将货款折算成一定数量的硬币；到货款结算时，再按此时的汇率，将硬币折回成软币进行结算。此方法一般同时规定软币与硬币之间汇率波动的幅度，在规定的波动幅度范围（如1%、1.5%或3%）时，货款不做调整；只有超过规定的波动幅度范围时，才对原货款进行调整。

③“一篮子货币”保值条款。“一篮子货币”保值条款即在贸易合同中，规定某种货币为计价结算货币，并以“一篮子货币”为保值货币。具体做法是：首先确定“一篮子货币”的构成，其次确定各保值货币的权数。在签订合同时，按当时的汇率将货款分别折算成各保值货币，到货款支付日再按届时的汇率将各保值货币折回成计价结算货币进行结算。

例如，某笔货款为100万美元，贸易合同中规定用日元、英镑和欧元组成“一篮子货币”对货款进行保值，其中，日元占40%，英镑和欧元各占30%。假设签订合同时的汇率为

USD1 = JPY110

USD1 = GBP0.63

USD1 = EUR0.84

则100万美元折算成保值货币为

$100 \times 40\% \times 110 = 4400$（万日元）

$100 \times 30\% \times 0.63 = 18.9$（万英镑）

$100 \times 30\% \times 0.84 = 25.2$（万欧元）

又设货款支付日的汇率为

USD1 = JPY105

USD1 = GBP0.65

USD1 = EUR0.88

则各保值货币分别折回成美元为

$4400 \div 105 \approx 41.9$（万美元）

$18.9 \div 0.65 \approx 29.08$（万美元）

$25.2 \div 0.88 \approx 28.64$（万美元）

合计：$41.9 + 29.08 + 28.64 = 99.62$（万美元），即货款支付日进口商应向出口商支付 99.62 万美元。

在实际操作中，通常选用特别提款权等“一篮子货币”作为保值货币。由于篮子中各种货币的汇率有升有降，互相抵消，起到了分散风险的作用。

（2）加价保值与压价保值。

在国际贸易中，出口收硬币、进口付软币当然是最理想的，但是实行起来很困难。有时为了开拓市场，或购进急需的进口商品，或在恶劣的市场条件下促成交易，出口不得不收软币，进口被迫支付硬币。这时就可以考虑出口加价，进口压价，尽可能减少由于汇率变动造成的损失。

加价保值的计算公式为

$$\text{出口商品新价} = \text{出口商品原价} \times \frac{1}{1 - \text{计价货币预期贬值率}}$$

压价保值的计算公式为

$$\text{进口商品新价} = \text{进口商品原价} \times \frac{1}{1 + \text{计价货币预期升值率}}$$

（3）加列货币平价条款。

在进出口贸易中，交易双方都希望避免或减少由汇率波动带来的损失，货币平价条款就是由双方协商，同意在贸易合同中加列双方分摊外汇风险的条款。通过此条款，将汇价变化造成的损益分摊于买卖双方，避免由某一方独自承担全部风险而造成重大损失。调整后的外币货款公式为

$$\text{调整后的外币货款}=\frac{2\times\text{签订贸易合同的本币价值}}{\text{签订贸易合同时的即期汇率}+\text{结算时的即期汇率}}$$

公式中汇率的标价法为直接标价法。

4. 利用各种外汇交易避险

（1）现汇交易。

现汇交易主要是指外汇银行利用即期外汇市场平衡外汇头寸。外汇银行在每日对顾客的中介性外汇买卖中，会不可避免地持有各种外币现汇头寸的多头或空头，从而承担汇率变动的风险。如果它想消除这些多头或空头，就需要在银行同业间市场上进行抛出多头、补进空头的现汇买卖。

（2）远期外汇交易。

进口或出口交易在成交后，如果预期将要支出或收入的货币汇率有趋升或趋跌的可能，可以在进出口交易的基础上做一笔买入或卖出该货币的远期交易，以转移汇率风险。在国际上短期投资和借贷的交易中，为了防范将要支付或收入的货币汇率变动的风险，也可以做远期外汇买卖。这种方法的实际作用在于预先确定已有交易的成本和收益，以有利于财务核算。近年来，我国的许多企业委托中国银行代做远期外汇买卖，有效地避免了外汇风险损失。

（3）外汇期权交易。

外汇期权比远期外汇交易更具保值作用。因为远期外汇交易届时必须按照约定的汇率履约，倘若预测结果与实际情况相反，于交易者反而不利，所以这种方法只保现在值，不保将来值。而外汇期权交易在汇率实际变动与预测相反时，则可以不履行合约。期权交易在风险管理方面具有灵活性、主动性及风险先知性（不论汇率如何变化，期权合约持有者的损失都限定在支付的期权费内）。当然，期权所付费用比远期外汇交易所付费用高得多。

（4）外汇期货交易。

在金融期货市场上，根据标准化原则与清算公司或经纪人签订外汇期货

交易合约，也能有效防范外汇风险。

对于进口商而言，为防范日后计价结算货币升值带来的风险损失，在签订贸易合同时应在期货市场上先买进期货合约，支付到期时再卖出期货合约进行对冲。若支付到期时，计价结算货币升值了，则进口商在现汇市场上为支付货款而购买计价结算货币蒙受的损失，可用期货市场上“先买后卖”所获得的盈利弥补。若支付到期时，计价结算货币贬值了，则进口商在期货市场上“先买后卖”蒙受的损失，可用现汇市场上获得的盈利弥补。这样，无论支付到期时计价结算货币是升值还是贬值，进口商均可减小外汇风险。

出口商利用外汇期货交易防范外汇风险的原理与进口商相同。

（5）掉期交易。

掉期交易是一种复合型的外汇交易，它将两笔或两笔以上币种相同、金额相同，但交易方向相反、交割日不同的外汇交易拴在一起来做，其主要目的是轧平各货币因到期日不同造成的资金缺口，规避汇率风险。这种方法适用于有返回性的外汇交易，在短期投资或短期借贷业务中经常采用。

例如，我国某公司将在 1 个月后收到 10 万英镑的货款，但需要在 3 个月后才使用这笔资金。为了避免英镑在 1 个月到 3 个月之间汇率贬值的风险，该公司采用掉期交易方式，在卖掉 1 个月远期的 10 万英镑的同时，又买进 3 个月远期的 10 万英镑，由此这家公司安全地把 1 个月时收到的英镑过渡到了 3 个月后使用。

（6）货币互换、利息互换和远期利率协议等。

货币互换、利息互换和远期利率协议等适用于中长期贷款、融资和筹资业务的外汇风险防范，详见本书第五章第三节有关内容。

5. 利用平衡抵消法避险

（1）平衡法。

平衡法，是指在同一时期内，创造一个与存在风险相同货币、相同金额、相同期限的资金反方向流动，使外汇资金有进有出，避免外汇风险。例如，英国某公司在 3 个月后有 10 万美元的应付货款，该公司就应设法出口同等金额的货物，使 3 个月后有一笔同等数额的美元收货款，借以抵销 3 个月后的美元应付货款，从而消除外汇风险。

在一般情况下，一个公司取得每笔交易的应收货币的完全平衡是很难实现的。采用这种方法有赖于公司采购部门、销售部门与财务部门的密切合作。

（2）组对法。

一种货币的资金流动风险，用另一种货币等价金额、相同时间、相反方向的资金流动来对冲，叫作“组对”。组对法与平衡法的根本区别是：平衡法基于同一种货币的对冲，而组对法则是基于不同的两种货币的对冲。这就要求组对法中的两种货币具有较强的正相关性质，它们的汇率应是紧密联系的，具有同升同降的性质。一般来说，作为组对的两种货币，常常是由一些机构采取钉住政策而绑在一起的货币。例如，港币与美元在汇率制度上联系紧密，倘若某公司在某一时期内有一笔美元资金流出，该公司就可设法创造一笔同期同额的港币资金流入。这样，由于两种货币汇率的波动方向、幅度基本一致，期限、金额完全一样，外汇风险便可以基本消除。

组对法较平衡法灵活性大，易于采用。但若组对货币选择不当，则会面临双重汇率风险。

（3）借款法。

借款法，是指有远期外汇收入的企业通过向银行借入一笔与其远期收入相同币种、相同金额和相同期限的贷款，以达到融通资金、防范外汇风险和改变外汇风险时间结构的一种方法。例如，美国某公司向英国出口一批商品，价值 100 万英镑，6 个月后收款。该公司为了防止到期时英镑汇率下跌造成损失，在签订出口合同时与银行签订一份贷款协议，向银行借入一笔 6 个月期 100 万英镑的贷款，并将这笔英镑在现汇市场上卖出，兑换成美元本币，补充公司的流动资金。6 个月后收回出口货款时，再用这笔货款归还银行贷款，这时即使英镑贬值，对公司也无任何经济影响，达到了避免外汇风险的目的。该公司借款的净利息支出，即为防范外汇风险花费的成本。

（4）投资法。

所谓投资，是指企业或公司将一笔资金（一般为闲置资金）投放于某一市场，一定时期后连同利息（或利润）收回的经济过程。投资法中资金投放的典型市场是短期货币市场，投资的对象为规定到期日的银行定期存款、存单、银行承兑汇票以及国库券和商业票据等。对公司来说，投资意味着现时有一笔资金流出，而未来有一笔反方向的资金加上利息的流入，正好用这笔流入支付到期的外汇债务。在存在外汇风险的情况下，投资的作用像借款一样，主要是改变外汇风险的时间结构。例如，美国某公司在 3 个月后有一笔 50 万欧元的应付账款。该公司可将一笔同等金额的欧元投放在货币市场上，期限为 3 个月，造成一笔应收账款以冲销应付账款的外汇风险。

投资法与借款法虽然相似，都能改变外汇风险的时间结构，但具体情况不同，投资法是将未来的支付转移到现在，而借款法则是将未来的收入转移到现在。

6. 利用国际信贷避险

在中、长期的国际支付中，利用适当形式的国际信贷，一方面可以获得资金融通，另一方面可以避免外汇风险。常用的方式有以下几种。

（1）外币出口信贷。

出口信贷为卖方信贷和买方信贷，均由出口国的银行提供，以扩大其资本货物的出口。卖方信贷是由出口商的银行向出口商提供，允许进口商以后分期支付货款。买方信贷是由出口商的银行向进口商或其往来银行提供的贷款。

出口商可以利用卖方信贷避免外汇风险。出口商在向本国银行借得外币资金后，若预测将来汇率变动对己不利，可按当时汇率将外汇贷款卖出，换成本币以补充企业的流动资金，加速资金周转。至于出口商所欠外汇贷款，则用进口商的分期付汇来陆续偿还。这样，出口商的外币负债（从本国银行借得的外币贷款）为其外币资产（应向进口商收取的货款）所轧平，消除了风险。

（2）福费廷。

福费廷是 forfaiting 的音译，意译为“买断”或“包买票据”，是指在延期付款的大型设备贸易中，出口商把经进口商承兑的、期限在半年以上到五六年的远期汇票，无追索权地卖给出口商所在地的金融机构。在这种交易中，出口商可及时得到货款，并可及时地将这笔外汇换成本币。

在福费廷业务中，出口商实际上转嫁了两笔风险。一是外汇风险。由于出口商提前取得货款，消除了时间风险，再兑换为本币，又消除了价值风险。二是信用风险。由于福费廷是一种买断行为，以后即使票据拒付，也不能对出口商行使追索权。这样，出口商利用福费廷业务把外汇风险和信用风险一并转嫁给了贴现票据的金融机构。

（3）保付代理业务。

保付代理业务简称“保理业务”，是一种贸易信贷管理技术与融资方法。当出口商争取不到以进口商银行信用证的方式收取货款，亦即出口商以商业信用方式出卖商品时，在货物装船后立即将发票、汇票、提单等有关单据卖断给保理机构，收进全部或大部分货款，从而取得资金融通的业务。该业务的结算方式很多，最常见的是贴现方式。由于出口商能及时地收到大部分货款，与托收结算方式比较起来，不仅避免了信用风险，还减小了汇率风险。

7. 投保汇率变动险

汇率变动险是一国官方保险机构开办的、为本国企业防范外汇风险提供服务的一种险种。具体做法是，企业作为投保人，定期向承保机构缴纳规定的保险费，承保机构则承担全部或部分的外汇风险，即企业在投保期间出现的外汇风险损失由承保机构给予合理的赔偿，但若有外汇风险收益，也由承保机构享有。目前，许多国家如美国、日本、英国等，为鼓励本国产品出口，都开办了汇率风险的保险业务。以日本为例，日本对长期外币债权的持有者给予汇率变动保险，保险对象仅限于向外输出机器设备以及技术的出口商；保险范围限于日元升值3%～20%造成的损失，日元升值不到3%或超过20%造成的损失不予补偿；保险生效日从签订保险合同后第三年开始；保险币种只限于美元、英镑、瑞士法郎等。

由上可见，可供选择的管理外汇风险方法种类繁多。在一笔对外经济交易中，将所有方法全部采用既不可能，也无必要。因此，对涉外主体来说，势必需要在众多方法中选择一种或几种最优方法。其既可以单独采用，也可以综合配套采用。在具体选择采用哪一种或几种方法时，涉外经济主体应该根据自身的情况以及所处环境，分析各种方法的适宜性，并比较各种适宜方法的防范成本，争取以最小的成本达到有效消除外汇风险的目的。

（三）外汇风险防范的基本方法

在上面讨论的管理外汇风险方法中，有的方法，如远期外汇交易法，可以单独采用，既能消除时间风险又能消除价值风险。而有些方法，如借款法和投资法，则必须与其他方法相互配合、综合利用，才能消除全部风险。

综合性的防范风险方法有借款-即期合同-投资（Borrow-Spot-Invest, BSI）法和提前收付-即期合同-投资（Lead-Spot-Invest，LSI）法。这两种方法与远期外汇交易法一起构成外汇风险管理的三种基本方法，它们的特征在于利用外汇市场与货币市场业务消除外汇风险。

1. 应收外汇账款中外汇风险防范的基本方法

（1）远期外汇交易法。

具有外汇债权的公司或银行，创造与外币流入相对应的外币流出就可以消除外汇风险。

例如，我国某外贸公司出口一批商品，收到10万美元的3个月远期汇票。为防止届时美元贬值，该公司可与外汇银行签订出卖10万美元的3个月远期合同。假定签订合同时美元兑人民币的3个月远期汇率为USD1 = CNY7.2765/95，3个月后，应收账款进账，该公司把收到的10万美元与银行交割，获得人民币72.765万元。

由于做了远期外汇交易，该公司把将要收进的外币，伴之以相同金额、相同时间、相同外币的流出，这样就消除了时间风险和价值风险，最后得到本币的流入。

（2）BSI法。

BSI法，可以完全消除外汇风险。在有应收外汇账款的情况下，为防止应收外汇汇价下跌的损失，应立即借入与应收外汇期限一致、币种相同、金额相同的外汇，将外汇风险的时间结构转移到现在，消除时间风险。同时，将借入的外币在现汇市场上卖出，换成本国货币，则又消除了价值风险。如只借外币而不换成本币，则外币兑本币价值变化的风险仍然存在。外币换成本币后，随即用这笔本币资金进行投资，以投资收益贴补借款利息和其他费用。届时应收账款到期，就用所收外汇归还银行贷款。

例如，我国某公司 3 个月后将有一笔 10 万美元的应收账款，为防止将来收汇时美元贬值带来损失，该公司可向外汇银行借入 3 个月期限的 10 万美元借款（暂不考虑利息因素）。假设外汇市场的即期汇率为 USD1 = CNY7. 2830/60，该公司借款后立即把所借美元在现汇市场上卖出，获得人民币 72. 83 万元，然后将所得人民币进行 3 个月期的投资（也暂不考虑利息因素）。3 个月后，该公司以收回的 10 万美元应收账款归还银行贷款。

（3）LSI 法。

LSI 法，是具有应收外汇账款的公司，在征得债务方的同意后，以一定折扣为条件提前收回账款，消除时间风险；然后通过现汇交易将外币换成本币，消除价值风险；为了取得一定的利益，随即以这笔本币资金进行投资，所获得的收益即可抵补提前收汇造成的折扣损失。LSI 法与 BSI 法全过程基本相似，只不过是将第一步从银行借款对其支付利息，改变为请债务方提前支付，给其一定折扣而已。

例如，我国某公司将在 3 个月后从美国公司得到一笔 10 万美元的应收货款，为防止届时美元贬值给公司带来损失，该公司征得美国公司同意，在给其一定折扣的情况下，要求其在 2 天内付清这笔款项（暂不考虑折扣数额）。该公司在提前取得美元货款后，立即通过现汇交易换成人民币，假设外汇市场的即期汇率为 USD1 = CNY7. 2810/45，则可获得人民币 72. 81 万元，然后用这笔人民币资金进行 3 个月期的投资（暂不考虑利息因素）。在这一过程中，由于提前收款，消除了时间风险；由于换成本币，消除了价值风险。

2. 应付外汇账款中外汇风险防范的基本方法

在具有应付外汇账款的情况下，债务人同样可以应用远期外汇交易法、BSI 法和 LSI 法消除外汇风险，其消除时间风险和价值风险的机制与在应收外汇账款中大同小异。现举例说明如下。

（1）远期外汇交易法。

我国某公司从美国进口价值 10 万美元的商品，90 天后付款。为防止 90

天后美元升值带来风险损失，该公司可与外汇银行签订购买 90 天远期 10 万美元的合同，3 个月远期汇率为 USD1 = CNY7. 2745/85。3 个月后远期合同交割，该公司支付 72. 785 万元人民币，买进 10 万美元，向美国公司支付。

由于做了远期外汇交易，该公司把进口成本固定在本币 72. 785 万元的水平上，防止了风险损失。90 天后从银行购入美元付给出口商，创造了相反的外币流。

（2）BSI 法。

在有应付外汇账款的情况下，为防止应付外币汇价上涨的损失，进口商（或债务人）应即刻从银行借入一笔本国货币，其期限与未来外汇支出的期限相同，其金额按现汇汇率折算成外汇与未来外汇支出的金额等值。然后，以所借本币在现汇市场上买入未来支付的外汇，并将该外汇投资于国际金融市场，投资期限与外汇支付期限相同。到结算日或清偿日，以收回的外汇投资本金履行支付或偿付的义务，同时偿还银行的本币借款。

上例中，我国公司也可以采用 BSI 法消除应付美元账款存在的外汇风险，其程序是：该公司首先从我国银行借入一笔相当于 10 万美元的人民币资金，若即期外汇市场汇率为 USD1 = CNY7. 2850/90，则应借入人民币 72. 89 万元，借款期限为 90 天；然后立即用所借人民币在现汇市场上购买 10 万美元；接着再将刚买入的美元投放于欧洲货币市场或美国货币市场，投放的期限也为 90 天（暂不考虑利息因素）。90 天后，该公司的应付美元账款到期时，恰好其美元的投资期限届满，以其收回的美元投资，偿付其对美国公司的美元债务 10 万美元。由于通过 BSI 法实现了应付美元的反方向流动，消除了应付美元账款的风险。

应用 BSI 法消除应付外汇账款风险的原理与在应收外汇账款中相同，但币种的操作顺序有别。前者借款是借本币，而后者借款是借外币；前者投资用外币，而后者投资用本币。另外，在防范应付账款风险时，若企业流动资金充裕，或有其他可以变现的金融资产，则不一定非要从银行借款，也可以利用自身能力购买外汇，这样可能比从银行借款的成本低。

（3）LSI 法。

上例中，我国公司还可以采用 LSI 法消除外汇风险，其操作步骤是：首先，从银行借款（Borrow），即根据外汇市场即期汇率，借入相当于 10 万美元的人民币资金；其次，与银行进行现汇交易（Spot），即把所借人民币在即期市场上卖出，兑换成需要的 10 万美元外汇；最后，提早支付（Lead），即从债权人处获得一定折扣的前提下提前支付货款。从这个程序上来看，应该是 Borrow-Spot-Lead，但由于国际交易中的传统习惯，人们仍把其称为“LSI 法”，而不是叫作“BSL 法”。

BSI 法与 LSI 法在消除应付账款外汇风险时的机制、作用是相同的，只不过 BSI 法最后一步是投资，以此获得利息，而 LSI 法最后一步是提前付款，从债权人处获得一定的折扣。

## （四）交易风险、营运风险和折算风险的管理

### 1. 交易风险的管理

（1）风险转移。

第一，尽可能以本币收付。由于用本币收付不涉及外汇和汇兑，可避免汇率风险，因为不论将来汇率如何变化，公司都可以收到（或付出）确定金额的本币。然而，合同采用本币标价并不能消除交易风险，只不过是把风险从本国公司转移到了外国公司。

第二，收取硬货币，付出软货币。这种做法需要对硬货币和软货币进行认定，如果判断错误，则反而不利，因而带有投机的成分。此外，尽管风险转移这种形式只是一种零和博弈，但在国际商务中很普遍。不过，这种策略成功与否要看公司在该笔交易中的谈判地位，因为交易对方也会试图采取这种策略。

（2）风险对冲。

风险对冲（Exposure Netting），即以同种货币收付。例如，公司出售农用机械产生 1500 万欧元的应收账款，同时，如果公司从欧洲购买原材料，同期又产生了 1000 万欧元的应付账款，那么只需要对应收账款减去应付账款部分的净风险头寸，即 500 万欧元应收账款进行管理，因为有 1000 万欧元的应收

账款和应付账款的折算金额会随汇率的变动相互抵消。

（3）外汇风险分担。

外汇风险分担（Currency Risk Sharing），是指交易双方可以在交易合同中通过一系列安排共担外汇风险。例如，交易双方可以在合同中约定以现在的即期汇率和支付发生时的即期汇率的中间汇率进行结算，汇率变动的风险按一定的比例相互分摊。

（4）提前错后。

提前错后（Leads and Lags），是指通过提前收取以软货币计价的应收账款、推迟收取以硬货币计价的应收账款，或推迟支付以软通货计价的应付账款、提前支付以硬通货计价的应付账款等方法规避交易风险。这种方法的前提条件是对汇率的预测，一旦预测发生重大偏差就会蒙受严重损失，因此含有投机因素。

（5）套期保值。

套期保值（hedging）是当事人为了避免已有的外币资产（债权）或负债（债务）在到期时因汇率的变动而面临风险，因而在外汇市场卖出或买进未来日期办理交割的外汇，使外汇头寸实现平衡的交易。此后，如果汇率变动使原有的外币头寸在到期时发生损失，而其在外汇市场上的交易却产生了收益，从而抵销了损失。同理，如果外汇市场上的交易因汇率变动而出现亏损，则原有的外币头寸反而获利，同样可抵销损失。可见，只要外汇市场上的交易与原有外币头寸由于汇率变动而发生相反的结果，相互间的盈亏就恰好能抵销。套期保值操作一般应遵循以下四项基本原则。①币种相同或相近。当事人在进行套期保值交易时，选择的币种要与已有的外币头寸保持基本一致。如果当事人已有的头寸是港币，那就需要在外汇市场上买卖港币合约。如果外汇市场上没有港币交易，则可以进行美元交易，因为港币汇率是与美元挂钩的。只有贯彻这一原则，才能使已有的头寸与新构建的头寸在面临汇率变动时在币种上形成匹配。②期限相同或相近。当事人在进行套期保值操作时，所持有合约的交割时间与已有头寸的到期时间基本一致，避免因期限错配期间的汇率变动使风险无法得到充分覆盖。③方向相反。当事人在实施套期保值操作时，已有的外币头寸和新持有的头寸在方向上必须相反，亦即无论汇率涨跌，其中必有一个头寸亏损，另一个头寸盈利，从而实现盈亏相抵的目标。④数量相当。当事人在进行套期保值操作时，两个头寸之间在数量上要尽可能相等，即实现完全套期保值。如果数量不等，其差额部分就会成为敞口头寸，面临风险。

2. 营运风险的管理

（1）财务多元化。

财务多元化，是指公司应该在多个国家资本市场上以多种货币筹集资金，由于一些货币汇率的上升往往伴随着其他货币的汇率下跌，不同货币币值的变动对公司盈亏的影响可以相互抵消，从而达到规避营运风险的目的。

（2）营销管理。

如果汇率波动频繁，跨国公司可以重新设计营销策略以降低营运风险。对于跨国公司的国际营销部门而言，如何识别汇率变动的可能影响以及如何通过调整定价和产品策略对营运风险进行管理是其基本职能。

首先，要注重市场选择。跨国公司可以采用产品销售市场分散化方法管理营运风险。其次，要注重定价策略。跨国公司可以通过调整定价策略应对汇率变动的风险，在调整定价策略时必须考虑以下因素。①买方对价格变化的敏感程度。当本币贬值时，本国产品的需求价格弹性越大，出口的销量增长幅度就越大，就越能刺激本国企业降低产品价格，从而进一步增加销量和销售收入。②规模经济。如果企业存在显著的规模效应，那么可以通过降低产品价格扩大需求和产品产量，从而得以利用规模经济降低生产成本。③调整价格的频率。有些企业将价格稳定视为其维持客户基础的重要因素，所以即使在汇率变动时也不经常调整价格；而有些企业则频繁地调整价格，采取更为灵活的定价策略。最后，要注重产品策略。企业还可以通过推出新产品、进行产品更新以及推出系列产品等产品策略应对营运风险。例如，在人民币升值的情况下，中国服装企业可以更新产品的品种，推出新产品，并根据汇率变化重新定价，保证产品在本币升值后仍然有较高的利润率。由于消费者对新产品的价格敏感程度一般低于对旧产品的价格敏感程度，这使企业市场占有率不至于因本币升值而过度降低，如果新产品符合市场需求，市场占有率还有可能上升。

3. 折算风险的管理

对于是否应对折算风险进行管理无论在学术界还是实务界都存在分歧。一方面，折算风险仅仅在做合并报表时产生，而非公司生产经营过程中产生，而且对其采取规避措施有可能增加公司的风险头寸。另一方面，折算风险确确实实影响着公司的股价，而股价又是投资者对经营者业绩考核的重要指标。例如，1996 年 IBM 公司宣布，由于其海外子公司的盈利在汇总到母公司时汇率发生了不利变化，该公司第二季度的每股盈利减少了 0. 25 美元，虽然这只是账面损失而非实际损失，但是导致该公司股价大幅下跌。规避折算风险的方法一般有以下几种。

（1）资产负债管理。

跨国公司可以选择资产和负债的计值货币，使资产承担的汇率风险与负债产生的汇率风险相抵消，这样无论货币升值还是贬值，该公司都不会承担折算风险。

（2）澄清事实。

一些跨国公司认为，折算风险仅仅是账面风险，而非实际经营过程中的风险，因此管理折算风险最好的方法就是向外界澄清事实。例如，菲利浦石油公司就在其年报中明确表示不规避折算风险，因为折算风险并不会对其实际的现金流产生影响。

## 本章思考题

1. 外汇市场的主要特征有哪些？
2. 主要的外汇交易有哪几种类型？
3. 外汇风险管理的方法有哪些？
4. 外汇风险防范有哪几种基本方法？

# 第四章　国际储备

国际储备（International Reserve），是指用于国际支付、调节国际收支和维持本国汇率稳定的货币性资产，只能被一国官方持有。国际储备资产能在一定程度上展现一国的国际地位和竞争优势，为经济的良好发展提供坚实的基础。在国际收支中，需要一国政府或货币当局根据一定时期内本国的国际收支状况和经济发展要求，对国际储备的规模、结构和储备资产的使用进行调整、控制，从而实现储备资产的规模适度化、结构最优化和使用高效化。

## 第一节　国际储备的概念、构成和作用

国际储备资产是经济全球化的产物，随着世界经济和国际贸易的发展，国际储备资产的媒介作用日益加强；同时，在一国维持对外支付力、维持稳定汇率上起着至关重要的作用。因此，全球各国中央银行均会持有一定数额的储备资产。

### 一、国际储备的概念及特征

#### （一）国际储备的概念

国际储备又称为“官方储备”，是指一国货币当局持有的，用于弥补国际收支逆差、维持其货币汇率和对外偿债保证的国际普遍接受的各种流动资产的总称。

广义的国际储备可以划分为自有储备和借入储备。自有储备和借入储备之和称为“国际清偿力”（International Liquidity），主要是指一国的对外支付能力，除了包括自有储备的内容之外，还包括一国政府向国际金融机构或其

他政府临时筹借的资金，它是一国政府所能动用的一切外汇资源的总和，反映了一国货币当局干预外汇市场的总体能力。通常讲的国际储备是狭义的国际储备，即自有储备，其数量多少反映了一国在涉外货币金融领域中的地位。

由此可见，国际清偿力中包含着国际储备，自有储备只是国际清偿力的一部分。借入储备通常包括一国同 IMF 之间的备用信贷、两国之间的互惠信贷、支付协议以及本国商业银行的对外短期可兑换货币资产等。

## （二）国际储备的特征

IMF 认为，储备资产是指实际存在的资产，那些在各种有效协议下产生的债权，如互换安排、信贷额度下可得到的外汇以及通过使用基金组织备用安排而得到的信贷，都不构成现有的债权。因此，要把储备资产从包括储备资产在内的金融资产中明确地区分出来，首先必须把握储备资产的特征。作为储备资产应该具备以下特征。

### 1. 有效控制性

储备资产，是指各国货币当局可以直接且有效控制的资产。从狭义上来讲，货币当局绝对控制的资产仅包括在法律意义上所有权明确归属于货币当局的资产，那些仅凭临时授予的法律权力而获得的资产，就不能视为对资产的有效控制，当然也就不能视为储备资产；但 IMF 认为，所有权并不是有效控制权的唯一条件，所以从广义上来讲，一些在银行自己名下持有的国外资产，如果其交易必须根据货币当局的具体要求或明确批准才能进行，那么这类资产应视为被置于货币当局的直接有效控制之下，即应视为该国的国际储备资产。

### 2. 流动性

作为国际储备的资产必须是货币当局随时都能动用的资产，如货币性黄金、特别提款权以及在 IMF 的储备头寸等。在大部分情况下，持有的外汇同其他资产一样可以随时使用，但各种外汇资产在使用时限制条件不同，如本国中央银行为增加开发资金规模而把暂时闲置的外汇资金投资于世界银行债券，由于该类流动性或变现性都极高，一般都视为储备资产；而用于开发和其他目的的直接长期贷款资产，或使用时或在其他方面受发行者限制的资产，都不能作为储备资产。

3. 自由兑换性和普遍接受性

只有具有可自由兑换性的资产才能充分体现储备资产的国际性，如果缺乏可自由兑换性，储备资产的价值就无法实现，这种储备资产在国际上就不能被普遍接受，也就无法用于弥补国际收支逆差和发挥其他作用。

## 二、国际储备的构成与国际清偿力

国际清偿力实际上是一国自有储备与借入储备的总和。自有储备包括官方直接掌握的黄金、外汇及在 IMF 的储备头寸、特别提款权和其他债权。如表 4-1 所示，借入储备主要包括以下几个方面。

第一，备用信贷。备用信贷是指成员方在国际收支发生困难或预计要发生困难时，同 IMF 签订的一种备用借款协议。该协议签订后，成员方在需要时便可按协议规定的方法提用，无须再办理新的手续。备用信贷协议中规定的借款额度，有时并不被完全使用。有的成员在与 IMF 签订了协议后，甚至根本就不去使用它。凡按规定可随时使用但未使用的部分，计入借入储备。备用信贷协议签订的目的，在于扩展中央银行干预外汇市场的能力和影响力。因为协议的存在，对外汇市场上的交易者和投机者具有一种心理上的作用，它一方面表明了政府干预外汇市场的能力得到增强，另一方面表明了政府干预市场的决心。

第二，互惠信贷与支付协议。互惠信贷与支付协议，是指两国政府签订的使用对方货币的协议，在这种协议下，当签约双方其中一方发生国际收支困难时，可按照协议规定的条件自动使用对方的货币，然后在规定的期限内偿还。这种协议与备用信贷协议的相同之处是：获得的储备资产是借入的，并且是可以随时使用的。两者的区别是：备用信贷协议是多边的，而互惠信贷与支付协议是双边的，所以它不能用于与第三方之间的清算，只能用来解决签约双方的收支差额。

第三，本国商业银行的对外短期可兑换货币资产。本国商业银行的对外短期可兑换货币资产主要是指在离岸金融市场上的资产。这些资产的所有权非政府所有，也非政府所借入，但因具有高流动性和投机性，对政策的反应十分灵敏，所以政府可以通过政策、新闻等手段诱导其流动方向，从而间接达到调节国际收支的目的。因此，这些资产又可称为“诱导性储备资产”。

表 4-1　国际清偿力的构成要素

| 自有储备（国际储备） | 借入储备 | 诱导储备（广义上的借入储备） |
| --- | --- | --- |
| 1. 黄金储备<br>2. 外汇储备<br>3. 在 IMF 的储备头寸<br>4. 在 IMF 的特别提款权 | 1. 备用信贷<br>2. 互惠信贷与支付协议<br>3. 其他类似的安排 | 商业银行的对外短期可兑换货币资产 |

## （一）黄金储备

黄金是世界货币，是最早也是最重要的国际储备资产，尤其是在金本位制度时代，黄金是最理想的国际流通手段和国际储备资产，具备独一无二的内在价值和极强的稳定性，在金融发展史中体现出不可替代的作用。著名“宏观经济学”之父凯恩斯曾经说过：“黄金作为金融市场需求时的储备金，还没有任何其他更好的东西可以替代。”这句话时常在经济金融危机中得到有效验证。例如，在 20 世纪 80 年代初发生拉美债务危机时，巴西等国采用出售黄金储备（Gold Reserve）的方式减轻债务压力；在 1997 年亚洲金融危机时，韩国政府以 225 吨黄金兑换外汇支付贸易缺口；在 2008 年国际金融危机以及欧债危机后，俄罗斯、土耳其等国纷纷增持黄金。

黄金储备，是指一国货币当局持有的作为金融资产的货币性黄金（Monetary Gold）。自 1976 年起，根据 IMF 的《牙买加协议》（*Jamaica Agreement*），黄金同国际货币制度和各国的货币脱钩，黄金不准作为货币制度的基础，也不再用于政府间的国际收支差额清算，但 IMF 仍然将黄金储备列入国际储备统计，部分国家（地区、组织）黄金储备存量见表 4-2。

表 4-2　部分国际官方黄金储备一览（2021 年第四季度）

| 序号 | 国家（地区、组织） | 黄金储备（吨） | 黄金占外汇储备比（%） |
| --- | --- | --- | --- |
| 1 | 美国 | 8133.5 | 66.2 |
| 2 | 德国 | 3359.1 | 66.2 |
| 3 | IMF | 2814.0 | |

续表

| 序号 | 国家（地区、组织） | 黄金储备（吨） | 黄金占外汇储备比（%） |
|---|---|---|---|
| 4 | 意大利 | 2451. 8 | 62. 9 |
| 5 | 法国 | 2436. 5 | 58. 3 |
| 6 | 俄罗斯 | 2298. 5 | 21. 0 |
| 7 | 中国 | 1948. 3 | 3. 3 |
| 8 | 瑞士 | 1040. 0 | 5. 4 |
| 9 | 日本 | 846. 0 | 3. 5 |
| 10 | 印度 | 755. 4 | 7. 2 |
| 11 | 荷兰 | 612. 5 | 55. 7 |
| 12 | 欧洲央行 | 504. 8 | 34. 2 |
| 13 | 土耳其 | 404. 6 | 24. 7 |
| 14 | 哈萨克斯坦 | 385. 3 | 66. 4 |
| 15 | 葡萄牙 | 382. 6 | 70. 0 |
| 16 | 乌兹别克斯坦 | 360. 8 | 60. 4 |
| 17 | 沙特阿拉伯 | 323. 1 | 3. 9 |
| 18 | 英国 | 310. 3 | 9. 6 |
| 19 | 黎巴嫩 | 286. 8 | 47. 3 |
| 20 | 西班牙 | 281. 6 | 17. 7 |

虽然黄金在许多的国际储备中已降为二线储备，但仍是许多国家官方金融战略储备的主体。世界上没有一个国家完全放弃和废除其黄金储备，甚至世界黄金储备的实物量都没有明显变化，一直维持在 10 亿盎司（约合 31035 万吨）。美国、德国、IMF、意大利、法国的黄金储备量居前五位，且黄金占外汇储备比例超过 50%，其中，美国居首位。黄金储备达百吨以上的国家或地区主要集中在欧洲和北美洲，亚洲及非洲国家只占少数；黄金储备不足 10 吨的国家或地区基本上都分布在亚洲、非洲和拉丁美洲。从这一数据可以看出，政治经济实力强大的国家其黄金储备也多，说明黄金储备是国家综合实力的标志。

就我国而言，自 2001 年以来，我国先后五次呈阶梯状增持黄金储备。

2001年12月和2012年12月分别增持341万盎司、321万盎司，至2012年达到1929万盎司，这一持有份额维持了近6年不变。直到2009年4月，我国央行大幅增持1460万盎司至3389万盎司，这一份额一直维持到2015年。2015年6月至2016年10月，我国增加了2473万盎司的黄金储备至5924万盎司。最近一次则是自2018年12月至今的连续增持阶段，截至2019年8月底，央行连续9个月增加黄金储备的持有规模，其间净增持321万盎司的黄金储备。目前，我国的黄金储备规模已达1948.3吨，在世界官方黄金储备规模中排第7位。

### （二）外汇储备

外汇储备（Foreign Exchange Reserves），是指一国官方持有的可随时自由兑换外国货币且在国际储备中占重要地位的金融资产。全球国际储备中的外汇比重在世界经济和国际贸易的不断繁荣与发展下逐年上升，外汇储备币种也有所改变。在第一次世界大战前，英镑是最主要的储备货币；到20世纪30年代，美元崛起，与英镑共享主要储备货币的地位；二战后，英镑的地位在布雷顿森林体系的确立下受到威胁，英国的经济实力被大大削弱，美元成为唯一与黄金直接挂钩的主要货币，美国通过其国际收支逆差，使大量美元流出美国，形成一种世界性货币，其中一部分被各国政府拥有，成为各国的储备货币，由此，美元代替英镑成为主要外汇储备资产；自20世纪70年代以来，由于美元不断爆发危机，美元停止兑换黄金，并不断贬值，加之日本、德国在经济上的崛起，日元和德国马克也跻身于储备货币之列，储备货币的供应开始出现多样化的局面。美元、英镑、德国马克、瑞士法郎、日元等货币在西方国家经济快速发展的背景下加入了外汇储备资产行列，加速了由单一的美元储备转向储备货币多元化格局的形成。目前，虽然美元在各国外汇储备中的比重仍然最大，但其所占份额已逐渐下降，而欧元、日元及其他一些货币的份额在不断增加，储备货币的多样化构成了国际货币体系的一个重大特征。

截至2021年第三季度，美元在全球储备货币中以59.2%的绝对优势继续占据垄断地位，欧元占比20.5%紧随其后，同时人民币国际地位的提高使其已经占到全球储备货币的2.7%，具体数据见表4-3。

由于外汇储备是国际储备的主体，所以就全球而言，外汇储备供给状况直接影响世界贸易和国际经济往来能否顺利进行。供给太少，很多国家将被迫实行外汇管制或采取其他不利于国际经贸活动的措施；供给太多，又会增加世界性通货膨胀的压力。因此，外汇储备的供给如何在总体上保持适量，是国际经济中的一个重要问题。

**表 4-3 1973—2021 年国际货币基金组织成员外汇储备的主要货币构成** 单位：%

| 货种 | 1973 年 | 1980 年 | 1990 年 | 1995 年 | 2000 年 | 2004 年 | 2014 年 | 2021 年 |
|---|---|---|---|---|---|---|---|---|
| 美元 | 84.6 | 68.6 | 50.6 | 59.0 | 70.5 | 65.9 | 60.7 | 59.2 |
| 英镑 | 7.0 | 2.9 | 3.1 | 2.1 | 2.8 | 3.3 | 3.9 | 4.8 |
| 日元 | — | 4.3 | 8.1 | 6.8 | 6.3 | 3.9 | 4.0 | 5.8 |
| 欧元 | — | — | — | — | 18.8 | 24.9 | 24.2 | 20.5 |
| 德国马克 | 5.8 | 14.9 | 17.3 | 15.8 | — | — | — | — |
| 法国法郎 | 1.0 | 1.7 | 2.3 | 2.4 | — | — | — | — |
| 人民币 | — | — | — | — | — | — | — | 2.7 |

### （三）在 IMF 的储备头寸

在 IMF 的储备头寸（Reserve Position），也叫“普通提款权”，是国家外汇储备的一部分。储备头寸，是指一成员国在 IMF 的储备部分提款权余额，再加上向 IMF 提供的可兑换货币贷款余额，是一国在 IMF 的自动提款权，其数额大小主要取决于该成员国在 IMF 认缴的份额，成员国可使用的最高限额为份额的 125%，最低为零。普通提款权一般用于解决成员国的国际收支不平衡问题，但不能用于成员国贸易和非贸易的经常支付。它在 IMF 成员国国际储备资产总额中所占比重较小，主要包括以下内容。

第一，成员国向 IMF 认缴份额中的“储备档货币”，即份额中用黄金、可自由兑换货币认缴的 25%部分。按照规定，这部分份额成员国可以自由提取使用，无须特别批准。

第二，IMF 为满足其他成员的借款需求而用去的本币认缴部分。按照 IMF 的规定，认缴份额的 75%可用本国货币缴纳。IMF 向其他成员提供本国货币的贷款，形成了本国对 IMF 的债权，可随时要求 IMF 偿还，也构成了本国的国际储备。

第三，IMF 向该国借款的净额，也构成该成员对 IMF 的债权，同样地，该国也可以无条件提取用于国际收支逆差的支付。

（四）特别提款权

1. 特别提款权含义

特别提款权是 IMF 创设的一种储备资产和记账单位，亦称“纸黄金”（Paper Gold），是基金组织分配给成员的一种可用资金的权利。成员在发生国际收支逆差时，可用它向基金组织指定的其他成员换取外汇，以偿付国际收支逆差或偿还基金组织的贷款，还可与黄金、自由兑换货币一样充当国际储备，但由于其只是一种记账单位，不是真正货币，使用时必须先兑换成其他货币，不能直接用于贸易或非贸易的支付。SDR 是 IMF 原有的普通提款权以外的一种补充。

从名称上来看，特别提款权指 IMF 分配给成员国的、在原有普通提款权之外的一种可用资金的权利，是相对于普通提款权而言的，同时它不具有内在价值，是 IMF 人为创造的、纯粹账面上的资产；从性质上来看，特别提款权是 IMF 为缓解国际储备资产不足的困难，由 IMF 按份额的一定比例无偿分配给各成员国的，是在 1969 年 9 月第二十四届年会上决定创设的、用以补充原有储备资产不足的一种国际流通手段和新型国际储备资产。

IMF 规定，每 5 年为一个分配特别提款权的基本期。第二十四届年会决定了第一次分配期，即 1970—1972 年发行 95 亿特别提款单位，按成员国的基金份额比例进行分配，份额越大，分配得越多。这次工业国共分得 69. 97 亿特别提款单位，占总额的 73. 65%，其中，美国分得最多，为 22. 94 亿特别提款单位，占总额的 24. 15%。这种分配方法使发展中国家非常不满。

1978 年 10 月 30 日，美元兑主要货币发生了恐慌性暴跌。主要外汇储备持有国均表示，不愿意增持美元资产。随后的 4 年间，IMF 共发行了 120 亿特别提款单位。

2008 年，国际金融危机爆发，美元的地位再次受到冲击和质疑。为了缓解全球金融体系的流动性紧张，同时希望通过将 SDR 分配给以往不曾分得 SDR 的新兴市场国家来更好反映它们的经济地位，IMF 在 2009 年创造了 1826

亿特别提款单位，根据每个成员国在 IMF 的份额分配给各成员国。这是历史上的第三轮 SDR 分配，全球各国持有的 SDR 总额达到了 2041 亿。

2021 年，IMF 理事会批准了规模为 6500 亿美元的新一轮特别提款权普遍分配（约合 4560 亿特别提款权），以增加全球流动性。在本轮分配中，约有 2750 亿美元（约合 1930 亿特别提款权）提供给新兴市场和发展中国家，包括低收入国家，帮助它们应对新冠疫情的影响。

2. SDR 的用途

成员国在分得 SDR 以后，即将其列为本国储备资产，如果发生国际收支逆差即可动用。使用特别提款权时需要通过 IMF，由它指定一个成员国接受特别提款权，并提供可自由使用的货币，主要是美元、欧元、日元和英镑。还可以直接用特别提款权偿付国际货币基金组织的贷款和支付利息费用；成员国之间只要双方同意，也可以直接使用特别提款权提供和偿还贷款，进行赠予，以及用于远期交易和借款担保等各项金融业务。特别提款权的利息开始时较低，1970 年间仅为 1.5%，到 1974 年 6 月提高到 5%，此后特别提款权利率大致是根据“一篮子货币”金融市场短期利率加权平均计算而得，每季度调整一次。2009—2021 年 SDR 利率变化趋势如图 4-1 所示。

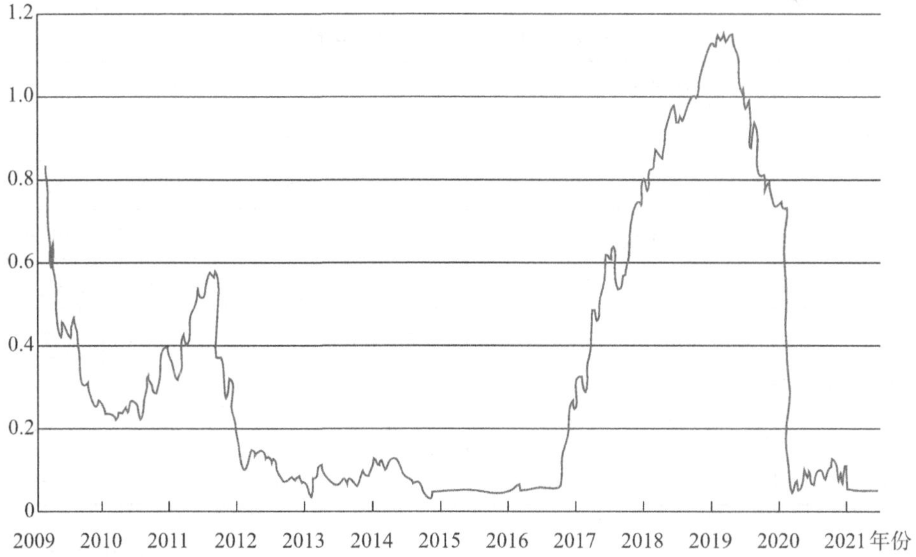


**图 4-1　2009—2021 年 SDR 利率变化趋势**

3. SDR 的定价

创立之初，SDR 以黄金表示其代表的数量，1SDR 的金平价等于当时美元的金平价，即为 0.888671 克黄金，或 35SDR 等于 1 盎司黄金，但不能兑换为黄金，因此被称作“纸黄金”。

随着 20 世纪 70 年代初黄金与国际货币制度的脱钩以及美元币值的不稳定，IMF 采用了一种加权平均的方法确定 SDR 的价值，选择了在过去 5 年中出口贸易占世界出口贸易比重超过 1%的 16 个国家的货币，以 16 国各自对外贸易在 16 国总贸易中的百分比作为权数，分别乘以 16 国货币计算当日（或前一天）在外汇市场上兑美元的比价，求得 SDR 当天的美元价值，然后通过市场汇率，套算 SDR 同其他货币的比价。

1981 年至今，为简化 SDR 的定值方法，扩大其商业应用，SDR 改用世界贸易中 5 个主要国家（美国、德国、日本、英国、法国）的货币来定值，各种货币的权重由这些国家的商品、服务出口总值和基金组织各成员国官方持有这些货币的总额来确定，并规定每 5 年的第一天对各种货币权重修改一次，SDR 的价值每天根据市场汇率确定，1981—2015 年其计算权数变化情况见表 4-4。

**表 4-4　SDR 的计算权数变化情况**　　单位：%

| 年份 | 美元 | 德国马克 | 人民币 | 欧元 | 日元 | 英镑 | 法国法郎 |
|---|---|---|---|---|---|---|---|
| 1981 | 42.0 | 20.0 | — | — | 13.0 | 13.0 | 13.0 |
| 1986 | 42.0 | 19.0 | — | — | 15.0 | 12.0 | 12.0 |
| 1991 | 40.0 | 21.0 | — | — | 17.0 | 11.0 | 11.0 |
| 1996 | 39.0 | 21.0 | — | — | 18.0 | 11.0 | 11.0 |
| 2001 | 45.0 | — | — | 29.0 | 15.0 | 11.0 | — |
| 2006 | 44.0 | — | — | 34.0 | 11.0 | 11.0 | — |
| 2010 | 41.9 | — | — | 37.4 | 11.3 | 9.4 | — |
| 2015 | 41.7 | — | 10.9 | 30.9 | 8.3 | 8.1 | — |

SDR 篮子中的货币必须满足两个标准：出口标准和可自由使用标准。如

果一种货币的发行人是 IMF 成员或包括 IMF 成员在内的货币联盟，并且是世界前五名出口国之一，则该货币符合出口标准。一种货币要被国际货币基金组织确定为“可自由使用”，必须被广泛用于支付国际交易，并在主要外汇市场广泛交易。可自由使用的货币可用于基金金融交易。SDR 篮子每 5 年或必要时进行一次审查，以确保该篮子反映货币在世界贸易和金融体系中的相对重要性，货币篮子中的货币金额在 5 年 SDR 估值期间保持固定，但篮子中货币的实际权重会随着篮子货币之间的交叉汇率变动而波动。

自欧元诞生以后，国际货币基金组织的特别提款权货币选择及其权重的确定做了相应改变，欧元取代德国马克和法国法郎，成为 SDRs 货币篮子中的新币种。2015 年 12 月，国际货币基金组织执行董事会认为人民币符合所有现有标准，自 2016 年 10 月 1 日起，特别提款权的价值由美元、欧元、人民币、日元、英镑这五种货币构成的一篮子货币的当期汇率确定，所占权重分别为 41.73%、30.93%、10.92%、8.33%、8.09%。2021 年 3 月，IMF 执行委员会将 SDR 估值篮子的下一次审查推迟到了 2022 年 7 月 31 日，重置了 SDR 估值审查的 5 年周期。

4. 特别提款权的持有人及其义务

（1）法定持有人和指定持有人。

SDR 法定持有人指国际货币基金组织成员国的各国政府；SDR 指定持有人指国际货币基金组织特别指定可以持有和使用特别提款权的区域性或国际性金融机构，包括国际清算银行、世界银行、开发协会、亚洲开发银行（Asian Development Bank，ADB）和瑞士国民银行等 16 个机构。

（2）持有人义务。

成员国在享有 SDR 提款便利的同时，必须承担两项义务。第一，通过分配获得的 SDR 要支付利息。利率相当于确定 SDRs 价值的主要货币加权平均利率。第二，在 IMF 需要时，按其指定接收 SDR，并兑给相应的货币。一般来说，只有那些在国际收支和国际储备方面地位很高的国家，才会被指定接收 SDR。不过，被指定接收 SDRs 不能超过其累计分配净额的 300%。由于 SDR 的数额是由 IMF 分配额刚性固定的，并且 IMF 只允许每个国家暂时地让其持有的 SDR 下降到分配额的 30%，因此，SDR 作为各国弥补国际收支逆差的手段，其作用是相当有限的。

## 三、国际储备的作用

国际储备的作用，可以从两个层次来理解。第一个层次是从世界范围考察国际储备的作用。国际储备起着促进国际商品流动和推动世界经济与国际贸易发展的作用。第二个层次则是具体到每个国家来考察。对一国而言，国际储备的持有是以牺牲储备资产的生产性运用为代价的。然而，一国持有适度的国际储备又是一种理性的行为，因为持有国际储备会给该国带来一定的收益，其收益主要是通过国际储备的作用体现出来的。

### （一）弥补国际收支差额，维持对外支付能力

当一个国家在国际交易中出现出口减少或因特大自然灾害以及战争等突发情况而造成临时性国际收支逆差，而这部分逆差又无法依靠举借外债来平衡时，各国首选的方法就是动用国际储备弥补此逆差。这样，既可以维护本国国际信誉，又可以避免事后被迫采取诸如限制进口等“削足适履”的措施平衡逆差而影响本国经济的正常发展。此时，运用部分国际储备平衡逆差，会减缓逆差国政府为平衡国际收支而采取的一些剧烈的经济紧缩政策对国内经济产生的负面影响，国际储备在此时可以起到缓冲作用。

### （二）干预外汇市场，稳定本国货币汇率

当本国货币汇率在外汇市场上发生剧烈动荡时，该国政府就可以动用国际储备缓和汇率的波动，或改变其变动的方向。1985 年，西方 7 个工业发达国家建立了对汇率的联合干预机制。该机制的运作基础之一就是持有一定量的国际储备。为此，许多国家还专设了外汇平准基金，以保证干预外汇市场的资金需要。外汇平准基金一般由外汇、黄金和本国货币等构成，当某一时期外汇汇率持续上升、本币汇率持续下跌时，就通过平准基金在外汇市场上卖出外汇，买进本币；反之亦然，以此稳定汇率。由于外汇平准基金并非取之不尽，当一国国际收支发生根本性或长期性失衡，并使汇率持续升跌时，

对平准基金的运用必须谨慎进行。

（三）作为偿还外债的保证

一国拥有的国际储备数量的多少，是一个国家国际清偿力强弱的重要体现。国际储备多，意味着国际清偿力强；国际清偿力强，表明该国向外借款的保证得到加强，同时表明该国金融实力和国际地位的提高。尽管从理论上来讲，一国国际清偿力强就无须向外借款，但由于各种资金用途的不同以及借款者的不同看法，一个国家不管清偿力是强是弱，都会或多或少地向外借款。实际上，一国持有的国际储备尤其是外汇储备的状况，一直是评定一个国家偿债能力和资信的重要指标之一。

（四）提高本币地位，增强国际竞争力

一般来说，一国包括外汇储备在内的国际储备充足，表明该国弥补国际收支逆差、维持汇率稳定的能力强，国际社会对该国货币币值与购买力也充满信心，因此，在外汇市场上愿意持有该国货币，该国货币会走向坚挺成为硬货币，其地位和信誉也得到提高。同时，国际储备作为国家财产，是国际清偿力的象征，一国持有比较充裕的国际储备，意味着有力量左右其货币对外价值，即有力量使其货币汇率升高或下降，由此获取国际竞争优势。如果是中心储备货币国家，那么拥有较充分的国际储备对支持其货币的国际地位至关重要。

## 第二节 国际储备的管理

国际储备管理，是指一国货币当局根据一定时期内本国的货币收支状况和经济发展要求，对国际储备的规模、结构及储备资产的运用等进行计划、调整、控制，以实现储备资产规模适度化、结构最优化、使用高效化的整个过程。一个国家的国际储备管理包括两个方面：一是国际储备规模的管理，以求得适度的储备水平，即国际储备“量”的管理；二是国际储备结构的管理，研究怎样搭配不同种类的资产形式或储备货币，才能使风险最小或收益最大，即国际储备“质”的管理。通过国际储备管理，一方面可以维持一国国际收支的正常进行，另一方面可以提高一国国际储备的使用效率。

早期国际储备理论的一个重要特点是十分强调国际储备的务实功能，即实实在在地用真金白银去满足进口、支付债务和干预外汇市场的需要。在这种观念下，一般认为，适当的外汇储备规模应当满足以下需求：一是在没有任何外汇收入的情况下，现存外汇储备足以支付一定时期的进口；二是在没有任何外汇收入的情况下，足以让当局有能力支付短期债务；三是当汇率出现波动时，有足够的外汇用来干预汇率，使之保持稳定。

金融全球化的迅速发展使传统国际储备管理指导思想发生重大变化。2001 年，国际货币基金组织《国际储备管理指导》指出，国际储备管理目标主要有以下三点：一是有充分的外汇储备达到一系列被定义的目标；二是用谨慎原则管理国际储备的流动性风险、市场风险和信用风险；三是在流动性风险和其他风险的约束条件下，通过将国际储备投资于中长期金融工具而获得一个合理收入。

## 一、国际储备的管理原则

在管理国际储备资产时，通常遵循以下四个原则。

### （一）安全性原则

所谓安全性，是指储备资产本身价值的稳定和存放安全可靠。首先，应考虑这种资产（币种或信用工具）是否安全可靠。如果一种货币资产经常受到冲击并经常处于贬值威胁中，那么这种资产的安全性是较低的，应当减少这种资产。其次，一国在确定储备资产存放的国家和银行、币种、信用工具时，一定要对该国的外汇管理、该银行的资信情况、信用工具的风险程度等做详细了解。一般应将外汇资产投放到外汇管理较宽松的国家、资信卓著的银行、相对稳定的币种、安全的信用工具上去。

### （二）流动性原则

所谓流动性，是指储备资产能随时兑现、灵活调拨的性能。有些学者和货币当局（如英格兰银行）根据流动性将储备资产划分为三个档次。第一，一级储备或流动储备资产，指流动性非常高的资产，即活期存款和短期票据（如 90 天国库券），平均期限为 3 个月。第二，二级储备，指收益率高于一级储备，而流动性低于一级储备但仍然较高的储备资产。如中期国库券，平均期限为 2~5 年。第三，收益率高但流动性低的储备资产。如长期公债和其他信誉良好的债券，平均期限为 4~10 年。至于这三个档次在储备资产中如何具体安排，则视各国的具体情况而定。大体来说，一国应当拥有足够的一级储备来满足国际储备的交易性需求，这部分储备随时可以动用，充当日常干预外汇市场的手段，一旦满足这种交易性需要，货币当局就可以将剩余的储备资产主要在各种二级储备与高收益储备之间进行组合投资，以期在保持一定的流动性条件下获取尽可能高的预期收益率。

黄金、特别提款权和在 IMF 的储备头寸等资产的流动性也各不相同。一般来说，成员国在 IMF 的储备头寸随时可以动用，类似于一级储备。SDR 的使用尽管不附带限制条件，但必须向 IMF 申请，并由 IMF 安排接受 SDR 提供可兑换外汇的国家，这一过程需要一定时间，故可以视为二级储备。此外，黄金的投机性较强，一国货币当局往往只有在被认为是合适的价格水平上才愿意出售，以换取需要的储备货币，因此，黄金可列为高收益、低流动性的储备资产。

一般情况下，各国为保持较高的资产流动性，都持有较多的一级储备，以利于日常的国际支付。另外，各国在安排储备资产特别是外汇资产时，还可以根据对本年度外汇支付的时间、金额、币种的统计，将外汇储备做短、中、长不同期限的投资，以使信用工具的期限与对外支付期限对称，这样既能使储备资产获得较高收益，又能保证本国的对外支付能力。

（三）营利性原则

所谓营利性，是指储备资产在保值的基础上有所收益甚至有较高的收益。一般来说，信用工具的营利性与风险成正比，有的储备货币利率较高，但汇率波动较大，风险较高，如果把储备资产投放于以这种货币标示的金融工具上，那么其结果往往是利率上的收益被汇率上的损失所抵销，损失大于收益。

（四）保值性原则

所谓保值性，是指储备资产能保持原有价值而不致遭受损失的性能。储备货币多元化可以使不同货币汇率的升降相互抵消，在一定程度上避免汇率风险，使外汇储备资产的总体价值不变或少变。另外，尽量使储备货币与进口支付、干预市场使用的货币保持一致，也可在一定程度上避免汇率风险。

要实现国际储备资产管理的安全性、流动性、保值性和营利性原则，需要具备必要的政策保障措施：首先，做好国际金融市场的分析预测，掌握国际资本、国际证券流动趋势；其次，根据历史资料确定本国储备的流动性需求，并随时根据本国经济、对外贸易、资本流动等方面出现的新情况，灵活修订储备指标；最后，对国际储备资产管理实行有效监督和检查。

## 二、国际储备的规模管理

对于一个国家来说，国际储备规模以多大为宜，并没有一个确切的衡量标准。因为在不同的国家，不同的发展阶段，以及不同的情况下对国际储备量的需求不同，所以必须根据具体情况加以具体分析和研究。

从世界角度来说，国际储备主要来源于黄金增量中用作货币性黄金的部分、基金组织分配的特别提款权和储备货币发行国的货币输出。20 世纪80 年代以后，黄金和特别提款权在世界储备总额中所占比重都呈下降趋势，因此储备货币发行国通过其国际收支逆差输出货币是国际储备增长的最主要渠道。之所以出现这样的情况，是因为储备货币发行国和非发行国都从中获取了巨大利益。

从储备货币发行国来看，一方面，储备货币发行国由于其货币发挥着世界货币的作用，在国际货币金融领域中处于当然的支配地位；另一方面，通过输出纸币，储备货币发行国还可获得可观的铸币税收入。所谓铸币税，是指货币发行者凭借其发行特权获得的货币面值与货币成本之间的差额。二战后，美国就是通过其国际收支逆差输出大量美元，不仅确立了美元在国际支付和国际储备中的霸主地位，还以此攫取了高额的铸币税收益。从非储备货币发行国来看，一方面，储备货币从其发行国输出，使它们获得了国际支付手段和国际储备资产，推动了这些国家对外经贸关系的发展，促进了国内经济的繁荣；另一方面，一国国际储备的增加将导致该国货币发行量的增加，国际储备过多还会给一国带来通货膨胀压力。

综合来说，决定一国国际储备适度规模的因素主要如下。

### （一）进口规模

美国经济学家罗伯特·特里芬（Robert Triffin）教授在1960年出版的《黄金与美元危机》一书中，总结了第一次世界大战和第二次世界大战以及第二次世界大战后初期（1950—1957年）世界上三四十个国家的储备状况，并结合考察了外汇管制情况，得出结论：一国国际储备的合理数量，为该国年进口额的20%~50%。实施外汇管制的国家，因政府能有效地控制进口，所以储备可以少一些，但下限为20%；不实施外汇管制的国家，储备应当多一点，但一般不超过50%。对大多数国家来说，保持储备占年进口总额的30%~40%是比较合理的，这一结论被称为“特里芬法则”。

储备是一个存量，进口是一个流量。为克服这一差别，一般采用年进口额这一指标，以其为分母，以储备为分子，采用比例法推算一国的最佳储备量。一般认为，一国持有的国际储备应满足其3个月进口需要，即进口比率法。但这种方法有明显的缺点：第一，它在理论上有缺陷，国际储备作用并非支付进口而是弥补国际收支逆差；第二，各国情况不同，如各国对持有国际储备的好处与付出的代价看法不同，各国在世界经济中所处的地位不同等。但正是由于其简单、易操作，至今仍然是国际储备需求研究中最常用的方法之一。

### （二）外债规模

外债规模管理是指在一定时期内，确定举借外债的数量界限，即适当的外债规模。在一定时期内，如果外债规模增长过快，超过一国对外债的偿付能力和对外资的消化吸收能力，则有可能出现负效益，一方面会增加还债的经济负担，甚至引发偿债危机，从而影响一国对外信誉和筹资融资能力；另一方面会造成外汇资金的闲置与浪费，增加筹资成本和风险。但借款过少，又会使国内一部分生产资源不能及时转化为生产力，从而影响经济发展。因此，确定适度的外债规模是发展中国家有效管理外债的关键，但也是难点之一。

一般而言，外债规模主要受三个方面的因素影响：一是经济增长对外债的需求，二是国际资本市场的可供量，三是本国对外债的承受能力。外债的承受能力是确定外债规模最重要的因素。借款不仅要看需要，更要看可能。因此，加强外债规模的控制，必须通过科学的定性、定量分析，寻找最佳规模。

（三）进出口贸易差额的波动程度

进出口贸易差额的波动程度，即国际收支差额的波动程度，是推算一国最佳储备量时应重点参考的指标，因为其差额反映了资金的双向运动及对储备的实际需求。对一个国家来说，每年的差额是不一样的，有时大有时小，有时顺差有时逆差，即有一个波动的幅度问题，幅度越大，对储备的需求就越大；波动幅度越小，对储备的需求就越小。一般可用经济统计的方法求得或预测一段时期的平均波动幅度，以此作为确定储备需求的参考。

（四）持有储备的机会成本

一国政府的储备，往往以存款的形式存放在外国银行。将获取的储备存放在国外银行虽然会获得利息收入，但可能产生一定的机会成本。例如，如果动用储备进口物资带来的国民经济增长和投资收益率高于国外存款的利息收益率，其差额就构成持有储备的机会成本。又如，持有储备导致国内货币供应量增加，物价上涨，也构成持有储备的一种成本。因此，持有储备的相对机会成本越高，储备的保有量就应越低，即持有储备的机会成本与国际储备需求量之间呈反向关系。在研究分析中，经常将国内长期利率作为持有国际储备的机会成本的代替变量，也有些将进口的资本货物对国内经济增长的贡献率作为其代替变量。

（五）汇率制度

储备需求同汇率制度关系密切。国际储备的作用之一就是干预汇率。如果一国采取的是固定汇率制度，并且政府不愿意经常性地改变汇率水平，那么它就需要持有较多的储备，以应对国际收支可能产生的突发性巨额逆差或外汇市场上突然爆发的大规模投机；反之，一个实行浮动汇率制度的国家，其储备的保有量就可能相对较低。与此相关的是外汇管制情况，实行严厉外汇管制的国家，储备保有量可能相对较低；反之，则较高。

### （六）金融市场的发育程度

发达的金融市场能提供较多的诱导性储备，并且对利率、汇率等调节政策反应比较灵敏。因此，金融市场越发达，政府保有的国际储备就越少；反之，金融市场越落后，调节国际收支对政府自由储备的依赖性就越大。

### （七）国际货币合作情况

如果一国政府同外国货币当局和国际货币金融机构有良好的合作关系，签订了较多的互惠信贷和备用信贷协议，或当国际收支发生逆差时，其他货币当局能协同干预外汇市场，则该国政府对自有储备的需求就较少；反之，该国政府对自有储备的需求就较大。

### （八）国际资金流动情况

传统衡量国际储备数量的主要分析角度是针对经常账户而言的，将国际储备的功能主要视为弥补进出口之间的差额。而在国际资金流动非常突出的情况下，国际储备对国际收支平衡的维持主要体现在抵消国际资金流动的冲击上。由于国际资金流动的规模非常大，因此一国在不能及时有效地利用国际金融市场借入储备的情况下，其自有储备的数量需求会大大增加。但是，国际资金流动条件下的一国储备合理数量尚是一个探讨中的问题。

### （九）国际收支自动调节和政府调节政策的效率

一国在发生国际收支逆差时，其自动调节机制和政府调节政策的效率也影响储备需求。如果自动调节和政府调节政策的效率较低，国际收支的不平衡主要靠该国的国际储备来调节，需要的储备数量自然就高；反之，这些政策的效率越高，储备需求就越低。另外，国际收支逆差的政策调节，往往会改变货币供应量、收入水平、就业水平等，带来调节负担。猛烈的调节还可能导致经济萎缩、失业猛增。因此，承受调节负担的能力以及与之相关的政府采用政策调节的意愿，有时会严重影响一国对储备需求的判断。

总的来说，国际储备适度规模受多方面因素共同影响，并由国际储备需求与供给两个方面的因素共同决定，一国官方按照客观经济发展需要，将储备需求作为主要依据，通过对储备供给的有效调节使国际储备的规模达到适度水平。

## 三、国际储备的结构管理

国际储备的结构管理应遵循流动性、安全性和营利性原则。黄金储备、外汇储备、普通提款权、特别提款权结构管理的目标是确保流动性和收益性的恰当结合。尽管流动性和收益性常常互相排斥，但是根据本国对外经济、对外政治关系及其活动的需要，并结合各种储备资产的收益情况进行权衡，可以做到二者兼顾。布雷顿森林体系崩溃之后，外汇成为各国储备资产的主体，黄金、特别提款权和在 IMF 的储备头寸在国际储备中所占比重较小，且变动幅度不大，国际储备的结构管理主要包括外汇储备的币种结构管理和资产结构管理。

### （一）币种结构管理

储备货币币种结构管理具体是指确定各种储备货币在一国外汇储备额中各自所占的比重。在储备货币多样化的前提下，遵循流动性、安全性、营利性三个原则，主要考虑以下标准。

第一，收“硬”付“软”，尽可能地选择和增加有升值趋势的“硬”货币储备量，减少币值趋于下行的“软”货币储备量，以避免储备货币汇率下降带来的损失。

第二，储备货币币种结构应尽可能与该国国际贸易结构和国际债务结构相匹配。这可以使该国在一定程度上避免汇兑风险，节约交易成本。

第三，储备货币要与干预外汇市场需要的货币保持一致。外汇储备的职能之一就是干预外汇市场，维持汇率稳定。因此，要保持本国货币对某种自由兑换货币的汇率稳定，就必须储备该种货币。

在充分考虑到流动性和安全性的前提下，还要比较各种货币的收益性，由于各种货币的名义收益率、预期通货膨胀率和汇率变动存在差异，因此其实际收益率不同，外汇储备应尽可能以高收益的货币形式持有。

（二）资产结构管理

外汇储备的资产形式主要包括银行存款和证券资产两大类投资工具，资产结构的管理就是实现合理的风险和收益组合。总的来说，各国货币当局作为外汇储备的持有者，整体上是比较保守的投资主体，外汇储备绝大部分投资于具有较低信用风险以及流动性风险的工具，如银行存款和国债，其中政府债务所占比重最大，而股权类产品只占极小比重。

从发展趋势来看，自 20 世纪 70 年代中期开始，各国的储备管理者逐步将外汇储备资产结构多样化，如在外汇储备的美元资产组合中，资产构成不再局限于美国国库券，银行存款也成为一个主要投向。到了 20 世纪八九十年代，各国储备管理者逐渐减少对存款类资产的配置，转而投向其他投资期限更长、收益更高的资产，除传统的国债外，很多国家在外汇储备中逐渐加大了对机构债、企业债的配置力度，一些国家还配置了股权投资。

随着国际储备需求的多样化及其在防范金融风险中的作用日益显现，人们对国际外汇储备的功能又有了新的认识，国际储备管理的问题得到了各国政府前所未有的重视。特别是在金融全球化的背景下，如何充分发挥国际储备在防范金融风险中的作用，并实现国际储备保值增值的管理目标，已成为当前世界各国国际储备管理的重点工作。

## 本章思考题

1. 国际储备包括哪几个部分，国际清偿力与国际储备有何不同？

2. 国际储备管理有哪些原则，影响一国国际储备适度规模的因素有哪些？

3. 简述国际储备的来源和作用。

4. 当国际利率提高，世界主要货币升值时，一国可以怎样进行国际储备保值？

# 第五章　国际金融市场

随着经济全球化和世界一体化的发展，国际资金在全球范围内的流动越发频繁，规模日渐扩大，形成了庞大的国际金融市场（International Financial Market）。国际金融交易超越了地理限制，提高了资本流动的深度和广度，极大地促进了世界经济的发展。

## 第一节　国际金融市场概述

商品与劳务服务的国际性转移、资本的国际性转移、黄金和外汇买卖，甚至是国际货币体系的有序运转都离不开国际金融市场。本节将对国际金融市场的相关概念、分类和发展历程进行整体介绍，这对我们后续深入学习国际金融市场知识是十分必要的。

### 一、国际金融市场的概念与分类

#### （一）国际金融市场的概念

国际金融市场，又称“外部金融市场”（External Financial Market），是为金融资产的交易、国际资金的流动提供跨越国界的场所。仅有本国居民参与交易的金融市场称为“国内金融市场”；允许非居民参与的、具有国际性特征的市场则是国际金融市场，其与国内金融市场的区别是具有国际性，是由国际性的资金借贷、结算、汇兑以及有价证券、黄金外汇的买卖活动组成的市场。

国际金融市场有广义和狭义之分。广义的国际金融市场即传统的国际金融市场，是指进行各种国际金融业务活动的场所，这些业务活动包括资金的借贷、外汇与黄金的买卖。广义的国际金融市场也由此形成了国际货币市场、国际资本市场、外汇市场、黄金市场和衍生品市场。值得注意的是，这几个市场之间是相互联系的，资金借贷往往离不开外汇买卖，外汇买卖又会引起资金的借贷，黄金的买卖也同样离不开外汇买卖市场，同样地，在进行黄金买卖时也会引起资金借贷。

狭义的国际金融市场主要是指国际资金借贷和资金融通的市场，包括国际货币市场和国际资本市场。目前，国际金融业务一般通过国际商业银行或证券机构来完成，因此，此处所指的金融市场也可以是国际上一些跨国银行和证券投资机构云集的国际金融中心（International Financial Center）。目前，世界上主要的国际金融中心可以划分为五个区域：西欧区，主要包括伦敦、苏黎世、巴黎、法兰克福等金融中心，其中，伦敦是世界上历史最悠久、规模最大的国际金融中心；北美洲区，主要有纽约、多伦多、蒙特利尔等金融中心；亚洲区，主要有新加坡、香港和东京等金融中心；中美洲和加勒比地区，主要有开曼群岛和巴拿马等金融中心；中东区，有巴林和科威特等金融中心。

### （二）国际金融市场的分类

1. 按资金融通期限的长短分类

国际货币市场：资金借贷期在 1 年以内（含 1 年）的交易市场，或称“短期资金市场”，资金的流动性较强，包括银行同业拆借市场、回购市场、票据市场、大额可转让定期存单市场和短期债券市场。

国际资本市场：资金借贷期在 1 年以上的中长期信贷或证券发行，或称“长期资金市场”，通常由股票市场、债券市场和投资基金构成。

2. 按经营业务的种类分类

国际资金市场：狭义上的国际资金借贷交易市场，按照借贷期限长短可划分为短期资金市场和中长期资金市场。按照资金借贷方式，可划分为国际信贷市场与国际债券市场（International Bond Markets）。

国际外汇市场：由各类外汇提供者和需求者组成，进行外汇买卖、外汇资金调拨、外汇资金清算等活动的场所，主要的交易方式包括即期交易、远期交易、套利交易、掉期交易等。当前，全球主要的外汇市场有 30 多个，主要分布在亚洲、欧洲、北美洲和大洋洲四个区域，伦敦、纽约、东京是全球最重要的三大外汇市场。伦敦是世界上最大的外汇交易中心，纽约是北美洲最活跃的外汇市场，东京是亚洲最大的外汇市场。

国际证券市场：股票、公司债券、政府债券等有价证券发行和交易的市场、长期资本投资人和需求者之间的有效中介，是金融市场的重要组成部分。

国际黄金市场：从事黄金交易买卖的市场。

3. 按金融资产交割的方式分类

现货市场：现货交易活动及场所的总和，市场上的买卖双方成交后须在若干个交易日内办理交割。

期货市场：按达成的协议交易并按预定日期交割的金融市场，主要交易类型有外国货币期货、利率期货、股指期货和贵金属期货等。

期权市场：投资者进行期权交易的场所，常见的期权交易有外汇、指数、商品期权合约。

4. 按金融活动是否受到金融当局的控制分类

传统国际金融市场，也被称为“在岸国际金融市场”（On Shore Financial Market），以市场所在国货币为交易对象，开展国际信贷和国际债券业务，交易主要发生在市场所在国的居民与非居民之间，并受到市场所在国政府管辖。传统的国际金融市场，一般都是以强大的工业基础、对外贸易和资金实力为后盾，依靠优良的金融服务和较完善的银行制度发展起来的，如二战前的伦敦、纽约、苏黎世、巴黎、法兰克福等均属此种类型的国际金融市场。

新型的国际市场，也称“离岸国际金融市场”（Off Shore Financial Market）或“境外金融市场”（External Financial Market），是指非居民与非居民之间从事离岸货币借贷的市场，其最大的特点是业务活动不受任何国家法律法规的管辖。由于此类业务最早出现在伦敦，而英国是欧洲大陆之外的一个岛国，所以该市场得名“离岸市场”，即离开大陆海岸的市场。离岸国际金融市场是 20 世纪 50 年代以来形成和发展起来的新型国际金融市场，也是目前最主要的国际金融市场。离岸国际金融市场由众多世界各地的金融中心组成，由于这些金融中心离岸金融业务比较集中，也被称为“离岸金融中心”。离岸金融中心主要分为三种类型：伦敦型中心（如伦敦、香港）、纽约型中心（如东京的海外特别账户和新加坡的亚洲货币单位）和避税港型中心（如巴哈马、开曼群岛等）。根据营运特点，离岸金融中心可以分为名义中心和功能中心两类。名义中心纯粹是记载金融交易的场所，不经营具体的金融业务，只从事转账或注册等事务手续，因此亦称为“记账中心”“铜牌中心”（Brass-plate Centers）。许多跨国金融机构，在免税或无监管的城市设立这种“空壳”分支机构，以将其全球性税务负担和成本降至最低。目前，主要的名义中心有开曼、巴哈马、泽西岛、安第列斯群岛、巴林等。功能中心主要指集中诸多外资银行和金融机构，从事具体金融业务的区域或城市，其中又可分为一体化中心和隔离性中心，如表 5-1 所示。前者是指内外投资业务混在一起的一种形式，金融市场同时对居民和非居民开放，英国伦敦和中国香港属于此类。后者只允许非居民参与离岸金融业务，是一种内外分离的形式，典型代表是新加坡和美国的国际银行设施（International Banking Facilities，IBFs），日本于 1986 年 12 月 1 日建立了内外隔离性的离岸金融中心。

**表 5-1　离岸金融中心的划分**

| | | |
|---|---|---|
| 离岸金融中心 | 功能中心 | 一体化中心（英国伦敦、中国香港） |
| | | 隔离性中心（美国、新加坡等） |
| | 名义中心 | 开曼、巴哈马、泽西岛、安第列斯群岛、巴林等 |

国内金融市场、传统的国际金融市场和离岸金融市场三者之间既有联系，又有区别。一方面，三者之间在业务发展上存在延续性和交叉性。传统的国际金融市场是国内金融市场的延伸和发展，而离岸金融市场又是传统的国际金融市场的新发展。目前，许多国际金融中心同时具有国内、在岸和离岸市场三种功能。另一方面，三者在交易主体、交易对象和管制程度上均不相同，其关系如表 5-2 所示。

表 5-2　三类金融市场的区别

| 不同点 | 市场类型 | | |
| --- | --- | --- | --- |
| | 国内金融市场 | 传统的国际金融市场 | 离岸金融市场 |
| 交易主体 | 居民—居民 | 居民—非居民 | 非居民—非居民 |
| 交易对象 | 市场所在地货币 | 市场所在地货币 | 境外货币 |
| 管制程度 | 受管制 | 管制较轻 | 不受管制 |

## 二、国际金融市场的形成与发展

国际金融市场是在生产国际化的基础上，随着国际贸易和国际借贷发展起来的，可以说是商品贸易造就了国际金融市场。从国际结算中心的发展，到工业革命后伦敦金融中心的产生，再到欧洲货币市场的成熟，国际金融市场的形成与发展经历了萌芽、形成和发展三个阶段，历经几个世纪。

### （一）国际金融市场形成与发展历程

1. 国际金融市场的萌芽

国际金融市场萌芽于 15 世纪末，这一时期封建社会逐渐向资本主义社会过渡，人类文明的进程发生明显变化，受重商主义思想的影响，各国都很重视发展海外贸易。由于在交易中携带现金既不方便，又不安全，海外贸易交易的方式便从现金交易转为了同实物经济发展紧密联系的票据结算。在 16 世纪末，产生了以地中海荷兰阿姆斯特丹为中心的国际清算中心，但真正的国际金融市场并未产生。

2. 国际金融市场的形成

18—19 世纪，英国资本主义迅速发展，在海外贸易中掌握了海上霸权，并不断进行海外殖民扩张。之后，工业革命的完成，使英国发展成世界最大的工业强国和资本输出国，为适应资本主义经济增长对资金的需求，世界上第一家股份制商业银行——英格兰银行于 1694 年正式成立，这标志着英国现代银行制度的确立。同时，得益于工业革命的完成，英镑成为当时使用最广泛的国际性货币，伦敦也从国内的工业中心、贸易中心和金融中心，发展成当时整个世界的工业中心、贸易中心和金融中心，在当时就发展成世界最大的国际金融市场，这标志着现代国际金融市场开始形成。

3. 国际金融市场的发展

（1）纽约、苏黎世和伦敦三大国际金融中心“三足鼎立”。

一战结束以后，美国的经济实力迅速增强，超过了英国的工业产值和贸易总额。美元也因此成为国际结算和国际储备的国际性货币，在世界上的地位日益提升。纽约也迅速成为与伦敦并列的重要国际金融中心。1914 年，美国联邦储备委员会成立，巩固了纽约作为重要的国际金融市场的地位。

第二次世界大战以后，英国的经济实力遭到严重削弱，伦敦国际金融中心的地位大大下降。与此同时，美国的经济实力迅速膨胀，以压倒性优势成为资本主义世界经济的新霸主：美国占资本主义世界工业生产的 1/2，出口贸易额的 1/3，黄金储备的 2/3，资本输出总额的 1/3。因此，美元成为最重要的国际结算货币与储备货币。大量的国际借贷和资本筹措集中于纽约，使之成为世界上最大的国际金融市场。

在这一时期，伦敦由于传统和历史的原因，仍然保持了国际金融市场的主导地位，因此与纽约、苏黎世一起，成为并列的三大国际金融市场。美国成为资本主义世界的经济霸主，经济实力不断增强，布雷顿森林体系的确立进一步提升了美元的地位，使纽约成为世界上最大的国际金融市场。同一时期，得益于“永久性中立国”的举措，瑞士免受战争洗礼，经济实力得以保存，瑞士法郎成为西欧国家唯一保持自由兑换的货币，这一优势加速了苏黎世国际金融中心的发展。由此，形成了纽约、苏黎世和伦敦“三足鼎立”的局面。二战后，西欧各国、日本等国也采取了相关措施恢复经济，国际资本流动加快，资本流量增加，伦敦、巴黎、法兰克福、东京的国际金融中心地位也在恢复并提升，国际金融领域开始了新的发展。

（2）欧洲货币市场的形成与发展。

欧洲货币市场的起源是欧洲美元市场，欧洲货币市场的形成是多种因素造成的，冷战和西方主要国家对资本流动的控制促成了欧洲美元市场的出现。20 世纪 60 年代之后，以美元为基准货币的布雷顿森林体系内在矛盾显现，被称为“特里芬难题”，美国持续性出现国际收支逆差使美元大量外流，进一步推进了该市场发展。

冷战时期，美国在朝鲜战争时期冻结了中国在美国的全部资产，苏联及东欧国家便将其国家持有的美元转存美国境外的其他银行，当时主要存放于伦敦的各大商业银行，而英国政府对其采取积极态度，准许伦敦各大商业银行接受境外美元存款和办理美元信贷业务。此时，欧洲美元市场雏形初现。

美元的大量外流促使美国政府为了维持固定汇率制度，采取了一系列的管制措施以限制资本外流。但事与愿违，美国的跨国公司为了逃避这些限制，纷纷把美元资金转移到更安全和更有利可图的西欧各国银行体系内，于是形成了以伦敦为中心的境外美元市场，被称为“欧洲美元市场”。

在欧洲美元市场形成的同时，各国纷纷实行浮动汇率制度，并不同程度地实行了对本国货币的控制，使各国货币相继超出国界，出现了境外马克、境外法国法郎、境外日元、境外荷兰盾等，在伦敦、苏黎世和法兰克福等国际金融中心进行交易。欧洲美元市场逐渐扩大成为能交易众多境外货币的欧洲货币市场。

（3）亚洲货币市场的形成与发展。

20 世纪 60 年代初，美元过剩危机过后，美国加强了对国内银行的存款准备金管理，致使境外美元的存贷成本相对优惠。获得独立不久的新加坡政府为适应国际经济形势的需要，制定了把新加坡发展成一个国际金融中心的经济发展战略。到 1970 年，新加坡共批准 16 家国际大银行在该国设立分支机构，这些机构设立的“亚洲货币账户”与非居民外币存款和放款业务，就是亚洲美元市场的开端。

1973 年，新加坡政府颁布的《所得税修正法》，鼓励外国银行到新加坡开设分支银行，并且放宽了金融管控，采取免存款准备金等措施，巩固了亚洲美元市场的经济基础，扩大了亚洲货币市场。

（4）国际金融市场迎来新发展。

20 世纪 70 年代后，为了节约交易成本，在更广阔的空间获得利润，国际金融市场出现的一些新变革适应了国际金融市场发展的需要，主要包括国际金融市场全球一体化、自由化驱使下的证券交易国际化、金融技术快速发展。同时，各国为国际金融市场的发展创造了完备和宽松的金融环境，完善了相关监督机制，放松了金融管理，推动了国内金融市场和证券市场的国际化，从而加快了国际金融市场一体化进程。

自20世纪80年代以来，各国也开始了融资方式的变革，融资方式证券化趋势也愈演愈烈，各种证券形式的金融资产，如普通债券、与股权相联系的债券、浮动利率债券、欧洲票据融资安排以及货币市场上以证券形式出现的可随时转让的大额存款单等的发展，超过了传统的通过商业银行筹集资金的信贷方式，甚至包括银行贷款也可以在市场上以证券形式进行债权转让。

在日新月异的国际金融市场上，金融衍生品的出现是最核心的变革内容，它不仅提供了更多投资渠道，还提供了更多风险管理工具，如果使用得当，就可以有效规避金融市场上因汇率、利率、股价、物价等因素急剧波动而产生的风险。但是，由于金融衍生品存在“高杠杆”性的特征，它也为国际金融市场带来了高风险性。

### （二）国际金融市场的形成条件

一般来说，国际金融市场的形成必须同时具备外部条件和内部条件。

1. 外部条件

外部条件包括稳定的政治环境、优越的地理位置和现代化的国际通信设施。

（1）稳定的政治环境。

国际金融市场形成与发展的基本前提是稳定的政治环境。如果一国政局不稳定，面临战争威胁，那么资本安全就缺乏保障，投资者就会对该国的投资环境失去信心，使国际资本难以流入，因此难以形成国际金融中心。稳定的政治环境能降低投资者的投资风险，增强投资者投资信心。二战后，西欧各国经历了战争的冲击，经济遭受重创，投资环境恶劣，资金安全缺乏保障。反观政治环境稳定的瑞士，苏黎世当时与纽约、伦敦“三足鼎立”，成为世界金融市场之一。瑞士在国际上也享有“政治中立”的特殊地位，因此成为世界有名的“资金避风港”，吸引了大量游资。政局稳定是国际金融市场形成和发展最重要的因素，纵观当前全球主要的金融中心，美国、日本、英国、新加坡等政治局势稳定，都说明了政治因素在国际金融中心形成的过程中起到了非常重要的作用。

（2）优越的地理位置。

经济学家道格拉斯曾说过，商业中心和城市的形成及发展与一定的地理位置有重要关系。国际金融中心的重要功能就在于它便于进行国际金融及国际贸易活动，这就要求它必须是处在优越的地理位置、交通发达的城市。国际金融中心大多位于大型经济体的交通枢纽和商贸中心，拥有便利的交通条件和旺盛的金融交易需求。伦敦的交通优势是形成国际金融中心的重要条件。20 世纪 40 年代，上海成为远东地区金融服务中心的重要因素，也是其在海运、河运上具有优越的交通条件。另外，随着金融交易全球化的进展加快，跨境、跨时区的金融交易大量增加，这在客观上要求金融中心必须处于适宜的时区内，以便成为全球连续交易的一环。香港国际金融中心的发展正是说明了这一点。在地理位置上，香港是欧、亚、美三大洲交通运输枢纽，并且在时间上填补了伦敦和纽约等金融中心的空隙。

（3）现代化的国际通信设施。

现代化的国际通信设施是国际金融中心形成的基础条件。国际金融市场的业务活动一般都通过跨国银行和金融机构云集的金融中心进行交易，由于交易具有国际性，距离的限制要求必须通过电话、电报、电传、电子计算机网络和邮政设施相互联系。现代化的国际通信设施为货币买卖，融资，票据及有价证券的发行、承购、转让等业务活动提供了便利，缩短了交易时间，加快了信息传递，在很大程度上可以避免信息不对称和信息不完全的问题，促进了国际金融中心的形成与发展。

2. 内部条件

纵观国际金融市场的发展，市场发展活跃的国家往往具有完备发达的金融体系、相关优惠政策和专业化人才。

（1）完备发达的金融体系。

完备发达的金融体系需要具有健全的金融体制、宽松的金融环境。健全的金融体制需要：①具有完善的法律体系；②建立系统、严明、高效并符合国际惯例的金融及经济监管机制；③形成灵活、高效的货币调控机制。这可以为形成金融中心提供稳定的金融环境，为资金安全提供保障，增强投资者的信心。宽松的金融环境要求实行自由外汇制度或放松对外汇金融的管制，灵活调拨资金，在存款准备金、税收、利率等方面的待遇较优惠，非居民参与金融活动不受歧视等。以香港和新加坡国际金融中心为例，香港实行的"不对利息征税"政策和新加坡实行的无准备金政策，较大程度地动员海外资金进入本地金融市场，但宽松的金融政策必须是适度的，否则会物极必反。

金融中心是资金融通的场地，吸引投资者将资金聚集到这里的原因是金融中心具有活跃的金融活动、齐全的金融产品、自由的金融市场以及完备的金融体系，从而使资金使用成本低、效率高，能获得较高回报。因此，大规模的金融业务交易量、数量庞大的金融机构、自由开放的金融市场以及完善的金融市场体系、健全的金融法律体系是一个城市成为金融中心的重要因素。

（2）相关优惠政策。

金融机构往往会选择在一些具有优惠政策的城市建立，现代新兴的离岸金融市场正是依托优惠的政策发展起来的。如巴林、巴哈马、开曼群岛、巴拿马等主要是通过对金融机构征收较低的税率或者免税的金融政策以降低金融机构的经营成本，成为世界的免税天堂而发展成现代国际金融市场的。

（3）专业化人才。

国际化人才是建立国际金融中心必不可少的条件。在国际金融中心的发展中，巨额的资金和完善的机构，都需要人才运作和经营，国际化人才与海外文化的融合性较强，便于开展国际金融业务。因此，金融人力资本的供给，对金融中心的发展是十分重要的。

# 第二节　国际金融市场的构成

国际金融市场的构成可以从不同角度进行划分，国际金融市场也有狭义和广义之分。本节所指的是狭义的国际金融市场，即从事国际资金借贷和融通的市场。狭义的国际金融市场可划分为国际货币市场和国际资本市场，本节主要对以上两个子市场进行介绍。

## 一、国际货币市场

国际货币市场，是指期限在1年及1年以内的短期金融工具交易的市场。国际货币市场的活动具有很强的流动性，可以随时获得现实的货币。国际货币市场的主要业务有同业拆借市场、商业票据市场、银行承兑票据市场等。国际货币市场的参与者主要有商业银行、中央银行、保险公司、金融公司、证券经纪商、工商企业及个人。国际货币市场的利率包括银行同业拆借利率、短期信贷利率、短期证券利率和贴现率等，均为短期利率。与长期利率相比，贴现率、短期信贷利率和银行同业拆借利率等具有灵活多变、波动幅度大的特点。因此，调整贴现率、同业拆借利率等往往是一国调节货币流通、国际收支和汇率的杠杆手段。

### （一）银行短期信贷市场

银行短期信贷市场主要包括国际银行同业间的拆借（Inter-Bank Market）、银行对政府和工商企业提供短期信贷资金。它可以解决临时性短期流动资金不足的难题。

国际银行同业拆借业务，是指商业银行之间相互借贷短期资金的市场，平衡银行在一定时期内的资金余缺。其形成的根本原因在于法定存款准备金制度的实施。银行同业拆借主要有两个交易类型：一是头寸拆借，即轧平头寸，为补足存款准备金或减少超额准备金而进行的短期资金融通活动；二是同业借贷，是指因为临时性或季节性的资金余缺而相互融通调剂，以利于业务经营。同业拆借期限较短，最短为 1 天，最长不超过 1 年。最主要的银行同业拆借利率是伦敦银行同业拆借利率（London Inter-Bank Offered Rate，LIBOR），一些浮动利率的融资工具在发行时，都以该利率作为浮动的依据和参照物。伦敦银行同业拆借利率有两个价：一是贷款利率（Offered Rate），二是存款利率（Bid Rate），两者一般相差 0.25%~0.5%。银行同业拆借通常以批发形式进行，交易形式简便，不需要任何担保或抵押，完全凭借信誉，通过电话、电传、互联网进行。在国际跨境银行业务中，英国仍是最大的交易中心。据伦敦国际金融服务中心统计，截至 2013 年 9 月末，英国占全球跨境借出总余额的份额为 20.7%，其次是美国（14.6%）、德国（8.1%）。

银行短期信贷市场主要包括银行对外国企业的信贷市场和银行同业拆借市场。银行短期信贷业务主要解决外国企业短期资金匮乏的问题，满足其融资的需要，即商业银行为各国政府和外国工商企业提供的短期信贷，一方面吸收工商企业、跨国公司等客户的闲散资金；另一方面对这些客户发放短期贷款。

银行短期信贷使用的利率一般为伦敦银行同业拆借利率再加一个附加利率。从 LIBOR 变化出来的，还有新加坡同业拆借利率（Singapore Inter Bank Offered Rate，SIBOR）、纽约同业拆借利率（New York Inter Bank Offered Rate，NIBOR）、香港同业拆借利率（Hongkong Inter Bank Offered Rate，HIBOR）、上海银行间同业拆借利率（Shanghai Inter Bank Offered Rate，SHIBOR）、欧元银行同业拆借利率（Euro Interbank Offered Rate，EURIBOR），等等。

### （二）贴现市场

贴现市场（Discount Market）是为客户提供短期资金融通，对未到期票据进行贴现的市场。贴现率通常低于银行贷款利率。贴现的种类有贴现、转贴现和再贴现。贴现是当银行购买未到期票据业务时，根据票面金额并扣除自贴现日至票据到期日的利息，从而给予票据持有者的一种资金融通业务。转贴现是贴现银行和其他银行之间的业务。再贴现则是中央银行对商业银行以贴现过的票据作为抵押的一种放贷行为，央行可以通过再贴现调节利率、信用，进而调控宏观金融。

贴现的票据包括国库券、商业票据、公司票据等。通过开展贴现业务，一方面可以及时满足贴现人的资金需求，促进生产的发展；另一方面贴现行可以增加收益，实现信贷资产的多样化，有利于银行的稳健经营。

（三）短期证券市场

短期证券市场是各种短期金融工具发行与交易的市场。主要发达国家的短期证券市场交易十分活跃，其主要证券种类有国库券（Treasury Bills）、商业票据（Commercial Bills）、银行承兑汇票（Bank Acceptance Bills）及大额可转让定期存单（Certificate of Deposit）等。

1. 国库券

国库券是各国政府财政部为筹集季节性资金或进行短期经济和金融调控而发行的短期债券。其信誉高、市场容量大、种类丰富，既是重要的筹资手段，作为公开市场操作的主要对象，也是重要的货币政策工具。国库券发行的主要目的是弥补国库收支不平衡，是一种调节收支平衡的手段，一般是在证券市场上自由买卖。现在，国库券已经成为货币市场上发行量最大、流通量最广的一种证券，广泛地被各金融机构和广大公众所持有。本节所指国库券的期限通常有 91 天（3 个月）和 182 天（6 个月）两种。短期国债一般是不附息国债，即发行时以低于票面金额的方式给予一定的折扣，到期时按照票面金额进行偿还。投资者的收益就是购买价格与到期票面金额的差额。

2. 商业票据

商业票据是非银行金融机构或企业为满足流动资金需求，凭信用发行的、有固定到期日的短期借款票据。从本质上说，它是以出票人本身为付款人的本票，由出票人承诺在一定时间、地点付给收款人一定金额的凭证。商业票据的可靠程度依赖于发行企业的信用程度，目前，商业票据的发行机构一般为实力雄厚的大型机构。商业票据的期限一般为 30~90 天，最长不超过 270 天，且其面额是整数，多数是以 10 万美元为倍数计算的大额票据。该票据一般不附票面利率，采用贴现方式发行，到期按面值还本。商业票据由发行承销人担保，可以转让，其利率水平取决于市场资金供求状况、发行人信誉、银行借贷成本、票据面值和期限等，一般低于商业银行的优惠贷款利率，但高于国库券、银行承兑汇票及大额可转让定期存单利率。

3. 银行承兑汇票

银行承兑汇票，即经银行承诺保证到期兑付款项的商业汇票。在银行承兑汇票中，银行承担了第一付款人的责任，银行承兑汇票的出票人在票据到期日未能足额兑付款项时，承兑银行应当向持票人无条件付款。由于加入了银行信用，其风险性降低、流动性更强。银行承兑票据的期限一般为30~180天，以90天为最多，且面值无限制。该票据除了可以在承兑银行贴现外，还可以在二级市场上买卖。买卖时按面值打一定折扣，买价与面值的差额为持票人的利润。

4. 大额可转让定期存单

大额可转让定期存单是商业银行和金融公司吸收大额定期存款而发给存款人的存款凭证。这种存单不记名，可以在市场上自由出售，期限一般在1~12个月，其中以3~6个月最多。存款单面额较大，面值最低为10万美元，最高达100万美元。存单的利率形式既有固定利率形式也有浮动利率形式。大额存单既可以使投资者获取定期存款利率，又可以随时转让变现，因此很受投资者欢迎。发行大额存单，是银行获取稳定短期资金的重要渠道。它与传统的定期存款相比，主要有以下几点不同：一是不记名，可自由流通；二是金额较大，有最小面值的规定；三是利率形式多样，且通常比同期定期存款利率高；四是不能提前支取，但可在二级市场上流通转让。

## 二、国际资本市场

国际资本市场是以中期或中长期（一般在1年以上）投资为基本特征的国际金融市场。通过资金的借贷及债券发行，可以促进资金在国际上的移动和再分配。按照国际资本市场的利率是中长期利率，有固定利率和浮动利率两种形式。浮动利率的基准利率为伦敦银行同业拆借利率，再加上一个附加利率。在这个市场上，资金借贷的期限较长，大多用于基本建设、固定资产投资和其他较大型项目，与货币市场相比，风险和收益也相应增大。国际资本市场上中长期资金的主要供应者是各种金融机构，如商业银行、储蓄银行、信托公司、投资公司、人寿保险公司、跨国公司和各国中央银行、跨国银行、国际金融组织、私人投资者等；主要的交易对象有股票、债券、国债、中长期票据等。中长期资金的主要需求者是国际金融机构、各国政府和工商企业。国际资本市场的主要作用是：承担一级市场的功能；为已发行证券提供充分流动性的二级市场，即发行证券的流通市场；更广泛地吸引国际资本，提高资本使用效率和跨空间调配速度；降低融资成本，提高资金运作效率。本书根据借贷形式将国际资本市场分为国际信贷市场和国际证券市场。

### （一）国际信贷市场

国际信贷市场是各国政府、国际金融机构和银行业在国际金融市场上为客户提供1年以上资金融通的市场。国际信贷市场由政府贷款、金融组织的贷款和国际商业银行组成。

1. 中长期政府贷款

政府贷款，是指各国政府或官方金融机构利用国家财政资金相互提供的优惠贷款。其基本特征是期限较长、利率低，期限一般为10~20年，最长可以达到30年；年利率一般为1%~3%，有时甚至无息，只收取适量手续费。但是政府贷款大多属于约束性贷款，提供贷款时往往附带一些约束条件，如规定贷款只能用于购买授受国的商品。

2. 中长期银行信贷

银行信贷，即银行贷款是一种无约束贷款，中期期限一般为1~5年，长期贷款为5年以上。一国借款人在国际金融市场上向外国（或地区）银行借入资金以满足资金需求，这种贷款手续比较简便，对于数额较大、期限较长的贷款，一般采用银团贷款（Consortium Loans）。银团贷款或辛迪加贷款（Syndicate Loans）是由一家银行牵头，多个国家的多家银行参加，组成银团，共同提供贷款以分散风险。银团贷款的特点是贷款规模巨大，可以达到几亿美元甚至几十亿美元，期限长，一般为7~10年或10年以上。辛迪加贷款在20世纪80年代上半期因债务危机而一度下降，但自1986年以后逐步好转，并得到迅速发展。

### （二）国际证券市场

国际证券市场，是指有价证券发行和交易的场所，是一切以证券为交易对象的交易关系的总和，包括股票、债券、商品期货、期权、利率期货等证券产品。本书认为国际证券市场主要由国际债券市场和国际股票市场（International Stock Markets）构成。

1. 国际证券的发行与流通

证券的发行和买卖交易是分别通过一级市场与二级市场实现的。一级市场即发行市场，也可以称为“初级流通市场”，是组织国际证券发行和认购的市场。新证券的发行包括从策划到由中介机构承销直至全部由投资者认购完毕的过程。二级市场是国际证券流通的市场，即对已发行的证券进行流通买卖的市场。这两个市场相互联系、相辅相成构成统一的国际证券市场。另外，根据二级市场的结构，它又可以分为场内交易市场和场外交易市场两部分。场内交易市场即证券交易所市场，有固定的交易场所和标准化的买卖规则，在交易所内买卖经批准上市的证券，只有作为交易所会员的经纪人才可以从事交易活动。世界各国证券交易所的组织形式大致分为两类：公司制证券交易所和会员制证券交易所。场外交易市场是相对于场内交易所而言的，是在证券交易所之外进行的证券交易活动，特点是无固定场所，较为分散，规模大小不定，并且场外交易的价格通常是通过协商达成的。美国在 1971 年开发的全美证券商协会自动报价系统（National Association of Securities Dealers Automated Quotation，NASDAQ）就对吸引全球优秀的企业尤其是科技企业到美国上市做出了巨大贡献。

2. 国际债券市场

债券市场是为债券提供发行和交易的场所。债券，是债务人依照法定程序发行的，按照约定的利率支付利息，并在约定的时间偿还本金的一种债务凭证。它反映了筹资人和投资者之间的债权债务关系，也是一种借贷关系。债券具有以下特点。①期限性，到期必须偿还本金，按照种类期限的不同，债券计提利息作为持有债券的收入。②安全性，由于债券的发行者是经信用评估级别较高的企业、政府或与政府有关的相关单位和银行等，并且到期还本且按约定方式交付利息受到法律保护，具有较高的安全性。③流动性，债券可以在较大范围流通，可以随时变现，流动性较高。④收益性，债券的收益性一般高于存款储蓄利率。

债券市场分为一级市场和二级市场。一级市场是债券的发行市场，也可以称为“初级流通市场”，是发行单位初次出售新债券的市场。二级市场是债券的流通市场，是指已发行债券买卖转让的市场。按照发行主体分类，债券可分为政府债券与企业债券。按照募集方式分类，债券可分为公募债券和私募债券。按照偿还期限长短分类，债券可分为短期债券（1 年及 1 年以下）、中期债券（1~5 年）和长期债券（5 年以上）。

在国际资本市场中，国际债券是指一国借款人或国际金融机构，在国外债券市场上（通常是发行市场）发行的，以债券发行市场所在国的货币或第三国货币为标价的债券。国际债券有外国债券和欧洲债券之分。外国债券是发行者在某外国的金融市场上通过该国的金融机构发行的以该国货币为面额并主要由该国居民购买的债券。外国债券是传统的国际金融市场业务，它的特点是债券发行人在一个国家，而债券的发行市场和面值货币属于另一个国家。它的发行必须经发行地所在国政府的批准，并受该国金融法令的管理。在美国发行的外国债券被称为“扬基债券”（Yankee Bond），在日本发行的日元债券被称为“武士债券”（Samurai Bond），在英国发行的英镑债券被称为“猛犬债券”（Bull-dog Bond），在中国发行的人民币债券被称为“熊猫债券”（Panda Bond）。欧洲债券是指一国政府、金融机构和工商企业在国际市场上以可以自由兑换的第三国货币标值并还本付息的债券。其票面金额货币并非发行国家当地货币的债券。欧洲债券不受任何国家资本市场的限制，免扣缴税，其面额可以发行者当地的通货或其他通货为计算单位。对多国公司集团及第三世界政府而言，欧洲债券是它们筹措资金的重要渠道。

3. 国际股票市场

股票市场，也称为“权益市场”，是股票发行和交易的场所。股票，是股份公司为筹措资本而发行的一种所有权凭证，体现所有权关系，本质代表对一定经济利益分配请求权的资本证券，是资本市场上流通的一种重要的有价证券。

股票具有以下特征：①无期性，股票没有还本期限，只要发行公司持续经营，股票就会永久存续下去；②流动性，股票可以在二级市场进行交易，一国证券市场越发达，股票的流动性就会越强；③风险性和收益性，股票的收益与其风险成反比，股票投资者在承担较大风险的同时拥有获得较高收益的机会；④参与性，股票持有者可以享有企业决策的参与权，权力的大小取决于股票持有者股数的多少。

国际股票市场是国际上通过发行股票筹集资金的场所。国际股票具有跨国性，该类股票的发行和交易不止发生在一国内，通常是指外国公司在一个国家的股票市场发行的，以本币或者境外货币为面值，由本国投资人持有的股权凭证。它是国际经济一体化和金融市场发展的必然结果。国际股票市场的主要交易品种除了股票现货以外，还包括股票期货、股票期权、存托凭证等。随着发达股票市场的创新发展，股指期货等衍生产品也应运而生，这些新生产品对国际股票市场来说既是发展机遇也是挑战，因为它们的发展加剧了金融市场的风险。

## 第三节 欧洲货币市场

欧洲货币市场（Euro-currency Market）又称“离岸金融市场”或“境外货币市场”。其前身是欧洲美元市场，有很高的自由度，起源于20世纪50年代，是国际金融市场发展的重要组成部分。

### 一、欧洲货币市场的概念

在了解欧洲货币市场前，需要了解什么是欧洲货币（Euro-currency）。欧洲货币亦称“境外货币”，是指在其发行国以外的国家或地区进行存贷的某种货币，而非特指欧洲某国的货币。由于这种交易方式最早出现在欧洲国际金融中心，并且以美元进行交易，于是就有了欧洲美元的说法。也就是说，欧洲货币实际上是指境外货币，之所以叫欧洲货币，是因为欧洲美元最早起源于欧洲，而且其他一些境外货币的借贷活动也主要集中于欧洲。

欧洲货币市场是非居民之间以银行为中介在某种货币发行国国境之外从事该货币流通、投资、证券发行和借贷等业务的市场。“欧洲”是指“非国内的”“境外的”“离岸的”，本质上是一种业务模式，而并非地理上的意义，是一个较为抽象的概念。譬如，意大利的B银行接受伦敦的A银行的一笔美元存款，又贷放给中国香港的D银行。欧洲货币存贷业务既游离于货币发行机构的管辖权限之外，也不受经营机构所在国际金融市场的约束，开曼、百慕大等国由于免征了相关税收，因此逐渐成为避税型的国际金融市场。目前，伦敦、巴哈马等金融中心是世界有名的欧洲货币市场，而亚洲地区的欧洲货币市场以中国香港和新加坡等金融中心为代表。

## 二、欧洲货币市场的形成与发展

### （一）欧洲货币市场的发展历程

欧洲货币市场的产生与当时的国际形势和经济发展密不可分，冷战局面和西方主要国家对资本流动的控制促成了欧洲美元市场的出现，美国的国际收支持续逆差，使得美元大量外流，境外美元增加，从而为欧洲货币市场的形成和发展提供了可能性。

欧洲货币的产生，始于欧洲美元的出现。第二次世界大战后，美元在世界经济体制中占据主导地位，布雷顿森林体系的建立，使美元一统天下。20世纪50年代初，朝鲜战争爆发，美国在此时期冻结了中国在美国存放的全部资产，为了免受威胁，规避风险，苏联和东欧各国纷纷将其在美国的存款转移到其他境外的银行。同一时期，英国、法国与埃及的战争爆发，美国在国际外汇市场大量抛售英镑，导致英国的国际收支急剧恶化，因此，英国政府加强了外汇管制，限制本国银行对外发放英镑贷款。由于其他国家有意转移在美资产，英国爆发英镑危机，需要大量资金恢复英镑的地位，所以苏联和东欧国家转移的资产大部分进入伦敦各大商业银行，由此形成了经营美元存贷款业务的资金市场——欧洲美元市场。得益于不受美国的管控，也不受英国法律法规的限制，欧洲美元市场快速发展，在20世纪60年代中后期，其借贷活动甚至超出了美元的范围，相继出现了联邦德国境外马克、瑞士境外法郎、英国境外英镑等，人们把这些境外货币统称为“欧洲货币”，把欧洲货币的借贷市场称为“欧洲货币市场”。

（二）欧洲货币市场的发展条件

（1）英镑危机的爆发为欧洲美元的产生提供了契机。

1956年，英、法两国与埃及爆发战争。在苏伊士运河危机中，美国为了实施报复性行为，采取强制措施迫使英国从埃及撤退，大量抛售英镑、阻止英国向IMF借款都是制裁措施。最终，英国加强了外汇管制，限制英格兰银行对外发放英镑贷款，这一措施的目的是维持英国的汇率稳定，但最终，英国的国际收支急剧恶化。为缓解僵局，恢复英镑的地位，英国各大银行转向吸收美元存款，用美元进行放贷，欧洲美元市场由此形成。

（2）美国国内金融法规的管制刺激欧洲货币市场发展。

20世纪50年代，欧洲货币市场的发展，给美国纽约国际金融中心的地位带来了极大威胁，美联储为加强对银行业务的管理，出台了一系列限制资金流动的措施。20世纪60年代初，美联储曾颁布“Q条例”规定商业银行储蓄与定期存款利率的最高限，而这个最高限低于西欧各国美元的存款利率。当时，美国还实施了“利息平衡税”，规定美国居民购买外国在美国发行的证券时，其利息所得一律纳税，美国国内金融机构与大公司纷纷将大量资金转存至欧洲各国。另外，1965年，美国政府颁布了《自愿限制对外贷款指导方针》，对美国的银行和跨国公司的海外贷款实行限制，并设立对外直接投资指导机构，管理美国直接投资。1968年，美国政府又颁布了《国外直接投资法规》，使上述自愿限制变成了强制性限制，这些措施一方面限制了美国银行的对外贷款能力；另一方面促使银行存户纷纷将大量美元移至欧洲，加速了欧洲美元市场的发展，使纽约国际金融中心的地位急剧下降。

（3）欧洲各国实施宽松的货币政策，为欧洲货币市场的发展创造了宽松的政策环境，促使境外欧洲货币大量涌现。

20世纪60年代，西方各国通货膨胀日益严重，国际短期资金充斥。有关当局为缓和通货膨胀，一般采取鼓励持有外币的金融措施，以减少本国的货币流通。因此，瑞士和联邦德国货币当局曾规定对境外存户的瑞士法郎与德国马克存款不仅不付利息，有时甚至要倒收利息，即负利息政策，或强制把新增加的存款转至中央银行予以冻结。跨国公司和银行为逃避这一倒收利息政策带来的损失，并获得瑞士法郎和德国马克升值带来的好处，将手中的瑞士法郎与德国马克存储于瑞士和德国之外的市场，从而促进除欧洲美元之外的其他欧洲货币市场的产生和发展。

（4）石油美元为欧洲货币市场注入资金。

20 世纪 70 年代，两次石油危机使得石油价格大涨。当时，石油输出国因为高价石油获得了大量资金，使得国际收支中经常账户发生了巨额顺差，而国际上交易都是使用美元，因此，输出国国内产生了大量“石油美元”，但当时的石油输出国国内无法吸纳这些巨额收入。同时，石油输入国因为大量购买高价石油导致国际收支持续性逆差，需要进行调节。在这样的局面下，欧洲货币市场发挥了较大的调节作用，石油输出国将收纳的美元存入伦敦的银行，伦敦的银行又将收到的美元存款通过放贷的方式划入石油输入国，由此起到平衡各国国际收支的作用；同时，“石油美元”的回流也扩大了欧洲货币市场。

## 三、欧洲货币市场的特点

作为国际金融市场的主体，欧洲货币市场发展迅速，是一个完全国际化的市场。相比于其他子市场，欧洲货币市场具有以下几个特点。

### （一）业务范围广，中心化特征明显，不受地理限制

“欧洲”一词并不表示其经营的地理范围。欧洲货币市场产生于欧洲，但并不仅限于欧洲，现已扩展到亚洲、北美洲和南美洲等地区，成为一个全球性市场。欧洲货币市场业务广泛，它不同于通常所指的货币市场，既包括短期资金交易，也包括中长期资金交易。虽然欧洲货币市场是一个全球性统一市场，但是存在一些地理中心，中心化特征明显。这些地理中心一般由传统的金融中心城市发展而来，如伦敦、纽约、东京等，它们所在的国家经济发

达，有充足的资金来源，历史上一直是资金的主要交易场所。这些金融中心具有稳定的经济、政治环境，有良好的通信和金融基础，有熟练的金融业经营人才，有官方给予的自由经营条件和优惠措施。自 20 世纪 50 年代后期以来，这些金融中心相继经营欧洲货币的金融业务，成为具有国内金融中心、对外金融中心和欧洲货币中心三重功能的国际金融中心。自 20 世纪 60 年代以来，随着新兴市场国家的崛起，巴哈马、巴林、新加坡、中国香港等若干具有特殊条件的地区形成了新的欧洲货币中心。与老牌国际金融中心不同，这些新型金融中心是利用降低税收、减少管制等一系列优惠措施吸引国际资金在此交易和中转的，从而成为跨国公司、跨国银行的良好避税地。传统的和新型的国际金融中心，在世界范围内大约流通了 2/3 的欧洲货币市场的资金。同时，在欧洲货币市场上存在大量跨国银行，境外货币的调拨不受任何国家的管制，由于交易自由，不受外汇管制的影响，金融工具也在不断创新，根据需要，人们可以灵活地选择借贷方式。

### （二）交易规模巨大，交易品种、币种繁多

欧洲货币市场几乎成为银行同业市场，绝大多数欧洲货币市场上的单笔交易金额都超过了 100 万美元，几亿美元的交易也很普遍。它的资金来自世界各地，数额庞大且可兑换货币繁多，能满足各种不同类型的国家及其银行。在欧洲货币市场上交易的币种除美元、日元、欧元等传统币种外，还包括瑞士法郎、英镑、加拿大元等币种。以发展中国家货币为交易币种的也并不少见，甚至出现了以特别提款权和欧洲货币为标价币种的交易，这些交易使欧洲货币市场与外汇市场的联系非常紧密。

欧洲货币市场上的交易品种繁多，主要有同业拆借、欧洲银行贷款与欧洲债券。欧洲银行贷款既有固定利率贷款，也有浮动利率贷款，期限包括短期、中期、长期。其组织形式主要是辛迪加，或称“银团贷款”。辛迪加贷款是指若干银行组成银团按共同的条件向借款人提供信贷，具有贷款额度大、期限长、参加银行多的特点。欧洲债券发行也常通过辛迪加的承购包销，辛迪加的组成除银行外，还包括证券公司等机构。

### （三）独特的利率结构

欧洲货币市场利率体系的基础是 LIBOR。LIBOR 同各国利率有一定联系，但并不完全相同，它不仅受到各国市场利率的影响，还受到欧洲货币市场的供求关系影响。一般来说，欧洲货币市场上存贷款的利差比各国国内存款利率的利差要小。为什么会存在较小利差呢？首先，其不受法定准备金率的限制，可以减轻银行准备金负担，在欧洲市场上的手续费也会比其他各项服务性费用成本低。其次，激烈的竞争会在一定程度上降低费用；同时，税费负担少，也可以降低融资的成本。

### （四）所受管制较少，可灵活调度资金

在本国货币的借贷中，各国都规定了法定准备金率、存款利率、税收和转账等方面的限制，但欧洲货币市场一般从事的是非居民的境外货币借贷，没有美元存款准备金及利率上限等管制和限制，因此，该市场的交易活动几乎不受管辖，具备宽松的政策环境。

以美元为例，欧洲美元市场的不管制特色使欧洲美元同美元在岸市场相比，具有经营上的成本优势，如表 5-3 所示。

**表 5-3　美元在岸市场和欧洲美元市场的经营成本差异**

| 美元在岸市场 | 欧洲美元市场 |
|---|---|
| 计提法定准备金（M 条款） | 无须提取法定准备金 |
| 存款保险 | 不受存款保险的管制，披露要求较不严格 |
| 信誉调查费用较高 | 信誉调查费用低 |
| 资产负债风险管理 | 浮动利率和期限相结合 |
| 税收 | 不课征预扣税 |
| 每单元贷款管理费用较高 | 放款基本单位大（通常约 60 万美元），人工及管理费低 |

对于银行而言，在欧洲美元市场中，银行的客户主要集中于政府、大银行、大公司，这些对象的信誉度较高，银行为调查信誉付出的成本较少，而放贷资金规模大，也使得单位管理成本较少，浮动利率和期限相结合，银行面临的风险较少，因此，欧洲美元市场的经营成本占有绝对优势。另外，宽

松的政策环境，也降低了经营成本。与美国在岸市场相比，欧洲美元市场的政策条件限制较少，无须提取法定准备金；不受存款保险的管制，披露要求较不严格；不课征预扣税等措施直接使欧洲美市场上的美元借贷经营成本具有绝对性的优势。

管制较少、交易自由的特点，一方面促进了一些国家的经济发展，加速了国际贸易的进程；另一方面自由的交易使金融风险上升，给世界经济带来威胁。对此，国际协调形成的巴塞尔委员会以及由其制定的《巴塞尔协议》显得尤为重要。

## 四、欧洲货币市场的分类

欧洲货币市场可以划分为欧洲信贷市场和欧洲债券市场。

### （一）欧洲信贷市场

1. 欧洲信贷市场的分类

欧洲信贷市场的国际信贷业务可以根据贷款的期限长短将其划分为欧洲货币短期信贷市场和欧洲货币中长期信贷市场。

（1）欧洲货币短期信贷市场。

欧洲货币短期信贷市场主要进行期限在 1 年以内的短期资金借贷。该市场是欧洲货币市场的基础部分，产生时间最早且规模和影响最大，欧洲中长期信贷市场和欧洲债券市场都是在此基础上发展起来的。其特点如下。

①期限短。存贷期限最长不超过 1 年，一般以 1 天、7 天、30 天、90 天居多，因为期限短，所以有利于短期资金余缺的调剂和融通。

②额度大。这个市场属于批发交易市场，通常最小的交易起点为 25 万美元或 50 万美元，一般以 100 万美元为交易单位，金额高的交易则可以达到 1000 万美元，甚至 1 亿美元。由于借贷起点高，市场的参加者多为大银行和大企业，个人或与银行关系生疏的客户很难进入市场。

③借贷条件灵活。借款期限、金额、交易地点等都可由交易双方协商确定，客户可根据需要灵活选择。

④存贷利差小。欧洲货币市场存款利率一般略高于国内市场，而贷款利

率一般略低于国内市场，因而存款、贷款的利差较小，两者之间一般相差0.25%~0.5%。

⑤无须签订协议。短期借贷通常发生于交往密切的银行与企业或银行与银行之间，彼此了解，信贷条件相沿成习，双方均明悉各种条件的内涵与法律责任，不需要签订书面贷款协议，一般通过电讯联系，双方即可确定贷款金额与主要贷款条件。

⑥市场规模代表整个欧洲货币市场容量。欧洲货币市场80%以上的资产和负债不超过1年，因此欧洲货币市场的规模，在很大程度上是指欧洲短期信贷市场的规模。

（2）欧洲货币中长期信贷市场。

欧洲货币中长期信贷市场是期限在1年以上的资金借贷，最长期限可达20年以上，利率采取展期定价的方式计算，视期限的长短、市场资金的供求以及借款人的信誉等情况而定。利率一般在0.375%~2.5%。它是欧洲资本市场的重要组成部分，是在欧洲货币短期信贷市场的基础上，于1973年以后迅速发展起来的。目前，欧洲信贷已经成为国际信贷的主要形式。其主要特点如下。

①联合贷款，即银行团贷，如辛迪加银团，主要由10家以上银行联合起来提供贷款。

②必须签订贷款协议，贷款货币、数量、利息率、资金用途条款、交款地点等内容必须在协议中予以确定。

③利率确定灵活，欧洲货币市场的放贷利率一般是以伦敦银行同业拆借利率为基础，再加上一个加息率得出最终利率。

④部分贷款需要借款方的政府或官方机构出面提供担保。欧洲信贷市场提供的中长期贷款主要有两种形式：一种是由个别大银行提供的，称为“独家银行贷款”；另一种是由国际银团提供的，称为“银团贷款”或“辛迪加贷款”。

2. 欧洲信贷市场的形式

欧洲信贷市场主要有两种形式：期限贷款和转期循环贷款。

期限贷款，是指在约定的期限内，借款人需要按约定逐步提取贷款资金，并在一定宽限期后，逐步偿还本金，也可以选择到期一次性偿还本金。期限贷款的利率可以是固定利率也可以是浮动利率，付息期一般为 3 个月或半年支付一次。

转期循环贷款，是指银行将在一段时间内，连续向借款客户提供一系列短期贷款。例如，双方约定 5 年内，银行为客户提供连续 6 个月的贷款，客户可以在此期限内多次分批提取支用，循环使用。其特点是模糊了短期借款和长期借款的界限，因为新旧贷款首尾相接，旧的贷款到期偿还后，银行自动为客户提供新的贷款，如此一来，首尾相接的一系列短期贷款，实际上形成了可变期限的中期或长期贷款。

无论是期限贷款还是转期循环贷款，在欧洲信贷市场中，对于金额较大、期限较长的贷款，都需要由多家银行组成的银行集团共同承担，以分散风险，这就是我们所说的银团贷款（辛迪加贷款）。

### （二）欧洲债券市场

欧洲债券市场是国际债券市场的重要组成部分，和欧洲中长期信贷市场共同组成了欧洲资本市场，是专门从事欧洲债券发行和买卖的场所。这个市场兴起于 20 世纪 60 年代，是随着西欧各国经济实力的增长发展起来的。其主要参与者是跨国银行、跨国公司、各国政府和金融机构等。

欧洲债券的发行人、发行地以及面值都归属于不同国家，这种债券大部分采用固定利率，约 25% 是浮动利率票据，10%～25% 是股权债券。欧洲债券主要计价货币为美元，另外，还有英镑、日元、德国马克和欧洲货币单位（现为欧元）。

1961 年 2 月，第一笔欧洲美元债券在卢森堡发行；1963 年 1 月，欧洲债券市场正式形成。20 世纪 70 年代后，各国经济发展导致对中长期资金的需求日益增加，以债券形式进行借贷的活动迅速发展，欧洲债券到 20 世纪后半期才得以快速发展。欧洲债券主要包括欧洲美元债券、欧洲瑞士法郎债券和欧洲荷兰盾债券等。

#### 1. 欧洲债券市场的特点

与外国债券市场相比，欧洲债券市场独具特点，具体概括如下。

（1）发行人、发行地及面值属于不同国家。

欧洲债券市场是一种境外债券市场。债券发行人属于一个国家，债券在另一个或另几个国家的金融市场发行，债券的面值则用第三国的货币表示。

（2）自由和灵活。

欧洲债券发行手续自由、灵活，通常采用“出盘”方式，即不用经过申请批准即可发行。债券发行不受任何国家金融法律法规的约束，也无须任何国家官方批准，因此可以回避一些限制，而外国债券市场受到国家官方严格管控和限制。欧洲债券的货币种类、发行方式和发行市场繁多，发行者可以根据自己的需要进行选择。同时，债券发行者也可以根据需要灵活选择债券种类。

（3）市场容量大。

正因为欧洲债券市场以欧洲货币市场为基础，所以资金来源充足，市场容量大。特别是自 20 世纪 70 年代以来，欧洲债券市场的发行规模不断扩大，出现了很多超过 1 亿美元的固定利率债券，而浮动利率债券的发行规模一般都在 2 亿美元以上。2010 年，欧洲债券的发行量达到 19779 亿美元，超过外国债券当年 13219 亿美元的发行额，而在此之后，欧洲债券市场上每年新筹集的资金高达 2000 亿美元。

（4）发行费用和利息成本低。

对发行人而言，欧洲债券发行费用约为债券面值的 2.5%，利息成本也比较低，且不缴纳注册费，因此发行费用低。对投资者而言，债券持有人不需要缴纳利息所得税。此外，它的不记名发行方式可使投资者逃避国内所得税。就美元债券而言，同期欧洲美元债券的利息成本远低于扬基债券的成本。另外，欧洲债券的佣金包含在发行费用中，这部分佣金一般被转让给了投资者，因此，对投资者十分有利。所以，这种债券既可使筹资者以较低的成本筹集资金，又对投资者极具吸引力。

（5）安全性高。

欧洲债券市场的主要参与者是大型跨国公司、金融机构、国家政府机构和国际组织，它们具有较好的信誉度，对于投资者而言投资的信誉风险较低，安全性较高。

（6）流动性较强，容易转手兑现。

欧洲债券市场的二级市场极富活力，持券人可以方便地转让债券取得现金，容易转手兑现。

2. 欧洲债券的种类

（1）固定利率债券（Fixed Rate Bonds）。

固定利率债券也称为“普通债券”，是传统的债券，是指在发行时就确定好利率和到期日的债券。固定利率债券可以平价发行或折价发行。这种债券不考虑市场变化因素，因而筹资成本和投资收益可以事先预计，不确定性较小，但是筹资者和投资者必须承担市场利率波动的风险，如果未来市场功能利率下降，发行人能以更低的利率发行新债券，原来发行的债券成本就显得相对较高，而投资者则获得了相对现行市场利率更高的报酬，原来发行的债券价格将上升；反之，如果未来市场利率上升，新发行债券的成本增大，原来发行的债券成本就显得相对较低，而投资者的报酬则低于购买新债券的收益，原来发行的债券价格将下降。因此，其发行会受到市场利率波动的影响。固定利率债券发行人每半年或 1 年支付一次利息，期限则有长有短，有 3 年、7 年，甚至可以展期至 40 年。

（2）浮动利率债券（Floating Rate Bonds）。

浮动利率债券，即利息可以调整的债券，产生于 1970 年，结合了中期银团贷款和长期欧洲债券的优点，一方面可以为借款人提供期限长于银行团贷的中长期借贷资金；另一方面由于利率可以进行调整，投资者减少了因利率上升而引起资金贬值的风险。这种债券为借贷双方提供了公平躲避利率变动风险的条件。

浮动利率债券一般是根据短期利率的变化每 3 个月或 6 个月调整一次，通常按 LIBOR 或其他公认的利率基准略为上浮。部分浮动利率债券是按日调整的，按年调整利率的债券则比较少见。浮动利率债券的推出，能使投资者免受利率波动带来的损失，因此较具吸引力。

浮动利率债券的期限多为5~15年，但也有期限更长的，甚至出现了没有最终期限的永久性浮动（Perpetual Floater）利率债券。大多数浮动利率债券在进入市场一段时间后，由发行者用借新还旧的方法提前赎回。

（3）附有金融资产认购权的债券（Bonds with Warrants）。

附有金融资产认购权的债券由债券本身及金融资产认购权两部分组成。对于投资者而言，投资该债券不仅可以获得利息收益，而且拥有继续投资的权利；对于债券发行人而言，这种债券利率较低，发行人可借此降低筹资成本。金融资产认购权可以和债券分离，在市场上出售，其价格依市场利率水平而定。若市场利率上升，超过认购权中的既定利率水平，持认购权按既定利率水平投资就不合算，认购权价格就会下跌甚至一文不值；若市场利率降至认购权利率水平以下，认购权价格就会上升，市场利率下降得越多，认购权价格就越高。

（4）零息债券（Zero-Coupon Bonds）。

零息债券是欧洲债券市场于20世纪80年代的创新，是没有票面利率的债券。这种债券发行时按低于票面金额的价格出售，到期按票面金额兑付。发行价格与票面金额的差额，即为投资者所得收益。投资者购买这种债券，可免除利息所得税，从而获得比有息债券更多的收益。

（5）双重货币债券（Dual-Currency Bonds）。

双重货币债券于1983年下半年起在瑞士市场上推行，是欧洲债券市场上日趋活跃的一种新形式。这种债券在发行、付息时采用一种货币，在还本时采用另一种货币，两种货币之间的汇率在发行时就确定了。发行这种债券的最大优点是可以防止创汇货币与借款货币不一致带来的汇率风险。

（6）可转换债券（Convertible Bonds）。

顾名思义，可转换债券中的"可转换"是指可以将债券转换为权益，该类债券兼具股票和债券的特点。可转换债券的持有人可以在指定的日期（一般为6个月），以事先约定的价格将持有的债券转换成发行公司的普通股票，或其他可流通转让的金融工具（如浮动利率票据）等。可转换债券的利率低于其他固定利率债券，因为持有人获得了选择转换的权利。

# 第四节　亚洲货币市场

亚洲货币市场（Asian Currency Market）实际上是欧洲货币市场的进一步扩展和延伸，是欧洲货币市场的一个重要组成部分，是一个于20世纪60年代末期在亚洲和太平洋地区发展起来的区域性离岸金融市场。亚洲货币市场对亚太地区经济的迅速发展起到了积极作用，这是因为它不仅集中了亚太地区的外汇盈余资金，而且集中了大量欧洲货币市场（还包括其他金融中心）的资金，贷给经济增长最快、经济效益最好和资金相对短缺的国家与地区。

## 一、亚洲货币市场的概念及特点

亚洲货币市场，是指亚太地区的银行用境外美元和其他境外货币开展借贷业务形成的市场。与欧洲货币市场类似，亚洲货币市场以同样的方式接受非居民的外国货币存款，是一个为非居民提供外汇交易及资金借贷等各项业务的市场。

亚洲货币市场的发展对亚太地区的资金融通以及全球性国际金融市场的业务扩展都起到了积极作用。

亚洲货币市场的主要特点有：交易额的90%以上是美元，存款净额仅为整个欧洲市场的9%；是以短期借贷为主的市场，实际上是银行同业间市场；在时差上填补欧洲和美洲，成为全球24小时运转的金融服务网；由政府诱导形成；东京已发展成仅次于伦敦和纽约的世界第三大金融中心，世界离岸金融市场“三足鼎立”。

## 二、亚洲货币市场的形成与发展

亚洲货币市场或称“亚洲美元市场”的形成和发展大体经历了三个阶段。

### （一）亚洲货币市场的形成阶段

1968—1970年是亚洲货币市场的形成阶段。亚洲美元及其他境外可自由兑换货币在亚洲早就存在，但作为借贷交易的离岸金融市场是在20世纪60年代末期才形成的。1960年，第一次美元危机爆发后，美国政府采取相关措施，于1963年实行了“利息平衡税”，加强了对国内银行的存款准备金管理，促使境外美元的存贷成本相对优惠，因此，跨国公司偏向于在海外自筹资金，跨国银行对境外美元接待中心的需求越发高涨。获得独立不久的新加坡政府在当时推行了“门户开放”政策，适应了建立亚洲美元交易中心的需求。1968年，美洲银行新加坡分行首先设立了“亚洲货币单位”的账户，该账户针对非居民办理外币存放业务而设立；到1970年，新加坡共批准16家国际大银行在该国设立分支机构，这些机构设立的“亚洲货币单位”的账户与非居民外币存款和放款业务，就是亚洲货币市场的开端。

### （二）亚洲货币市场的巩固阶段

1971—1975年是亚洲货币市场的巩固阶段。在该阶段，新加坡采取了四个主要措施：①进行经济立法；②建立管理机制；③放宽金融政策；④开放二级市场。对亚洲货币单位的外币存款免缴存款准备金以及颁布《所得税修正法》等措施，都对初现雏形的亚洲货币市场起到了加持作用。《所得税修正法》把外币经营所得税率从原来的40%降为10%，鼓励外国银行到新加坡设立分支机构。新加坡金融管理当局还放宽了对外国金融机构亚洲美元业务的管制，规定对亚洲美元存款免缴存款准备金，并允许本地公司和居民在亚洲货币账户上开立外币账户，巩固了亚洲美元市场的经济基础。

### （三）亚洲货币市场的稳健发展阶段

由于亚洲货币市场的活而不乱，新加坡、中国香港等地都从中获得了不少好处。亚洲货币市场的发展大大扩展了新加坡、中国香港等地的国际金融业务。对于新加坡的亚洲美元市场而言，其美元资产由1968年的3000万美元增加到1987年底的2174亿美元，美元资产的年增长率达到90%。经营亚洲美元的外国银行有121家、外国证券公司有54家。在世界最大的50家银行中，在新加坡设有分行或子公司的有40家，新加坡形成了亚洲货币市场的中心。与新加坡相比，1970—1975年，中国香港的亚洲货币市场发展略显低迷。

1970 年，中国香港的外币存款比新加坡多 2 倍多；1975 年，虽然新增存款使中国香港的外币存款总额增加到 66.3 亿美元，但只是新加坡的 1/2。新加坡政府放宽了限制条件，吸引了外国银行进入国内市场，并在 1982 年取消对外币存款征收 15%的利息预扣税。与新加坡相比，中国香港只是在安排国际银团贷款方面略胜一筹。

## 三、亚洲货币市场得以形成和迅速发展的原因

亚洲货币市场的形成和快速发展，原因是多方面的。

### （一）优越的地理位置

亚洲货币市场处于美国西海岸与欧洲中间，开辟亚洲货币市场，可以弥补欧洲和美洲的时差，形成全球 24 小时运转的金融服务网。新加坡上午开市后，可与远东的香港、东京和悉尼等市场交易，下午收市前，可与刚开市的欧洲货币市场中心伦敦及其他欧洲金融市场交易。

### （二）生产和资本国际化进一步发展

从 20 世纪 60 年代后半期起，跨国公司的战略重点向发展中国家转移，大量外资进入当时处于经济开发阶段的东南亚国家。1967 年，外国在亚洲的直接投资近 81 亿美元，1977 年达到 240 亿美元。随着外国直接投资的迅速增长，亚洲各国生产国际化的程度也大大提高，对资金的需求也急剧增加，因而国际资金借贷活动日趋扩大。正是在这种背景下，美洲银行筹划建立一个境外美元借贷中心，于是亚洲货币市场应运而生。从这一意义上来说，亚洲货币市场是生产和资本国际化进一步发展的产物。

### （三）对外资银行实行优惠的鼓励性政策

亚洲货币市场的形成还与亚洲一些国家和地区实行的鼓励性政策措施有重要关系，以新加坡最为典型。新加坡独立后，鉴于本国没有雄厚的资源与强大的经济实力作为依托，便制定了发展金融业、带动经济贸易发展的经济战略，诸如，允许外国银行在当地的分行经营对非居民的存放款业务，废止非居民外币存款的利息税，取消外币存款预交存款准备金，经营境外货币业

务的所得税从40%降到10%，允许新加坡居民投资亚洲货币市场，取消外汇管制等。这些政策措施的出台，使新加坡市场具备了大体上相当于欧洲货币市场业务经营的条件，再加上大力改善基础设施，吸引了大量国际资金和跨国公司进入，从而推动了亚洲货币市场的发展。

（四）美国实施限制资金外流的政策措施

20世纪60年代后，美国实施限制资金外流的政策措施，促使其在亚洲的跨国公司将资金存放在亚洲地区的银行，以便随时调用，使得亚洲货币市场得以形成。

## 四、亚洲货币市场的经营活动

亚洲货币市场的经营活动与欧洲货币市场类似，具体也可划分为信贷市场和资本市场。信贷市场主要包括短期资金市场和中长期资金市场；而在资本市场中，主要是亚洲债券。亚洲货币市场的资金来源主要有：银行同业存款、各国中央银行和政府机构存款、跨国公司调拨资金头寸和闲置资金、亚太地区的工商企业存款以及私人存款。其中，银行同业存款占最大比重，大约在75%，存款主要来自欧洲货币市场的跨国银行。

短期资金市场是指期限在1年以内的境外货币借贷市场。1980年，新加坡欧洲货币市场543.9亿美元的存款总额中，期限在1年以下的占94.7%；在放贷资产中，期限在1年以内的也占80.2%。因此，亚洲货币市场基本上是一个短期资金的借贷市场。中长期资金市场是指借贷期限在1年以上的境外货币借贷市场。

亚洲债券的发行者主要是亚太地区的银行、企业和各国政府。自20世纪70年代以来，世界银行、亚洲开发银行、非洲开发银行也进入这一市场筹措资金。亚洲债券的购买者主要是世界各国的中央银行、商业银行、企业、投资公司、年金机构以及个人投资者。1971年，亚洲美元债券创设之初，发行者多采用固定利率。自20世纪80年代以来，由于通货膨胀率和利率波动引发的风险难以确定，浮动利率为越来越多的筹集者和投资者所接受。

# 第五节　国际金融创新

国际金融创新（Finance Innovation）主要体现在新的金融工具、新的交易技术、新的组织机构与市场的创造。国际金融创新使国际金融市场发生了深刻变革，不仅交易方式更加灵活，交易工具也更加丰富，但是国际金融创新伴随着剧烈的市场价格变动，金融市场的交易风险对全球金融体系的稳定造成了一定冲击，金融领域也发生了新的“变革”。

## 一、国际金融创新概述

自20世纪70年代以来，浮动汇率制度问世，债务违约事件时有发生，国际金融活动中面临着越来越突出的汇率风险和信用风险，国际上掀起了金融自由化改革和金融创新的浪潮。而作为金融改革和创新实践的指导思路与理论总结，金融创新理论也随着金融创新的实践不断有新的发展，金融创新被人们赋予了越来越丰富的内涵。

### （一）国际金融创新的内涵

金融创新是各种金融因素重新组合的过程，也可以说是金融机构或金融管理当局为适应经济环境的变化，出于对宏观效益和微观利益的考虑对金融产品、金融技术、金融市场、金融制度等方面进行创造性变革和开发的过程。

狭义的国际金融创新指的是金融工具的创新，广义的国际金融创新可以包括新的金融市场、新的金融工具和融资技术、新的金融交易过程和交易方式，以及新的组织机构和新的管理方法等。金融工具的创新是国际金融创新的核心，也是其他金融创新的基础。在股票、债券、基金等数量相当有限的基础上，一系列崭新的衍生金融工具不断问世。

根据著名经济学家约瑟夫·熊彼特提出的“创新”概念，可以将国际金融创新分为以下几类。

1. 金融产品创新

金融产品创新，是指金融业在社会经济和经济体制发展变革中，适时地创新金融工具，比如，在其现象、安全性、流动性等方面具有新特征的有价证券、汇票和金融期货等交易产品。

2. 金融技术创新

金融技术创新，是指为规避风险、提高交易速度引入的新的资金营运和管理技术。其主要表现为互联网平台、计算机技术与新兴金融分析理论的广泛应用和融资方式优化组合。

3. 金融市场创新

金融市场创新，是指通过金融产品和金融技术的创新积极扩展金融业务范围，创造新的金融市场，如欧洲股票市场。

4. 金融制度创新

金融制度创新，是指各国金融当局调整金融政策、放松金融管制、改革金融监管制度和金融业治理结构等导致的金融创新活动，如建立新的组织机构、推进金融自由化等。

### （二）国际金融创新的类型

1986 年 4 月，国际清算银行在一份综合报告中将名目繁多的金融创新归纳为四种类型。

1. 风险转移型

风险转移型，是指能在各经济机构之间相互转移金融工具内在风险的各种创新，如期货交易、期权交易、互换交易、远期利率协议等。

2. 增加流动性型

增加流动性型，是指能使原有金融工具提高流动性的各种创新，如长期贷款的证券化、住房抵押支持证券（RMBS）、债务抵押证券（CDO）。另外，还包括创造出本身流动性就很高的新金融工具，如大额可转让存单（CDs）等。

3. 信用创造型

信用创造型，是指能使借款人的信贷资金来源更广泛，或者使借款人从传统的信用资金来源转向新的来源，如 NIFs，实际是用短期信用实现中期信用，并且分散了投资者独家承担贷款的风险，从而使资金需求者的信用资金来源更广泛，更稳定。此外，还有零息债券、垃圾债券等。

4. 股权创造型

股权创造型，是指能使各类经济机构的股权来源更广泛的各种创新，如可转换债券或附有股权认购书的债券等，能使金融工具由债权变为股权。

（三）国际金融创新的诱因

1. 技术进步诱发金融创新

学界认为，技术进步是促成金融创新的主要原因。以电子计算机为代表的电讯、信息处理等信息技术的飞速发展，是金融创新的主要原因。远程通信技术、计算机技术、互联网和电子商务等在金融领域的广泛应用，推动了金融领域的电子化和信息化，缩短了交易时间，扩展了交易空间，降低了交易成本，提高了金融市场的交易效率和管理者的管理效率。

2. 约束诱发金融创新

此处的“约束”是指对金融交易者的外部约束和金融企业的内部约束。外部约束，是指由于投资者受到自身支付能力的限制，愿意承担的金融服务成本与自身支付能力不匹配，由此受到一定约束。内部约束，是指来自金融企业自身指定的流动资产比率、资产收益率、增长率等目标。这些约束对企业来说主要来自政府当局的金融政策和法规管制，由于金融企业需要追求利润最大化，为规避政策风险，增加经营利润，金融企业会采取措施，挖掘“漏洞”，由此诱发金融创新。

3. 金融风险诱发金融创新

随着浮动汇率制度的建立与运行，汇率频繁波动，利率起伏不定，这使市场风险增加。为了防范汇率风险和利率风险，各种保值工具应运而生，如浮动利率票据、外汇期货等。

4. 金融管制诱发金融创新

各国货币当局普遍采取一些金融管制措施以维护本国货币政策的实施，为此，银行创造了一系列反管制的金融技术，如欧洲货币、欧洲债券等创新。20 世纪 80 年代后期，随着银行经营风险的增加，各国金融当局普遍要求银行保持必要的资本充足性比率，这就促使银行通过无须与资本挂钩的表外业务赚取利润，金融期权和期货等创新得到了较快发展。

## 二、金融衍生工具

金融工具的创新是国际金融创新的核心。在现有金融工具的基础上，一系列金融衍生工具（Financial Derivatives）不断问世，它们的出现对国际金融活动和金融市场的发展产生了重大而深远的影响。

### （一）金融衍生工具的概念

金融衍生工具，亦称“衍生金融资产”或“金融衍生品”，是在基础金融工具（包括债券、外汇、股票等原生工具）的基础上派生的，以杠杆和信用交易为特征的金融工具。其价格主要取决于基础工具的价格及其变化，在多数情况下表现为一个或多个双边合约组合的形式。

世界上第一个有形金融衍生交易市场诞生于 1972 年 5 月。当时，美国芝加哥商品交易所（CME）设立了国际货币市场（IMM）分部。此后，世界上许多国家和地区纷纷推出自己的金融衍生工具，金融衍生工具的种类越发丰富。例如，20 世纪 80 年代，诞生了货币期货合约期权、股票指数合约期权、欧洲美元期权、复合期权等；90 年代，出现了杠杆价差票据、灾害保险期权和期货、消费信贷证券化、通货膨胀指数化的长期国债等。金融衍生工具的发展使国际金融市场发生了深刻变革，它不仅增强了资产的流动性、发挥交易双方的比较优势和套期保值，也为投机开了方便之门，并在金融基础工具对实质经济“一次虚拟”的基础上，对实质经济进行了“二次虚拟”。

金融衍生工具种类繁多，且在不断发展，对其的分类方法也有多种。按交易方式分类，金融衍生工具可以分为交易所交易和柜台交易；按依靠的基础资产分类，金融衍生工具可以分为利率类、汇率类、股指类和商品类；按交易的性质分类，金融衍生工具可以分为远期类和期权类；等等。

### （二）金融衍生工具的特点

金融衍生工具作为 20 世纪金融创新的最重要成果，具有与传统金融工具完全不同的特点。

1. 金融衍生工具具有联动性

金融衍生工具价值受制于基础工具的价值变动。从定义上可以看出，金融衍生工具是建立在相应的金融基础工具之上的，金融衍生工具的价值取决于金融基础工具的价值变动。能够影响金融衍生工具的基础价格包括：商品价格、汇率、利率、股票价格或股票指数。当股票指数发生变化时，股票指数合约期权的价格会受到股票指数变化的影响。

2. 金融衍生工具具有杠杆性

金融衍生工具在交易时一般只需要缴存一定比例的押金或保证金，就可以得到相关资产的经营权和管理权，杠杆特征十分突出。在实际交易中，交易者能以较少的资金成本获得较多的投资，从而提高投资收益，达到“以小博大”的目的。

但是，这种交易也会带来较高风险，一旦决策失误，损失就会成倍放大。例如，金融期货交易时，只要缴纳一定数量的保证金，就可以进行几十倍、上百倍金额的交易；金融期权买方只需要付出很小的期权费，就可以获得相应金额的买入或卖出选择权。这类交易可以用于套期保值，参与者只需要动用少量的资金，就可以达到目的；也可以用于金融投机，参与者在承担高风险的情况下，获得了取得高收益的可能性。

3. 金融衍生工具具有高风险性

虽然金融衍生工具最初是为了规避风险产生的，但它也加大了市场价格变动的剧烈程度，给国际金融市场带来了动荡。金融衍生品内在杠杆作用的两面性决定了衍生工具的高风险性，金融衍生交易无疑成为国际金融市场最具风险的交易，其高风险性主要表现为信用风险、操作风险和价格风险等。自20世纪90年代以来，金融衍生工具引发了一系列金融动荡。1994年，美国加利福尼亚州奥兰治县政府，从事利率期货交易，亏损17亿美元，最终申请破产；1995年，巴林银行在参与日本东京股票指数期货时，如果该银行新加坡分行交易员尼克·利森的预期准确，那么巴林银行在1995年会继1994年之后获得巨额的收益，然而，利森交易失败，由此造成的巨额亏损搞垮了这家历史悠久的银行。

4. 金融衍生工具交易活动具有特殊性

一方面，交易活动集中，金融衍生工具交易主要集中在大型投资银行等机构进行。如在美国，3000 多家金融机构中只有 300 多家从事金融衍生品交易，而且其中 10 家大型机构占了交易量的 90%。另一方面，大量的交易活动是通过场外交易的方式进行的，用户主要通过投资银行作为中介参与衍生品交易，大量的产品交易是非标准化的。

## 三、主要金融衍生工具

### （一）金融期权

20 世纪 70 年代和 80 年代初期，金融期权交易是国际金融市场创新与发展的代表性产品之一，金融期权也常常被看作风险市场。

1. 金融期权的概念

金融期权是一种选择权的交易，换句话说，金融期权是由买卖双方订立合约，并在合约中规定，由买方向卖方支付一定数额的期权费（权利金、保险费）后，即赋予了买方在规定时间内按协议价格（敲定价格、执行价格）购买或出售一定数量的某种金融资产的权利。金融期权包括场内交易期权和场外交易期权，如图 5-1 所示。

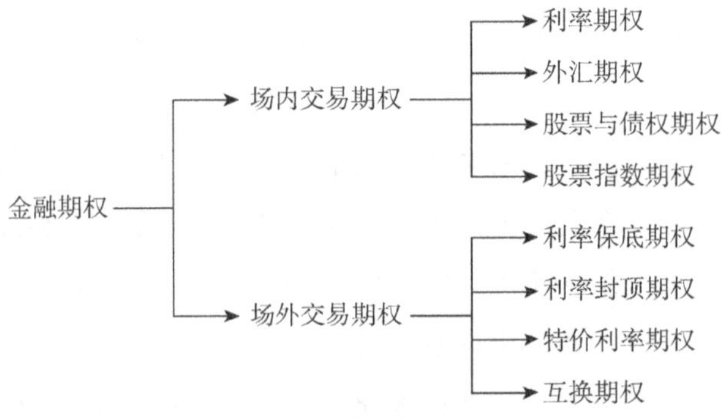


**图 5-1　金融期权的分类**

对期权买方来说，合约赋予的只有权利而无义务，在合约有效期内，期权买方既可以到期行使这个权利，也可以放弃而不执行这个权利，而期权买方行使权利与否，完全取决于该金融资产（标的物）的市场价格。当市场价格对期权买方有利时，可执行合约，按合约中事先约定的价格买入或卖出金融资产；反之，可放弃该项权利。对期权卖方来说，合约赋予的只是义务而无权利，即如果期权买方决定行使期权，其就有义务按合约条件履约，其履行义务的报酬，就是期权买方付给其的期权费。

期权交易已有较长的历史。期权的早期形态可以追溯到2000多年前的古希腊时期，为了保证运输，商人往往支付一笔保证金，以获得一定的舱位。18世纪和19世纪，欧美相继出现比较有组织的选择权交易，交易标的物以农产品为主。20世纪20年代，纽约出现了期权的场外交易市场，并出现了经纪人。1973年4月，CME成立了世界上第一个选择权交易所（Chicago Board of Options Exchange，CBOE）。市场成立初期，仅进行股票选择权的交易。之后，期权交易以相当快的速度成长，不但各主要工业化国家纷纷建立期权交易市场，而且各期货交易所陆续推出各种标的物的期权交易，现已发展到各种有关金融工具，如债券、股票、货币、黄金、指数和各种期货期权。

本书主要介绍金融期权中的外汇期权（Foreign Exchange Option）。

2. 外汇期权

（1）外汇期权的基本概念。

外汇期权，又称“货币期权”（Currency Option）或“外币期权”，是指在合同规定的日期或期限内，按照事先约定的汇率购买或出售一定数量货币的权利。

1982年12月，美国费城股票交易所首次开始了英镑期权和联邦德国马克期权的交易，并获得了美国证券交易委员会的批准，这标志着外汇期权交易成为一种正式的金融保值与投资工具进入市场。随后芝加哥、伦敦等交易所也开展了外汇期权交易。20世纪80年代后半期，国际外汇市场上的大银行也应其客户的要求将外汇期权交易纳入营业范围。从此，外汇期权开始进入以银行为主体的外汇市场体系，成为外汇银行的一项主要业务。

通常，外汇期权合同涉及的概念有以下几个。

①合同签署人，出售期权合同的一方。合同签署人在期权合同的买方要求行使权利时，负有履约的义务。

②合同持有人，购买期权的一方。合同持有人拥有履行或不履行合同的选择权。

③到期日，是指期权合同的有效期限。超过这一日期，期权合同失效。

④协定价格或敲定价格，是指买卖双方约定的，在未来某一时间买进或卖出一定数量货币的价格。

⑤期权费或期权价格，是指期权买方支付给期权卖方行使选择权的费用，也称“保险费”或“权利金”。期权费通常受到即期汇率、协定价格、本国利率、外国利率、到期时间和汇率波动率等因素的影响。

（2）外汇期权的分类。

①按行使期权的时间划分为欧式期权（European Option）和美式期权（American Option）。

欧式期权，是指只有在到期日才能行使的期权。

美式期权，是指在到期日之前都可以行使的期权。美式期权较欧式期权更灵活，故其期权费较高。

②按期权合约中赋予买方的权利划分为买权（Call Option）和卖权（Put Option）。

买权，是指期权的买方拥有按协定汇率买入一定数量的某种货币的权利。期权的买方一般是在预测某种货币汇率将要上涨或已呈上涨趋势时买入该货币的买权，所以买权也称“看涨期权”。采取这种方式者多为进口商、借用外资的债务人。

卖权，是指期权的买方拥有按协定汇率卖出一定数量的某种货币的权利。期权的买方一般是在预测某种货币汇率将要下跌或已呈下跌趋势时买入该货币的卖权，所以卖权也称“看跌期权”。采取这种方式者多为出口商、对国外短期投资者。

③按交易场所不同划分为场内期权（Exchange Traded Option）和场外期权（Over The Counter，OTC）。

场内期权，又称为“交易所期权”，是指在集中性的金融期货市场或金融期权市场进行的标准化金融期权合约交易。

场外期权，称为“柜台交易”，其产生早于交易所期权，是指在非集中性的交易场所进行的非标准化的金融期权合约的交易。场外期权通过电子通信网络进行交易，交易比较灵活，可以协商，根据客户要求对期权进行特制。场外期权合同金额一般在上百万美元，因而只对大公司开放。

（3）外汇期权的特点。

①外汇期权形式多样。

外汇期权既有场外交易期权（Over The Counter Option，OTCO），也有交易所场内期权（Exchange Traded Option）。OTCO 与远期外汇交易类似，其币种金额、期限和履约价格均由买卖双方根据需要商定。目前，具有代表性的场外交易期权市场是以伦敦和纽约为中心的银行同业外汇期权市场。交易所场内期权类似于期货交易，期权规格固定统一，在交易所内集中买卖，并可以在市场上转让出售。目前，具有代表性的场内交易期权市场主要集中在费城、芝加哥、伦敦等地，东京、悉尼等地的交易所也很活跃。

②外汇期权灵活性较强。

外汇期权有执行合约与不执行合约的选择权，远期外汇合约、外汇期货合约一经签订，其购买者（或出卖者）必须按合约规定的条款，按期执行。这样一来，远期外汇交易和外汇期货交易虽然可以避免汇率波动对交易者产生的不利影响，却无法使交易者在有利的汇率走势中获利。而期权交易则不然，交易者可以根据市场汇率走势选择是否执行合约，具有更大的灵活性。特别是在外汇交易不确定的情况下，如在工程投标中，更显示出其灵活性。

③期权费不能收回，且费率不固定。

期权费即外汇期权的价格，期权交易的买方获取选择权，意味着卖方出售了这种权利，承担了风险，所以卖方要收取一定的金额作为补偿。期权费在期权交易成交时由合约买方支付给合约卖方，无论买方在有效期内是否行使期权，期权费都不能收回。期权费的费率根据多种因素（如期权的协定价格、期权的有效期、期权的利率等）综合确定，而且是不固定的。

（4）外汇期权交易的应用。

外汇期权交易自产生以来，发展极为迅速，其原因就是这种交易可以有效地防范汇率风险，而且不丧失市场可能提供的盈利机会。购进或卖出简单买权和卖权最基本的应用是在进出口贸易中防范外汇风险，以下举例说明。

①买权。

例如，6 月，德国一进口商将在 3 个月后支付一笔价值 100 万美元的货款，为了避免美元汇率上涨的风险，他可向银行购买一份 9 月到期的美元买权，协定价格为 USD1 = EUR0. 8400，期权费为 USD1 = EUR0. 015，即该进口商应支付 100×0. 015 = 1. 5（万欧元）买进这份期权合约，到期日为 9 月第二个星期五（如 9 月 10 日）。如果这个进口商购买的是美式期权，那么他在成交后到 9 月 10 日或 9 月 10 日以前，都可以按协定价格买进 100 万美元；如果他购买的是欧式期权，那么他的这一权利只能在 9 月 10 日这一天行使。

在期权有效期内，美元汇率波动可能对该进口商有利，也可能不利。本书考虑三种情况。

第一，假定美元升值，汇率上升至 USD1 = EUR0. 8700，此时，该进口商就可以执行合约，以协定汇率支付 84 万欧元，买进 100 万美元，加上期权费 1. 5 万欧元，实际上支出 85. 5 万欧元。如果该进口商未购买期权，那么他将付出 87 万欧元，蒙受一定损失。

第二，假定美元贬值，汇率下跌至 USD1 = EUR0. 8100，此时该进口商可以放弃期权，从市场上以 81 万欧元购进 100 万美元用于支付货款，获得美元汇率下跌的好处。这样，他付出的最大代价就是支付的期权费 1. 5 万欧元。

第三，假定美元汇率保持不变，此时该进口商没有因汇率变动而发生盈亏，虽然为避免风险付出了 1. 5 万欧元的期权费，但固定了进口成本。

②卖权。

例如，某英国出口商 6 月发运了一批货物，货款为 100 万美元，3 个月后即 9 月收款。为避免美元汇率下跌的风险，他可以向银行购买一份 9 月到期的美元卖权，或为欧式期权，协定汇率为 USD1 = GBP0. 6400，期权费为 USD1 = GBP0. 01，即该出口商应支付 100×0. 01 = 1（万英镑）买入这份美元卖权，到期日为9月第二个星期五（如9月10日）。

到9月10日，美元汇率可能发生如下变化。

第一，美元贬值，汇率下跌到 USD1 = GBP0.6100，此时该出口商就可以要求执行合约，按协定汇率向银行出售100万美元，获得64万英镑，扣除期权费1万英镑，实际收入63万英镑。假若出口商没有购买这份美元卖权合约，那么按当时市场汇率他只能获得100×0.6100 = 61（万英镑），损失了3万英镑的收入。

第二，美元升值，汇率上升至 USD1 = GBP0.6700，此时该出口商就应当放弃期权，将美元在市场上按市场价格出售，获得67万英镑，扣除期权费1万英镑，实际收入66万英镑。

第三，美元汇率保持不变，此时该出口商既可以执行合约，也可以不执行合约，虽然损失了1万英镑的期权费，却因此保证了一定的出口收入。

### （二）金融期货

金融期货（Financial Futures）同金融期权一样，是20世纪70年代和80年代初期国际金融市场最具代表性的产品之一，也被称作“风险市场”，是一种标准化的远期合约。最早的期货市场诞生在英国。1571年，英国创建了伦敦皇家交易所，代表了期货交易的雏形。1848年，芝加哥期货交易所的产生正式开始了商品期货交易。1972年，美国芝加哥商品交易所成立IMM，首次开办了七种货币的外汇期货交易，全球第一次金融期货市场形成。随后，金融业发达国家相继成立了各自的期货交易所，期货交易所大量涌现，交易量快速增加，诞生了伦敦国际金融期货交易所（London International Financial Futures Exchange，LIFFE）和纽约商品交易所（NYMEX）等著名的国际型期货市场。以美国为例，其年期货交易额已超过美国国内总产值的10倍，特别是金融期货占期货市场76%之多。

金融期货主要包括两种类型：场内交易期货和场外交易期货，如图5-2所示。随着外汇市场得到蓬勃发展，特别是1967年英镑的剧烈贬值，市场开始寻求一种为有外汇敞口的交易者提供规避汇率风险和套期保值的金融产品。从1972年CME的IMM首先推出外汇期货产品，到20世纪80年代，随着计算机的出现，科学技术飞速发展，亚洲、欧洲和美洲跨国界的资本流动更加迅速。此外，国际贸易的增长、国际投资的增加、交易自动化等因素都推动了外汇期货的快速发展。

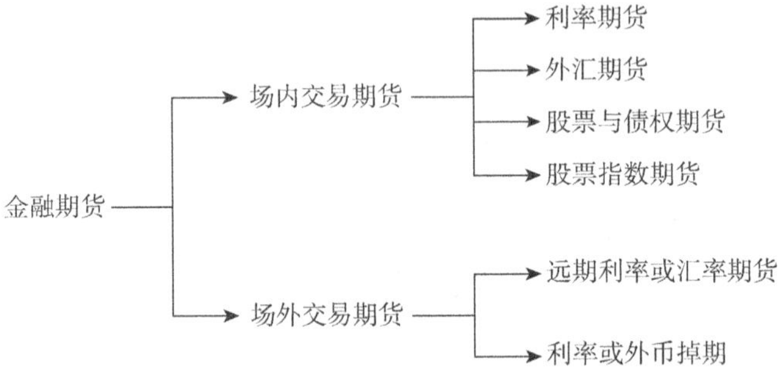


**图 5-2　金融期货的分类**

1. 外汇期货

外汇期货也称为“货币期货”（Currency Future），是交易双方约定在将来某一时刻，按照既定汇率，以一种货币交换另一种货币的标准化合约的交易。这种金融衍生品是以汇率为标的，用来规避汇率风险的交易。外汇期货交易的主要货币有英镑、美元、加拿大元、欧元、日元、瑞士法郎等。

货币期货类似于远期外汇交易，但又有所不同。

①市场参与者不同。货币期货交易的市场参与者包括各种各样的企业，而远期外汇交易的参与者主要是银行等金融机构及跨国公司等大型企业。

②合约的标准化程度不同。远期外汇交易是一种个性化交易，能灵活地满足个人偏好，交易者可以根据需求要求任意期限和规模的合约。外汇期货合约则是标准化交易，具有标准化的合同金额，固定到期日，最小、最大价格波动等标准化的规定。

③信用风险不同。货币期货交易有专门的清算所和交易场所做担保，风险由交易所承担；远期外汇交易主要是建立在交易双方的信用基础上，相对而言风险更大。

④交易手段不同。远期外汇交易是分散交易，市场是无形的，是参与者

通过电话或者计算机网络搭建起来的无形交易，各个交易者在地理上是分散的。相反，外汇期货交易有固定的交易场所，期货合同的价格是在期货交易所大厅通过公开喊价的方式确定的，具有较强的透明性。

（1）外汇期货的交易程序。

客户欲进行外汇期货交易，首先，必须选定代理自己交易的经纪公司，开设账户存入保证金。其次，客户可委托经纪公司替其办理外汇期货合约的买卖。在每一笔交易之前，客户要向经纪公司发出委托指令说明其愿意买入或卖出外汇期货、成交的价格、合约的种类和数量等。委托指令是以订单的形式发出的，经纪公司接到客户订单后，便将此指令用电话或其他通信设备通知交易厅内的经纪人（场内经纪人），由他执行订单。在成交后，场内经纪人一方面把交易结果通知经纪公司和客户；另一方面将成交的订单交给清算所，进行记录并最后结算。外汇期货交易程序如图 5-3 所示。

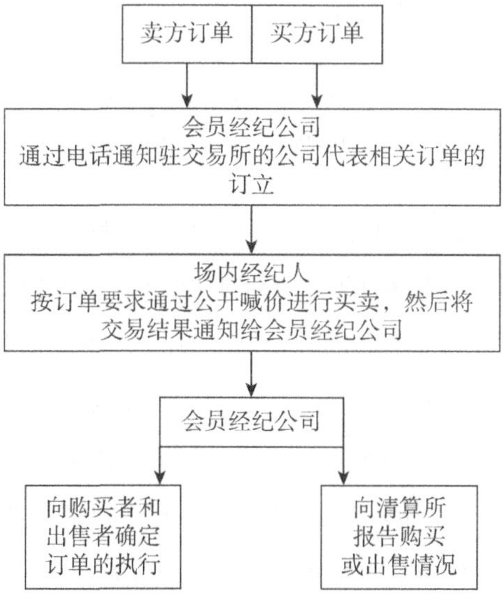


**图 5-3　外汇期货交易程序**

在每天交易结束后，所有交易都必须通过清算所的证实和保证。清算所在每天结束时，处理每个会员经纪公司的账户，记下每天的购入量和出售量，买卖相抵后，托收亏损和支付利息。

（2）外汇期货的交易机制。

①外汇期货价格变动规则。

外汇期货一般采用美元报价，即报出一个单位外国货币折合多少美元，标价货币是美元，而且用小数形式表示，小数点后一般是4位数。例如，1英镑=1.2030美元，1瑞士法郎=0.4621美元，表5-4是CME外汇期货合约币种规格。交易所对期货买卖的价格变动规定每种期货合约的最低价格变动额与每天最大价格变动额。

**表5-4 CME外汇期货合约币种规格**

| 币种 | 交易单位 | 最小变动价位 | 每日价格波动限制 |
|---|---|---|---|
| 欧元 | 125000欧元 | 0.0001，每合约12.5美元 | 200点，每合约2500美元 |
| 日元 | 12500000日元 | 0.000001，每合约12.5美元 | 150点，每合约1875美元 |
| 加拿大元 | 100000加拿大元 | 0.0001，每合约10美元 | 100点，每合约1000美元 |
| 瑞士法郎 | 125000瑞士法郎 | 0.0001，每合约12.5美元 | 150点，每合约1875美元 |
| 英镑 | 62500英镑 | 0.0002，每合约12.5美元 | 400点，每合约2500美元 |
| 墨西哥比索 | 500000墨西哥比索 | 0.000025，每合约12.5美元 | 200点，每合约1000美元 |
| 澳元 | 100000澳元 | 0.0001，每合约10美元 | 150点，每合约1500美元 |

期货交易所实行“逐日盯市制度”的原则。成交后，在没有交割或了结之前，期货市场根据每天价格的变动对账户按结算价格计算盈亏。所谓结算价格，就是每天收市前最后半分钟或1分钟的价格平均数。盈亏都体现在保证金账户上，对交易所来说是实行“无负债”政策。

例如，某人在1月4日星期一购买了一手9月到期的英镑期货，合约面值为25000英镑，成交时的汇率为1英镑=1.500美元，规定初始保证金为2000美元，维持保证金1500美元，成交后5天内的汇率变动情况及账户余额如表5-5所示。

**表5-5 成交后5天内的汇率变动情况及账户余额**

| 时间 | 汇率 | 保证金账户余额（美元） | 盈亏 | 备注 |
|---|---|---|---|---|
| 1月4日 | 1.500 | 2000 | 0 | |
| 1月4日交易结束 | 1.510 | 2250 | 250 | |

续表

| 时间 | 汇率 | 保证金账户余额（美元） | 盈亏 | 备注 |
|---|---|---|---|---|
| 1月5日交易结束 | 1.492 | 1800 | -200 | |
| 1月6日交易结束 | 1.477 | 1425 | -575 | 低于维持保证金，追加575 |
| 1月7日交易结束 | 1.480 | 2075 | -500 | |
| 1月8日交易结束 | 1.495 | 2450 | -125 | 高于保证金，提出200 |
| 1月11日 | 1.508 | 2575 | 200 | |

②期货交割月。

参加外汇期货交易的人在期货到期时应按照合约规定的数量和币种进行交割，交割的方式有两种。一种是等到到期日交割。在期货交易中，实际上只有很少合约在到期日实际交割（仅占1%~2%）；另一种是随时做一笔相反方向的、合约数量和交割月相同的期货交易进行对冲，退出原来买方或卖方地位。当交割月临近时，大多数外汇交易者开始平仓，而后退出市场。这是因为套期保值者在现货市场已了结他们的头寸，将来不再需要套期保值；而外汇交易者一旦获得了他们的预期利润，或决定减少他们的损失，通常也会提前了结他们的头寸。外汇期货合约中规定的到期日为1年中交割月中第三个星期的星期三，不同品种的交割月不完全相同，外汇期货一般规定每年3月、6月、9月和12月为交割月。

③保证金。

根据交易所不同，保证金的规定也不一样。与商品期货一样，外汇期货也实行保证金制度。一般来说，买进期货，称为“做多”或“长仓”（Long Position）；卖出期货，称为“做空”或“短仓”（Short Position）。这部分被占用的保证金因交易货币不同，保证金不同，按照收盘价来确定交易者账面的浮动盈亏。如上面的例子中，交易所规定初始保证金为2000美元，维持保证金1500美元，当市场价格的不利变动致使买方的期货合约头寸遭受损失时，损失从初始保证金内扣除，若经扣除后的保证金低于1500美元，则客户需要补缴保证金到2000美元。因此，不论是期货交易所对其具有会员资格的货币经纪商还是经纪商对客户，其承担的市场价格风险都仅限于当日，从而确保期货合约的履行。

④佣金。

佣金是经纪人代客户进行期货买卖所收取的报酬。在从事期货交易时，保证金并非真实的成本，所以才有佣金制度的产生。收取佣金是在一回合交易完成后进行的，即一买一卖过程的佣金大约为期货合约的百分之零点几。较低的成本和较高的收益极大地刺激了投机者参与此市场，市场的其他参与者还包括进出口商，拥有外币资产、债权债务的公司以及银行家。

（3）外汇期货的功能。

①价格发现功能。

期货价格是现货价格的预期。期货价格是最不稳定的，是现货价格的放大甚至夸张。任何可能引起现货价格波动的因素都足以引起期货价格的波动。所谓价格发现，是指形成竞争性价格的过程。外汇期货市场由于透明度高和流动性强，成为更有效的价格发现制度。外汇期货市场通过参与者各方有序的公开竞争和讨价还价，形成的汇率比较真实地反映出外汇市场的供求状况，因而有助于从事外汇交易的主体对未来的价格走势做出判断。

②套期保值功能。

套期保值是期货最重要的操作之一，外汇期货的保值作用可通过下例说明。

例如，某年 6 月 17 日，美国某出口商与国外签约出口一批货物，于 3 个月后装船交货并获得 125000 英镑的外汇收入，签约时英镑汇率为 GBP 1 = USD1. 5810，折合美元为 197625 美元。该出口商认为 3 个月后英镑贬值的机会较大，届时 125000 英镑换成美元可能比签约时少。在此情况下，该出口商可以利用货币期货交易的对冲操作减少汇兑损失，操作方式如下。

在 6 月 17 日，该出口商先卖出 9 月交割的英镑期货，因每张契约的交易单位为 GBP25000，共需出售 5 张合约，并以 GBP1 = USD1. 5800 的价格成交。

假定在 9 月 17 日，现货市场英镑贬值至 GBP1 = USD1. 5500，则该出口商首先将收到的出口货款 125000 英镑在现货市场出售，得到 193750 美元；其次在期货市场结清原先售出的 5 张英镑期货合约（买入 5 张合约轧平期货头寸），成交价格为 GBP1＝USD1.5520。

损益计算如下。

期货市场收益为 USD（1.5800－1.5520）×GBP125000＝USD3500

现货市场亏损为 USD（197625－193750）＝USD3875

盈亏相抵，该出口商净损失 375 美元，比套期保值前的损失 3875 美元要小得多。

③投机功能。

还有一些期货交易者手中并没有需要保值的现货商品，也绝不想最终获得期货合同代表的商品。这些期货交易者开立多头（或空头）仓位，只是希望在期货价格上升后抛出（卖出）期货以获得价差。他们的交易直接建立在对期货价格的预期上，一旦预期正确，则大赚其钱；一旦预测失误，则大亏其本。这样的交易者被称为“投机人”，有时在期货市场也被称作“剥皮商”。

投机者对于期货市场而言是必不可少的。首先，期货市场中套期保值者转移的风险是由投机者承担的。其次，投机者促进了市场的流动性。如果没有投机者的加入，那么期货市场的运转肯定是相当困难和不可想象的，正是这些根据自己的分析在期货市场上不断改变自己交易部位的投机者，使套期保值者能顺利实现风险转移。更重要的是，大量投机者在期货市场的频繁活动，起到了一种价格发现的作用，即在期货价格围绕价值运动过程中，一旦价格过高，投机者就会利用这些偏高的价格进行投机，从而使期货价格的波动能最大限度地反映其价值，有利于市场稳定。

2. 利率期货

利率期货的交易对象是中长、短期可交割金融凭证，包括各国的中长期国债、短期政府债券、欧洲美元存单等，是货币市场和资本市场上的一种远期合约类工具。在利率期货中，交易量最大的是 3 个月欧洲美元期货合约、美国国库券期货合约等。

利率期货最早产生在美国。在 20 世纪 70 年代前，美国的金融市场利率水平低而且稳定，但是在受两次石油危机的影响后，美国陷入通货膨胀中。

为抑制通货膨胀，美国政府采用了提高利率的方法，却使经济陷入停滞；而重新降低利率，又使通货膨胀加剧。20 世纪 70 年代，美国的利率水平波动非常频繁，而且幅度较大。如 1974 年美国的优惠利率达 12%，1974 年降至 6%，1979 年上升到 15.75%，1980 年上升到 20%，其中，1980 年 12 月达到了创纪录的 21.5%。为防范利率风险，1975 年 10 月，美国芝加哥商品交易所推出了国民抵押协会证券期货合约，这是第一个利率期货合约。

（1）利率期货的分类。

①短期国库券期货合约。

美国标准的短期国库券期货合约的面值为 100 万美元，期限为 90 天，最低价格波动为 1 个基点（1 个基点为 1%的 1%，即 0.0001），价值 25［100×0.01%×90/360 万］美元。各个交易所的价格波动限制不完全相同，如芝加哥期货交易所为 60 个基点（价值 1500 美元），芝加哥商品交易所为 100 个基点（价值 2500 美元），报价采用国际货币市场指数法，如报价为 92.80①，则合约的价值为 100−100×7.20%×90/360＝98.2（万美元）。

②中长期国库券期货合约。

中长期国库券期货合约规定的交易单位面值为 10 万美元，报价采用相对于面值百分比的形式，最小价格波动为 1/32 个百分点，即 31.25 美元（10 万×1%×1/32）。如报价为 69（85−16），则价值为 8.55 万（10 万×85%+10 万×16/32%）美元。

利率期货的交易原理与外汇期货差不多，即可以用于套期保值和投机。当不利的利率变动为利率水平上升（或者预期利率水平将上升）时，采用空头交易；当不利的利率变动为利率水平下跌（或者预期利率水平将下跌）时，采用多头交易。

（2）利率期货的特点和功能。

利率期货具有悠久的发展历史，与其他期货产品相比，其具有以下两个特点。

---

① 美国的国库券采用贴现的方式，报价为 92.80，则年贴现率为 7.20%。

①价格与实际利率呈反向变动。当利率越高的时候，利率期货的价格越低；当利率越低的时候，利率期货的价格越高。

②利率期货的交割主要采用现金交割方式。利率期货作为一种衍生金融资产工具，发挥着自身独特的功能，主要包括价格发现功能、规避风险功能和资产优化功能。

3. 股票指数期货

（1）股票指数期货的概念。

股票指数期货是一种以证券市场的指数为行权品种的期货合约。在进行交易时，合约双方同意承担股价波动引发的涨跌，然后把股票指数按点位换算成现金单位，以交易单位乘以股价指数计算出合约的标准价值。如美国标准普尔 500 种股票指数（S&P 500）规定每点指数值为 500 美元，中国香港恒生指数的乘数为 50 元港币。例如，美国某证券交易所股票指数为 185. 3，该交易所每点指数为 500 美元，则一份合约的总成交金额为 500×185. 3＝92650（美元）。

股票指数期货合约实际的交割方式为现金交割，而非实物交割。其主要作用是给大量拥有股票的投资者进行套期保值，或抵补投资风险。股票的风险包括系统风险和非系统风险。对于非系统风险，可以通过分散投资等方式予以化解，但是对于系统风险则任何一种投资策略都无法化解，股票指数期货主要针对的就是系统风险。

股票指数期货合约的价格是由“点”来表示的，价格的涨跌也是由“点”来计算的。一般来说，指数上涨或者下跌一个点，期货合约的价格也涨落一个确定的金额数值。这个金额数值由交易所确定，不同的股价指数，这个数值也不同，在股价指数期货合约中，称为“乘数”。利用股票指数期货交易可以规避股价波动的风险，其交易原则是：股票持有者若要避免和减少由于股价下跌造成的损失，应在期货市场上卖出指数期货，即做空头。若股价如预期那样下跌，做空所获利润即可用于弥补持有的股票资产因行市下跌而引起的损失。如果投资者想购买某种股票，那么他应该在期货市场上买入指数期货，即做多头，若股价指数上涨，则做多头所获利润可用于弥补将来购买股票所需资金。股票指数合约一般都是按季度清算交割的，即 3 月、6 月、9 月和 12 月循环，到期时买卖双方以现金清算，而不是现实股票的买卖。

（2）股票指数期货的发展历程。

早在 1977 年，美国的堪萨斯城农产品交易所就向当时的美国商品期货交易委员会提出申请，要求开办股票价格指数期货，但是由于交割问题难以解决而没有得到批准，因为任何商品或者利率期货，如果到期没有对冲，就可以进行实物交割，而股票价格指数由几百种股票组成，无法采用实物交割的方式。1981 年出现的欧洲美元存单期货的交割，采用了现金的方式。因此，1982 年 2 月 24 日，堪萨斯城农产品交易所正式开办了世界上第一家股票价格指数期货——“价值线”指数期货。同年，芝加哥和纽约的期货交易所也开始了股票指数期货交易。当今世界主要的股票指数期货有：美国的 S&P 500、纽约股票交易所综合指数，英国金融时报指数，日本日经指数，中国香港恒生指数，加拿大多伦多股票指数，澳大利亚股票指数，法国 CAC40 种指数等。

### （三）金融互换

金融互换，是指两个或者两个以上的当事人按照商定的条件，在约定时间内交换一系列现金流的金融合约，或者说交换两种不同工具的一系列支付款项或收入款项的合约。

金融互换是国际贸易理论中的比较优势原理在金融市场上的成功运用，是 20 世纪 80 年代初期在平行贷款和背对背贷款的基础上发展而来的，是降低长期资金筹措成本和资产、债务管理中防范汇率与利率风险最有效的金融工具之一。

互换交易曾被国际金融界誉为 20 世纪 80 年代最重要的金融创新。1987 年，全球互换市场成交额达 4500 亿美元。目前，最集中的互换交易市场是伦敦和纽约的国际金融市场。

根据内容的不同，可以简单地将互换交易分为两大类：货币互换（Currency Swap）和利率互换（Interest Rate Swap）。

1. 货币互换

货币互换，是指将一种货币的本金和固定利息与另一种货币的等值本金和固定利息进行的交换。其发生的前提是，只有存在期限和金额上的利益相同而对货币币种的需求相反时，货币互换才可能产生。

公认的世界上第一笔正式的货币互换是 1981 年美国所罗门兄弟公司为 IBM 和世界银行安排的一次互换。当时，IBM 公司希望以美元负债，世界银行希望以瑞士法郎或联邦德国马克计值融资，同时，IBM 公司通过发行瑞士法郎债券融资成本与世界银行相比具有相对优势，而世界银行通过发行欧洲美元债券融资成本较 IBM 公司有相对优势。在所罗门兄弟公司的撮合下，世界银行将其发行的 2.9 亿欧洲美元债券与 IBM 公司等值的联邦德国马克债券进行了互换。按《欧洲货币》杂志 1983 年 4 月号测算，通过这笔互换，IBM 公司把利率为 10.00%的联邦德国马克债券换成 8.15%的欧洲美元债券，而世界银行将利率为 16.00%的欧洲美元债券换成利率为 10.13%的联邦德国马克债券，大大降低了交易成本。

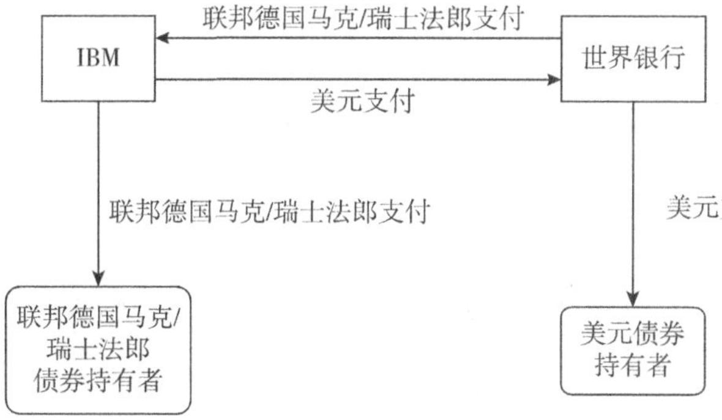


**图 5-4　1981 年世界银行—IBM 的货币互换**

货币互换交易一般有三个基本步骤。

期初本金互换，即互换交易达成后，双方按议定的汇率相互交换各自的本金。互换汇率既可以即期汇率为准，也可采用当时的远期汇率进行折算。

期间利息互换，即交易双方按协定的利率，以未偿还本金额为基础，定期相互支付利息。

期末换回本金，即在合约到期日，双方换回交易开始时互换的本金。至此，该项互换交易宣告结束。

例如，A 公司需要筹集一笔欧元进行海外投资，但该公司筹集美元的能力比筹集欧元的能力强，因此先发行欧洲美元债券（金额为 1 亿美元，期限为 5 年，利率为 7%）。然后，向某家银行调换获得所需欧元资金。该银行为了抵补外汇风险，同时安排了一笔与 A 公司所处情况正好相反的 B 公司的“资产互换”交易，即以那笔从 A 公司互换而来的美元资产交换 B 公司的欧元资产，假定此时货币互换的汇率为 USD1 = EUR0. 8500，欧元利率为 5%，互换开始日为 2013 年 4 月，每年支付一次利息，为期 5 年，在不考虑中介收益的情况下，具体操作过程如图 5-5 所示。

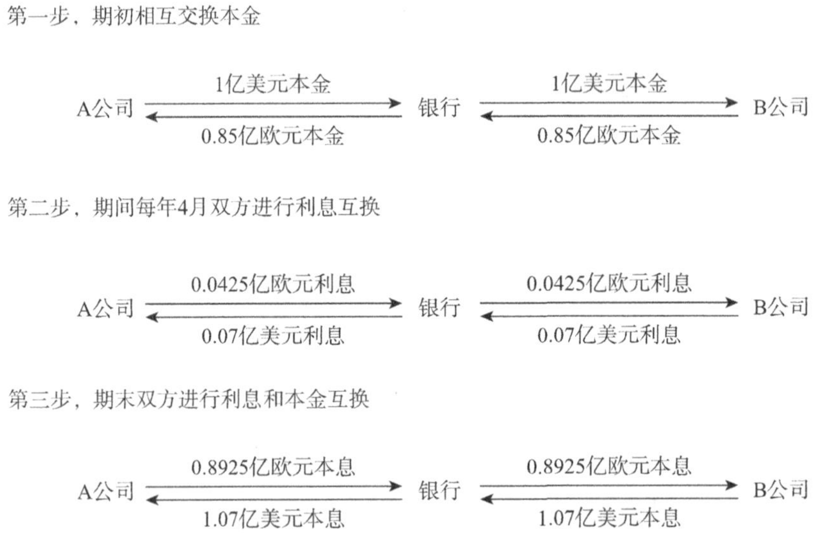


**图 5-5 货币互换交易过程**

这样，A 公司通过货币互换以较低的筹资成本筹集到 0. 85 亿欧元资金，而 B 公司也获得了自己所需的美元资金。双方取长补短，各得其所。

2. 利率互换

(1) 利率互换的概念及交易程序。

利率互换（Interest Rate Swap），是指交易双方在约定的一段时期内，根据双方签订的合同，在一笔象征性本金的基础上互相交换具有不同利率性质的利率款项的支付，以改变资产或负债的现金流性质，达到锁定自身利差收益或从不同资金市场的利差中获利的目的。在利率互换过程中，交易本金无须交收，仅互换利息，本金只被用作计算利息的基础。利率互换的形式有两种：①息票互换，即固定利率对浮动利率的互换；②基础互换，即双方以不同的参照利率互换利息支付。

最著名的首次利率互换是 1982 年德意志银行同其他三家银行的固定利率对浮动利率的互换，德意志银行将其发行的 3 亿美元 7 年期的固定利率债券换成了以 LIBOR 为基础的浮动利率债券，得以按低于 LIBOR 的浮动利率支付。

利率互换的前提条件：一是存在品质加码差异，即互换双方因信用等级不一或其他原因存在筹资成本差异；二是双方存在相反的筹资意向，互换后交易双方能够各取所需。

例如，甲公司和乙公司都需要在资本市场上筹措某种货币资金。甲公司信用等级较高，因而筹资成本较低；而乙公司信用等级相对较低，所以筹资成本较高，无论是固定利率借款，还是浮动利率借款，都需要支付较高的利率。甲公司和乙公司的筹资成本如表 5-6 所示。

**表 5-6　甲公司和乙公司的筹资成本**

| 项目 | 固定利率筹资成本（%） | 浮动利率筹资成本 |
|---|---|---|
| 甲公司（AAA 级） | 8 | LIBOR+0.5% |
| 乙公司（BBB 级） | 10 | LIBOR+1% |
| 品质加码差异 | 2 | 0.5% |

目前，甲公司需要一笔浮动利率借款，而乙公司需要一笔固定利率借款，两家公司的筹资成本分别为 LIBOR+0.5%和 10%，总成本为 LIBOR+10.5%。丙银行考察了两家公司的筹资成本后发现，在不同的筹资方式上两家公司存在着相对优势：甲公司在获得固定利率借款上具有相对优势，而乙公司在获得浮动利率借款上具有相对优势。于是丙银行向两家公司提出一项利用利率互换来降低筹资成本的方案。

第一步，甲公司以 8%的利率借入一笔固定利率资金，乙公司以 LIBOR+

1%的利率借入浮动利率资金。甲公司和乙公司的总筹资成本为 LIBOR+9%，与两家公司按各自需要直接筹资相比，总的筹资成本降低了 1.5%。

第二步，在丙银行的安排下，甲公司和乙公司进行利率互换，并将节约的 1.5%的利息（互换利益）进行分配。丙银行作为交易中介人，向交易双方提供信用承担风险，因此收取了 0.5%的互换利益，剩余互换利益甲乙双方获得相同的收益：甲公司获得浮动利率债务，按 LIBOR 支付利息，利率成本降低了 0.5%；乙公司获得固定利率债务，按 9.5%支付利息，利率成本也降低了 0.5%。利率互换交易过程如图 5-6 所示。

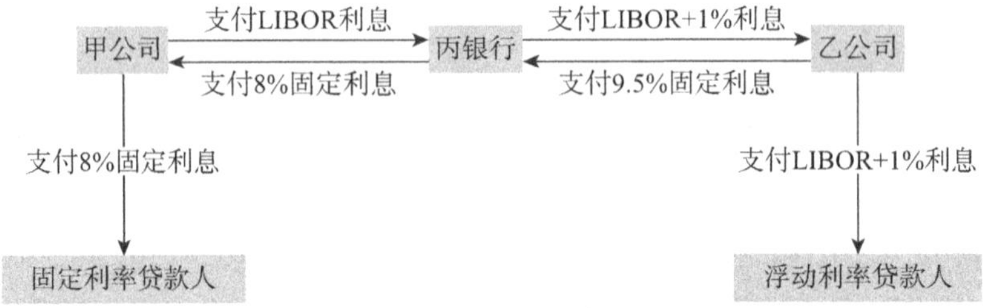


**图 5-6　利率互换交易过程**

对于甲公司来说，在每个付息日，甲公司按 LIBOR 的利率水平向丙银行支付利息，按 8%的利率水平从丙银行收取利息，同时甲公司还按 8%的利率水平支付固定利率借款利息，因此，甲公司实际净支付利率成本为 LIBOR。

对于乙公司来说，在每一个付息日，乙公司按 9.5%的利率水平向丙银行支付利息，按 LIBOR+1%的利率水平从丙银行收取利息，同时乙公司还需要按 LIBOR+1%的利率水平归还浮动利率借款利息，因此乙公司实际净支付的利率成本为 9.5%+（LIBOR+1%）-（LIBOR+1%）= 9.5%。

对于丙银行来说，在每一个付息日，从甲公司收取按 LIBOR 计算的利息，同时向甲公司支付 8%的利息；从乙公司收取 9.5%的利息，同时向乙公司支付按 LIBOR+1%计算的利息，因此丙银行的净收入为 LIBOR-8%+9.5%-（LIBOR+1%）= 0.5%，为经营该项业务所获手续费。

这就是一笔以降低筹资成本为目的的利率互换交易。

（2）利率互换的优点。

①风险较小。由于在利率互换中，交易本金无须交收，双方只涉及利率的互换，风险也仅限于应付利息的部分，因此风险较小。

②成本较低。合约双方通过互换，实现了自己的愿望，同时还降低了筹资成本。

③手续便捷。利率互换的交易可以迅速达成，不同于期货交易，它是一种非标准化的合约，可以随时交易，但有时候也存在找不到互换方的情况。

④影响性甚微。利率互换对互换双方的财务报表几乎没有影响，现行会计准则也没有对利率互换做出披露的要求，可以对外进行保密。因此，对交易双方来说，在降低资金成本的同时，对本公司的财务报表和信息披露几乎没有任何影响。

### （四）票据发行便利

1. 票据发行便利的概念

票据发行便利是银行与借款人之间签订的在未来一段时间内，由银行以承购连续性短期票据的形式，向借款人提供信贷资金的一种协议，该协议具有法律效力。这是一种融资方法，借款人可以通过循环发行短期票据，达到中期融资效果。票据发行便利于 1981 年问世，目前已成为欧洲货币市场中期信用的主要形式。

如果承购的短期票据不能以协议中约定的利率成本在二级市场全部售出，则承购银行将自己购买这些未能出售的票据，或者向借款人提供等额贷款，银行为此每年收取一定费用。票据发行便利的约定期限一般为 5~7 年，在这个期限内，短期票据以循环周转方式连续发行，票据的期限从 1 周到 1 年不等，但最常见的是 3 个月或 6 个月，所以票据发行便利实际上是用短期票据方式借取中期信贷。

2. 票据发行便利的特点

（1）对借款人而言。

首先，由于有银行承诺和包销，提高了企业的信用度。其次，循环的短期票据实际上成为中期信贷，并节省了融资成本，利率比同档银团贷款要低。

另外，与银团贷款相比，票据发行便利的融资方式更灵活。

（2）对银行而言。

一是风险小。传统的银行贷款有关银行需提供大量资金，而票据发行便利把信用风险分散为由持票人和承诺银行共同担负。二是可获得表外业务收入。对于信用等级高的借款人，银行一般不需要提供资金，能在不改变资产负债比率的情况下获得较高的收入（提供票据发行便利的各项收入）。

（3）对投资者而言。

票据发行具有收益高（相对于一般短期投资）、风险小（只承担短期风险）和流动性大（可随时在二级市场变卖）等特点。

3. 票据发行便利的费用

一是票据利率。票据利率通常以 LIBOR 为基础，加减一定的百分比，是比 LIBOR 高还是低，主要看借款人的信誉和发行时的市场条件。

二是借款人应支付的其他费用，通常包括以下几个方面。

①前端费用或管理费。票据发行便利，一经安排，必须一次性支付该费用。

②包销费。包销费是指每年支付给包销机构的费用，通常根据票据发行便利的总额来计算，而不管实际已经支用了多少。

③承诺费。有的根据票据发行便利的总额计算，有的只对未使用部分收取，每年计算支付一次。

④使用费。只对少数票据发行便利收取。

4. 票据发行便利的发行程序

借款人与包销银行进行协商，内容包括票据发行条件、方式、包销等事宜及发行代理、付款代理等方面。

首先取得一致意见；其次签订各项协议；再次印制票据；最后缴纳规定的各种费用，获取所需资金。票据发行便利自 1981 年问世以来发展很快，特别是 1982 年债务危机以来，其职能分担、风险分散的特点，更是受到贷款人的青睐，目前已成为欧洲货币市场中期信用的主要形式。

（五）远期利率协议

远期利率协议（Forward Rate Agreement）最早于 1983 年由伦敦的银行推出。至今，英国的银行仍是最主要的造市者，伦敦是 FRA 的交易中心。

远期利率协议本质是一种固定利率的远期对远期贷款合约，简称“远期合约”。买卖双方（客户与银行或银行同业之间）商定将来在一定时间点（利息起算日）开始的一定期限的协议利率，并规定以何种利率为参照利率，在将来利息起算日，按照规定的协议利率、期限和本金额，由当事人一方向另一方支付协议利率与参照利率利息差的贴现额。远期利率协议的买方为名义借款人，卖方为名义贷款人。之所以称为“名义”，是因为借贷双方不必交换本金，只是在结算日根据协议利率与参照利率之间的差额以及名义本金的数量，由交易的一方付给另一方一笔结算金。1985 年之前，每笔远期利率协议的本金一般在 500 万美元到 2000 万美元；1985 年之后，每笔交易的本金多在 2000 万美元到 5000 万美元。

远期利率协议是防范将来利率波动的一种预先固定远期利率的金融工具；是交易双方根据不同目的，在对市场利率走势分析存在差异的基础上进行的交易。合约的买方希望以此防范利率上升的风险或者投机；相反，合约的卖方想以此防范利率下跌的风险或者投机。远期利率协议多用于银行机构之间的利率风险防范。

具体来说，在远期利率协议中，有如下几个要素：

①重要的时间节点，如名义贷款的开始日与结束日；

②约定的执行利率；

③用作参照的市场利率，通常是 LIBOR；

④合约的名义本金。

例如，某两家银行之间就未来 6 个月期限的 3 个月欧洲美元存款利率达成协议，从目前来算 6 个月后开始，9 个月后结束，这种协议在行业中称为“6 对 9”（6 against 9）。FRA 开始时，合约需要以现金清算，如果参照利率高于协议利率，合约的卖方就会向买方支付其间差额；如果参照利率低于协议利率，合约的卖方就会从买方收取其间差额。由于差额的支付是在协议开始

日，而不是到期日，因此差额应按照利率贴现方式计算，其计算公式为

$$\frac{N\times|L-A|\times T/360}{1+L\times T/360} \tag{5-1}$$

其中，$N$——远期利率协议中的本金；

$L$——参照利率（通常以 ILBOR 为参照利率）；

$A$——协议利率；

$T$——远期利率协议的期限（以天为单位）。

远期利率协议的操作方法如下。

两家银行之间就未来 3 个月期限的 3 个月欧洲美元贷款利率达成一份“3 对 6”的远期利率协议，金额为 USD1000 万。从协议达成日起算，3 个月后开始，6 个月后结束。协议利率为 10%，期限为 91 天，由于对利率走势预期相反，合约买方想防范利率上涨的风险，而合约卖方则想规避利率下跌的风险。现在我们分两种情况来讨论。

①假设 3 个月后，远期利率协议开始时，3 个月期 LIBOR 上升为 11%，高于协议利率，则合约卖方向买方支付现金：

$$10000000\times\frac{|11\%-10\%|\times91/360}{1+11\%\times91/360}=24593.93\text{（美元）}$$

②假设 3 个月后，远期利率协议开始时，3 个月期 LIBOR 下降为 9%，低于协议利率，则合约买方向卖方支付现金：

$$10000000\times\frac{|9\%-10\%|\times91/360}{1+9\%\times91/360}=24715.50\text{（美元）}$$

由此可见，两家银行远期利率协议交易的总效果是：保证合约买方在 3 个月后能以 10%的利率借取 3 个月期的款项，而合约的卖方则能以 10%的利率贷出 3 个月期的款项，双方都免受利率波动的风险。

从以上分析可以看出，远期利率协议的作用在于锁定未来的利率，这与利率期货合约的作用很相似。两者之间的差别在于，远期利率协议交易内容，如交易金额、期限长短等都可由交易双方自由商定，并且不需要保证金，交易手段更为灵活简便，因此被看成是利率期货的场外交易品。值得注意的是，在远期利率协议中，虽然交易双方商定了一个本金总额，但它只是作为计算

利息的依据，不发生账户转移，交易双方支付的只是利息差额，并且以现金结算。故虽然远期利率协议为一种远期交易，违约的风险较高，但是风险有限，仅为结算金。

### （六）其他新型金融衍生工具

1. 抵押债务权益

抵押债务权益，亦称“担保债务权证”（CDO），该金融衍生产品于 1987 年由崇德证券发行，是一种组合债券。它的标的通常是信贷资产或债券，不仅可以提供投资人多元的投资管道以及增加投资收益，还强化了金融机构的资金运作效率，转移不确定风险，是证券化金融创新的产物。

2. 资产支持债券

资产支持债券是一种以资产的组合作为抵押发行的债券。典型的资产抵押包括房屋制造合同、房地产贷款和汽车贷款等。第一种资产支持债券在 1985 年发行，当时的公开发行额达到了 120 亿美元；1998 年上半年，市场上新发行的此类债券达到了 1022 亿美元。此类产品与其他债务工具相比是最安全的投资工具之一，具有较高的信用评级。资产支持债券得到担保物品的保护，并由其内在结构特征通过外部保护措施使其增级信用，从而进一步保证了债务责任得到实现。大多数资产支持型证券从主要的信用评级机构得到了 AAA 级信用评级。

3. 信用违约互换

信用违约互换是国外债券市场中最常见的信用衍生产品，又称“信贷违约掉期”或“贷款违约保险”。信用违约互换是在一定期限内，买卖双方就指定的信用时间进行风险转移的合约，是指一种类似于保险的信用衍生工具。最初，该产品主要用于向第三方转移违约风险，随着市场的不断发展壮大，它被更多地应用于投资和套利。

## 本章思考题

1. 国际金融市场的含义及类别。
2. 传统国际金融市场与新型国际金融市场的区别。
3. 国际金融市场上的主要业务活动有哪些？
4. 欧洲货币市场的概念、产生及其特点。
5. 国际金融创新分类和诱因有哪些？
6. 几种主要金融衍生工具的含义、交易流程及特点或优点。

# 第六章　国际资本流动

1997 年，亚洲金融危机以后，要不要对国际资本流动进行某种形式的监管和控制，成为人们争论的话题。一般来说，当私人资本可以自由地跨国流动从而寻求最佳投资机会时，它们总是流向最具生产效率的地方，实现资源在更广大范围的合理配置。发展中国家面对资金匮乏的困难，很想通过开放资本账户增加外资注入，提高经济发展水平，促进国内金融市场成长。但国际资本流动也可能对相关国家产生负面影响，特别是短期投机资本更被视为引发金融危机的原因之一。

## 第一节　国际资本流动概述

### 一、国际资本流动的基本概念

国际资本流动，是指一国资本以投资或贷款的形式流向另一国或地区，并以获取利润、利息为目的的活动过程。可以说，国际资本流动就是指资本跨越国界，到别的国家或地区进行生产方面与金融方面的投资活动。国际资本流动是当前世界经济中最重要的现象之一，牵涉的范围也较为广泛，如资本流动的方向和规模，资本流动的种类和方式，资本流动对资本流出国和流入国的影响，资本流动引起的世界性债务问题和金融危机等。

资本流动与资本输出入有密切联系，但也有区别。譬如，一国用黄金或外汇来弥补对外贸易或国际收支赤字，就不是资本输出。因为这部分资金外流是作为国际支付手段，而不是为了投资或贷款以谋取利润、利息。

现代意义上的国际资本流动，作为一种稳定的经济现象，迄今经过了四个发展阶段。

1870—1914年是国际资本流动的第一阶段。工业革命过后，先发展起来的资本主义国家迈出拓展世界市场的步伐，资本随着廉价商品一起开始在世界各地落户。当时，最主要的资本输出国是英国、法国和德国，主要输入国是比较富裕、资源丰富、与输出国“亲源”较近的北美洲和大洋洲。

两次世界大战的间歇时期是国际资本流动的第二阶段。这时的资本流动方向发生了重大变化。在资本输出一方，美国不仅变成了净债权国，而且取代英国成为最大资本输出国。在资本输入一方，欧洲国家，特别是德国，成为最大借款国。另外，由于支撑国际资本自由流动的国际金本位制度受到冲击，所以这时的资本流动动因发生了一定变化：过去是以追求高回报和超额利润为主，现在主要是寻求资本的安全避难地。

第二次世界大战结束到20世纪80年代是国际资本流动的第三阶段。在1973年布雷顿森林体系崩溃前近30年的时间里，国际资本流动具有“美元”特色。美国跨国公司的对外投资和以“美援”为依托的美元大规模跨国流动，构成了国际资本流动的主流，对战后经济恢复具有重要意义。“石油美元回流”也是这一时期的特色之一。

自20世纪90年代以来，国际资本流动进入第四阶段——全球化发展时期。国际资本流动速度和规模都快速上升。整体上，发达国家为净资本输出国，发展中国家为净资本输入国，但发达国家的资本流入规模同样突出，发展中国家的资本流出规模也在逐渐扩大。比如，由于大量非居民投资于美国金融市场，美国已经转变为最大的净资本输入国。另外，以国际证券投资方式为代表的间接投资在规模上超过了直接投资，国际资本流动呈现出证券化趋势。

国际资本流动的主要媒介是国际资本市场和货币市场。在国际资本流动的过程中，各国经济的相互联系日益密切，利益的相互交织日益深化，因此，国际资本流动成了各国对外经济联系的重要方面。从长远发展来看，国际资本流动规模趋于不断扩大，对各国经济的开放程度和发展速度，也将产生越来越大的影响。

## 二、国际资本流动的基本形式

根据存在形态，国际资本流动可以分为对外直接投资（Foreign Direct Investment，FDI）、国际证券投资、国际信贷（包括国际商业银行贷款和政府贷款）及其他形式；也可以按照周转时间长短，分为长期资本流动（主要包括直接投资、中长期国际信贷和中长期国际证券投资）和短期资本流动（主要包括短期国际信贷、短期证券投资、国际贴现和国际短期票据发行等）。此外，根据流动资本的属性和途径，还可以划分为私人资本流动和官方资本流动。当然，上述分类只是从不同角度进行划分，实际上各类别之间存在大量的相互交叉。

### （一）国际短期资本流动

1. 国际短期资本流动的概念

短期资本流动，是指为期 1 年以下的资本，包括通货、活期存款、短期政府债券（特别是国库券）、商业票据、银行承兑汇票、可转让存单等。以上资本除通货和银行活期存款外，都是以货币市场各种信用工具的形式进行流通的，这是因为短期借贷和短期投资等金融活动通常要运用各种短期证券与票据。

2. 国际短期资本流动的基本形式

贸易资本流动，即国际上由于贸易资金融通与资金结算引起的货币资本流动。

银行资本流动，即各国银行及其他金融机构由于相互间资金往来引起的资金转移。

保值性资本流动，即短期投资者为了避免或防止所持资本损失而把资本在国际上进行转移，这种资本流动亦称“资本逃避”（Capital Flight）。

短期投资资本流动。除上述各类资本流动外，国际上还有大量专门从事短期投资的资金，它们多为借贷性的货币资本。其主要来源有几个方面。①各国国内的短期资金。这些资金随着本国对外经济活动范围的扩大，逐渐延伸到国际上从事谋利生息活动。②跨国公司在国际上活动时，须掌握一定数量的流动资金，以供随时支配，也会不时有一些资金暂时闲置和过剩，它们常常把这些资金投入货币市场，进行短期投资。③跨国银行除本身拥有大量外币放款资金外，在其从事国际支付、汇兑、结算和与国外同业业务往来时，还有机会短暂掌握一部分外币资金，这些资金也常常用来进行短期投资。④各国中央银行都保有一定数量的外汇储备，为了获取收益或分散风险，中央银行大都将这些资金进行国际投资，其中一部分为了保持流动性，往往只进行短期投放。这样国际上就出现了大量期限较短，专门进行短期存放投资、谋利生息活动的资本。

短期资本受世界经济、政治局势影响很大，经常在国与国之间频繁流动，追逐投机性利益或寻求安全场所，所以也叫作“短期游资”。短期游资是国际短期资本中最主要也是最活跃的部分，国际上一般称为“Hot Money”。短期资本具有复杂性和投机性的双重特点，复杂性即短期资本流动形式复杂多样，采用的信用工具也是多种多样的。投机性是指短期资本流动对各国的经济政策、管制程度和政治局势极其敏感，当一国或一个地区存在较多盈利机会时，大量游资就会进入这个国家或地区；当这个国家或地区出现经济或政治上的动荡时，游资又会极其迅速地撤离。一些游资还会在市场上人为地制造各类消息，哄抬或打压某种货币，从中牟利。短期资本，特别是私人短期资本的流动，常常会对国际社会造成突发的、扰乱性的影响，因此这种资本的情况是最复杂的，国际上也对它最为重视。

### （二）国际长期资本流动

国际长期资本流动，是指期限在 1 年以上的资本流动。其基本形式可包括直接投资、证券投资和国际贷款。如前文所述，短期资本流动对一国乃至世界经济影响很大，但实际上，真正对一国经济发展有长远影响的是私人长期资本流动。至于官方的资本流动，则由于多发生在政府之间，所以经常同政治因素联系在一起。当然，由于这种资本一般都具有金额大、期限长、条件优惠等特点，仍然是各国重视的资金来源。

#### 1. 直接投资

直接投资，是指跨国公司在一个或数个国家通过直接投资设厂、建立原材料基地或销售渠道等方式，获得被投资对象的经营管理控制权，并获取一定收益的投资活动。

直接投资主要有以下三种类型。①创办新企业。如在国外设立子公司、附属机构，或者与多国资本共同在投资东道国设立合营企业等。这类直接投资往往不局限于货币形态资本的投资，特别是在创办合资企业时，机器设备、存货甚至技术专利、商标权等都可以折价入股。②收购国外企业的股权达到一定比例以上。比如，美国有关法律规定，拥有外国企业股权达到10%以上，就属于直接投资。③利润再投资。投资者在国外企业投资所获利润并不汇回国内，而是作为保留利润对该企业进行再投资，这也是直接投资的一种形式，虽然这种投资实际上并不引起一国资本的流入或流出。

直接投资实际上并不仅限于国际资本流动，还包括企业的管理权限和方法、生产技术、市场营销渠道、专利专卖权和商标等多种无形要素的转移。另外，直接投资的实现有时也不需要资本的实际国际移动。比如，投资者可以在东道国筹集资金或者用公司的保留利润进行再投资，或用专利、商标等无形要素入股，等等。特别是，自20世纪80年代以来，在某些政治风险比较高的国家，这种类型的直接投资非常普遍，已经成为一种很重要的直接投资形式。

2. 证券投资

证券投资是投资者在国际资本市场上以购买外币有价证券即股票与债券的方式进行投资。证券投资的投资者一般是政府、企业和个人，筹资者一般是政府、企业和国际金融机构。在证券投资中，投资者的目的仅在于获取债息、股息等投资收益，或者通过证券买卖获利；而在直接投资中，投资者的主要目的在于控制企业的经营管理权。在证券投资中，证券的发行构成发行国的对外债务，证券的购买者成为发行国的债权人。

证券投资与直接投资的区别在于：证券投资者对于投资对象企业并无实际控制和管理权，即使是购买股票的投资也没有达到能够控股的比重，所以证券投资者只能收取债券或股票的利息或红利；而直接投资者则持有足够的股权来管理、经营投资对象企业，并承担企业的经营风险和享受企业的经营利润。另外，有些证券投资者购买债券、股票的目的并不在于收取利息或红利，而是出于投机之类的动机，企图从有价证券的买卖差价中获得利润。

证券具有较高的市场性和流动性，投资者在购买外国证券后，可随时进行转让买卖，与此相适应的是灵活自由的国际证券市场。

3. 国际贷款

国际贷款是一些国家的政府、国际金融机构和国际银行发放的中长期贷款，是一种单纯的借贷货币资本的流动。国际贷款的收益形式是利息及有关费用，风险主要由借款人承担。

## 第二节　国际资本流动的原因和影响

国际资本流动分为短期资本流动和长期资本流动，本节将对国际资本流动的原因和影响进行分析。

### 一、国际资本流动的原因

#### （一）短期资本流动的原因

短期资本流动形成的动机，可归纳为三个方面。

第一，正常的资本流动。其中，正常的资本流动又包括以下几点。①正常的贸易融资需要。国际贸易资本的流动，大部分是短期融资，如银行承兑汇票，一般期限不超过 180 天。②为防范风险进行的套汇套利等外汇交易活动。跨国银行在进行国际资金调拨以及日常接受客户的各种货币买卖或短期资金存放，或从事银行同业间资金拆放时，如果产生了某种货币的多头或空头风险头寸，必然要采取措施防范风险。这些措施包括各种外汇交易业务，如套汇、套利、期权、期货、掉期等。这些交易引起的短期资本流动，一般属于正常流动。

第二，投机性资本流动。投机性资本流动一般是指利用汇率、利率以及其他金融资产如黄金、股票等的价格变动预期，逢低买进以待高价时卖出，或逢高卖出以待低价时补进，谋取利润。但在国际金融实务中，投机性资本流动与正常投资交易仅从动机上往往不易分清。

第三，逃避性资本流动。如果一国政局不稳，或者对资本移动实行管制，该国或外国在该国的投资者就会把资金抽出，转移到较为稳定和安全的国际金融中心。

（二）短期资本流动的条件

第一，利率与汇率变动的关系。国际上，短期资本流动取决于不同货币的利率差异是否与同时期内汇率变动相称。譬如，在两国短期利率存在差异的情况下，资本从利率较低的国家向利率较高的国家移动，只有在套利期间两国汇率的预期变动幅度不超过利差幅度，套利才有实现盈利的机会。

第二，风险与收益率的相关关系。一般来说，风险较大的金融资产，收益率相对较高；风险较小的金融资产，收益率相对较低。如果风险相当而收益率不等，投资者就会选择收益率较高的资产；反之，如果收益率接近而风险不等，投资者就会选择风险较低的资产。最好的投资应该是分散化投资，分散化投资组合能使投资者在承担一定风险的条件下获得较高的收益，或者在获得一定收益条件下风险相对较低。

（三）长期资本流动的原因

第一，世界生产力水平的不断提高和国际分工的不断深化。各种国际资本长期流动，是生产国际化和资本国际化的不同方式，而生产国际化和资本国际化是生产力水平与国际分工提高到一定程度的产物。首先，从生产力的发展来看，发达国家生产力水平越高，国民收入就越多，积累的资本也就越多。在这些国家，一方面存在大量相对过剩的资本，另一方面国内投资边际收益率因过度竞争呈递减趋势。于是，大量过剩资本被输往国外，寻找更有利的投资场所，追逐高额利润。与此同时，许多发展中国家经济比较落后，迫切需要大量开发资金，以加快经济发展速度。因此，它们往往通过开放市场、制定优惠外资政策、改善投资环境等措施吸引外资流入。在这样的国际资本供求状况下，长期资本的流动得以形成。其次，就国际分工深化而言，二战以后，社会生产的国际分工更为细致，生产专业化和协作化程度大为加强，使国际经济联系从传统的商品交换领域扩大和渗透到生产领域，越来越多的跨国公司把资本直接投入他国的生产领域，形成了资本较长期的转移和流动。

第二，各国之间的相对优势。不论是发达国家还是发展中国家，进行对外投资都需要具备某种相对竞争优势，否则难以形成对外投资。各个国家在不同经济发展阶段都可能具有不同的相对优势。一般来说，发达国家对外投资的相对优势是拥有雄厚的资本、先进的技术、先进的管理技能和销售技术、全球性通信网络和灵活的国际资源调配等。发展中国家一般不具备上述条件，但它们有可能具有某些能胜过发达国家的相对优势，如自然资源丰富且大多未被充分利用，劳动力资源充裕、价格便宜等。对外投资能使投资者在很大程度上实现优势互补，获取高额利润。

第三，各种利益的驱动作用。这些利益因素包括以下几点。①追逐高额利润的欲望。②利用对外投资绕过贸易壁垒以保护既有的国际市场或开拓新市场，是二战后特别是 20 世纪 70 年代后贸易保护主义盛行的情况下最有效的手段。③一些殖民地时期的宗主国企图保持在原来的殖民地和附属国的利益，有的甚至为了继续控制这些国家的经济和政治，向这些国家进行长期投资。

## 二、国际资本流动的影响

### （一）短期资本流动的影响

短期资本流动最主要的特点是流动频繁；来去迅速；数额很大，动辄以上亿美元计，对国际金融市场冲击很大。从对世界经济的影响来看，由于短期资本中投机性资本占比重很大，所以消极方面的影响较为明显。但是，在不少场合下，国际短期资本流动也有积极意义。

第一，国际资本流动有助于国际金融市场发展。首先，国际资本流动加速了全球经济和金融一体化进程。特别是国际投机资本在世界各主要金融市场的套汇、套利活动，使国际金融交易中的汇率差异和利率差异明显缩小，呈现出价格一体化趋势。同时，短期国际资本在各个市场之间的游动，也加强了各国之间经济和金融的相关性，为世界经济和金融一体化发展准备了条件。

第二，国际短期资本流动有助于各国货币汇率趋于均衡。当各国货币汇率发生失衡现象时，会引起短期资本流动，流动的结果是使市场汇率趋于均衡。

第三，国际短期资本流动促进资金在国际上的合理配置。短期资本的流动，在很大程度上是由国际货币供求关系变动驱动的，随着这些资金不断从供给过剩地区流向资金短缺地区，资金的配置可逐渐趋向合理。

第四，国际资本流动也为跨国公司短期资产负债管理、补充营运资本等创造了便捷条件。除国际贸易融资外，短期投融资活动也是跨国公司财务管理不可或缺的内容。跨国公司短期投融资活动在很大程度上依赖国际金融市场，特别是其中的欧洲货币市场。因此，可以认为，国际资本流动间接地拓宽了跨国公司财务主管的视野，有利于提高短期资产负债管理效率。

但是也应该看到，在国际短期资本流动中，投机性资本所占比重较大，这些资本的流动具有突发性和变动频繁的特点，因此，它对世界经济的扰乱作用也是极其明显的。

第一，加剧了市场汇率波动。短期资本大量移动，往往是由市场汇率不平衡引起的，而带有投机性质的资本移动，又经常使这种不平衡越发加剧。譬如，当美元趋于下跌时，投机者预期美元还要进一步贬值，于是在市场上大量卖出美元期汇，以期在低价时补进获利。这就加剧了美元的下跌，加大了贬值幅度。

第二，削弱了各国货币政策的效果。短期资本主要由各国货币、银行活期存款、银行定期存款、商业票据、短期国库券等构成。货币和活期存款是一国的通货，定期存款等属于准货币。因此，短期资本流动直接影响一国货币供应量，直接影响该国货币金融当局货币政策的实施。譬如，当一国提高利率以紧缩国内通货时，利率的上升会引起短期资金内流，使国内货币供应量增加，不能达到预计的紧缩目标。反之，当货币当局降低利率以图刺激经济增长时，利率下降导致资金外流，国内货币供应量减少，宏观政策目标难以实现。

第三，影响世界经济稳定发展。国际短期资本流动的影响，并不限于个别国家。譬如，市场投机的加剧，使国际汇率变动反复无常，使国际贸易、投资中的风险加大，正常经营活动难以进行；又如，各国货币政策不易实施到位，使国际货币事务的协调与合作变得十分复杂。因此，国际短期资本流动，特别是投机性短期资本的流动，影响了世界经济的稳定发展。

### （二）长期资本流动的影响

一般情况下，国际资本流动特别是长期资本流动对提高世界生产力水平和扩大国际贸易，提高投资利润都有促进作用。但资本流动的具体方式不同，产生的影响也各不相同。

#### 1. 直接投资的影响

直接投资的本质，是生产要素的国际流动。它对一国经济发展的重要性，除了可带来资金的流入外，更重要的是它还可以带来一整套的资源转移。这些资源包括实际资源、生产技术、销售技巧和渠道以及经营管理知识等。随着直接投资的流入，东道国可加速其资本形成，促进人力资源的开发，提高企业的管理水平，比较直接地获得国际原材料和技术的供应，并可利用投资者的销售网络迅速进入国际市场。同时，对于发展中国家来说，外国投资企业生产的产品，往往质量较高或品种较新颖，可以弥补国内消费方面的缺陷。此外，外资企业生产的一些进口替代产品，可减少外汇的支付。显然，直接投资对东道国的好处，是其他国际资本流动方式不具备的。

当然，直接投资也有其弊端。在一些情况下，直接投资使东道国的自然资源被掠夺，遭受国际性剥削；造成外资企业与非外资企业的矛盾和冲突；经济命脉被他国控制；等等。但是对于一个主权独立、政治基础稳定、经济管理体制健全的国家来说，利用直接投资，利大于弊。

#### 2. 证券投资的影响

证券投资可使国际资本利润趋于最大化。在一般情况下，各国利率的差异引起资本流动，资本从资金充裕、利率较低的国家流向资金紧缺、利率较高的国家，证券投资的这种倾向最为明显。资本的这种流动使国际资本的投资利润趋向最大化。证券投资的缺点是资产流动性较高，长短期资本的界限不明晰，在一定程度上影响了资本运用的稳定性。

3. 国际贷款的影响

国际贷款有不同方式，各种方式对借款国的影响作用不同。

政府贷款具有长期和低息的优点，属于具有援助性质的贷款，会给借款国的经济发展带来极大益处；其缺点是政治性较强，附带条件多，受到各种限制，特别是限制贷款的用途，如必须购买贷款国的商品劳务、设备物资、专利技术和咨询服务等。

国际金融组织的贷款主要用于解决其成员国的国际收支平衡问题（如IMF的贷款）和为成员国提供期限较长的、条件较优惠的经济发展资金（如世界银行集团贷款）。这些贷款条件优惠，很多还带有技术和信息方面的援助，因此是发展中国家寻求国际资金的主要途径。

国际银行贷款具有条件灵活、筹资迅速、用途不受限制等优点，但相比前两类贷款利率较高，期限较短。若运用得好，则可以促进本国经济的发展；若管理不当，则易陷入债务危机，给贷款国和借款国都带来极大损害。

## 第三节　国际债务和外债管理问题

国际资本流动并不是国际债务问题产生的必然原因，但国际债务问题与国际资本流动密切相连。在各国经济全球化、金融国际化和自由化程度不断加深的趋势下，一定时期内国际债权人（国）与债务人（国）的关系如何，矛盾怎样产生又如何化解，债务风险如何管理与控制，是当前许多发展中国家面临的重要问题。

## 一、20 世纪 80 年代的国际债务危机

### （一）国际债务危机爆发的原因

1982 年 8 月，墨西哥政府被迫宣布无力偿还到期的 800 亿美元外债本息，引发了众多发展中国家偿付外债的危机。爆发危机的原因是多方面的，既有历史根源，也有二战后国际经济结构的问题，还有发展中国家特别是一些重债国本身经济政策上的问题。

一是二战前长期殖民统治遗留下来的国际经济格局，即南北关系不平等的格局至今没有根本改变，许多发展中国家的经济仍然是一种单一的、脆弱的结构，它们仍然是国际市场初级产品的主要供应者。虽然发展中国家合作团结的加强使它们在与发达国家的斗争中取得了一些胜利，达成了一些协议，但发展中国家无论是在国际贸易方面，还是在资本、技术和金融方面，都仍然依赖发达国家，这就使发展中国家无法避免发达国家对外转嫁经济危机和实行贸易保护主义的打击。

二是石油危机造成发达国家经济衰退。20 世纪 80 年代初期，发达国家经济复苏以后又进入持续低速增长时期，世界市场价格低迷，使许多发展中国家贸易条件恶化。据统计，非产油发展中国家按美元计算的初级产品价格指数 1980 年为 100，1981 年为 85，1982 年为 74。价格水平的下降使这些国家出口外汇收入减少，偿债能力下降。1982 年，这些国家的偿债率从 1981 年的 20.1%上升到 23.4%。与此同时，发达国家又借口经济困难不断削减对发展中国家的官方开发援助，对优惠贷款的控制极为严格，于是许多发展中国家只能求助于期限短、利率高的银行贷款，债务负担日益加重。

三是发达国家为应对通货膨胀采取的货币紧缩政策促使利率上升，欧洲货币市场贷款利率 1979 年为 12.0%，1981 年则上升到 16.6%。由于发展中国家债务中浮动利率债务所占比重较大，利率上升意味着利息开支增加，按 20 世纪 80 年代初的外债规模计算，市场利率每上升 5 个百分点，这些国家就要多支付 60 亿美元利息。再加上 20 世纪 80 年代初期美元汇率坚挺，使债务国蒙受美元高利率和高汇率的双重打击。

四是某些发展中国家经济发展规划和经济政策上的失误是债务危机爆发的内在原因。例如，墨西哥、巴西等重债国过高估计本国国力，盲目追求高速增长，投资失控，依靠举借外债特别是短期外债搞基本建设，没有慎重考虑国内资金、基础设施和其他配套条件，负债超过了偿债能力。一方面，高额债务使国内货币供应量扩大，通货膨胀加剧；另一方面，巨额资金在短期内难以发挥效益，不能形成有效偿债能力，终于酿成危机。

### （二）发展中国家债务危机的解决

债务危机涉及的范围很广，其中既有非产油发展中国家，也有石油出口国；既有拉美国家，也有亚非和东欧国家。在这种情况下，IMF 为了避免连锁反应，与各国政府和各国债权银行一同研讨了对重债国的一揽子挽救计划，一些发达国家的政府官员也提出了一些挽救计划。

#### 1. 采取抢救措施

国际债务危机刚刚爆发，IMF 就和债权大国采取了抢救措施，向一些发展中国家提供优惠贷款。如 1982 年，发达国家政府向非石油出口国提供贷款 118 亿美元，1983 年增加到 149 亿美元，并通过 IMF 提供贷款 308 亿美元，一些大商业银行也提供了贷款。但这些贷款实际是借新还旧，只能暂时缓和债务危机。

#### 2. 债务重新安排

债务重新安排是指重新安排债务的偿还期。譬如，经债权债务双方努力，官方贷款中 80%~90%的本金可做重新安排，将旧贷款期限延长 7~9 年，其中包括宽限期两年。商业银行贷款的 80%以上也得到重新安排，将偿还期限推迟 7~8 年。但经重新安排的债务，利率比 LIBOR 和美国商业银行优惠利率高出 1.25%~2.25%，因此，这一方法虽然暂时减缓了危机的发展，但是加重了债务国的利息负担。

#### 3. 债务国调整内部政策

在严重的债务危机中，各重债国进行了国内经济调整，实行了紧缩性货币政策和财政政策，还实行了严格的外汇管制以防止国内资金外流，同时压缩国内需求，减少进口，增加出口，改善国际收支，增强对外支付能力。

上述一揽子挽救计划使债务国的债务危机得到暂时缓解，但并未从根本上解决危机。

4. 发达国家政府官员提出解决方案

这些解决方案主要包括宫泽计划、密特朗计划、贝克计划和布雷迪计划。

宫泽计划是日本大藏大臣宫泽提出的。其主要有三个方面的内容：①将部分债务“债券化”，以减轻债务；②余下的债务重新安排偿还期，并降低利率，甚至免除；③双边机构和多边机构对已采取前两个步骤的债务国增加新贷款。

密特朗计划是法国总统密特朗提出的。他建议 IMF 为中等收入的债务国建立一项基金，这项基金将作为转换成债券的某些商业贷款利息支付的保证。为了筹措这项基金，发达国家将留出新分配的特别提款权供发展中国家使用。

贝克计划是美国财政部前部长贝克于 1985 年 10 月提出的。其主要内容是由发达国家债权银行、世界银行和 IMF 向重债国与低收入债务国提供新贷款，获得贷款的条件是债务国必须在 IMF 的监督下调整经济政策，提高偿债能力。

布雷迪计划是美国财政部前部长布雷迪于 1989 年 3 月提出的。这是在贝克计划基本失败后，又提出来的一个解决债务危机的办法。其主要内容是建议债权银行，包括官方和商业银行，通过谈判与债务国达成减免部分债务的协议，其减免债务的方法有三个：①用低于原债务票面价值的债券换取债务国欠商业银行的债务，或以与原债务票面价值相等但利率较低的债券换取所欠的债务，这称为“债务交换”；②按一定的折扣（25%），以现金购回债务，这称为“债务购回”；③用在债务国当地商业中的股权换取债务，称为“债务资本化”；④对一部分债务直接减少其偿还额，即无条件地取消债务本息。

布雷迪计划的提出和执行，受到债务国的欢迎，对缓和危机产生了较大作用。但是，如前文所述，债务危机爆发的根本原因在于国际经济环境的不平等，发展中国家所处的国际经济地位不平等。因此，上述一系列解救措施对于彻底解决债务问题都是权宜之计。要彻底解决债务问题，发达国家应改变政策，承担改善国际经济环境的主要责任，从根本上改变发展中国家的经济地位和贸易条件，进而促进发展中国家的经济发展。

（三）20 世纪 80 年代国际债务危机的影响

发展中国家债务问题，就债务国本身而言，有利和不利的影响同时存在。在发生危机之前，债务国引进外资和技术，对优化出口商品结构、改善贸易条件、扩大就业和增加国民收入，都有促进作用。譬如，重债国之一的巴西，20 世纪 70 年代的国内生产总值增长率高达 8.4%，超过发展中国家平均增长率 5.7 个百分点。1965—1981 年，巴西的制成品出口年增长率达 19.5%。可见，发展中国家引进外资可促使本国经济迅速发展，增加出口，提高国际支付能力；同时，可增加进口，促进世界贸易中商品流量增加，给发达国家带来好处。但是，如果借债过多，管理不善，超越了本国的消化吸收能力，就会产生消极因素，酿成债务危机，导致经济困难和下降，不得不经受艰苦的调整过程。同时，债务危机也会导致世界贸易额下降，20 世纪 80 年代中期，美国出口的 40%左右、经合组织成员国出口的近 30%是输往发展中国家的，按照这一比例，发展中国家进口每减少 10%，发达国家的出口就会减少 3%，而在 1981—1982 年发展中国家的进口减少了 850 亿美元。因此，发展中国家的债务剧增对世界经济的发展和发达国家的经济复苏，是一个不利因素。

发展中国家债务问题的严重化，对国际金融货币体系也有不利影响。发展中国家的债务规模不断扩大，一些重债国的经济调整困难重重，倘若这些问题旷日持久，就会导致国际信贷和支付体系的动摇。同时，国际银行鉴于债务国不能如期偿债以及 IMF 无力承担更多的债务安排义务，对发展中国家的信贷实行紧缩，抽紧贷款的条件，提高银行损失准备金，那么世界范围内的资本流量就会不断减少，国际金融体系就会发生危机。发展中国家如果得不到金融支持，就会反过来影响国际金融和世界经济。

## 二、外债管理

20 世纪 80 年代拉美国家债务危机后，90 年代发展中国家又相继爆发了墨西哥金融危机和亚洲金融危机，对外债务问题仍是引发危机的原因之一。

而且世界银行的报告显示，20 世纪 90 年代末期，发展中国家的外债形势依然严重。如 1997 年，阿根廷和巴西的偿债率仍高达 55%以上，而巴基斯坦、墨西哥、委内瑞拉、秘鲁等国的偿债率均在 30%以上。因此，外债管理仍是发展中国家经济发展中的重要问题。

## （一）外债的概念与监控指标

### 1. 外债的概念

国际上关于“外债”的定义，有不同看法和统计口径，比较有代表性的看法是 IMF、世界银行、经合组织和国际清算银行达成的一个基本定义：外债，是指在一定时期内，一国居民对非居民用本国和外国货币承担的已使用尚未清偿的具有契约性偿还义务的全部债务。这个定义有以下几个要点。①外债是居民与非居民之间发生的债权债务关系。②外债不仅包含用外币，还包含用本币表示和承担的债务。③外债必须是具有契约性偿还的义务。直接投资虽然签订合同，但它反映的是投资与分配的关系，与到期偿还债务有本质区别，所以不属于外债范畴。

1987 年 8 月，国家外汇管理局颁布的《外债统计监测暂行规定》规定的外债口径是：中国境内的机关团体、企业、事业单位、金融机构或其他机构对中国境外的国际金融组织、外国政府、金融机构、企业或其他机构用外币承担的具有契约性偿还义务的全部债务。其中，借款单位向中国境内注册的外资银行和中外合资银行借入的外汇资金视同外债；在中国境内注册的外资银行和中外合资银行向外借入的外汇资金不被视为外债。

这个定义与国际上的定义比较，有几点差异：①我国外债只包括货币形式的债务而不包括实物形式的债务，所以补偿贸易中的返销产品不算外债；②由于人民币目前还不是完全自由兑换货币，所以我国外债仅指外币债务；③在中国境内注册的外资银行的中外合资银行，虽属我国居民，但其对外债务不列入我国外债，但我国境内单位向其借款则被视同外债。

随着我国经济对外开放的不断扩大，1987 年的规定已在很大程度上不能适应新的情况变化。2001 年 6 月，我国根据最新国际标准对原外债口径进行了调整，具体调整内容包括三项：一是将境内外资金融机构对外负债纳入我国外债统计范围，同时扣除境内机构对境内外资金融机构的负债；二是将所有贸易项下对外融资（包括3个月以下的贸易信贷）纳入我国外债统计；三是在期限结构方面，将未来1年内到期的中长期债务（签约期限）纳入短期债务，从而消除了我国外债数据范围（外债定义）、期限结构划分等方面与国际标准之间存在的差距，并于2001年11月初按照国际标准定义公布了2001年6月底中国外债数据。

2003年，我国又公布了《外债管理暂行办法》，这对于完善我国外债管理法规体系，加强全口径外债管理，规范举借外债行为，增加管理的透明度，提高外债资金使用效益和防范外债风险都具有积极的意义。

根据调整后的口径，我国的外债是指我国境内的机关、团体、企业、事业单位、金融机构（包括境内外资、合资金融机构）或者其他机构对我国境外的国际金融组织、外国政府、金融机构、企业或者其他机构承担的以外币表示的全部债务。按照债务类型，可具体分为11种类型：①外国政府贷款；②国际金融组织贷款；③国外银行及其他金融机构贷款；④买方信贷；⑤向国外出口商或国外企业、私人借款；⑥对外发行债券；⑦延期付款（贸易信贷）；⑧海外私人存款；⑨国际金融租赁；⑩补偿贸易中用现汇偿还的债务（补偿贸易，是指由外商提供技术、设备和必要的材料，中方进行生产，然后用生产的产品或现汇分期偿还外商提供的设备、技术等的价款）；⑪其他。

根据新的外债定义，境内机构对非居民承担的以外币表示的债务为外债，也就是说，目前我国还未将以人民币计价的对外债务纳入管理。从国际口径来看，以外币计价和以本币计价的对外债务都应纳入外债管理。但从我国具体情况来看，改革开放以来，我国形成的外债基本上是外币债务，以本币计价的外债很少发生，尚不具备形成规范的条件，因此尚未纳入管理范围。随着我国对外开放的不断深化，将陆续出现以人民币计价的对外债务问题。例如，经批准的合格境外机构投资者可以从事境内证券投资，其购买我国债券将形成人民币计价的对外债务；境内金融资产管理公司在对外转让不良债权时，也会产生人民币计价的外债。对于这些问题，我国将根据新的形势变化，在条件成熟时纳入管理规范。

2. 外债的监控指标

就整个运行过程来看，外债包括借、用、还三个环节。外债的监控指标，应该依据这三个环节进行设置，即应包括外债规模指标、外债结构指标、外债清偿能力指标和外债使用效益指标四个方面。外债规模指标主要包括外债余额与报告期内形成的外债额；外债结构指标主要包括外债的来源结构、利率结构、期限结构和币种结构；外债清偿能力指标主要包括负债率、债务率和偿债率；外债使用效益指标主要包括使用外债新增的生产能力、新增固定资产，外债使用的创汇指标、投资效益等。

目前，国际上对债务国外债的监控着重于外债清偿能力指标：①负债率，即年末外债余额占当年 GDP 的比率，控制指标为 10%；②债务率，即年末外债余额占当年外汇收入的比率，控制指标为 100%；③偿债率，即当年中长期外债还本付息额加上短期外债付息额占当年外汇收入的比率，控制指标为 20%，是一个核心指标。

### （二）外债管理主要内容

外债管理一般由政府设置专门机构负责制定外债管理的宏观政策和执行具体的监测管理，主要包括以下内容。

1. 外债总量和投向的管理

外债总量的管理，即外债规模的管理。如果外债规模过大，超过了本国的承受能力，就会造成债务危机；如果外债规模过小，不能满足国内资金需求，经济增长就会难以达到预期的目标。确定外债规模大小，取决于一国的外资吸收能力和偿还能力。吸收能力主要由一国的产业结构、劳动者素质和技术管理水平决定；偿还能力主要由该国出口创汇能力的大小和外汇储备情况决定。政府控制外债总量的关键指标是偿债率，即一国当年还本付息额不能超过当年贸易与非贸易收入的 20%，这是国际上公认的一条警戒线。

外债投向的管理，主要是确定借入的外债应投入哪些产业和部门。确定外债的投向，主要取决于一国经济发展战略和该时期的产业政策。即外债的投向应按照一国经济发展战略的要求，适应国家产业政策需要，协调和控制各部门举借外债的活动。在生产性项目和非生产性项目之间，重点项目与非重点项目之间，应当首先保证生产性项目和重点项目的外汇资金需要，这样才能提高外资的总体经济效益，使国民经济协调发展。

2. 外债结构的管理

外债结构的管理包括债务的来源结构、币种结构、利率结构和期限结构管理。

债务的来源结构，是指外债的债权人结构，一般有国际金融组织信贷、政府信贷、国际银行信贷等，国际金融组织信贷和政府信贷带有较多的优惠成分，利率较低，债务人偿债负担较轻；国际银行信贷利率较高，期限较短，偿债风险较大。

债务的币种结构，是指债务中不同币种债务所占比重。币种结构与汇率风险密切相关，币种结构管理的目的在于避免货币汇率变动给借款人增加债务负担。借款人在选择币种时，如果选择汇率趋升的货币作为外债的计值货币，就有可能增加借债成本，加重债务负担；反之，如果选择汇率趋跌的货币作为计值货币，就有可能减轻债务负担。但是，由于影响汇率长期变动的因素很多，对某种货币汇率走势的预测很难做到完全准确，在债务中不能使某种货币过于集中，在选择币种时应遵循“分散币种以分散风险”的原则，“软币”和“硬币”搭配使用，并使一些主要币种各占一定比重。外债中合理的币种结构可以避免由于汇率变动给借款人带来的损失，同时还可以争取在汇率波动中减少债务风险。

外债的利率结构包括两个方面的内容，一方面是从外债成本的角度将外债分为低利率债务与高利率债务；另一方面是按风险大小将外债划分为固定利率债务和浮动利率债务。利率结构管理的目的在于使债务人在利率变化中尽可能稳定或减少利息支出。从第一个方面来看，利率水平与债务来源结构密切相关，如国际金融组织贷款、政府贷款利率较低，而商业贷款利率较高。所以，商业贷款所占比重过大，必然增加借债成本。从第二个方面来看，固定利率可以预先确定利息支出额，一般来说，在利率水平趋升时应争取使用固定利率贷款；浮动利率是根据市场利率水平的变化情况定期调整利率，其利息支出额变化较大，所以在市场利率趋跌的情况下，可争取使用浮动利率贷款。在市场利率趋势难以预测时，最好使用固定利率和浮动利率各占一定比例的混合利率贷款。总的来说，应加强对浮动利率债务的管理和控制。

债务的期限结构，是指各种期限的债务占整个债务的比重，期限结构管理的目的在于使短期、中期和长期债务搭配合理均匀，避免某一时期偿还过于集中造成的偿债困难。原则上，短期、中期、长期债务应形成梯形结构，即短期债务所占比重要小一些，中期和长期债务比重可以大一些。特别要注意的是，中期和长期债务主要用于生产性项目投资，所以应当保证债务偿还期与项目投资回收期基本一致；而短期债务主要用于进口支付，绝对不能把短期债务用于中期和长期投资项目，否则有可能造成偿债困难，甚至酿成债务危机。

3. 选择适当的借款形式

国际金融市场上举债形式多种多样，总的来说，有贷款和发行国际债券两大类。贷款主要有外国政府贷款、国际金融组织贷款、商业银行贷款、租赁信贷等。不同贷款方式各有利弊，应根据资金用途及其他条件进行选择。一般来说，外国政府贷款和国际金融组织贷款具有低息优惠的性质，应优先考虑，但借款条件较为严格，不能轻易得到；虽然商业银行贷款借款条件灵活，对款项用途没有严格限制，但贷款利率较高，只适宜用于弥补短期资金短缺。以发行国际债券的方式筹集资金，除对市场条件、利率水平等因素进行比较外，还应注意欧洲债券和外国债券的构成。两者比较而言，欧洲债券发行条件灵活，市场交易活跃，易于筹集资金，但具有风险较大的弊病；外国债券管制较严，易受发行市场国货币政策、利率和汇率等因素的影响，但若发行市场选择得当，风险就不会太大。

## 本章思考题

1. 长期资本流动和短期资本流动的原因与影响有哪些？
2. 20 世纪 80 年代国际债务危机产生的原因、解决措施和影响有哪些？
3. 外债的概念和监控指标是什么？
4. 外债管理的主要内容有哪些？

# 第七章　国际货币体系

近代以来，国际货币体系历经国际金本位制度、布雷顿森林体系和牙买加体系三大形态。每种国际货币体系的形成发展、制度的创立运作都有各自的特点。现行的国际货币体系是牙买加体系。牙买加体系是在 20 世纪 70 年代布雷顿森林体系崩溃后，面对动态的国际金融现实，通过长期协商达成共识，1976 年在牙买加首都金斯顿签署的《牙买加协议》。了解国际货币体系在促进现代国际金融发展中有着极其重要的意义，是当前保障国际贸易的前提和基础。

## 第一节　国际货币体系的概述

国际货币体系（International Monetary System），是指国际货币的形成与发展、国际货币制度的创立与维护、国际货币问题的协调和合作等一系列动态关系的总和。本节首先对国际货币体系的形成和发展进行介绍。

### 一、国际货币体系的概念及分类

国际货币体系也称为“国际货币制度”，是各国政府为适应国际贸易与国际结算的需要，对货币的兑换、国际收支的调节等所做的安排或确定的原则，以及为此建立的组织形式等的总称。国际货币体系是国际货币关系的集中反映，构成了国际金融活动的总体框架。在市场经济体制下，各国之间的货币金融交往，都要受到国际货币体系的约束。

国际货币体系主要包括五个方面的内容。

（一）国际收支的调节

国际收支的调节，即有效地帮助和促进国际收支出现严重失衡的国家进行调节，使各国能在国际范围公平地承担国际收支调节的责任和义务，包括逆差国和顺差国承担的责任、成本、调节方式等的合理分配。国际收支的调节是国际货币体系的一项重要内容。

（二）汇率制度的安排

汇率制度的安排，即根据国际交往与国际支付的需要，以及使货币在国际范围发挥世界货币职能，各国政府规定本国货币与外国货币之间的比价，汇率波动的界限，汇率的调整，维持汇率采取的措施，是否实行汇率多元化以及货币能否自由兑换等。汇率制度是国际货币体系的核心内容。

（三）国际储备资产的确定以及储备资产的供应方式

为满足平衡国际收支的需要，一国需要有一定数量的国际储备。保存一定数量的、为世界各国普遍接受的国际储备资产，以及它们的构成，是国际货币体系的一项基础内容。

（四）国际货币金融事务的协调与管理

国际货币金融事务的协调与管理，即协调各国与国际货币活动有关的经济政策，通过国际货币机构和组织制定若干为各成员国认同并遵守的规则、惯例及制度。

（五）各国货币的兑换性与对国际收支采取的措施

例如，本国货币是否对外兑换以及是否限制对外支付。

国际货币体系可以从上述五个方面进行评价。理想的国际货币体系应该能够促进国际贸易和国际资本流动的发展，使各国能公平地得到来自国际贸易和国际经济合作的利益。首先，理想的国际货币体系应具有有效的国际收支调节机制，使各国公平合理地承担调节国际收支失衡的责任，并使失衡在最短的时间内以最小的成本得到调整。其次，良好的国际货币体系还应保持各国汇率的相对稳定，使人们确立对市场环境稳定的信心，确信国际收支调节机制可以顺利地发挥作用，各国无须采取大力度、大规模的市场干预行动，经济无须承受过度震荡带来的冲击。再次，国际清偿能力（储备资产）应保持同世界经济和贸易发展相当的增长速度，过快的增长会加剧世界性通货膨胀，而过慢的增长则会导致世界经济和贸易的萎缩。最后，各国能在有效的国际货币机构和组织框架内，加强货币和金融事务的协调与合作，促进世界经济的稳定持久发展。

国际货币体系最基本的分类是从货币本位及汇率制度这两个角度进行的。从货币本位来看，可以将国际货币体系划分为纯粹商品本位（如金本位）、纯粹信用本位（如不兑换纸币本位）、混合本位（如金汇兑本位）。从汇率制度来看，可以将国际货币体系划分为完全的固定汇率制度、完全的浮动汇率制度，以及介于两者之间的可调整的钉住、爬行钉住、管理浮动制度等。

从时间的先后顺序来看，国际货币体系大致可分为三个阶段，即国际金本位制度阶段、布雷顿森林体系阶段以及现行的牙买加体系阶段（将进行专节介绍）。

## 二、国际金本位制度

### （一）国际金本位制度的概念及运行规则

金本位制度是一种以一定成色及重量的黄金为本位货币的货币制度。在这种制度下，黄金是国际货币体系的基础。如果一个国家立法规定，它的主要银行和金融机构有义务按一个固定价格，即法定平价，兑换或回购其金融负债，它就实行了金本位制度。这个法定平价表示该国货币单位换算成特定数量黄金的价值。

国际金本位制度建立在世界各国普遍在国内实行金本位制度的基础上。最早实行金本位制度的国家是英国。1816 年，英国议会法令规定英格兰银行按每盎司 3 英镑 17 先令 9 便士的价格购买黄金，并按 3 英镑 17 先令 10.5 便士的价格出售黄金，黄金的成色或纯度是 91.667%。美国尽管曾在 1863 年宣布放弃金本位制度，然而却于 1879 年重新恢复金本位制度。此外，德国于 1871 年，法国于 1874 年，日本于 1897 年，俄国于 1898 年先后实行了金本位制度，到19世纪后期，欧洲其他一些主要资本主义国家也都先后实行了金本位制度，国际金本位制度便大致形成了。

在国际金本位制度下，各国货币汇率相对稳定，国际收支具有自动调节机制，这是由国际金本位制度的运行规则决定的。在国际金本位制度下，各国必须遵守三项规则。①各国货币应以一定量的黄金表示其价值，各国金融当局应按照规定的官价，无限制地买卖黄金或外汇。②各国的黄金应自由流出与流入，不受任何限制。③各国发行纸币应受黄金准备数量的限制，这就使各国的货币供给额，因黄金流入而增加，因黄金流出而减少。

首先，上述三项规则保证了各国之间的货币汇率是稳定的。在国际金本位制度下，各国货币都具有固定的黄金含量，两国货币的汇率取决于两国货币的含金量之比——铸币平价。市场上外汇供求的变化引起汇率波动，而国际黄金套利交易使汇率的波动被限制在黄金输送点之间，黄金输送点的值就等于铸币平价加减两国间黄金运输的费用。其次，上述第三项规则如果得到严格遵守，各国的国际收支就可以自动平衡，即逆差国因黄金流出而使货币供给量减少，物价下降，国际收支状况得到改善；顺差国因黄金流入而使货币供应量增加，物价上升，国际收支顺差减少。因此，在金本位制度下，国际收支失衡无须各国中央银行采取措施便可以自动得到修正。

国际金本位制度盛行之时，正值资本主义自由竞争的全盛时期，国内和国际政治都比较稳定，经济发展迅速。金本位制度下，各国货币间的汇率非常稳定，汇率的波动不会超出黄金输送点的范围，从而消除了国际经济合作中的不确定因素，有力地推进了国际贸易的发展和国际资本的流动。另外，在国际金本位制度下，国际收支具有自动调节机制，各国政府无须实施贸易管制和外汇管制，有利于商品和资本在国际自由流动；而且这种调节是渐进的，避免了政府宣布货币对外贬值带来的冲击。第一次世界大战以前，国际经济的繁荣使人们认为金本位制度是一种理想的货币制度，国际金本位制度阶段被视为国际货币制度史上的黄金时代。

### （二）国际金本位制度的形式

国际金本位制度主要有以下三种形式。

1. 金币本位制度

金币本位制度是金本位货币制度的最早形式，亦称为“古典的或纯粹的金本位制度”，盛行于1880—1914年。黄金自由铸造、自由兑换及黄金自由输出入是该货币制度的三大特点。在该制度下，各国政府以法律形式规定货币的含金量，两国货币含金量的对比即为决定汇率基础的铸币平价。

2. 金块本位制度

金块本位制度是一种以金块办理国际结算的变相金本位制度，亦称“金条本位制度”。在该制度下，由国家储存金块，作为储备。在流通中，各种货币与黄金的兑换关系受到限制，不再实行自由兑换；但在需要时，可按规定的限制数量以纸币向本国中央银行无限制兑换金块。

3. 金汇兑本位制度

金汇兑本位制度这是一种在金块本位制度或金币本位制度国家保持外汇，准许本国货币无限制地兑换外汇的金本位制度。在该制度下，国内只流通银行券，银行券不能兑换黄金，只能兑换实行金块本位制度或金本位制本位制度国家的货币。国际储备除黄金外，还有一定比重的外汇。

（三）国际金本位制度的崩溃

1914年，第一次世界大战爆发，各参战国均实行黄金禁运和禁止纸币兑换黄金，国际金本位制度暂时停止实行。战争期间，各参战国为了筹集战争经费，均发行大量不可兑换的纸币。第一次世界大战后，这些没有黄金准备的纸币大幅贬值，汇率波动剧烈，严重损害了国际贸易。然而，由于世界黄金存量的2/3为英国、美国、法国、德国及俄国五国占有，其他国家缺乏实行金本位制度的物质基础，不可能恢复战前的国际金本位制度。1922年，主要国家在意大利热那亚召开世界货币会议，建议实行金汇兑本位制度或虚金本位制度。除美国实行金币本位制度、英国和法国实行金块本位制度（英、法两国允许兑换黄金的最低货币额分别为1700英镑、215000法郎），其他国家都实行金汇兑本位制度，本币与美元、英镑或法郎挂钩，通过这三种货币与黄金挂钩。与第一次世界大战前相比，这种金本位制度的稳定性大大削弱。由于英国国际竞争力下降，国际收支严重不平衡，从债权国沦为债务国，英镑地位动摇，美元、法郎也上升为国际储备货币，形成英镑区、法郎区、美元区“三足鼎立”的局面。经过调整的金本位制度扩大了国际储备，但增添了动荡因素，未能承受1929—1933年经济大萧条的冲击。1929—1931年，巴西、阿根廷、澳大利亚、奥地利、德国因国际收支严重失衡而先后宣布放弃金本位制度，并向英格兰银行大量挤兑黄金，英国黄金面临枯竭。在强大的压力下，英国被迫于1931年9月放弃金本位制度，英镑区国家纷纷效仿。1933年3月，美元危机再次爆发，美国黄金流失惨重，不得不放弃金本位制度。法国、比利时、荷兰、瑞士、波兰、意大利六国组成的“黄金集团”，也因法郎定值过高，国际收支困难无法解决，于1936年最终放弃金本位制度。至此，金本位制度彻底崩溃，各国货币汇率开始自由浮动。

## 三、布雷顿森林体系

第二次世界大战末期，国际货币体系十分混乱，对各国经济和贸易都造成了极大危害。因此，在二战即将胜利的前夕，同盟国即着手拟订战后经济重建计划，希望重建统一的、稳定的国际货币制度，以加速战后经济贸易的恢复和发展。

1944年7月，44个同盟国家的300多位代表出席了在美国新罕布什尔州布雷顿森林召开的国际金融会议，商讨重建国际货币体系。此次会议，通过了以美国提出的“怀特计划”为基础的《国际货币基金协定》和《国际复兴开发银行协定》，总称《布雷顿森林协定》（以下简称《协定》），从而确定了以美元为中心的国际货币制度，即布雷顿森林体系。

### （一）布雷顿森林体系的主要内容

1. 实行美元与黄金挂钩，其他货币与美元挂钩的双挂钩体系

《协定》确认了美国政府在二战前规定的美元兑黄金的官价，1盎司黄金=35美元，美国承担各国中央银行按黄金官价用美元兑换黄金的义务。而其他国家政府规定各自货币的含金量，通过含金量比例确定同美元的汇率。这等于规定了美元直接同黄金挂钩，让美元获得了与黄金同等的地位，美元成为最主要的国际储备货币。

2. 实行以美元为中心的可调整的固定汇率制度

《协定》规定其他国家的货币按金平价或固定比价与美元挂钩，各国货币与美元的法定平价一经国际货币基金组织确认，便不可更改，其波动幅度不得超过平价的±1%，一旦突破规定的波幅，各国中央银行就必须进行干预。只有当成员国基本国际收支不平衡时，经 IMF 批准才能改变汇兑平价。由于各国货币均与美元保持可调整的固定比价，因此各国货币相互之间实际上也保持着可调整的固定比价，整个货币体系就成为一个固定汇率的货币体系。

3. 建立两大国际金融机构，以促进国际政策协调

建立国际货币基金组织和世界银行两大国际金融机构。国际货币基金组织为国际政策协调提供了适当的场所，还对各成员国的汇率进行监督，为成员国提供短期资金融通，从而成为战后国际货币体系的核心；而世界银行通过提供中长期信贷促进成员国经济复苏。

4. 调节国际收支不平衡

弥补国际收支逆差，为成员国融通弥补逆差所需资金，是国际货币体系顺利运转的必要条件。国际货币基金组织成员份额的25%以黄金或者可兑换成黄金的货币缴纳，其余则以本国货币缴纳。当成员国发生国际收支逆差时，可用本国货币向 IMF 按规定程序购买（借贷）一定数额的外汇，并在规定时间内以购回本国货币的方式偿还借款。成员国认缴的份额越大，得到的贷款就越多。贷款仅限于成员国用于弥补国际收支赤字，即用于经常项目的支付。此外，《协定》还规定了顺差国也有调节国际收支的责任，这主要体现在《协定》的“稀缺货币”（Scarce Currency）条款上：当一国的国际收支持续出现大量顺差时，逆差国对该顺差国的货币需求将明显、持续增长，并向 IMF 借取该种货币，这会使该种货币在 IMF 的库存急剧下降。当库存下降到该成员国份额的75%以下时，IMF 可以将该成员国货币宣布为“稀缺货币”，并按逆差国的需要进行限额分配，逆差国也有权对“稀缺货币”采取临时的兑换限制措施。这样，“稀缺货币”发行国的出口贸易就可能受到影响，从而迫使其采取调节国际收支的措施。“稀缺货币”条款的目的是使国际收支顺差国与逆差国一样，肩负起调节国际收支的责任。

5. 取消外汇管制

IMF 的宗旨之一就是努力消除阻碍多边贸易和多边清算的外汇管制，要求成员国履行货币兑换的义务。IMF《协定》的第 8 条款规定成员国不得限制经常项目的支付，不得采取歧视性的货币措施，要在兑换性的基础上实行多边支付。但是有三种情况可以例外。①IMF 不允许成员国政府在经常项目交易中限制外汇的买卖，但容许对资本项目实行外汇管制。②成员国处于战后过渡时期时，可以延迟履行货币可兑换性的义务。IMF 当初希望废除经常项目外汇管制的过渡期不少于 5 年，但实际上，直至 1958 年末主要工业化国家才取消了经常项目的外汇管制，恢复了货币自由兑换。即使在今天，IMF 的成员国中，也只有部分国家遵守此项条款，外汇管制在发展中国家仍然相当普遍。③成员国有权对被宣布为“稀缺货币”的货币采取歧视性货币措施。

（二）布雷顿森林体系的作用

布雷顿森林体系是在第二次世界大战中极不平衡的政治经济局势下建立起来的，反映了各国对国际金融稳定的良好愿望，同时不可避免地融进了美国谋求金融霸主的意图，从而使美国成了最大受益者。抛开这一点，布雷顿森林体系支撑了 20 世纪 60 年代资本主义世界高速增长的“黄金时代”，对全球经济贸易发展起到了积极作用。

1. 促进了第二次世界大战后国际贸易的迅速发展和生产国际化

各国严格遵守国际通行的固定汇率制度，保持汇率的稳定，消除了国际贸易及对外投资的汇率风险，极大地推动了国际贸易和资本流动。据统计，1948—1971 年，资本主义世界的出口贸易平均年增长 8%，大大高于第一次世界大战期间的 0.8%。以马歇尔计划为开端的大规模资本借贷和投资，使一大批国家走上负债发展经济的道路，通过生产国际化，积极参加国际分工，拉美各国及“亚洲四小龙”的高速发展令世人瞩目，堪称奇迹。

2. 缓解了各国国际收支困难，保障了各国稳定、高速发展

IMF 不仅为各国和地区提供部分应急贷款，还指导、协助各国进行国内经济政策调整，减少了国际收支不平衡对经济发展的制约。

3. 树立了开展广泛国际货币合作的典范

布雷顿森林体系建立常设机构IMF协调国际货币问题。该组织吸收了180多个国家和地区参加，每年召开一次全体成员会议，就国际金融问题交换意见，在共同讨论的基础上做出决策。在稳定汇率方面，与十国集团之间的互相协调已受到世界范围的首肯，通过IMF这样庞大的国际金融组织协调解决国际金融问题，开辟了国际金融政策协调的新时代。

（三）布雷顿森林体系的崩溃

1. 布雷顿森林体系崩溃的原因

（1）无法解决的特里芬难题。

对于布雷顿森林体系，美国有两个基本责任。一是要保证美元按固定官价兑换黄金，维持各国对美元的信心。二是要提供充足的国际清偿力，即美元。这样，美国同时承担了相互矛盾的双重职能。为了满足世界各国对美元储备的需要，美国只能通过对外负债形式提供美元，也就是国际收支持续逆差。然而，国际收支长期逆差，普遍的“美元灾”引发美元危机，美元就必须贬值而不能按官价兑换黄金。如果美国为了保持美元的稳定而保持国际收支顺差，那么各国将因缺乏必要的国际清偿手段降低生产和贸易发展速度。美国耶鲁大学教授特里芬在1960年出版的《黄金与美元危机》一书中明确指出了布雷顿森林体系下的这一内在矛盾，因而这一矛盾被称为“特里芬难题”。

（2）僵化的汇兑体系不适应经济格局的变动。

布雷顿森林体系把维护固定汇率制度放在首要地位，成员国在国际收支根本不平衡时可以申请改变汇率。事实上，各国改变汇率的次数极少。1948—1969年，只有1个国货币升值，12个国家汇率没有任何变动，27个国家有1次贬值，24个国家各贬值过2次或3次，另外5个国家在1962年之前贬值超过3次，16个国家贬值过多次。1950—1971年，主要资本主义国家间的汇率尤为稳定，日元没有丝毫变动，英镑在1967年贬值1次，法郎在1958年、1969年贬值2次，联邦德国马克在1961年、1969年升值2次，美元也始终力求稳定。

然而，1948—1969年，美国、英国、法国、日本、联邦德国五国的经济实力和地位已经发生了巨大变化，反映在国际收支上，美国持续逆差，英、法两国逆差年份多于顺差年份，日本和联邦德国积累了巨额顺差，如果排除各国央行的强力干预，美元、英镑、法国法郎贬值，日元和联邦德国马克升值是必然之举，外汇市场上的货币风潮就是很好的证明。但是，布雷顿森林体系的准则不能轻易突破，美国宁愿美元高估，背上出口发展缓慢的包袱，继续享受美元作为国际货币带来的“铸币税”收益，也不愿使美元贬值失去无偿或廉价占用他国实际资源的好处。从全球范围来看，一方面，英、法两国要维护作为大国的形象，很难根据国内经济政策需要适时调整汇率。而日本和联邦德国则把巨额美元储备作为增强实力、提高国际地位的手段，希望维持顺差，不愿调整汇率。另一方面，各国深受僵化的汇率机制之苦，美元逐渐失去出口竞争力和海外市场，日本和联邦德国却因被迫收买美元维护平价而导致通货膨胀。此外，第二次世界大战后各国经济周期不同步，客观上要求各国采取各不相同的宏观经济政策稳定本国经济发展，但是固定汇率制度把大家捆绑在一起，财政金融政策在国际的传递畅通无阻，常常干扰一国独立实施经济政策，引起许多国家的不满。这种僵化的状态违背了建立体系的初衷，矛盾的积累最终冲破了布雷顿森林体系的约束机制。

（3）IMF协调解决国际收支不平衡的能力有限。

布雷顿森林体系的一个显著特征就是利用IMF调节各国国际收支不平衡。IMF成立时筹集了88亿美元，1959年首次增到149亿美元，1965年2月第二次增资到210亿美元。当成员国国际收支逆差时，IMF为之提供备用储备，帮助其解决困难。但是，由于汇率机制的内在矛盾，各国国际收支问题日益严重，对IMF的贷款要求大大超过了IMF的财力，尽管IMF与十国集团达成了60亿美元的借款总安排，还创造了93.15亿SDRs，仍然无法满足成员国为维持汇率稳定需要的贷款支持，于是IMF不得不进入国际金融市场拆借资金，对成员国的贷款条件越来越严格，常常顾此失彼。而且，按照IMF的贷款条件，发展中国家处于极其不利的地位。IMF的贷款金额与各国的份额相联系，份额与贷款额成正比例关系，发展中国家份额小，因此得到的贷款就少。并且，发展中国家的贸易条件不断恶化，经济发展又急需国外先进的技术和设备，国际收支困难尤其严重。从贷款安排来看，发展中国家提供的资产（外汇、SDRs 和在 IMF 的头寸）占 IMF 总资产的 43%，但所得借款仅为 4%，它们对 IMF 调节国际收支的方法十分不满，强烈要求修改现行章程。从全球范围来看，IMF 虽然做了不懈努力，但是除了极少数国家国际收支为顺差外，绝大多数国家都出现了积累性国际收支逆差，IMF 并不能彻底、有效地协调解决国际收支问题。

2. 布雷顿森林体系的崩溃过程

（1）美元停兑黄金。在美国国际收支危机不断恶化的情况下，美国的黄金储备大量流失，美元的地位岌岌可危。与此同时，一些国家实行浮动汇率制度部分地破坏了固定汇率制度。20 世纪 70 年代，尽管 IMF 分配了 93.15 亿 SDRs，但是杯水车薪的新增国际清偿力仍然无法解决"特里芬难题"。1970 年，美国对外短期负债高达 469.6 亿美元，而其黄金储备只有 110.7 亿美元，即海外债权是其黄金储备的 4.24 倍，美国黄金储备已是捉襟见肘，频频告急。1971 年 8 月，谣传法国等西欧国家要向美国大量兑换黄金；8 月 15 日，美国总统尼克松宣布"新经济政策"，冻结国内工资物价，停止向国外中央银行兑换黄金，对进口产品开征 10%临时进口附加税。美元与黄金脱钩，布雷顿森林体系的一大支柱倒塌。

（2）固定汇率波动幅度扩大。在国际外汇金融市场极端混乱、西方国家矛盾重重的情况下，经过几个主要西方国家的背后磋商，十国集团于 1971 年 12 月底在美国华盛顿的史密森学会大厦举行财政部部长和中央银行行长会议，达成了《华盛顿协议》或称《史密森学会协议》。该协议的主要内容是：①美元兑黄金贬值 7.8%，黄金官价从每盎司 35 美元提高到每盎司 38 美元；②美国取消 10%的进口附加税；③各国货币的金平价做较大的调整；④各国货币对美元汇率的波动幅度由原来不超过金平价的±1%，扩大到±2.25%。然而，美元停止兑换黄金和小幅度升值，未能阻止美元危机与美国国际收支危机的继续发展。1972 年 2 月，由于美国国际收支逆差严重，美元信用急剧下降，在国际金融市场上又掀起了抛售美元、抢购联邦德国马克和日元的浪潮。

在此情况下，美国政府于1972年2月12日又一次宣布美元贬值10%，黄金官价也相应地由每盎司38美元提高到每盎司42.22美元。

（3）固定汇率制度崩溃。美元再度贬值未能制止美元危机，1973年3月，西欧国家又出现抛售美元、抢购黄金和联邦德国马克的风潮，伦敦黄金市场的金价一度涨到一盎司96美元，西欧国家和日本的外汇市场被迫关闭达17天之久。西方国家经过磋商与斗争，最后达成协议：西方国家的货币实行浮动汇率制度；在联邦德国马克升值3%的条件下，联邦德国、法国等西欧共同市场国家对美元实行联合浮动，彼此之间实行固定汇率；英国、意大利、爱尔兰实行单独浮动，暂不参加联合浮动。此外，其他主要西方国家的货币也都实行了对美元的浮动汇率制。至此，支撑布雷顿森林体系的另一支柱——各国货币钉住美元，与美元建立固定比价制度，也完全倒塌，布雷顿森林体系彻底崩溃。

## 第二节　现行的国际货币体系

现行的国际货币体系是牙买加体系，由于没有明确的本位币，也没有统一的汇率制度安排，各国可以依据国内外经济金融的状况自主做出安排浮动汇率制度、固定汇率制度、中间汇率制度，在理论上具有充分的自主性，所以又称为“无体系的体系”。随着经济全球化的进一步发展，国际资本市场一体化不断深入，资本流动速度日益加快，资本流动对外汇市场的波动影响日益加大，众多国家尤其是国际货币体系的外围国家深受核心与外围不对称性导致的损害。因此，对现行国际货币体系问题的再思考，对发展中国家显得相当重要。

### 一、牙买加体系

布雷顿森林体系崩溃以后，国际货币金融关系动荡混乱，美元的国际地位不断下降，许多国家都实行浮动汇率制度，汇率波动剧烈，全球性国际收支失衡现象严重，各国积极寻求货币制度改革方案。1976 年 1 月 8 日，国际货币制度临时委员会在牙买加首都金斯敦召开会议，并达成《牙买加协议》；同年 4 月，IMF 理事会通过《国际货币基金协定第二次修正案》，从而形成了国际货币体系的新格局——牙买加体系。

牙买加协议对布雷顿森林体系进行了扬弃。一方面，它继承了布雷顿森林体系下的 IMF，并且其作用还得到了加强；另一方面，它放弃了布雷顿森林体系下的双挂钩制度。《牙买加协议》的主要内容如下。

### （一）实行浮动汇率制度的改革

《牙买加协议》正式确认了浮动汇率制度的合法化，IMF 成员国可根据自己的情况自由选择汇率制度，但成员国的汇率政策必须受到 IMF 的监督，并与 IMF 协商。《牙买加协议》要求各成员国在物价稳定的条件下寻求持续的经济增长，稳定国内经济以促进国际金融的稳定，并尽力缩小汇率的波动幅度，避免操纵汇率阻止国际收支的调整或谋取不公平的竞争利益。该协议还规定实行浮动汇率制度的成员国应根据经济条件逐步恢复固定汇率制度，在将来世界经济稳定之后，经 IMF 总投票权的 85% 多数票通过，可以恢复稳定的、可调整的汇率制度。这实际上是对已实施多年的浮动汇率制度予以法律上的认可，但同时又强调了 IMF 在稳定汇率方面的监督和协调作用。

### （二）推行黄金非货币化

《牙买加协议》做出了逐步使黄金退出国际货币的决定，并规定：废除黄金条款，取消黄金官价，成员国中央银行可按市价从事黄金交易，取消成员国之间或成员国与 IMF 之间必须用黄金清偿债权债务的义务，降低黄金的货币作用。IMF 应逐步处理持有的黄金。

### （三）提高 SDRs 的国际储备地位，修订 SDRs 的有关条款

提高 SDRs 的国际储备地位，修订 SDRs 的有关条款，以使 SDRs 逐步取代黄金和美元成为国际货币体系的主要储备资产。《牙买加协议》规定成员国可以自由地进行 SDRs 交易，而不必征得 IMF 同意。IMF 中一般账户持有的资产一律以 SDRs 表示，IMF 与成员国之间的交易以 SDRs 代替黄金进行，尽量

扩大 SDRs 的使用范围。同时，IMF 也随时对 SDRs 制度进行监督，及时修正有关规定。

（四）增加 IMF 成员国缴纳的基金

由原来的 292 亿 SDRs 增加到 390 亿 SDRs，约增加了 33.6%；同时，个别成员国的份额比例也有所调整，石油输出国组织所占的份额比重增加，其他发展中国家所占比重维持不变，主要发达国家除德国和日本外都有所降低。

（五）提高信贷额度，以增加对发展中国家的资金融通

IMF 以出售黄金所得建立信托基金，以优惠条件向最贫困的发展中国家提供贷款，并将 IMF 的信贷部分贷款额度由成员国份额的 100%提高到 145%，并提高 IMF“出口波动补偿贷款”在份额中的比重，由占份额的 50%提高到占份额的 75%。

## 二、牙买加体系的作用和缺陷

关于国际货币体系的改革问题一直是国际经济领域中关注很久和争论较大的课题。要确定国际货币体系的改革方向和具体方案，首先，必须弄清当前国际货币体系的运行现状和框架，因为国际货币体系的改革如同其他领域的改革一样都将或多或少地依赖其原有的改革路径；其次，必须对当前的国际金融活动中的一些基本现象和趋势做出基本判断，才能提出国际货币体系改革的方向。

（一）牙买加体系的作用

牙买加体系创建至今，经历了国际金融的一系列重大变化，在克服各种危机、推动经济稳定发展方面起到了积极作用。

1. 打破了布雷顿森林体系的僵化局面

实行浮动汇率制度，提高了各国对外政策的灵活性，在受到国外冲击时，可以由汇率变动来自动调节，不必实行紧缩性或扩张性政策维持汇率，能够保持国内经济政策的连续性，使宏观经济政策的力度和范围得到保障，市场效率更高。

2. 国际储备多元化

美国不必用国际收支逆差来提供国际清偿手段，美元与黄金脱钩，美国可以自主地安排汇率。其他国家则综合考虑进出口对象、资本流动、各种储备之间的风险收益后选择国际储备；消除了布雷顿森林体系下必须与美元拴在一起的弊端。

3. 扩展了调节国际收支的渠道

在布雷顿森林体系下，调节国际收支的渠道有两条：一是 IMF 提供短期或中长期贷款；二是在成员国发生国际收支根本不平衡时改变汇兑平价。这两条渠道由于存在份额限制以及需要付出高昂代价而作用有限，调节机制失灵。牙买加体系新引进了国际金融市场、商业银行信贷和国际合作与政策协调，使国际收支的调节更有效、更及时。

较之于布雷顿森林体系，牙买加体系是一种“没有体系的体系”，因为它不存在强制性的制度安排。“没有体系”是当前国际货币体系的基本特征。这种“没有体系”的制度安排，给各国经济的发展带来了相应的利益。

首先，在一定程度上缓解了“信心和清偿力矛盾”（特里芬难题）的困境。黄金非货币化和储备资产多元化使国际社会摆脱了自金本位制度以来国际储备货币对实物货币性黄金的依赖。信用货币真正在国际经济中发挥了货币的职能，因为人们需要的并不是黄金或者美元本身，而是通过本位货币表现的信用秩序和流动性而已。国际储备货币多元化，使充当国际储备货币的好处和风险由多种货币分担，当某一国际储备货币发行国因为长期国际收支逆差导致其货币贬值而产生信心危机时，它在外汇储备中所占的比重就会下降，其他国际收支顺差并且信心良好的国际储备货币比重便会增大，从而不会导致国际清偿力的不足。因此，多元化的储备货币既能稳定地提供充足的国际清偿力，又不会使单个储备货币的危机影响整个国际货币体系的稳定，这在一定程度上缓解了“信心和清偿力矛盾”（特里芬难题）的困境。

其次，同以往的国际货币体系相比，现行国际货币体系一个很重要的优越性是使各国在克服经济周期和提高产出就业水平方面，可以自主地运用财政政策和货币政策，有了更大的政策自由度，因为各国没有国际制度方面的义务来维持汇率的固定。这在当今世界经济不稳定、各国经济发展水平和结构不一的条件下，也可以说是现行国际货币体系能够维持运行的一个重要因素。可以说，现行国际货币体系是世界经济不稳定和发展不平衡的产物，其运行也大体上能够适应世界经济的这种状况。各国都能在可以灵活选择国内宏观政策上获得极大的收益。

最后，在现行国际货币体系下出现的全球金融自由化趋势具有不可逆转性。自20世纪70年代以来，国际资本急剧积累，没有哪个发展中国家能够拒绝这种巨大的诱惑。事实上，国际资本的流动确实引导了世界经济资源在各国的重新配置，推动各国经济的发展，逐渐缩小国别间经济发展的差距。国际资本的大量流动需要一国金融的对外开放和全球金融的自由化环境，因此，金融对外开放政策和全球金融自由化趋势得到了众多国家的认可。对于掌握大量金融资本的发达国家来说，全球金融自由化既可以使其大量输出资本，获取巨额的海外利润，又可以通过资本的输出影响与操纵资本输入国的经济政策和政治倾向。尤其是对于国际储备货币发行国来说，在全球金融自由化背景下，巨大的国际资本流动使其金融机构得到了丰厚的利润。全球金融自由化反过来又扩大了国际资本流动的规模和速度。

现行国际货币体系在全球金融自由化的进程中起到了重要的推动作用。WTO和IMF作为世界上最重要的国际经济组织，是全球金融自由化和货币兑换自由化的积极推动者。尽管近年来一些学者和政府对全球金融自由化的弊端提出了严厉的批评，但只要发展中国家的国际收支逆差调整仍然在很大程度上依赖国际资本的流动，获得巨额投资和金融服务利润的发达国家没有为此承担相应的责任，全球金融自由化的趋势就具有不可逆转的特性。

因此，牙买加体系的改革必然要受到储备货币的多元化、各国对能够灵活地选择国内宏观经济政策的偏好以及全球金融自由化的约束。

### （二）牙买加体系的主要缺陷

现行国际货币体系在运行过程中的主要缺陷是汇率的不稳定和国际支付体系的脆弱性。这两大缺陷通过20世纪80年代的国际债务危机和近年来的国际货币危机集中体现了出来，引起了国际社会对国际货币体系改革的重新重视。

1. 现行国际货币体系下的汇率制度难以建立起稳定的汇率形成机制

在现行国际货币体系下，各国可以自由地选择汇率制度。这种汇率制度安排虽然从形式上看是十分自由的，但实质上仍存在着国际储备货币发行国对汇率制度的主动安排与其他国家被动选择汇率制度的矛盾。发达国家尤其是国际储备货币发行国，大多数采取单独浮动或联合浮动政策，反映了发达国家的经济金融利益，而大多数发展中国家由于经济金融发展的依附性，只能被动地选择钉住美元等少数几种货币的钉住汇率制。在国际储备货币间汇率波动的情况下，选择钉住汇率制的国家必然承受巨大的汇率风险，为了自身的利益经常干预外汇市场，竞争性贬值的现象时有发生。对于国际储备货币发行国如美国、日本和欧元区国家来说，它们实际上负有稳定汇率秩序的重任，但这些国家在制定和选择汇率政策时，都是从自身利益考虑的。所以三大经济体经济发展的波动性带来了汇率的巨大波动，而三大国际储备货币间汇率的波动不仅影响到了它们之间的贸易和金融关系，而且使那些钉住其货币的发展中国家深受其害。

然而，在现行的国际货币体系下，汇率制度很难建立起稳定的汇率形成机制。近年来，美元虽然波动较大，但是美国作为国际储备货币的主要发行国并没有太多地承受汇率变动的风险，所以对稳定汇率并没有太大的兴趣，甚至仍然鼓吹浮动汇率可以有效协调世界经济运转。IMF 原来是坚决维持固定汇率体制的，但 20 世纪 80 年代以来开始逐渐赞赏浮动汇率。IMF 拯救亚洲金融危机的核心策略之一就是让汇率浮动。在当前的国际货币体系下，只要美国和 IMF 没有维持汇率稳定的愿望，汇率的稳定就提不上议事日程，汇率制度的无序状态和汇率的急剧波动也就在所难免。

2. 现行的国际支付体系十分脆弱

一个健全的支付体系需要一个最终贷款者最终发挥稳定信用的作用。布雷顿森林体系实际上是二战之后英、美两个大国在各自提出的凯恩斯计划与怀特计划之间斗争的结果，存在天然的缺陷——缺少“世界中央银行”，作为监管世界金融市场的监管者和扮演国际最后贷款者角色。现行的国际货币体系残存的旧有国际货币体系的痼疾，仍然缺乏一种像国内中央银行那样扮演国内最终贷款者角色的国际最终贷款者，使成员国在发生货币危机时得到解决危机的贷款。在经济全球化和金融全球化的趋势下，任何单个国家的国内监管措施对高度国际化和全球化的资金流动与信用关系已很难再具有相应的控制力，但现行的国际货币体系仍将主要目标放在货币自由兑换和资本项目自由化上，而对日益变得重要的抑制投机、防范国际金融危机等问题未能予以应有的重视。这样，在现行的国际货币体系下，一方面缺乏危机防范措施，另一方面缺少缓解危机必需的最终贷款者，从而导致一旦发生危机，就会出现危机大面积蔓延的现象。

在全球金融自由化和国际资本大量流动的形势下，各国国际收支逆差的调整已经越来越依赖国际资本的流动。某一国家因经济的衰退、过度的借债或者意外的冲击造成的流动性危机，有可能引发全球性的信用危机。1982 年爆发的全球债务危机就是最好的例证。但在这一危机后引起重视的并不是国际最终贷款者的缺位，而是如何保护债权国和国际金融机构的利益，从而错失了改革的时机。

在 20 世纪 90 年代后期频频爆发的国际金融危机中，无论是 IMF 还是国际上其他多边性的国际救援资金，其援助的目的都是让受援国维持清偿能力，使其不致破产和避免国际债务链断裂，于是这类资金援助的最大受益者实际上并不是受危机冲击国本身，而是相关债权国。因为这种资金援助保障了它们可以收回债权。不仅如此，这类资金援助还会引发“道德风险”，即发达国家的债权人有意放松或疏忽对其信贷风险的控制，大胆地追求高额回报。因为它们知道，如果债务国发生危机，国际金融机构就会提供资金保护它们的利益。

IMF 不但没有发挥最后贷款人的作用，反而因其在金融危机中开出一些不适当的“药方”而备受世人的非议。在金融危机中，接受 IMF 资金援助的东南亚各国都被迫按其所开的“药方”进行调整和改革，而这些“药方”都是要求危机国采取财政紧缩和货币紧缩政策，加速资本流动自由化，其目的仍然是保护债权国和国际金融机构的利益。IMF 对这些面临危机的国家采取强制措施，不但无法恢复投资人的信心，反而加剧了资本的外逃，产生了适得其反的效果，进一步加剧了金融市场的动荡。

## 三、现行国际货币体系的改革方向

近年来，国际社会对于如何改革现行国际货币体系提出了一些措施。

第一，改良现有的国际金融机构。例如，加强 IMF 在其贷款的份额、对全球资本流动的监测和预警系统方面的功能，并减少受美国及其他西方发达国家干预；提高世界银行在稳定国际金融体制中的作用；发挥区域性国际金融机构如亚洲开发银行的作用，加强对遭受危机袭击国家的资金援助；以国际清算银行为中心，建立国际金融风险预警系统，提高国际金融预防风险的能力，为 IMF 或其他国际金融机构提供基础性材料，向有关成员国发出金融风险的预警信息。

第二，建立和加强国际金融监管制度，公开披露有关信息，提高信息透明度，加强对银行的跨境监管，解决许多国家由于银行管理不善，引发金融过度风险；或由于银行财务状况信息不透明，延误发现和解决风险的时机；或由于监督机构缺乏独立性，使制定的监督制度不能实施。

第三，制定措施或者通过增加交易成本的办法限制国际资本的流动等。但是，这些措施都难以从根本上改变现行国际货币体系下汇率的不稳定和国际支付体系的脆弱性。

第四，重塑和加强其他金融机构的功能。如对世界银行而言，作为与 IMF 相关的一个国际金融机构，除了促进成员国的长期经济发展外，它还具有另外一项职责，即“通过鼓励对成员国生产性资源进行国际投资，并通过帮助成员国劳动者提高生产率和生活水平等措施来促进国际贸易发展及维持国际收支平衡”。显然，世界银行离这一目标很远。虽然亚洲金融危机爆发之后，世界银行创设了“应急贷款”，为成员国提供应对燃眉之急的资金援助，但其工作重心并未从现在的开发项目贷款者上转换过来。未来世界银行的一些项目贷款可能会让私营金融机构承担，而世界银行则应更多地与 IMF 配合为维持国际金融稳定提供更多的帮助。至于国际清算银行、巴塞尔银行监管委员会、国际证券委员会等国际金融机构则应该被赋予更多对金融市场监测、制定规范、发布信息等方面的功能。随着市场一体化的发展，这些机构的权威性应该有所增强，其规则会具有更多的约束力。

总之，如何在全球金融自由化和国际资本大量流动的条件下，兼顾货币政策的独立性和汇率的稳定性，是现行国际货币体系面临的最大难题，但欧洲货币联盟的顺利运行给我们提供了极为重要的启示，现行“无体系”的国际货币体系可能以货币联盟的方式向新固定汇率制度复归，其基本架构是欧洲、北美洲和亚洲三大货币合作区。

## 第三节　国际金融一体化

国际金融一体化是随着国际经济一体化的发展，各国金融市场和各类金融市场之间的界限逐步消失，全球性、多功能的国际金融市场逐步形成的趋势。国际金融一体化虽然提高了金融信息传递的效率，增加了金融资产的流动性，促进了国际贸易的发展，但是因为金融资产价格的过度波动给金融市场带来了较大的风险。

### 一、国际金融一体化

自牙买加体系建立以来，在“无制度的体系下”，汇率波动剧烈，银行信贷风险激增，债务危机几乎酿成国际金融危机，各国金融业展开空前激烈的竞争，国际金融一体化成为20世纪80年代以来的大趋势，表现出以下特征。

#### （一）金融市场一体化

金融市场一体化既指金融市场的发展超越国界和时区限制成为全天24小时连续不断营运的一体化金融市场，也指国内金融市场和国外金融市场之间日益紧密的联系、协调，它们之间相互影响、相互促进，逐步走向一个统一的金融市场的状态。由于光纤通信、海底电缆、计算机联网等现代通信技术的发展，在任何一国都可以参与全球任一主要金融市场的业务活动。随着欧洲货币市场的发展壮大，国际金融市场和国内金融市场日益融合，外国金融市场可以进入本国金融市场活动，在本国金融市场上可以经营外国货币业务，无论货币市场还是证券市场都实现了全球一体化。

### （二）货币一体化

货币一体化即全球或某一地区的有关国家在货币领域实行协调与结合，形成一个统一体，最终实现一个统一的货币体系。货币一体化的国家主要与以下因素有关：①相同或相似的通货膨胀率；②要素流动的程度；③一国的经济规模和开放程度；④商品多样化的程度；⑤工资、价格的变动幅度；⑥商品市场一体化的程度；⑦财政一体化的程度；⑧政治因素。货币一体化要求统一汇率，统一货币，建立中央银行，统一货币金融政策。布雷顿森林体系是全球货币一体化的一个尝试。由于 IMF 成员国经济结构悬殊，工业国之间发展不平衡，货币一体化不能维持。自 20 世纪 80 年代以来，区域性货币一体化方兴未艾，尤其是欧洲货币一体化进展迅速，为货币一体化树立了榜样。

### （三）金融业务一体化

金融业务一体化即金融工具、金融业务和金融机构跨越国界，日益国际化。早在 20 世纪 60—70 年代，就开始了一系列的金融工具创新；80 年代，金融工具的创新在国际上的传递更为迅速，各国创新的成果很快就成为国际通用的工具，使得金融创新的浪潮席卷全球。金融业务一体化最明显的是金融业务证券化及资产负债表外化。自 20 世纪 80 年代以来，债务危机对银行冲击很大，西方银行普遍由以信贷为主转向以证券业为主，尤其是各国放松银行管制，允许银行向综合经营方向发展后，金融业务全球证券化进入快速发展阶段。1985 年，证券融资第一次超过银行信贷；1988 年，证券融资占融资总额的 87%。20 世纪 90 年代，间接融资有所增长，银行信贷占融资的比例在 1991 年上升到 29.3%。整个 20 世纪 80 年代，金融业的呆账和坏账呈上升趋势，银行业的盈利水平远远低于 70 年代，因此，表外业务在全球范围兴起，标志着银行经营进入了新的历史阶段。银行业务一体化必然推动金融机构国际化，跨国银行规模急剧扩大，分支机构遍布全球，不仅工业国的跨国银行海外机构和业务猛增，许多发展中国家也在主要国际金融市场设立了分支机构。从银行国际化程度来看，20 世纪 70 年代美国领先，80 年代日本称雄，90 年代欧洲独占鳌头。

（四）金融管理一体化

金融管理一体化即各国的金融政策、对金融业的管理趋于一致。西方七国首脑会议的一项重要议题就是协调各国的货币金融政策，使各国汇率稳定，利率协调变动，把通货膨胀率控制在一定的水平上，协同对付外汇投机。除了来自峰会的金融政策协调外，金融市场的竞争力量也迫使各国金融政策趋同，20 世纪 80 年代的金融市场自由化就是一个典型的例子。由于债务危机及非银行金融机构的挑战，银行的处境十分艰难，大批银行倒闭，给西方经济造成很大损失。管制较松的国家的银行国际竞争力强，为了不在竞争中落伍，管制较严的国家纷纷放松管制，因此在全球范围展开了放松金融管制的自由化活动。各国改革税制，降低企业的所得税，增加了银行发展的后劲；各国都解散禁令，允许商业银行涉足证券业，银行的利率也可以由银行自行确定。1986 年，“伦敦大震”，英格兰银行改革证券交易所制度，伦敦证券市场对外国银行不再限制；美国也开设离岸金融市场。金融自由化使许多银行盲目发展业务，而且银行不愿运用传统的资产经营管理，而是转向主动进攻型的负债经营管理，负债成本提高，经营风险增加，危及整个银行业的基础。因此，十国集团的银行监督委员会于 1987 年 11 月通过了《巴塞尔协定》，对银行资本的定义和组成、衡量资本风险的统一标准做出规定，要求各国从事国际业务的银行到 1992 年底资本对风险资产的比率不得低于 8%，其中，核心资本不得少于 4%。该协定不仅为签约国所遵守，日本、澳大利亚、新西兰、新加坡与中国香港等国家和地区，以及海湾国家都对银行政策进行了调整，执行《巴塞尔协定》，另有许多国家正在按此规定努力达标。在金融自由化的同时，金融管理国际化更严格、更普遍。

金融一体化的根本原因在于国际经济一体化，随着科学技术日新月异，时空对国际经济合作已不再构成任何限制。世界各国都在进行经济结构调整，新材料、新技术、新兴产业不断代替传统产业，新一轮的国际分工已经深入产品、零部件或某道工序以及劳务和服务，以跨国公司为主体，以全球资源合理配置为手段，以利润最大化为目标的经济一体化潮流已初具规模。跨国公司在全球范围的生产经营活动必然对国际金融提出新要求，加速金融市场一体化和国际金融业务一体化，金融管理也随之国际化。由于各国对国际市场的依赖方式、依赖程度不同，在选择国际经济合作伙伴上各有考虑，有着共同经济利益的国家往往组成经济共同体，实行共同的经济、贸易政策。20世纪80年代，经济区域化明显加强，欧洲统一市场，北美自由贸易区举世瞩目。区域经济一体化发展的结果便是货币一体化，因为这是区域经济一体化成果得以巩固的重要基础。如果没有区域货币一体化，区域经济一体化就会分崩离析。

## 二、欧洲货币一体化

欧洲货币一体化的演进被国际社会公认为自布雷顿森林体系崩溃以来在国际货币安排方面最有意义的发展，是国际政策协调方面最重要的典范，也是迄今为止最适度通货区最成功的实践结果。欧洲货币一体化的发展在成员国间建立起一个“货币稳定区域”，使它们得以免受区域外金融不稳定的影响，区域内的固定汇率安排方便了成员国间的经济交往和合作，从而为未来的国际货币制度改革树立了一个可借鉴的榜样。

1969年12月，欧共体在海牙举行首脑会议，决定筹建欧洲经济与货币联盟，揭开了欧洲货币一体化的序幕。欧洲货币一体化进程经历了四个阶段。

### （一）魏尔纳计划

根据海牙会议精神，以荷兰前首相兼外交大臣皮尔瑞·魏尔纳为首的专家小组于1970年5月提出了欧洲经济与货币联盟的初步计划，号称“魏尔纳计划”。魏尔纳计划规定分三个阶段实现欧洲货币一体化：1971—1973年，缩小成员国间汇率波动幅度，协调各国的货币经济政策；1974—1976年，集中成员国部分外汇，建立欧洲货币储备基金；1977—1980年，欧共体内部商品、资本、劳务流动不再受限制，汇率完全稳定，向统一货币过渡，欧洲货币储备基金向中央银行发展。由于成员国的通货膨胀和经济增长速度不一致以及认识上的分歧，魏尔纳计划进展甚微。20 世纪 70 年代，欧洲货币一体化取得的成果是创立了欧洲记账单位（European Unit of Account，EUA）。EUA 与 1974 年 6 月 28 日的一个 SDRs 等值，即 EUA1 = USD1.2603。

（二）欧洲货币体系

为制止汇率的波动，促进欧共体成员国经济的发展，欧共体各成员国在 1978 年12 月 5 日的布鲁塞尔首脑会议上达成协议，决定于 1979 年 1 月 1 日建立欧洲货币体系（European Monetary System，EMS），后因法国和联邦德国在农产品贸易补偿制度上发生争执，该体系延迟至 1979 年 3 月 13 日正式成立。EMS 实质上是一个固定的、可调整的汇率制度。

EMS 主要包括以下三个内容。

1. 欧洲货币单位

欧洲货币单位（European Currency Unit，ECU）实际上是由 EUA 演变过来的，其价值是欧共体成员国货币的加权平均值，每种货币的权数根据该国在欧共体内部贸易中所占的比重和该国 GDP 规模进行确定，每 5 年调整一次。ECU 的作用主要有以下几个。①作为欧洲稳定汇率机制的标准。欧共体成员国在确定货币汇率时，以 ECU 为依据，其货币与 ECU 保持固定比价，然后由此中心汇率套算出同其他成员国货币的比价。②作为决定欧共体各成员国货币汇率偏离中心汇率的参考指标。③作为欧共体成员国官方之间的清算手段和信贷手段以及外汇市场的干预手段。

2. 欧洲货币合作基金

为了稳定欧洲货币体系的正常运转，欧共体还于 1973 年 4 月设立了 EMCF，集中起成员国各 20%的黄金储备和美元储备，作为发行 ECU 的准备。由于各国储备数量以及美元和黄金价格都处于变动中，该基金每隔一段时间便要重新确定其金额。EMCF 的主要作用是向成员国提供相应的贷款，以帮助它们进行国际收支调节和外汇市场干预，保证欧洲汇率机制的稳定。EMCF 给成员国提供的贷款种类因期限而有所不同，期限最短的45 天以下贷款只向稳定汇率机制参加国提供；9 个月以下的短期贷款用于帮助成员国克服短期国际收支失衡问题；期限为 2~5 年的中期贷款，用于帮助成员国解决结构性国际收支问题。欧共体通常在向成员国提供贷款时附加一定的条件。

3. 稳定汇率机制

稳定汇率机制（Exchange Rate Mechanism，ERM）是欧洲货币体系的核心组成部分。根据该机制的安排，汇率机制的每个参加国都确定本国货币和 ECU 的（可调整的）固定比价，即确定一个中心汇率，并依据中心汇率套算出与其他参加国货币相互之间的比价。在 ERM 中，通过各国货币当局在外汇市场上的强制性干预，使各国汇率的波动限制在允许的幅度以内。也就是说，如果两种货币的汇率达到允许波幅的上限或下限时，弱币国货币当局必须买入本币以阻止其进一步贬值，相应地，强币国货币当局必须卖出本币以阻止其继续升值，从而通过这种对称性的市场干预实现汇率机制的稳定。

需要指出的是，并不是所有欧共体成员国都参加了稳定汇率机制。德国、法国、比利时、丹麦、意大利、荷兰、卢森堡和爱尔兰是该机制的初始参加国；英国虽然早在 1973 年就加入了欧共体，但是直到 1990 年 10 月才加入稳定汇率机制，而 1992 年 9 月又与意大利一同退出这一汇率机制；西班牙和葡萄牙于 1986 年加入欧共体，但它们进入稳定汇率机制的时间分别推迟至 1989 年6 月和 1992 年 4 月。

（三）《马斯特里赫特条约》与欧洲经济货币联盟

1988 年，欧共体在联邦德国汉诺威首脑会议上委托以欧共体委员会主席德洛尔为首的一个委员会研究欧洲经济货币联盟的可行性。1989 年 6 月，德洛尔向马德里峰会提交了德洛尔计划。计划花 10 年分三个阶段完成欧洲经济货币联盟。1991 年 12 月，欧共体在荷兰马斯特里赫特峰会上签署了《关于欧洲经济货币联盟的马斯特里赫特条约》（*Maastricht Agreement on Economic and Monetary Union*，以下简称《马约》）。《马约》参考了德洛尔计划的三个阶段，为欧洲经济货币联盟制定了详细的时间表，规定了一个分三个阶段实施的货币一体化计划，如表 7-1 所示。

表 7-1 《马斯特里赫特条约》的欧洲经济货币联盟计划

| 阶段 | 时间 | 主要目标 |
| --- | --- | --- |
| 第一阶段 | 1990 年 7 月 1 日至 1993 年底 | 实现所有成员国加入欧洲货币体系的汇率机制，实现资本的自由流动，协调各成员国的经济政策，建立相应的监督机制 |
| 第二阶段 | 1994 年 1 月 1 日至 1997 年 | 进一步实现各国宏观经济政策的协调，加强成员国之间的经济趋同；建立独立的欧洲货币管理体系——欧洲货币局，作为欧洲中央银行的前身，为统一货币做技术和程序上的准备；各国货币汇率波动在原有基础上①进一步缩小并趋于固定 |
| 第三阶段 | 1998 年至 1999 年 1 月 1 日 | 最终建立统一的欧洲货币和独立的欧洲中央银行 |

《马约》为各国过渡到欧洲经济与货币联盟制定了四个共同标准，只有符合这四个标准的成员国才有资格加入欧洲经济与货币联盟，这四个标准是：①通货膨胀率不得超过三个成绩最好国家平均水平的 1.5 个百分点；②当年财政赤字不得超过 GDP 的 3%，累计公债不得超过 GDP 的 60%；③政府长期债券利率不得超过三个最低国家平均水平的 2 个百分点；④在加入欧洲经济与货币联盟前两年汇率稳定，中心汇率不得重组。

（四）欧元启动

1999 年 1 月 1 日至 2002 年 6 月 30 日为欧元正式启动阶段，其具体进程为：1999 年 1 月 1 日，欧元以 1∶1 的汇率取代 ECU 作为储备、投资、计价和结算货币，开始在货币市场、银行间同业拆借市场所有经济活动中享有与信用卡、支票、电子货币等交易工具同等的功能；2002 年 1 月 1 日，欧元纸币和硬币正式进入流通，各成员国货币与之混合流通半年后，即退出流通领域；2002 年 7 月 1 日，欧元作为欧元区唯一的法定货币在市场流通。欧元实施时间及内容如表 7-2 所示。

① 意大利、西班牙和英国货币汇率的波动幅度为±6%，其他成员国货币汇率的波动幅度均为±2.25%。

**表 7-2　欧元实施时间及内容**

| 时间 | 内容 |
| --- | --- |
| 1998 年 5 月 | 决定参加国 |
| 1999 年 1 月 1 日 | 欧元正式启动 |
| 2002 年 1 月 1 日 | 欧元现金投入市场流通 |
| 2002 年 7 月 1 日 | 各参加国货币完全退出流通 |

与此同时，欧洲中央银行开始运作，履行制定统一货币政策的职责，维护欧元稳定，统一管理主导利率、货币储备及货币发行等，建立和完善货币政策机制。同时，各成员国中央银行自动成为欧洲中央银行的执行机构，而不再单独制定货币政策。欧元区内欧元实时自动清算系统与各成员国的实时自动清算系统连接起来并开始磨合运转，各成员国货币汇率与欧元固定下来。与此同时，逐步完善欧洲中央银行体系，建立由欧洲中央银行牵头、各欧元区成员国中央银行参加的联席会议。所有欧元区成员国中央银行均需按本国人口和 GDP 比例在欧洲中央银行认购股本，以奠定该行制定和实施货币政策的资金基础。

欧元的实行对于欧盟各国有积极的影响。①可以降低欧盟成员国在国际贸易及货币兑换方面的信息成本与交易成本，便利价格与成本水平在国际上的比较，成员国用于搜集、加工、存储相关汇率信息和了解国外汇率政策及不同外汇管制规则方面的资源浪费将大大减少，汇率的不确定性和货币兑换方面的成本支出都会不同程度地降低。②由于执行统一的货币政策，各成员国更容易在政策目标方面达成一致，并可以避免各国货币供应的政治化以及因国内选举产生的所谓“政治商业周期”。③有利于提高各国经济的开放性，推进成员国经济的一体化进程，商品与生产要素在成员国间流动性的加强以及内部汇率不确定性的消除，可以提高价格机制在欧元区内配置资源的效率，从而创造一个相对合理的竞争环境，提高整个欧元区经济的平均增长率。④内部汇率不确定性的消除，可增强欧元区内投资收益预期的确定性和相对价格的透明度，促进欧元区内物价水平的稳定，并减轻固定汇率安排下国际收支调节对一国经济增长的约束以及汇率投机的可能性，从而提高各成员国运用金融交易调节国际收支的能力，降低它们干预外汇市场、管理外汇储备的成本。

欧元的实行对于与欧盟经济密切的国家也有积极的影响，尤其对于它们之间的国际贸易和国际投资来说，欧元的产生，将会降低支付及汇兑成本。同时，各国的进出口结算和投资收益预期的稳定性都将得到提高，对欧元区的汇率风险也可能有所减弱。

欧元的实行还会对现有以美元为主的国际外汇储备格局形成冲击，并对国际货币体系改革及区域货币一体化的发展产生深远影响。欧元区的成功将为未来国际货币体系的改革提供一个可以借鉴的范例，促进国际金融秩序和外汇市场的稳定，并推动世界其他国家、地区对货币一体化的尝试，加剧全球范围内的货币集团化倾向，将国际货币体系改革引向一个新的阶段。但是，如果欧元区的运作出现反复或失败，就会对国际货币改革与区域性货币一体化尝试形成打击，引起外汇市场的混乱，这种局面是欧元区各国及国际社会不愿看到的。

## 三、亚洲货币合作问题

### （一）亚洲货币合作的背景及进程

1. 亚洲货币合作的背景

亚洲历来是制度性经济合作较薄弱的一个地区，原有的地区合作组织东盟和亚太经合组织都没有针对成员的货币稳定问题提出合作方案。因此，这一地区的货币合作在1997年以前几乎是空白的。1997年爆发的亚洲金融危机，引起了亚洲各国对货币合作问题的高度关注。该危机中反映出的“传染效应”在区域性金融危机中起了重要作用。金融危机扩散的传递机制包括：收入效应、替代效应、倾销、投资者信心和通货膨胀预期等。

金融危机的传染性使得金融危机日益成为一种区域性的现象，其防范和解决已日益成为一个超越国界的区域性问题。传统上，当一国发生金融危机时，往往只能求助于IMF。但是，在这次金融危机的发展过程中，IMF的表现使东亚国家大失所望。

首先，由于对亚洲金融危机的严重程度和可能的后果估计错误，来自IMF的救援时间拖延太长而且救援力度太小。

其次，由于IMF的条件主要是为了维护贷款人（西方发达国家）的利益，同时这些条件具有浓重的意识形态色彩而忽视了危机国的具体国情，许多IMF强加的改革措施不仅没有缓解危机，反而使危机进一步恶化。

危机使亚洲国家（主要是东亚国家）普遍认识到，在危机面前，单个国家和地区仅仅凭借自身的力量根本无法抵御，各国深受其害而又无策以对。正是这个惨痛的教训，使亚洲国家真正认识到：只有通过区域性的经济与金融合作，凭借亚洲的整体经济与金融实力，共同防范金融风险，才能抵御危机的爆发和蔓延。

2. 亚洲货币合作的进程

亚洲金融危机改变了亚洲地区政府对区域金融合作的消极态度。亚洲国家开始积极地讨论亚洲货币合作的形式，提出了很多有意义的构想，讨论的焦点是紧急救援机制的建立。经过几年的努力，亚洲的金融合作获得了实质性进展。

（1）促进亚洲金融合作的构想。

①亚洲货币基金（Asian Monetary Fund）。关于亚洲货币合作最重要、最早的构想是日本提出的“亚洲货币基金”构想。1997年9月，日本政府在IMF和亚洲开发银行会议上提出了建立“亚洲货币基金”的构想，倡议组成一个由日本、中国、韩国和东盟国家参加的组织，筹集1000亿美元的资金，为遭受货币危机的国家提供援助。AMF主要从三种渠道筹集资金。一是从成员国借款，二是从国际资本市场借入，三是扩展对成员国借款的担保。日本的亚洲货币基金构想在一定程度上反映了亚洲国家对IMF在亚洲金融危机处理方式上的强烈不满，但该构想很快被美国和国际货币基金组织否定。

②新宫泽喜一构想（New Miyazawa Initative）。1998年10月，日本又以大藏大臣宫泽喜一的名义提出新宫泽喜一构想，倡议建立总额为300亿美元的亚洲基金，其中，150亿美元用于满足遭受危机的国家中长期资金需求，150亿美元用于满足遭受危机的国家短期资金需求。遭受危机的国家对此非常

欢迎，美国政府和 IMF 也表示支持。2000 年 2 月 2 日，按照新宫泽喜一构想为印度尼西亚、韩国、马来西亚和菲律宾提供了 210 亿美元资金，其中，135 亿美元为中长期贷款，75 亿美元为短期贷款。新宫泽喜一构想还为马来西亚、菲律宾和泰国提供了 22.6 亿美元的贷款担保（Aral，2000）。

③东亚货币基金（East Asian Monetary Fund）。1999 年 10 月 18 日，马来西亚总理马哈蒂尔在“东亚经济峰会”上提出建立“东亚货币基金”的倡议。他主张从东亚开始进行多边协议，然后逐渐扩大到其他亚洲国家或地区。他倡议建立的“东亚货币基金”规模比国际货币基金小，是一个完全属于东亚地区的基金。

④东盟-中日韩（10+3）监督进程。东盟-中日韩（10+3）于 1999 年 11 月正式成立，并于 2000 年 5 月召开了东盟-中日韩（10+3）监督进程的第一次同行意见会。会议的主题是加强东亚的金融合作。为了促进持续经济的增长，与会者一致同意加强政策对话和区域合作，还包括资本流动的监管、自助和支持机制以及国际金融改革。在监督进程的框架协议下，13 个国家的财务部部长和秘书长将一年集会两次讨论政策协调问题。

⑤亚洲借款安排（Asian Arrangments to Borrow，AAB）。韩国经济学家（Tae-Junkim，Jai-Won Ryon，and Yunjong Wang，2000）提出了亚洲借款安排的建议。根据此建议，每个成员国可以按照其贷款协议的上限获得贷款。AAB 的运行机制类似于 IMF 的借款总安排（GAB）。AAB 是一个区域性的多边借款协议，它不需要建立一个正式的机构，而是以参与方的信贷安排为基础。为防止道德风险问题，AAB 将把借款的上限与各方签订的信贷协议相联系。

⑥东盟-中日韩（10+3）早期预警系统。2001 年 5 月，在夏威夷举行的东盟-中日韩（10+3）财长会议公告中提到了建立东盟-中日韩（10+3）早期预警系统。亚洲开发银行正在实行一种技术上的援助，以便支持东盟-中日韩（10+3）的合作力量促进早期预警系统的发展，并有助于及时发现新兴工业化国家宏观经济、金融和公司部门的脆弱性，以防范未来的金融危机。

⑦《清迈协议》[1]。亚洲货币基金由于未能得到国际社会普遍的有力支持而被搁置。但是，随着亚洲金融危机的发展，由于东亚国家政府特别是中、日、韩加强了彼此之间的交流和协商，东亚国家政府之间的货币合作逐渐取得了一定的进展。1999 年 11 月，东盟 10+3 峰会在马尼拉通过了《东亚合作的共同声明》，同意加强金融、货币和财政政策的对话、协调与合作。根据这一精神，2000 年 5 月，东盟 10+3 的财政部部长在泰国清迈达成了《清迈协议》（*Chiang Mai Initiative*）。这是亚洲货币合作进程中最具实质意义的一项成果。

《清迈协议》涉及金融合作的内容有以下几个方面。第一，充分利用东盟 10+3 的组织框架，加强有关资本流动的数据及信息的交换。第二，扩大东盟的货币互换协议[2]，同时，在东盟与其他三国（中国、日本和韩国）之间构筑两国间的货币互换交易网和债券交易网。第三，截至 1999 年底，东盟 10+3 各国的外汇储备合计额超过 7000 亿美元，如果能够将各国外汇储备的一部分用于相互之间的金融合作，对于稳定亚洲区域内的货币金融市场将具有极其深刻的意义。另外，通过完善亚洲各国货币间的直接外汇市场并建立资金结算体系，扩大亚洲货币间的交易。

《清迈协议》签订后，亚洲货币合作进程有了显著发展。2000 年 8 月，东盟 10+3 的中央银行将多边货币互换计划的规模由 2 亿美元扩展到 12 亿美元；2001 年，又取得了扩展东盟互换协议、双边互换网络和回购协议的实质性进展。

《清迈协议》构想的实现及其拓展表明了亚洲国家在货币和金融合作方面

---

① 亚洲金融危机爆发后，亚洲国家迫切希望加强地区金融合作，共同抵御金融危机，维护地区金融稳定。在中国政府的倡议下，1998 年，东盟 10 国和中国、日本、韩国建立了金融合作机制，目的是加强政策对话和建立共同抵御金融危机的资金援助机制。2000 年 5 月，在“10+3”财长会议上通过的《清迈协议》是“10+3”范围内加强金融合作的第一项实质性举措，主要内容是扩大东盟原有货币互换机制的资金规模，并在“10+3”范围内建立双边货币互换网，帮助成员国解决短期国际收支问题及稳定金融市场。

② 东盟 10 国及中国、日本、韩国在《清迈协议》框架下签署的货币互换协议，通常是一国以本币购买对方国家拥有的可兑换货币，并在约定的未来某一时刻按照购买时使用的汇率、用先前购得的可兑换货币购回本币的金融交易。

的信心，极大地鼓舞了各方参与货币和金融合作的热情。《清迈协议》之后，亚洲的货币和金融合作引起了国际社会的广泛重视，各方对这一合作的立场和态度发生了重大变化。

### （二）亚洲货币合作的主要内容

亚洲货币合作实际上有四个不同的层次：国际经济政策协调、区域性防范和化解金融危机的机制、汇率联动机制、单一货币区。

#### 1. 国际经济政策协调

各国之所以需要宏观经济政策的协调，是因为国家之间存在政策的外部性，一国采取的政策行为会影响其他国家。由于东亚地区经济一体化程度的不断加深，目前区内贸易和投资比例已分别占到其贸易与投资总额的一半以上。由于亚洲经济的高度相互依赖性，经济政策的有效性和可信性与其他国家的可能反应密切相关，一国政府的政策制定必须充分考虑其他国家的战略选择。在经济高度依赖的情况下，不合作的成本会越来越高，而货币合作会给双方带来共同利益。

因此，亚洲国家需要增加本国经济政策的透明度并且定期协调彼此的宏观经济政策。

在贸易政策方面，亚洲国家应该协调各自的发展战略和产业政策，建立区域内的国际分工体系。这样可以防止过度竞争和资源浪费，保证各国出口的可持续性和经常账户的平衡。

在宏观经济政策方面，亚洲各国应定期研究和交流贸易伙伴国的宏观经济状况，并根据这些研究和交流协调彼此的宏观经济政策；同时，各国还应该在金融监管和建立早期预警体系等问题上加强合作。

#### 2. 区域性防范和化解金融危机的机制

对于东亚经济来说，当前面临的最重要的问题是如何防范新危机的发生。从全球范围内来看，这意味着国际货币体系的改革，即建立某种机制限制资本的过度流入和波动，减少危机的传染性。从区域范围来看，最重要的工作是：作为 IMF 的补充，在亚洲建立某种区域性防范和化解金融危机的机制。

这种区域性防范机制应该发挥区域最后贷款人的作用。亚洲的货币危机实质上是一场流动性不足引起的危机，由于最后贷款人未及时有效地注入流动性，最后引发了连锁性的东亚货币危机。如果在亚洲建立一区域的最后贷款人机制，则可以更有效且及时地提供援助，因为周边国家在诊断本地的特殊经济问题和制定适当的解决方案上具有比较优势。

另外，东道国和投资国应彼此合作，互相提供有关资本流动的完全信息，同时引入资本的东道国要帮助投资国真正了解本国借款者资信和相应的宏观经济条件。亚洲国家和地区的政府应阻止国际投机者利用本地的货币市场对第三国及地区发动攻击，阻止短期资本的流动；同时，亚洲国家和地区的资本输出国应对本国资本流出进行监督，抑制本国资本对外国的过度流出。亚洲国家要联合建立机构性的基础设施，如建立清算系统减少结算风险。有经验的政府，应对风险管理和各国的中央银行如何使用金融工具的组合应对投机冲击提供技术上的支持。

3. 汇率联动机制

汇率稳定对发展中国家有着极为重要的意义。但是，亚洲发展中国家长期经受着汇率不稳定的困扰，尤其是日元兑美元汇率的不稳定给亚洲国家带来很大的损害。

日元兑美元汇率的大幅波动，以及亚洲国家长期实行的钉住美元的汇率制度，使得在世界经济形势恶化的情况下，在亚洲地区很容易诱发连锁性的货币贬值。这种竞争性的货币贬值将进一步加剧亚洲经济和全球经济的动荡。为了防止上述现象的发生，东亚国家和经济区之间不同汇率安排的管理问题便提上了议事日程。

亚洲的经验表明，固定汇率易受投机冲击，如果措施失当，就会带来比浮动汇率更大的汇率不稳定。然而，由于经济结构缺乏灵活性，欠发达国家又需要稳定的货币，为实现货币的稳定性，亚洲国家是否应该建立起一个类似 EMS 的固定汇率区？目前，在东亚有不同的汇率安排，如何使不同的汇率安排相容，并使之有助于各国的经济发展和地区的繁荣？这些都是值得研究的问题。

4. 单一货币区

单一货币区是区域金融合作的最高层次，也是亚洲金融合作努力的最终目标。单一货币区可以极大地减少交易成本，提高生产要素的配置效率。

（三）亚洲货币合作的理论基础

蒙代尔（Mundell，1961）提出，如果通过适当的方式将世界划分为若干个货币区，各区域内实行共同的货币或固定汇率制度，不同区域之间实行浮动汇率制度，就可以兼顾两种汇率制度的优点而克服两种汇率制度的弱点。蒙代尔提出，用生产要素的高度流动作为最优货币区域的标准，他定义的“最优货币区域”是：相互之间的移民倾向很高，足以保证其中一个地区面临不对称冲击时仍能实现充分就业的几个地区形成的区域。

一般认为，一国参与货币区最显著的好处是货币使用效率得到了提高，其中包括最优货币区域内汇兑、储备和支付成本的降低。建立最优货币区的其他收益还包括：地区间的收支不平衡可以通过金融资本的流动迅速得到融通，长期存在通货膨胀的国家可将区域内固定汇率安排当作内部名义锚（Internal Nominal Anchor）减轻本国的通货膨胀压力，可以降低官方储备以及消除投机性资本流动，等等。而参与货币区的主要成本就是该国会丧失货币政策的独立性，从而导致经济稳定性上的损失。

建立单一的货币区的收益不仅可以减少交易成本，促进生产要素的自由流动，还可以给各国带来潜在的政治收益：地区间经济依赖的加深有利于维护该地区的安全；地区间合作的加深有利于增加亚洲在国际事务中的发言权。

根据最优货币区理论，建立最优货币区的前提条件包括生产要素的高度流动性，相近的工业结构、开放度，相近的经济政策偏好，有利于区域联盟的历史文化等。

根据最优货币区理论，亚洲货币合作应具备一定条件。

从区内贸易的重要性及其构成来看，首先，亚洲国家与地区的对外开放度是很高的，尤其是中国香港、新加坡、马来西亚，对外开放度都在100%以上，韩国、中国台湾、菲律宾及泰国的外贸依存度也很高。由于亚洲国家或地区，尤其是“亚洲四小龙”及东盟各国基本上属于开放型经济，对汇率波动十分敏感，因此迫切需要稳定汇率，进行货币合作。其次，相对于欧盟，亚洲区内贸易额占地区 GDP 的比重及区内贸易额占贸易总额中的比重相对偏低。1999 年，亚洲区内贸易额占地区 GDP 的比重，出口为 10.2%，进口为 10.1%；而欧盟在欧元启动前区内贸易额占地区 GDP 的比重，出口为 12.8%，进口为 12.0%。但亚洲区内贸易额占地区 GDP 的比重及区内贸易额占贸易总额的比重近年来均呈增长态势，反映了该地区较快的经济增长率及经济开放度的提高。从亚洲区内贸易及贸易构成这个标准来看，虽然与欧盟各国相比还有一定的距离，但近年来区内贸易与投资增长很快，亚洲经济的相互依赖性越来越高，构成了亚洲货币合作的经济基础。

从经济发展水平、经济结构的相似性及受外界冲击的对称性方面来看，如果外界冲击对货币区内各国的影响是对称的，可采用同样的（或类似的）货币政策予以抵消，各国就不需要独立的货币政策。而冲击是否对称，在很大程度上取决于两国经济发展水平是否相当，是否具有相似的经济结构。经济发展水平相当，经济结构趋同的国家有可能形成货币联盟。

从亚洲国家或地区经济对潜在干扰因素进行调整的相关性、规模及速度来看，如果各国（地区）的扰动因素是相关的、规模小，而且调整迅速，它们就是货币联盟较好的候选国（地区）。Bayoumi 和 Eiche Ongreen（1994）在研究中区别了需求冲击及供给冲击，估计了亚洲各国（地区）间的双边相关系数，结果发现，日本、韩国、印度尼西亚、马来西亚、新加坡以及中国台湾和中国香港的需求冲击是对称的。Taguchi（1994）计算了东亚国家（地区）、美国、日本的利率、股票价格、CPI 的相关系数，检验了外部冲击对亚洲国家（地区）、美国影响的对称性，发现亚洲各国（地区）的消费品价格与日本的 CPI 相关性强；而利率、股票价格与美国该项指标的相关性强，但 20 世纪 80 年代后半期与日本的相关系数有所增强。据此，Taguchi 得出结论：目前，亚洲地区虽然组成最适度货币区的标准尚未完全得到满足，但随着区内经济相互依存度的提高，货币一体化的可能性正在增加。

Kwan（1998）在分析人均 GDP 与通货膨胀之间的关系时发现，人均收入较高的国家和地区相对于人均收入较低的国家和地区通货膨胀率较低，唯一的例外是中国香港。

1982—1996 年，亚洲国家（地区）的通货膨胀率平均为 5.8%，比西欧各国的年均通货膨胀率 6.1%略低，亚洲国家（地区）通货膨胀率的标准方差也比西欧各国小。因此，按照“通货膨胀率相似性”的标准，亚洲国家（地区）可以说与西欧国家（地区）一样具有最优货币区的特性。

### （四）亚洲货币合作面临的困难和需要解决的问题

尽管亚洲货币金融合作已经从理论探讨、方案设计进入开展实质性的操作阶段，但道路是比较漫长的，而且前进道路上的困难和障碍也不少。经济发展水平、经济结构、社会制度、意识形态、宗教民俗等差异制约着亚洲货币一体化的进程，其根本原因在于亚洲国家的国情缺乏共性。欧洲货币合作不仅已经有了数十年的历史，而且欧洲联合的根源可以追溯到欧洲的文化、宗教和政治传统。与欧洲联合相比，这种类似的传统在亚洲仍未出现。目前，亚洲金融合作面临的难题主要来自以下几个方面。

1. 亚洲国家国民经济发展水平差距较大

按照最优货币区理论，区域货币合作的基础是相近的经济制度、经济发展水平和经济结构，以及要素的自由流动。只有经济制度、经济发展水平和经济结构相近，区域货币合作才可能使各方在应对外部冲击的时候获益。否则，在区域内部货币对外联合浮动的时候就可能在贸易政策、宏观经济政策和汇率政策方面出现种种矛盾，很可能使合作“流产”。

目前，亚洲各国和地区的现状阻碍了在亚洲建立最优货币区的可能性。

首先，亚洲各国经济发展水平参差不齐。这一地区的经济发展水平（以人均 GNP 计）除日本外都是发展中国家，日本为第一层次，“亚洲四小龙”为第二层次，中国与“亚洲四小虎”为第三层次，其他国家如越南、柬埔寨、老挝为第四层次，各个层次之间有较大的差异。

其次，亚洲各国与地区之间生产要素的流动性较差，对要素流动的限制很多，其中人员流动的限制更严格，流动性最强的资本也受到一定的限制，在金融危机后这种限制进一步加强。

再次，各国经济开放度差异很大。除中国与日本有比较健全的产业体系外，其他国家的产业结构存在较大的相似性。

最后，东亚的金融市场一体化程度较低。东亚的金融市场上除了中国香港的国际化程度较高之外，其余的都限于本国和本地区范围内，亚洲美元市场不发达，金融一体化程度较低，其中，最典型的是长期债券市场的发展滞后。

2. 亚洲国家和地区的政治制度、社会制度与意识形态各不相同

亚洲既有社会主义国家，又有资本主义国家，还有介于两者之间的其他政治体制国家。从经济发展程度来看，既有发达国家，又有发展中国家，还有新兴的工业化国家。欧洲货币联盟的成功经验告诉我们，货币联盟要有一个政治联盟为后盾。长期以来，亚洲各国和地区一直存有分歧，在历史问题、领土纠纷、文化传统、宗教信仰、价值观等方面存在差异，因此它们更多是把彼此视作竞争对手而不是潜在的合作伙伴。历史上，日本的侵略战争给亚洲人民带来了极大的痛苦，而且日本对战争问题至今没有做出深刻的反省，因此，亚洲国家很难对日本产生信任感。另外，亚洲国家领土问题尽管目前暂时被搁置，但随时都有可能成为合作的障碍。总之，从政治角度来说，亚洲货币区建立的条件尚不具备。反观欧盟各国，基本不存在像亚洲各国这样大的差异。而政治体制以及社会制度的趋同或接近，是实现货币一体化的先决条件。

3. 经济类型与经济结构互不相同

综观亚洲各国，经济发展模式多元化，日本是标准的工业制造型经济，东盟国家多为出口加工型经济，中国则是多次产业并举型经济。亚洲国家经济发展模式的差异，究其原因，主要有历史渊源、经济资源、地理位置等因素，这些因素将继续影响亚洲各国未来经济发展的方向。在实践中，经济结构以及发展模式的趋同或接近，往往成为实现货币一体化的基本条件。

4. 亚洲各国在经济体制以及政策方面存在较大差异

从亚洲整个地区来看，既有实行完全的市场经济体制的国家，又有长期实行计划经济体制的国家，还有些国家正在进行经济体制改革。经济体制的差别，必然导致不同国家金融开放程度上的差异，不同国家实行的经济、金

融政策就会有很大的不同。考察欧洲货币一体化的运作过程，可以发现，经济和金融政策的趋同或接近，是确保实现货币一体化的重要条件。

另外，纵观亚洲区域合作的进程，存在一种独特的“亚洲特征”，这种“亚洲特征”反映在两个方面：一是强调非正式性，二是强调达成共识。而西方国家的多边协议和国际合作遵循的原则与此恰恰相反。谈判者强调的是彼此立场的分歧，并通过正式的制度确保利益的妥协和合作的实现。这种强调非正式性和达成共识的“亚洲特征”并不适合区域货币合作。区域货币合作意味着各国需要部分放弃制定货币政策和其他国内经济政策的自主权。

5. 亚洲各国在历史、文化、宗教、民俗等方面存在差异

相对于欧洲大陆国家而言，亚洲国家具有更古老、更丰富的历史、文化、宗教和民俗。历史与文化的悠久，虽然是一个民族的光荣与自豪，但它在一定程度上阻碍着人们思想观念的更新与发展。众所周知，欧洲国家基本上都是西方式民主制度的国家，同时又是公民意志影响很大的地区，虽然德国、法国、英国历史上曾经发生过多次长期战争，但后来能够摒弃前嫌，积极参与区域经济与货币合作。与欧洲国家相比，亚洲国家的民主更具多样性，既有西方式的民主，也有东方式的民主；宗教与民俗的多样性比较明显，历史上的恩怨也颇多。

综上所述，区域间货币合作组织的建立仅有经济、贸易、金融等方面的相同基础并不够，政治的、历史的、文化的、宗教的、传统的、观念的，甚至是战争的因素都会影响区域货币一体化的进程。从这个意义上来看，亚洲货币合作的道路还是比较漫长的。

### （五）亚洲货币合作的发展前景

目前，尽管亚洲货币合作还存在许多困难和障碍，但这一进程是不可逆转的。

首先，随着经济全球化的发展，金融一体化的趋势也愈来愈明显，区域性金融合作就成为21世纪国际金融一体化的重要体现。特别是，在1997年爆发金融危机之后，亚洲各国先后意识到：只有通过区域性的经济与金融合作，凭借亚洲的整体经济与金融实力，才能共同抵御金融危机的侵害。

其次，区域货币理论自面世以来，已经有了长足的发展，人们通过生产要素的流动性、经济开放度的相似性、低程度的产品多样化、国际金融的高度一体化和政策一体化、通货膨胀率的相似性等指标考察主权国家之间建立最适度货币区的可能性。在亚洲，尽管各成员本身的经济发展水平差异比较大，但形成通货区的条件正在不断成熟。

再次，亚洲已经意识到，过去30多年来松散的、非制度化的区域合作不太理想，需要更可置信的货币合作。一些所谓的“亚洲传统”使亚洲货币合作时分时合，矛盾重重，这在汇率的联合干预方面尤其突出。鉴于亚洲在货币政策协调方面的进展已经远远滞后于其经济发展，故在21世纪初期有可能加速弥补这一缺陷。由此，亚洲需要最终迈向一体化的货币合作联盟。

最后，货币合作还具备一些得天独厚的条件。一是亚洲国家和地区具有高储蓄率、高贸易盈余和高外汇储备的特征。二是亚洲区域内贸易相关度和投资相关度比较高，使其具有汇率联动的经济基础和技术基础。同时，建立亚洲货币区，各国和各地区可通过政府间的谈判把一次性博弈变成多次博弈，尽可能实现多方合作。比如，欧洲各国先谈判煤钢联盟，解决了这个问题再谈判下一个问题，这样越谈越多，相互间的理解会逐渐增强，制度建立的基础也就逐渐积累起来了。

亚洲货币合作将是一个渐进的过程，首先应建立成员间货币政策的协调机制，其次建立汇率合作机制，从货币政策的协调到汇率合作机制的建立将是一个大的飞跃，需要较长的时间，直至最终建立统一的货币区。

货币一体化（货币联盟）是经济一体化发展的最高形式和阶段，虽然亚洲成员经济发展水平存在巨大差异，各自的发展目标和战略不尽相同，各成员对货币合作的要求和期望也有差异，但合作的愿望都很强烈。各国都希望通过货币合作促进成员间人员交往、贸易往来、资本流动以及资源在各国间的合理有效配置，促进各国经济保持持续稳定快速发展，提高各国人民的福利水平。

总之，无论从文化、地缘和历史，还是从政治、经济、贸易和投资等方面进行考察，亚洲特别是东亚的货币合作，尽管在前进的道路上还有许多困难和障碍，但只要亚洲各国领袖具有足够的政治远见和耐心，通过长期的接触、开诚布公的谈判，亚洲各国是可以逐步加深理解，加深信任，使亚洲货币合作取得实质性进展的。一个更加安定、繁荣的亚洲也将在21世纪出现。

## 本章思考题

1. 国际货币体系的形成和发展。
2. 布雷顿森林体系与牙买加体系的联系和差异。
3. 国际货币制度变革的原因。
4. 现行国际货币体系存在的缺陷和改革方向。
5. 欧洲货币一体化的进程。

# 第八章　国际金融机构

国际金融机构，是指从事国际金融业务，协调国际金融关系，维系国际货币秩序和信用体系正常运转的超国家机构。

1930年5月，国际清算银行成立。这是建立国际金融机构的重要开端。第二次世界大战以后，国际金融机构获得迅速发展，这是因为：①美国企图设立国际性机构稳定国际金融，为扩大商品和资本输出创造有利条件；②一些工业国家为了复兴二战后经济，迫切需要资金，新兴国家急于发展民族经济，也倾向于从国际性机构获得贷款，以应对本国经济发展的需要；③生产和资本国际化的发展，要求各国政府共同干预经济活动，国际范围干预经济活动的加强，为国际性金融机构的建立提供了有利条件；④在生产和资本国际化的基础上，产生了经济一体化和货币金融一体化的要求，为建立国际金融机构打下了基础。因此，战后国际性的金融组织陆续创建起来。

国际金融机构在稳定国际金融、扩大国际贸易、提供发展基金以及开发落后地区等方面起了积极作用，主要表现在：①提供短期资金，解决国际收支逆差，在一定程度上缓和了国际支付危机；②提供长期建设资金，促使发展中国家经济发展；③调节国际清偿能力，应对世界经济发展的需要；④稳定汇率，促进国际贸易的增长。

目前，国际金融机构可大致分为三种类型。①全球性组织，如国际货币基金组织和世界银行。②区域性组织，如欧洲投资银行、阿拉伯货币基金、西非发展银行，它们完全由地区内的国家组成。③半区域性组织，如国际清算银行、亚洲开发银行，它们的成员国家主要在区域内，但也有区域外的国家参加。

# 第一节 国际货币基金组织

随着经济实力的不断增强和宏观经济管理水平的提高，我国在国际货币基金组织已逐渐成为净债权国。中国与国际货币基金组织之间是双向的、平等互利的合作，根据国际货币基金组织章程第 4 条款的规定，我国与国际货币基金组织每年进行政策磋商，这使我国宏观经济决策更加稳健和科学，同时，国际货币基金组织也加深了对我国的了解。

## 一、国际货币基金组织的建立

国际货币基金组织是根据参加筹建联合国的44 国代表于1944 年7 月在美国新罕布什尔州举行的会议及其通过的《国际货币基金协定》，于 1946 年 3 月正式成立，并从 1947 年 3 月开始营业的。IMF 是战后国际货币体系的核心，总部设在华盛顿。

## 二、国际货币基金组织的宗旨

在《国际货币基金协定》中，对 IMF 的宗旨做了如下规定：①建立一个永久性的国际货币机构，对国际货币问题进行协商，以促进国际货币合作；②促进国际贸易的扩大和均衡发展，提高成员国就业和实际收入水平，开发成员国的生产资源；③促进汇率的稳定，维持成员国正常的汇兑关系，避免竞争性的货币贬值；④协助成员国建立多边支付制度，消除阻碍国际贸易发展的外汇管制；⑤协助成员国改善国际收支状况，通过贷款解决成员国国际收支困难，避免采取危及他国利益和国际繁荣的措施；⑥根据以上宗旨，缩短成员国国际收支失衡的时间，减轻失衡的程度。由此可见，IMF 的基本职能是向成员国提供短期信贷，以调节成员国国际收支不平衡的问题，维持汇率的稳定。

## 三、国际货币基金组织的组织机构

IMF 成员国分为两类：凡参加布雷顿森林会议并于 1945 年 12 月 31 日前在《布雷顿森林协定》上签字的国家，都是 IMF 的创始成员国，在这之后加入的国家为其他成员国，IMF 现有成员国为 188 个。联合国会员中朝鲜、列支敦士登、古巴、安道尔、摩纳哥、图瓦卢和瑙鲁并非国际货币基金组织成员国，非联合国会员科索沃是国际货币基金组织成员国。

IMF 的最高决策机构是理事会，由各成员国委派理事和副理事各 1 人组成，理事通常由各国的财政部部长或中央银行行长担任。按照《国际货币基金协定》规定，理事会的主要职责是：批准接纳新成员国，决定 IMF 的份额及规模和特别提款权的分配，决定成员国退出 IMF 以及讨论决定有关国际货币体系的重大问题。除此之外，其他职责由理事会授权执行董事会实施。理事会通常每年举行一次会议（年会），当出席会议的理事投票权合计数占总投票权的 2/3 以上时，即达到法定人数。

IMF 负责处理日常业务工作的常设机构是执行董事会，由 24 名执行董事组成，由 8 个成员国（美国、英国、德国、法国、日本、沙特阿拉伯、中国和俄罗斯）各自指派 1 名执行董事，其余 16 名由其他成员国按地区划分为 6 个选区，通过选举产生。执行董事会根据业务的需要经常召开会议，当出席会议的执行董事投票合计数不少于总投票数的 1/2 时，即达到法定人数。

IMF 的最高行政长官是总裁，负责管理基金组织的日常工作，由执行董事会推选，任期 5 年，并兼任执行董事会主席。总裁平时没有投票权，只有在执行董事会进行表决双方票数相等时，才可投决定性的 1 票。IMF 成立以来，总裁一直由欧洲成员国的 1 名人士出任。

IMF 设有 16 个部门，负责经营日常业务活动。此外，IMF 还有 2 个永久性的海外机构，即欧洲办事处（设在巴黎）和日内瓦办事处，并在纽约联合国总部派遣一位特别代表。

成员国的投票权主要取决于其交纳的份额。按照 IMF 的规定，每个成员国都有 250 张基本票，每交纳 10 万特别提款权份额增加 1 票，两者相加计算出的该成员国的投票数，IMF 还要做以下调整：到投票日为止，贷出的成员国的货币，每达 40 万美元，就给该货币发行国增加 1 票；成员国从基金组织借款，每借 40 万美元，就将该成员国的投票减少 1 票。IMF 的一切重大问题要有 80%的票数，有些特别重大的问题要有 85%的多数票，才能通过。目前，美国在 IMF 中的投票权占总投票权的 17.1%，因此在 IMF 中拥有唯一的单国否决权。

## 四、国际货币基金组织的资金来源

IMF 的资金来源于成员国交纳的基金份额、借款和信托基金三个方面。其中，成员国交纳的基金份额是 IMF 的主要资金来源。

### （一）基金份额

基金份额在性质上相当于股份公司的入股金，成员国一旦交纳后即成为 IMF 的财产。每个成员国交纳份额的大小，取决于成员国的国民收入、黄金外汇储备、平均进口额、出口变化率、出口额占国民收入的比例等变量。份额的计算单位原为美元，1969 年以后改为以特别提款权。

IMF 的一切活动几乎都与基金份额有关。①基金份额是 IMF 向出现国际收支短期失衡的成员国提供贷款的主要来源；②成员国交纳基金份额的大小不仅决定其在 IMF 中的投票权，而且决定其从 IMF 借款的最高限额和特别提款权的分配数额。

IMF 最初规定，成员国基金份额的 25%以黄金交纳，75%以本国货币交纳。自 1976 年牙买加会议后，黄金的地位发生了变化。因此，IMF 于 1978 年 4 月 1 日正式通过修改协定，取消了以黄金交纳 25%基金份额的规定，改为以特别提款权或可自由兑换货币交纳。

IMF 的理事会对基金份额每隔 5 年（不超过 5 年）进行一次总检查，并在认为合适的情况下，对成员国的份额进行调整。理事会调整份额的目的是使份额真实地反映成员国在世界经济中的相对地位。

### （二）借款

借款是 IMF 的另一个资金来源，是在 IMF 和成员国协议下，向成员国借入的资金。如1962年10月，IMF根据“GAB”借得60亿美元资金，作为补充资金。此外，IMF为筹集石油贷款和补充贷款的资金也进行了借款。

（三）信托基金

IMF于1976年决定，将按市价出售黄金所得的利润，作为信托基金，向最贫困的发展中国家提供优惠贷款。

## 五、国际货币基金组织的业务活动

IMF的业务活动主要是围绕其宗旨展开的，主要为汇率监督与政策协调、储备资产的创造以及IMF的贷款机制和政策三个方面。

（一）汇率监督与政策协调

为了使国际货币制度顺利运行，IMF要检查各成员国以保证它们与其他成员国进行合作，以维持有秩序的汇率安排和建立稳定的汇率制度。在布雷顿森林体系条件下，成员国要想改变汇率平价，必须与IMF进行磋商并得到它的批准。在目前的浮动汇率条件下，成员国调整汇率不需要再征求IMF的同意，但是IMF仍然要对成员国的汇率政策进行全面估价。这种估价要考虑成员国国内的发展、对外政策对国际收支调整以及实现持续经济增长、财政稳定和维持就业水平的作用。IMF的汇率监督不仅运用于那些经济上软弱、国际收支失衡因此要求得到IMF贷款支持的国家，更重要的是运用于那些经济实力强大的国家。这些国家的国内经济政策和国际收支状况会对世界经济产生重大影响。

IMF在多边基础和个别基础上对成员国汇率政策实行监督。在多边基础上，IMF主要分析工业化国家国际收支和汇率政策的相互作用，并估算这些政策在何种程度上能促进一个健康的世界经济环境形成。多边监督以执行董事会和理事会临时委员会提出的《世界经济展望》为依据，强调对国际货币制度有重要影响的国家的政策协调和发展。对个别国家的监督主要是检查成员国的汇率政策是否与上述基本协定规定的义务相一致，IMF要求所有成员国将其汇率安排的变化通知该组织，从而使IMF能够及时进行监督和协调。

除了对汇率政策的监督以外，IMF 原则上每年与各成员国进行一次磋商，以对成员国经济和金融形势以及经济政策做出评价。这种磋商的目的是使 IMF 履行监督成员国汇率政策的责任，并且有助于 IMF 了解成员国的经济发展状况和采取的政策措施，迅速满足成员国申请贷款的要求。

进入 20 世纪 90 年代后，地区性乃至全球性的金融危机频频爆发。1994 年，墨西哥爆发金融危机，IMF 开始把监管工作更多地集中到与金融部门相关的问题上。1996 年 3 月，执行董事会通过考察，认为健全的银行体系与一国的宏观经济存在密切的相互关系，于是决定把健全的银行体系列入 IMF 监管范围。1997 年，亚洲金融危机爆发。为防止危机的再度出现，1998 年 4 月，IMF 决定把监管范围扩大到对金融体系的监督管理，使用一些在国际上广泛接受的标准，对银行、非银行金融机构在会计、审计、信息披露、资产价值评估等方面加强检查，以保证会员国金融体系的稳定性。

### （二）储备资产的创造

IMF1969 年年会上正式通过了十国集团提出的 SDRs 方案，决定创设 SDRs 以补充国际储备的不足。SDRs 由 IMF 按成员交纳的份额给各参加国分配后即成为成员国的储备资产，当成员国发生国际收支赤字时，可以动用 SDRs 将其划给另外一个成员国，偿付收支逆差，或用于偿还 IMF 的贷款。

### （三）IMF 的贷款机制和政策

根据《国际货币基金协定》，当成员国发生国际收支暂时性不平衡时，IMF 向成员国提供短期信贷。IMF 的贷款提供给各成员国的财政部、中央银行。贷款采取由成员国用本国货币向 IMF 申请换购外汇的方法提供，一般称为“购买”，即用本国货币购买外汇，成员国还款的方式是以外汇或 SDRs 购回本国货币。贷款无论以什么货币提供，都以 SDRs 计算，利息也用 SDRs 缴付。

IMF 的贷款主要包括普通贷款（Normal Cridit Tranches）、特殊贷款和优惠贷款三大类。

#### 1. 普通贷款机制

普通贷款。普通贷款是 IMF 最基本的贷款，也称为“基本信用设施”

（Basic Credit Facility），是 IMF 利用各成员国认缴的份额形式的基金对成员国提供的短期信贷，期限不超过 5 年，利率随期限递增。成员国借取普通贷款的累计数不得超过其份额的 125%。普通贷款分为储备部分贷款（Reserve Tranche）和信贷部分贷款（Cridit Tranche）。

储备部分贷款，即成员国申请不高于本国份额 25%的贷款，成员国提用这种贷款是无条件的，可自动提用，无须经特殊批准，也不付利息。这是因为成员国原来以黄金交纳份额的 25%，而现在借款等于抽回原来交纳的份额。

信贷部分贷款，即成员国申请贷款的额度在其所交纳份额的 25%~125%。信贷部分贷款分为四档，每档均占份额的 25%。成员国借款使用完储备部分贷款之后，可依次使用第一、第二、第三、第四档信贷部分。

IMF 对第一档信贷部分贷款的审批条件较宽松，但申请这部分贷款需要呈交克服国际收支困难的具体计划，才能获得批准。借取第一档信贷部分贷款，可采取直接购买外汇的方式，即在申请贷款获准后，立即从基金组织提款。另外，也可以采用备用信贷安排（Stand-by Arrangement）方式，即申请贷款的成员国与 IMF 商妥贷款额度后，可在商定的时间内，根据实际需要分次提取。备用信贷安排方式，已成为 IMF 向成员国提供贷款的基本方式。

高档信贷部分贷款（Higher Credit Tranche），即对第二档信贷部分以上的贷款。使用高档信贷部分贷款，随着档次的升高，审批手续逐渐严格。使用高档信贷部分贷款，除向 IMF 提供令其满意的改善国际收支的方案外，还要制订全面的财政稳定计划和采取适当的财政、货币、汇率政策等，并且在贷款的使用过程中，IMF 还要进行一定的监督，如借款国未能履行计划，IMF 还要采取进一步的措施，以保证目标的实现。

普通贷款通常与备用安排（SBAs）、中期贷款（Extended Fund Facility，EFF）和预防性安排相联系。

（1）SBAs 的目的是应对临时性或周期性短期国际收支问题。SBAs 下，款项拨付的条件是借款国在银行信贷、政府或公共部门借款、贸易和支付限制以及国际储备水平等方面达到或满足数量与结构方面的业绩标准，这些标准是借款国和基金组织双方评估贷款规划进展状况的依据。SBAs 的期限一般是1年至1年半（至多可以延长到3年），拨付的款项必须在3年3个月至5年内偿还。

（2）是通过中期安排提供的资金援助，主要给予因结构性问题引起国际收支困难的成员国。EFF的偿还期较长，为4年半至10年，这是考虑到结构调整需要实行改革，并且可能需要较长的时间才能到位和全面取得成效。要求获得中期安排的成员国阐明贷款的目标和政策，并且每年提出下一年将执行的政策和措施的详细说明。

（3）预防性安排用于帮助那些希望提高对本国经济管理信心的成员国。根据作为预防性安排的备用或中期安排，成员国必须同意满足使用IMF资金的条件，还要表示不打算提取的意向，但这种意向表示不具有约束力。与其他信贷安排一样，成员国向IMF申请的预防性安排一旦获得IMF批准，就说明IMF赞同该成员国的政策。

2. 特殊贷款机制

（1）补充储备贷款（SRF）于1997年开始实行，用于补充根据SBAs和中期安排提供的资金，以便在市场突然破坏性地失去信心，出现巨额短期融资需要并导致国际收支异常困难时提供资金援助，如20世纪90年代墨西哥和亚洲发生金融危机时出现的情况。使用这种贷款需要有合理的预期，即陷入危机的政府应实行强有力的调整政策，而且充足的融资可以很快纠正该国的国际收支困难。根据SRF获取资金没有通常限额的限制，而是依据成员国的融资需要、偿还能力、规划强度、过去使用基金组织资金的记录和同基金组织的合作情况而定。融资承诺至多1年，预期从每次提取之日后的1年至1年半内偿还，最迟必须在2年至2年半内偿还。第一年SRF的手续费是在其他基金组织贷款通常手续费之上附加300个基本点，而后每6个月再附加50个基本点，直至达到500个基本点为止。

（2）应急信贷额度（CCLs）于1999年设立。同SRF一样，CCLs的目的是在成员国因市场突然破坏性地失去信心、出现异常的国际收支问题时，为其提供短期融资，帮助其克服困难。两者的主要区别在于，SRF提供给已处于危机中的成员国使用；CCLs是预防性措施，只提供给担心有潜在脆弱性，易受蔓延，但是在承诺时尚未面临危机的成员国。一成员国要动用 CCLs，必须由执行董事会做出判断：该成员国发生的国际收支融资需要，是否主要是由其他国家的危机造成国际资本市场的不利发展蔓延到该国引起的，是该国无法控制的。应急信贷的偿还期和收费率与 SRF 相同。

（3）补偿融资贷款（CFF）。CFF 前身是补偿和应急贷款（2000 年 1 月执行董事会决定取消补偿和应急贷款中的应急部分，因为这种贷款极少使用），主要向由不可控制的力量造成一时出口收入不足或谷物进口成本过高的成员国及时提供融资。

（4）紧急援助。IMF 还向由自然灾害造成国际收支困难的成员国提供紧急援助。援助通过直接购买提供，通常限于份额的 25%，但是成员国需要同基金组织合作寻找解决国际收支困难的办法。1995 年，紧急援助政策范围扩大，包括由于军事冲突造成国际收支困难的成员国。但这类紧急援助必须具备一定条件：军事冲突虽然使该成员国的机构和行政能力遭受了破坏，但是当局尚有足够的能力和决心进行计划与执行政策；该成员国存在迫切的国际收支需要；IMF 可以发挥作用，带动其他成员国政府进行积极的国际协调并提供资金支持；该成员政府必须声明，尽快将紧急援助转为备用、中期或减贫与增长贷款安排。

（5）紧急融资机制（EFM）。EFM 是一套紧急融资程序，在成员国对外账户遇到危机需要基金组织立即做出反应时，允许执董会快速批准基金组织给予资金支持。EFM 于 1995 年 9 月设立，1997 年 IMF 对菲律宾、泰国、印度尼西亚和韩国使用了这一机制，1998 年俄罗斯使用了这一机制。

3. 优惠贷款机制

减贫与增长贷款（PRGF），在 1999 年 11 月 22 日以前为加强的结构调整贷款（ESAF），是基金组织援助长期面临国际收支问题的穷国的优惠贷款，带有更明确的脱贫目标。PRGF 支持的规划不仅要以国家设计的减贫战略为基础，还要有民间社会和发展伙伴的参与。借款国要在同世界银行和基金组织合作提出减贫战略文件中阐述其战略，说明当局的目标和由该项贷款资金支持的三年规划的宏观经济和结构政策，以及有关的外部融资需要和融资的主要来源。PRGF 的年利率为 0.5%，分 10 年偿还，本金有 5 年半的宽限期。

### 六、中国与国际货币基金组织

1945 年 12 月 27 日，中国加入《国际货币基金协定》时，在国际货币基金组织的份额（相当于股本金）排位居于美、英之后，名列第三。

1980 年，中华人民共和国在国际货币基金组织的合法席位得以恢复。随着经济实力的不断增强和宏观经济管理水平的提高，中国在国际货币基金组织已逐渐成为净债权国。中国与国际货币基金组织是双向的、平等互利的合作，根据国际货币基金组织章程第 4 条款的规定，中国与国际货币基金组织每年进行政策磋商，这使中国宏观经济决策更加稳健和科学；同时，国际货币基金组织也加深了对中国的了解。国际货币基金组织向中国提供了一系列技术援助，为 20 世纪 80 年代的中央银行体制改革，以及 90 年代以来相继实施的财税体制改革、外汇管理体制改革、人民币经常项目可兑换等重大改革措施提供了有益咨询。中国的改革开放也给国际货币基金组织展示了一种新的发展模式，大大丰富了国际货币基金组织的理论与实践。

2016 年 1 月 27 日，国际货币基金组织宣布 IMF 2010 年份额和治理改革方案已正式生效，这意味着中国正式成为 IMF 第三大股东。IMF 在一份声明中说，IMF 的《董事会改革修正案》从 1 月 26 日开始生效，该修正案是 IMF 推进份额和治理改革的一部分。根据该方案，约 6%的份额将向有活力的新兴市场和发展中国家转移，中国份额占比将从 3.996%升至 6.394%，排名从第六跃居第三。这表明中国与国际货币基金组织的关系更为密切，中国将以更冷静和理智的姿态参与经济全球化。

## 第二节　世界银行集团

世界银行集团，包括国际复兴开发银行（International Bank for Reconstruction and Development，IBRD）、国际开发协会（International Development Association，IDA）、国际金融公司（International FinanceCorporation，IFC）和多边投资担保机构（Multilateral Investment Guarantee Agency，MIGA）等。它们的总部均设在华盛顿。

## 一、国际复兴开发银行

国际复兴开发银行，是世界银行集团中成立最早、提供贷款最多的金融机构。

### （一）国际复兴开发银行的建立及其宗旨

二战结束前，为了在战后尽快恢复受战争破坏的各国经济和开发发展中国家经济，以美国为代表的许多国家认为有必要创办一个国际性金融组织，利用其自有资金和组织私人资本为生产性项目提供贷款或投资。为此，美国于1943年提出了“联合国复兴开发银行计划”。1944年7月，参加布雷顿森林会议的各国代表就美国提出的计划进行了研究，并最终通过了《国际复兴开发银行协定》。根据此协定，国际复兴开发银行于1945年12月27日成立，1946年6月25日正式开始营业。

《国际复兴开发银行协定》规定其宗旨是：①为生产性投资提供便利，协助成员国的经济复兴以及生产和资源的开发；②促进私人对外贷款和投资；③鼓励国际投资，开发成员国的生产资源，促进国际贸易长期均衡发展，维持国际收支平衡；④配合国际信贷，提供信贷保证。

### （二）国际复兴开发银行的组织机构

IBRD的最高权力和决策机构为理事会，由每个成员国指派的理事和副理事各1名组成。理事一般由成员国的财政部部长或中央银行行长担任。理事会的主要职责是：批准接纳新成员国；增加或减少银行资本；停止成员国资格；裁决执行董事会在解释银行协定方面发生的争执以及决定银行净收益的分配等。理事会每年举行一次会议，一般与国际货币基金组织的理事会联合举行。

执行董事会是负责组织IBRD日常业务的机构，行使由理事会赋予的职权。执行董事会主席由IBRD行长担任。IBRD行长无投票权，只有在执行董事会表决中出现双方票数相等的情况下，才可以投起决定作用的一票。执行董事会除召开常务会议和正式会议外，还根据业务需要随时召开临时会议。会议必须有占总投票权1/2以上的执行董事出席，才构成法定人数。

行长是IBRD的最高行政长官，由执行董事会选举产生，负责领导银行的日常工作以及任免银行的高级职员和工作人员。

IBRD的办事机构十分庞大，除在华盛顿设有总部外，还在许多成员国设有办事处、派出机构和常驻代表。总部是银行的执行机构，负责业务经营。在总部内，按地区及专业设有50个局和相当于局的机构，分别由18名副行长领导。

凡参加布雷顿森林会议，并于1945年12月31日前在《国际复兴开发银行协定》上签字的国家都为IBRD的创始成员国。此后，任何国家都可以按规定程序提出申请，由理事会审查批准后加入IBRD。但是，按照该协定规定，一个国家在加入IBRD之前，必须首先加入国际货币基金组织。而国际货币基金组织的成员国不一定都要参加IBRD。

IBRD的重大问题都要由成员国通过投票表决的方式做出决定。根据该协定规定，每个成员国都有基本投票权250票，每认缴1股银行股份增加1票。因此，成员国认缴的股份越多，投票权就越大。

### （三）国际复兴开发银行的资金来源

1. 成员国缴纳的股金

IBRD同IMF一样，也是采用由成员国入股方式组成的企业性金融机构。凡IBRD的成员国都要认缴一定数额的银行股份，每个成员国认缴额的多少取决于该国的经济和财政力量以及该国在IMF中交纳的份额。

2. 借款

借款是IBRD的主要资金来源。IBRD主要采用以下两种方式在各国和国际金融市场发行债券筹措资金：一是直接向成员国政府、政府机构或中央银行发行中短期债券；二是通过投资银行、商业银行等中间包销商向国际资本市场发行债券，通过这种方式筹措的资金期限较长。

3. 转让债权

IBRD 将贷出款项的债权转让给私人投资者，主要是商业银行，获得一部分资金，以提升银行贷款资金的周转能力。

4. 业务净收益

IBRD 历年来的业务净收益不分配给股东，除赠予国际开发协会和撒哈拉以南非洲地区特别基金款项外，都留作准备金，作为银行的一个资金来源。

5. 收回的贷款

IBRD 将按期收回贷款资金，供周转使用。

（四）国际复兴开发银行的贷款业务

IBRD 成立之初，主要向欧洲国家发放战后复兴经济贷款，同时也向发展中国家发放开发经济贷款。1948 年以后，欧洲的战后复兴主要依靠美国“马歇尔计划”的援助。因此，IBRD 的主要业务转为向亚、非、拉发展中国家发放贷款，以促进其经济的发展和生产力的提高。

1. IBRD 贷款的原则

（1）只有成员国才能申请贷款。IBRD 只向成员国政府或由成员国政府、中央银行担保的公私机构提供贷款。

（2）贷款必须用于申请借款国特定的生产性项目。这些项目必须经 IBRD 审定为在技术和经济上是可行的，并与借款国商定确属经济发展应最优先考虑的项目。只有在特殊情况下，IBRD 才发放非项目贷款。

（3）IBRD 只有在申请借款国确实不能以合理的条件从其他方面获得资金时，才考虑给予贷款。

（4）IBRD 只向有偿还能力的成员国发放贷款，以确保贷款能按期收回。

2. IBRD 贷款的特点

IBRD 贷款具有以下几个特点。

（1）贷款期限较长，一般为数年，最长可达 30 年，宽限期为 5 年。

（2）贷款利率实行浮动利率，随金融市场利率的变化定期调整，但一般低于市场利率。IBRD 对贷款收取的杂费很少，只对已订立贷款契约而未提供的部分，征收 0.75%的承诺费。

（3）借款国要承担汇价变动的风险。贷款以美元计值，借款国提取贷款时，银行按贷款协议的美元数额，以当时汇价折付给它持有的货币；借款国还本付息时，也必须以同样的货币支付。这样一来，借款国就要承担借款货币与美元之间汇价变动的风险。

（4）IBRD 通常对其资助的项目只提供货物和服务需要的外汇部分，占项目总额的 30%~40%，个别项目可达 50%。但在某些特殊情况下，也提供建设项目需要的部分国内费用。

（5）贷款程序严密，审批时间较长。借款国从提出项目到最终同 IBRD 签订贷款协议获得资金，一般要 1 年半到 2 年的时间。

3. IBRD 贷款的种类

IBRD 贷款分为项目贷款、非项目贷款、部门贷款、联合贷款和第三窗口贷款等几种类型，其中，项目贷款是其贷款业务的主要组成部分。

项目贷款又称为“特定投资贷款”，用于资助成员国某个具体的发展项目。IBRD 对农业和农村发展、教育、能源、工业、交通、城市发展等方面的大部分贷款都属于此类贷款。为了确保贷款资金按时收回，IBRD 对项目的可行性研究历来十分重视。经过多年实践，IBRD 在项目选择、建设和管理方面积累了丰富的经验，逐步形成了一套严格的管理制度、管理程序和管理方法。IBRD 在办理项目贷款中积累的经验，为国际商业银行、国际金融机构和成员国的开发银行等提供了项目管理的极好范例。

非项目贷款是指没有具体项目做保证的贷款。只有在特殊情况下，才发放此类贷款。非项目贷款只能用于以下几个方面：第一，解决成员国克服自然灾害、实行发展计划的资金需要；第二，为成员国提供进口国内短缺的原料和先进设备需要的外汇；第三，对出口结构单一的成员国为弥补出口收入的突然下降提供贷款；第四，调整成员国因进口商品价格急剧上升而产生的国际收支严重逆差。

部门贷款由部门投资及维护贷款、部门调整贷款和中间金融机构贷款组成。部门投资及维护贷款用于改善部门政策和投资重点，加强借款国制订和执行投资计划的能力，贷款的执行期为 3~7 年；部门调整贷款用于支持某一具体部门的全面政策和体制改革，涉及的范围比结构贷款要小，贷款的执行期为 2~4 年；中间金融机构贷款是指 IBRD 将资金贷放给借款国的中间金融机构，如开发金融公司和农业信贷机构，再由中间金融机构转贷给该国的分项目，转贷利率和期限由中间金融机构自行决定，贷款的执行期为 3~7 年。

联合贷款有两种类型：一是指世界银行与除借款国以外的其他贷款机构联合起来，分别承担同一项目的一部分；二是由世界银行做介绍人，动员有关贷款机构为项目或与项目有关的建设计划提供资金。联合贷款除 IBRD 提供的贷款资金外，资金来源主要有以下三个。第一，官方的援助，包括各国政府。政府所属外援机构和各种多边金融机构，如地区的发展银行、联合国的专门机构、各种阿拉伯基金等。第二，出口信贷机构，包括各种进出口银行和一般商业银行提供的出口信贷。第三，私人金融机构，主要是指私人商业银行，也包括保险公司、抚恤金和其他私人来源的资金。

第三窗口贷款的贷款条件介于 IBRD 发放的一般贷款及其附属机构 IDA 发放的优惠贷款之间。贷款的利率低于 IBRD 的一般贷款利率，利差由工业发达国家和石油生产国自愿捐赠形成的“利息贴补基金”解决。贷款的期限为 25 年。这种贷款主要用于援助低收入国家。

## 二、国际开发协会

1960 年 9 月 24 日，国际开发协会（IDA）正式成立；同年 11 月，IDA 开始营业，会址设在华盛顿。

### （一）国际开发协会的宗旨

国际开发协会在其协定中规定，其宗旨是向符合条件的低收入国家提供长期优惠性贷款，帮助这些国家加速经济发展，达到提高劳动生产率和改善人民生活的目的。因此，国际开发协会的贷款是低收入发展中国家获得发展经济所需资金一个很重要的来源。

IDA 的机构设置与 IBRD 相同，理事会是协会的最高权力机构，下设执行董事会负责组织日常业务经营活动，由经理、若干副经理和工作人员组成的办事机构负责处理日常业务工作。

### （二）国际开发协会的主要业务

IDA 的主要业务是向低收入的发展中国家提供长期优惠性贷款，其资金来源于成员国认缴的股份、成员国和其他赞助国提供的补充资金与特别基金捐款、IBRD 从其业务净收益中拨来的赠款以及 IDA 的业务净收益。

（1）成员国认缴的股份。IDA 章程规定：第一类成员国（工业发达或收入较高的国家）认缴的股份必须以自由外汇支付；第二类成员国（发展中国家）认缴股份的 10%必须以自由外汇支付，其余的 90%以本国货币支付。但是，成员国认缴的股本数额极为有限，不能满足业务的需要。

（2）成员国和其他赞助国提供的补充资金与特别基金捐款。IDA 规定，该协会不得依靠在国际金融市场发行债券筹措资金。因此，只能要求各成员国政府（主要是第一类成员国）定期提供补充资金。

（3）IBRD 从其业务净收益中拨来的赠款。从 1964 年起，IBRD 每年从业务净收益中拨出一部分款项捐赠给 IDA。

（4）IDA 的业务净收益。这部分款项为数甚少。

IDA 的主要贷款对象是那些相对贫困、国际信誉较差的国家，贷款期限为 50 年，头 10 年为宽限期不必还本，从第二个 10 年起每年还本 1%，其余 30 年每年还本 3%。在整个贷款期限中免收利息，只对已拨付的部分每年收取 0. 75%的手续费。因此，IDA 的信贷具有明显的援助性质，作为 IBRD 贷款的补充，IDA 的信贷能促进 IBRD 目标的实现。

与 IDA 的贷款相比，IBRD 贷款由于贷款条件严格、贷款利率相对较高，被称为“硬贷款”。IDA 发放的优惠贷款则被称为“软贷款”。

## 三、IFC

### （一）IFC 的宗旨

IFC 成立于 1956 年，它通过对发展中国家尤其是欠发达地区的重点生产性企业提供无须担保的贷款与投资，鼓励国际私人资本流向发展中国家，支持当地资金市场的发展，推动私人企业的成长，促进成员国经济的发展，从而补充IBRD的活动。

### （二）IFC的主要业务

IFC的主要业务是提供贷款和对中小企业直接投资，其资金主要来源于成员国认缴股份、借款和业务净收益三个方面。

IFC的贷款对象主要是亚、非、拉地区的不发达国家，贷款的资助部门主要为制造业、加工业和开采业，如钢铁、建筑材料、纺织、采矿、肥料、化工、能源、木材、造纸以及旅游和非金融服务业。

IFC的贷款不需要政府机构担保，可以直接贷给成员国的私人企业。IFC贷款的期限较长，一般为7~15年，如确属需要，贷款的期限还可以更长一些。贷款的利率根据资金投放风险和预期收益等因素决定，一般高于IBRD的贷款利率，每笔贷款的数额一般在200万~400万美元。在办理贷款业务时，通常采用与私人投资者、商业银行和其他金融机构联合投资的方式。这种联合投资活动，既扩大了公司的业务范围，又促进了发达国家对发展中国家私人企业的投资。

## 四、MIGA

MIGA成立于1988年4月，是世界银行集团中最年轻的成员。MIGA在财务上和法律上是一个独立于世界银行的实体，有自己的业务和法律人员。

MIGA的宗旨是通过自己的业务活动推动成员国相互进行以生产为目的的投资，特别是向发展中国家的投资。MIGA的业务活动之一，是为“合格的投资”提供担保，而不致遭受商业性风险损失，促进国际直接投资。MIGA对以下四类非商业性风险提供担保：①投资所在国政府对货币兑换和转移的限制造成的转移风险；②投资所在国政府的法律或行动造成投资者丧失其投资所有权、控制权的风险；③在投资者无法进入主管法庭，或这类法庭不合理的拖延或无法实施这一项已做出的对他有利的判决时，政府撤销与投资者签订的合同造成的风险；④武装冲突和国内动乱造成的风险。MIGA的另一项业务活动，是对成员国提供技术援助服务，帮助发展中国家更有效地促进私人投资的机会。它通过对投资活动的直接支持（如组织投资会议、初级培训课程、战略研讨会等）、传播投资机会的信息和促进投资机构的能力建设，帮助发展中国家最大限度地提高吸引外国直接投资计划的效果。

### 五、中国与世界银行集团

中国于 1945 年加入世界银行，是该组织的创始成员国。1980 年 4 月 14 日，世界银行集团声明将按协定只同中华人民共和国发生关系。其后，中国代表团参加了该组织历届年会。中国在该组织中的股份为 44779 股，合 44.799 亿 SDR（按 1974 年 7 月 1 日汇率计算，折 54.043 亿美元），占该行法定股本总额的 2.87%。中国在该行的投票权为 45049 票，占总投票数的 2.81%，居第六位。中国自 1980 年恢复在世界银行的席位后，单独组成一个选区，并自行委任执行董事。

迄今为止，中国和世界银行集团始终保持良好的合作关系，中国也是世界银行集团最重要和最富有成效的借款国之一。在进入 21 世纪后，世界银行高度关注中国的可持续发展问题，关于中国在环境保护的机构设置、投资措施等方面提出了很好的建议。

此外，世界银行集团下属的 IFC 和中国也有密切合作，中国目前是 IFC 投资增长最快的国家，而且是 IFC 投资第九大国家。IFC 不仅在如何发展私营部门及如何促进外国投资方面向中国政府提供了技术援助，也积极参与参股中国中小金融机构的活动。

## 第三节 国际清算银行

国际清算银行（Bank for International Settlements，BIS）于 1930 年 5 月建立，行址设在瑞士巴塞尔。BIS 的宗旨是促进各国中央银行的合作，为国际金融活动提供更多的便利，在国际清算中充当委托人或代理人。BIS 主要同各国中央银行往来，也同一些国家的大商业银行往来。

## 一、BIS 的建立

第一次世界大战结束后，为了处理德国战争赔款的“杨格计划”和协约国之间债务的清算及清偿事务，1930 年 2 月，由英国、法国、德国、意大利、比利时、日本等六国的中央银行和美国的三家大银行——摩根保证信托公司（Morgan Guaranty Tust Campany）、纽约花旗银行（Citibank of NewYork）、芝加哥花旗银行（Citibank of Chicago）组成的银行团（Consortium Bank）在荷兰海牙签订国际协议，共同出资成立了 BIS。同年 5 月 20 日开始营业，这是成立国际金融机构的一个重要开端。

1945 年，国际货币基金组织和世界银行成立后，曾通过决议撤销 BIS。但美国为了实施马歇尔计划，力主将 BIS 作为欧洲国家之间和美国与欧洲国家之间进行国际结算的代理机构，因而被保留下来。该行宗旨也改为促进各国中央银行之间的合作和提供资金便利，办理国际清算业务等。二战后，BIS 先后作为欧洲经济合作组织（经济合作与发展组织前身）、欧洲支付同盟、欧洲煤钢联营、黄金总库等组织的收付代理人，承担了繁重的清算工作。从 1973 年 6 月起，BIS 成为欧洲货币合作基金（European Monetary Cooperation Fund，EMCF）（欧洲货币基金前身）的代理人。1979 年 3 月，欧洲货币体系正式成立后，有关的账务、清算等工作均委托给 BIS 办理。BIS 还是万国邮政联盟、国际红十字联盟等国际组织的金融代理机构。此外，西方主要国家中央银行行长每月在该行举行一次例会，商讨国际借贷和货币政策，对西方货币、外汇市场有重大影响。该行编写的各种货币金融调研资料，在西方金融业、学术界享有较高声誉。BIS 被称为“中央银行的银行”。

## 二、BIS 的组织机构

BIS 的最高权力机构是股东大会，股东大会每年举行一次，批准年度报告和账目等重要事项，由认购该行股票的各国中央银行派代表参加。董事会是 BIS 的实际领导机构，负责银行的业务与行政工作，董事主要由各成员中央银行行长担任，董事会每月举行一次会议，审查银行日常业务。董事会下设：

银行部，主管具体银行业务；银行经济部，负责调查研究工作；秘书处和法律处。

BIS 创立时的股本全部由参加创立的各国中央银行和美国银行团认购。后来，随着银行规模的扩大，其股票也在市场上交易，现在持股者包括与该行有业务关系的其他国家的中央银行或金融机构，以及在市场上购进该行股份的投资者。

## 三、BIS 的业务

BIS 主要同各国中央银行往来，也同一些国家的大商业银行往来。BIS 业务如下。

一是办理各种国际清算业务。目前，全世界有近百家中央银行在 BIS 拥有存款账户，各国约 10%的外汇储备和 3000 多吨黄金存于该行，作为提供贷款的资金保障之一。

二是办理各国政府国库券和其他债券的贴现与买卖业务。

三是买卖黄金、外汇，或代理各国中央银行买卖黄金、外汇。BIS 资金力量雄厚，积极参与国际金融市场活动，是国际黄金市场和欧洲货币市场的重要参与者。

1983 年底，中国人民银行正式行使中央银行职能后，开始积极探讨与 BIS 建立业务关系问题，于 1984 年 12 月正式建立与该行的业务往来关系，并以观察员身份几次参加该行年会。中国人民银行在 BIS 开立了外汇账户和黄金账户，将中国的部分外汇储备和适量黄金储备分别汇入了这两个账户。其中，外汇存款不论存期长短，均可随时提取而无须说明理由，存款的币种也可以转换，还可以将存款转换为债券投资。由于灵活方便，开立这些账户有利于我国国际储备的管理。后来，中国人民银行与 BIS 的业务往来和人员交往逐渐增多，中国人民银行也多次得到 BIS 的技术援助。1996 年 9 月，中国人民银行正式成为 BIS 会员，现在同 BIS 的业务联系，已成为中国人民银行开展国际金融业务的一条重要渠道。BIS 的研究报告和其在跨国银行监管方面的框架得到了中国金融界的高度重视。近年来，中国金融专家也积极参加巴塞尔委员会的多次国际研讨，其国际金融监管框架对中国金融体制改革有重要的借鉴意义。

另外，香港金融管理局与中国人民银行同时加入 BIS。1997 年，香港回归后，在 BIS 的地位保持不变，继续享有其独立的股份与投票权。

## 第四节　亚洲开发银行

亚洲开发银行，简称“亚行”，是西方国家和亚洲及太平洋地区发展中国家联合创办的亚太地区政府间国际金融组织。

### 一、ADB 的建立和宗旨

在二战后，获得民族独立的殖民地国家面临着迅速发展本国经济的艰巨任务，亚洲国家和地区的政府意识到必须在本地区建立一个开发性的金融组织，通过该组织进行本地区之间以及本地区与国际的金融合作，为本地区的经济发展提供资金。1963 年 3 月，日本提出设立 ADB 的建议。同年 12 月，联合国亚洲及远东经济委员会（以下简称“亚经会”）在马尼拉召开第一次亚洲经济合作部长级会议，讨论日本的建议，各国代表原则上同意建立 ADB。1965 年 11 月至 12 月，在马尼拉召开的第二次亚洲经济合作部长级会议上，通过了 ADB 章程。1966 年 11 月 24 日，ADB 成立；同年 12 月，ADB 开始营业，其总部设在马尼拉。

ADB 的宗旨是向其成员国或地区成员（以下简称“成员”）提供贷款和技术援助，帮助协调成员在经济、贸易和发展方面的政策；同联合国及其专门机构进行合作，促进亚太地区的经济发展和合作。为了实现这一宗旨，ADB 的主要任务是：①利用 ADB 的资金为本地区发展中国家的开发项目和计划提供贷款；②为这些贷款项目的确认、准备、实施和运转提供必要的技术援助；③通过 ADB 的活动促进成员公营和私营部门的开发性投资；④为成员协调本国和本地区的开发计划与政策提供必要的资金及技术援助。

ADB 也是以成员入股的方式组成的企业性金融机构，设有理事会、董事会以及办事机构。

ADB 成员的投票权采用按股东额计算的原则，每个成员均拥有基本投票权 778 票，每认缴 1 股银行股本另外增加 1 票。目前，ADB 成员中发达国家和地区的投票权占总投票权的 50%以上。特别是，日本和美国为了达到控制 ADB 的目的，认缴额在 ADB 成员中一直占 ADB 前两名的位置。中国自 1986 年 3 月参加 ADB 以来，已成为除日、美之外的第三大认股国和最大的发展中国家认股国，在 ADB 的业务活动中，发挥着越来越重要的作用。

## 二、ADB 的主要业务

ADB 开展业务的主要资金来源是普通资金，主要包括成员国认缴的股本和在国际金融市场的借款。另外，ADB 还建立了亚洲开发基金、技术援助特别基金和日本特别基金等三项特别基金，主要用于向亚太地区贫困成员发放优惠贷款，提高发展中国家人力资源素质或用于支持发展中国家进行的与实现工业化、开发自然资源和人力资源以及引进技术有关的活动，以便加速发展中国家的经济增长。

按条件划分，ADB 的贷款可分为硬贷款、软贷款和赠款三类。硬贷款是由 ADB 普通资金提供的贷款，贷款的期限为 10~30 年，含 2~7 年的宽限期，贷款的利率为“浮动利率”，每年调整一次。软贷款又称“优惠利率贷款”，是由亚洲开发基金提供的贷款，贷款的期限为 20 年，含 10 年的宽限期，不收利息，仅收 1%的手续费，这种贷款只提供给人均国民收入较低且还款能力有限的发展中国家。赠款用于技术援助，资金由技术援助特别基金提供，但赠款金额有限制。

按贷款方式划分，ADB 的贷款可分为以下几种。

（1）项目贷款。项目贷款是为某一成员具体的发展项目提供资金。ADB 选定的贷款项目必须满足三个基本条件：项目的经济效益好、有利于促进借款国的经济发展、借款国政府有较好的资信。项目贷款是 ADB 传统的和主要的贷款方式。

（2）规划贷款。规划贷款是为某个需要优先发展的部门和其所属部门提供资金，以便通过进口生产原料、设备和零部件，扩大现有生产能力，使其结构更加合理化和现代化。规划贷款采用分期提供资金、分期执行的方式，这一做法有利于 ADB 对贷款的执行进程实施监督，但提供每一期贷款应与执行整个规划贷款的进程联系在一起。

（3）部门贷款。部门贷款是对与项目有关的、通过贷款进行援助的一种方式，其目的是提高所选部门执行机构的技术和管理能力以及进一步完善有关部门发展的金融及其他政策。

（4）开发金融机构贷款。开发金融机构贷款是通过成员的开发性金融机构进行间接贷款的一种方式，又称为“中间转贷”。转贷的对象为私营企业和小型企业。ADB 通过这种贷款成功地推动了新企业的发展，扩大了现有企业的经营范围，并帮助企业实现设备的现代化，从而使其生产能力得到更充分的利用。

（5）综合项目贷款。综合项目贷款是对较小的借款国（如南太平洋的一些岛国）采取的一种灵活的贷款方式。这些国家的项目规模较小，借款数额不大，为了便于管理，ADB 将一批相互补充的小项目并在一起作为一个综合项目办理贷款手续。从本质上来说，综合项目贷款是项目贷款的一种。

（6）特别项目执行援助贷款。特别项目执行援助贷款用于解决借款国在 ADB 贷款项目的执行过程中遇到的未曾预料的困难，如在缺乏配套资金时，使项目继续执行。

（7）私营部门贷款。私营部门贷款是为私营部门那些促进经济发展，并获利较多的项目提供资金。ADB 进行私营部门贷款的方式有两种。一是直接贷款，即有政府担保的贷款，或是没有政府担保的股本投资和为项目准备等提供的援助。二是间接贷款，指经过开发性金融机构的限额转贷和对开发性金融机构进行股本投资。

ADB 在办理各项贷款业务的同时，积极开展了广泛的技术援助。ADB 技术援助的类型分为：①项目准备技术援助，是帮助成员确定项目或进行项目的审核，使 ADB 或其他金融机构能顺利地对项目进行投资；②项目执行技术援助，是帮助项目执行机构（包括开发性金融机构）提高管理能力，以便更好地执行贷款的项目；③咨询性技术援助，是用于帮助有关机构（包括ADB贷款的执行机构）加强建设，对人员进行培训，研究部门政策和策略，制定国家发展规划等；④区域性技术援助，是用于重要问题的研究，开办培训班，举办涉及整个区域发展的专题研讨会等。

ADB提供技术援助的方式主要有贷款和无偿赠款两种，其中，以贷款方式为主。ADB为其成员提供的总金额达17亿美元的技术援助中，75%采用贷款方式，17%采用赠款方式，其余的8%采用联合融资方式。ADB的技术援助在亚太地区社会经济发展中起着重要的作用，不仅有助于受援国提升机构能力和技术水平，而且有助于扩大贷款业务。许多发展中国家特别是最不发达国家，都需要大量资金帮助自己提升计划组织能力和建设机构。因此，ADB已将技术援助作为其主要的业务之一。

### 三、中国与ADB

1985年11月，中国与ADB达成了《谅解备忘录》，规定中华人民共和国作为中国的唯一合法代表成为ADB成员，中国台湾以“中国台北”的名称留在ADB。1986年3月，中国正式加入ADB。2000年末，ADB在中国设立了代表处。

根据ADB宗旨和中国发展的方针，ADB对华的业务战略要点是：提高经济效率；改善环境保护和自然资源管理；促进内陆省份的经济增长，帮助扶贫。ADB对华业务有普通资金贷款业务和技术援助业务。中国利用ADB贷款的基本考虑是促进资源的合理配置和积极对话，协商求同，中国和ADB的合作将进一步稳定健康地发展。

## 第五节　亚洲投资银行

亚洲投资银行一般指亚洲基础设施投资银行（Asian Infrastructure

Investment Bank，AIIB)，简称“亚投行”，亚洲基础设施投资银行是一个政府间性质的亚洲区域多边开发机构。

## 一、亚洲投资银行的建立和宗旨

进入21世纪以来，世界各国经济基本延续了冷战后的发展趋势，即在全球化深入发展的推动下实现了不同程度的发展，但各国的发展速度极不均衡。总体而言，发展中国家普遍实现了经济较快增长，新兴国家日益成为经济新秀，而发达国家的发展速度相对缓慢。在国际金融危机的打击下，发达国家的经济长期陷入低迷，以新兴大国为代表的发展中国家则率先摆脱危机影响，不仅成为全球经济的新引擎，而且成为全球治理的重要主体。为了更好地发挥新兴国家在世界经济和全球金融治理中的作用，改革原有的国际金融制度顺理成章地被提上日程。虽然世界银行与国际货币基金组织通过了相应的股权比重和投票权比重改革决定，但因美国国会反对而受阻，不合理的国际金融机制并未改观。

亚洲经济占全球经济总量的1/3，是当今世界最具经济活力和增长潜力的地区，拥有全球60%的人口。但因建设资金有限，一些国家铁路、公路、桥梁、港口、机场和通信等基础建设严重不足，这在一定程度上限制了该区域的经济发展。各国要想维持现有经济增长水平，内部基础设施投资至少需要8万亿美元，平均每年需要投资8000亿美元。在8000亿美元中，68%用于新增基础设施的投资，32%是维护或维修现有基础设施所需资金。现有的多边机构并不能提供如此巨额的资金，ADB和世界银行也仅有2230亿美元，两家银行每年能提供给亚洲国家的资金大概只有200亿美元，都没有办法满足这个资金的需求。由于基础设施投资的资金需求量大、实施的周期长、收入流不确定等因素，私人部门大量投资于基础设施的项目是有难度的。

中国已成为世界第三大对外投资国。2012年，中国对外投资同比增长17.6%，创下了878亿美元的新高。而且，经过30多年的发展和积累，中国在基础设施装备制造方面已经形成完整的产业链，同时在公路、桥梁、隧道、铁路等方面的工程建造能力也已经在世界上首屈一指。中国基础设施建设的相关产业期望更快地走向国际。但亚洲经济体之间难以利用各自具备的高额资本存量优势，缺乏有效的多边合作机制，缺乏把资本转化为基础设施建设的投资。

2014 年 10 月 24 日，包括中国、印度、新加坡等在内的 21 个首批意向创始成员国的财务部部长和授权代表在北京签约，共同决定成立 AIIB。2015 年 12 月 25 日，亚洲基础设施投资银行正式成立。2016 年 1 月 16 日至 18 日，AIIB 开业仪式暨理事会和董事会成立大会在北京举行。2019 年 7 月 13 日，AIIB 理事会批准贝宁、吉布提、卢旺达加入亚投行，至此，AIIB 成员总数达到 100 个。2019 年 10 月 24 日，北京亚洲金融大厦竣工，成为 AIIB 总部永久办公场所。2020 年 7 月，在亚投行第五届理事会年会视频会议开幕式上，习近平主席宣布，亚投行已经从 57 个创始成员发展到来自六大洲的 102 个成员。2021 年 10 月 28 日，亚投行第六届理事会年会闭幕。尼日利亚加入申请获得批准，至此，亚投行成员数量增至 104 个。

亚洲投资银行重点支持基础设施建设，其成立宗旨是为了促进亚洲区域建设互联互通化和经济一体化的进程，并且加强中国及其他亚洲国家和地区的合作，是首个由中国倡议设立的多边金融机构。亚洲投资银行的宗旨是通过在基础设施及其他生产性领域的投资，促进亚洲经济可持续发展、创造财富并改善基础设施互联互通；与其他多边和双边开发机构紧密合作，推进区域合作和伙伴关系，应对发展挑战。

## 二、亚洲投资银行的主要职能

为履行其宗旨，亚投行具备以下职能：

一是推动区域内发展领域的公共资本和私营资本投资，尤其是基础设施和其他生产性领域的发展。

二是利用其可支配资金为本区域发展事业提供融资支持，包括能最有效支持本区域整体经济和谐发展的项目和规划，并特别关注本区域欠发达成员的需求。

三是鼓励私营资本参与投资有利于区域经济发展，尤其是基础设施和其他生产性领域发展的项目、企业和活动，并在无法以合理条件获取私营资本融资时，对私营投资进行补充。

四是为强化这些职能开展的其他活动和提供的其他服务。

## 三、亚洲投资银行的主要业务

### （一）业务类型

根据协定，亚投行的业务分为普通业务和特别业务。

普通业务，是指由亚投行普通资本（包括法定股本、授权募集的资金、贷款或担保收回的资金等）提供融资的业务。

特别业务，是指为服务自身宗旨，以亚投行接受的特别基金开展的业务。两种业务可以同时为同一个项目或规划的不同部分提供资金支持，但在财务报表中应分别列出。

### （二）主要投资

作为由中国提出创建的区域性金融机构，亚洲基础设施投资银行主要业务是援助亚太地区国家的基础设施建设。在全面投入运营后，亚洲基础设施投资银行将运用一系列支持方式为亚洲各国的基础设施项目提供融资支持——包括贷款、股权投资以及提供担保等，以振兴包括交通、能源、电信、农业和城市发展在内的各个行业。

## 本章思考题

1. 国际清算银行的宗旨和主要业务活动。
2. 国际货币基金组织的宗旨和主要业务活动。
3. 世界银行和亚洲开发银行的宗旨与主要业务活动。
4. 各个国际金融机构对国际经济协调发展所做的努力和产生的积极作用。

# 第九章　开放经济条件下的宏观经济政策

在封闭条件下，市场经济的有效运行离不开政府的宏观调控。政府对经济制定宏观调控目标并运用政策工具加以实现，已是现代市场经济的一般规律。在封闭条件下，政府对经济进行调控的中心任务是实现经济的稳定与发展。

在开放条件下，不仅依然存在政府利用政策工具对经济进行调控的问题，而且这一问题的性质因为经济的开放性发生深刻的改变。开放性对经济的影响是双重的，它在为经济提供了许多封闭条件下不具备的有利条件的同时，也对经济的稳定与发展造成了很大冲击，而开放经济依靠自身的运作是无法解决这一矛盾的。因此，在开放条件下，政府对经济进行调控的中心任务是在实现经济稳定与发展的同时，确定经济合理的开放状态，并解决这两者之间可能存在的矛盾。

## 第一节　开放经济条件下的宏观经济政策目标

### 一、内部均衡与外部均衡

在封闭经济条件下，经济增长、充分就业与物价稳定是政府追求的主要经济目标，这三个目标概括了能使经济处于合理运行状态的主要条件。封闭经济的三个目标之间是存在着冲突的，例如，失业率与通货膨胀之间可能存在着相互替换的关系，经济增长很可能带来通货膨胀。可以说，在封闭经济中，政策调控的主要课题在于协调这三者的冲突，确定并实现这三者的合理组合。

在开放经济条件下，政府的政策目标发生改变，这体现在两个方面：第一，政策目标的数量增加了，国际收支成为宏观调控关注的变量之一；第二，各目标之间的关系发生变化，在相当多的情况下，宏观经济在封闭条件下的主要目标与国际收支这一新目标之间的冲突成为经济面临的突出问题。

对于开放经济来说，与外界的经济联系对这一经济的运行有着重大影响，这一影响具体体现在为经济提供了许多封闭条件下不具备的有利条件的同时，也对经济的稳定与发展造成了很大冲击。衡量经济开放性的主要工具是国际收支，因此，经济开放性的这种影响就可以反映在国际收支与经济增长、物价稳定、充分就业等原有的政策目标之间存在的复杂关系上。因此，非常有必要将经济的开放状态纳入政府调控目标的范围。从国际收支与经济增长的关系来看，经常账户直接构成 GDP 的一部分，对于很多国家来说，出口增长对经济增长的贡献率相当大；同时，国际收支因素还可以通过获得本国稀缺的商品与资源、吸引资金流入等途径间接作用于经济增长，而不合理的国际收支结构则会严重制约经济的发展。从国际收支对物价稳定、充分就业的影响来看，由于经常账户是总需求的组成部分之一，当一国存在较多的闲置资源时，出口的增长可以在保持物价稳定的同时提高就业率；而当一国资源利用空间接近充分就业时，出口的增长就会产生通货膨胀。另外，如果一国实行的是固定汇率制度，则大量的国际收支顺差会通过国际储备的渠道增加该国的基础货币投放量，带来通货膨胀的压力。可见，将国际收支纳入开放经济的政策目标之一是极为必要的。

在国际收支进入宏观调控目标的菜单后，开放经济下的政策目标可以分为内部均衡与外部均衡两部分。

原有的经济增长、物价稳定、充分就业等反映经济内部运行情况的政策目标可以归入内部均衡目标中。在这三个目标中，经济增长是一个长期目标，并且自 20 世纪 80 年代以来，主要的发达国家都越来越强调通过市场机制的自身运作实现持续的经济增长，因此，经济增长目标从这些国家政府的政策目标菜单中逐渐淡化甚至消失。在此背景下，我们先不考虑经济增长问题，而是将内部均衡定义为国民经济处于无通货膨胀的充分就业状态。

外部均衡，是指国际收支的均衡，是一个含有价值判断的概念，反映了一国应追求的国际收支状态。从会计角度来看，国际收支总是平衡的，一国在对国际收支进行调控时，必须依据一定的标准进行分析，从而确定何种"国际收支平衡状态"。在布雷顿森林体系下，各国对资金流动采取了严格的管制措施，经常账户的逆差很难通过汇率变动或吸引资金流入的方法加以解决，因此，这时外部均衡通常被视为经常账户平衡。自20世纪70年代以来，汇率可以自由浮动，同时在国际流动的资金数量日益增加，相当多的人认为可以依靠外汇市场自发调节或弥补经常账户差额，因此，外部均衡问题不存在了，或者说，将外部均衡视为总差额的平衡。自80年代以来，外部均衡的含义又有了深刻变化。一方面，国际资本流动问题日益突出，资金在国际流动过程中导致汇率变动非常剧烈，诱发债务危机与货币危机等严重问题，人们发现，在国际资金流动的条件下，总差额的平衡并不能说明问题，一国仍有必要对经常账户乃至整个国际收支的结构进行控制；另一方面，理论研究的深入使人们认识到简单要求经常账户达到平衡常常是不必要的，一国应利用经常账户可以调节储蓄与投资差额等性质，根据经济的不同特点、不同发展阶段确定相应的经常账户余额目标，并进而确定合理的国际收支结构。因此，可以将外部均衡定义为与一国宏观经济相适应的合理的国际收支结构。如果不对国际收支中的资金期限结构等问题进行具体分析，那么外部均衡的定义可以简单表述为：与一国宏观经济相适应的合理的经常账户余额。

## 二、外部均衡的标准

对于一国来说，确定合理的经常账户余额的标准最主要有两条：第一，这一余额应符合经济理性（Economic Rationality）；第二，这一余额应具有可维持性（Sustainability）。

### （一）经济理性

经常账户可以表示为一国国内储蓄与投资之间的差额。假定一国可以按世界利率无限制地借款或贷款，那么当存在收益率高于这一利率的投资机会而国内储蓄又不能满足时，符合理性的行为就是在国际金融市场上借款以使本国投资大于国内储蓄，该国出现经常账户赤字。

从全球角度来看，一国的经常账户赤字就是其他国家的经常账户盈余，经常账户的余额反映了各国投资与储蓄之间的不同差额，实际上是投资与储蓄在全球范围内配置的优化。可见，确定一国经常账户余额的基础是其国内的储蓄、投资与其他国家之间存在的差异，而各国储蓄与投资之间存在的差异分别是由各国不同的时间偏好和资本边际生产率决定的。

1. 时间偏好的差异

首先不考虑投资问题，假定一国国民收入全部用于消费。从封闭经济来看，不同个人之间消费的时间偏好是不同的，对于偏好即期消费的人来说，他可以向那些偏好将来消费的人借款以扩大自己的当前消费，这便分别形成了资金的借贷方，由此确定了国内信贷市场上的利率。如果一国即期消费偏好较强，它的市场利率就会相对偏高。当资金不能在各国间自由流动时，不同国家对消费的不同时间偏好会形成不同的国内利率。当经济开放时，资金会从偏好将来消费的国家流入偏好即期消费的国家，全球范围的资金借贷形成了统一的世界利率。

2. 资本边际生产率的差异

当各国资本边际生产率存在差异时，资本应从收益率较低的国家流向收益率较高的国家，直至各国的资本边际生产率相同为止。

当各国的资本边际生产率存在差异时，资本边际生产率较高的国家应追求的经常账户余额为赤字，而资本边际生产率较低的国家应追求的经常账户余额为盈余。

以上分析了不同的时间偏好与资本边际生产率这两个确定经常账户余额时需要考虑的主要因素，需要说明以下几点。第一，上述分析均以资金可完全流动为前提，而这在现实生活中是很难满足的。许多国家，尤其是发展中国家，很难在国际资金市场上获得必要的资金流入。因此，理论上资金流入的合理数量与实际发生数量之间可能存在相当大的差距，这会影响经常账户余额的确定。第二，上述分析中存在一个假定，即当投资收益率高于利率时就可以借入资金。但在发生外在冲击等很多意外情况下，原有的利率及投资收益率会发生变化，这便产生了清偿风险等问题。因此，资金流入一般应限制在一定范围内，必须考虑经常账户的可维持性问题。

（二）可维持性

可维持性问题一般存在于经常账户余额为赤字的情况中。当经常账户余额为赤字时，必须考虑可维持性问题的原因是：资金流入形成的债务必须在将来某一时期偿还，也就是经济面临着跨时期的预算约束。

在实际分析中，有助于判断可维持性的两个方法如下。

第一，分析资金流入的具体情况。例如，要分析资金流入的性质，判断吸引资金流入的本国比较高的投资收益率是实际存在的还是人为造成的。一些国家由政府出面，用虚假的高回报率承诺吸引外资流入，显然这样形成的经常账户余额的可维持性是很成问题的。

第二，分析债务比率指标。通过对各国利用外债的经验教训的总结，国际上形成了衡量外债规模的完整的指标体系，并且对这些指标的合理范围有着比较一致的意见，这一成果同样可用于经常账户可维持性的分析。例如，对外债务余额与 GNP 的比例一般不应超过 8%，当年外债还本付息额占当年商品与服务出口收入的比率（偿债率）一般不应超过 20%，当年外债余额占当年商品与服务出口收入的比率（负债率）一般不应超过 100%，总债务中短期债务的比率一般不应超过 25%。经济理性与可维持性是从一国角度确定其外部均衡的主要标准。从全球范围来看，还应考虑经常账户余额的国际一致性，即各国经常账户的赤字与盈余应大体协调。

最后需要指出的是，确定一国的外部均衡目标是一个比较复杂的问题，除了已经分析的因素外，还有许多其他问题影响到经常账户余额的确定。而且，外部均衡是一个动态概念，是随着实际条件的变化不断发展的。

## 三、内部均衡与外部均衡的关系

作为开放经济的主要政策目标，内部均衡与外部均衡是相互影响的，它们之间存在着非常复杂的关系。当一国采取措施努力实现某一均衡目标时，这一措施可能会同时带来开放经济另一均衡问题的改善，也有可能对另一均衡问题造成干扰或破坏。一般地，将前者称为“内外均衡的一致”，将后者称为“内外均衡之间的冲突”。

英国经济学家詹姆斯·米德（J. Meade）于1951年在其代表作《国际收支》中最早提出了固定汇率制度下的内外均衡冲突问题。他指出，在汇率固定不变时，政府只能主要运用影响社会总需求的政策调节内外均衡。这样，在开放经济运行的特定区间，便会出现内外均衡难以兼顾的情形。例如，开放经济可能面临着如下内外经济状况的组合（假定失业与通货膨胀是两种独立的情况，外部均衡就是经常账户平衡）。

**表9-1　固定汇率制度下内部均衡与外部均衡的矛盾**

| 序号 | 内部经济状况 | 外部经济状况 |
| --- | --- | --- |
| 1 | 经济衰退/失业 | 国际收支逆差 |
| 2 | 经济衰退/失业 | 国际收支顺差 |
| 3 | 通货膨胀 | 国际收支逆差 |
| 4 | 通货膨胀 | 国际收支顺差 |

在表9-1中，第2、第3种情况意味着内外均衡之间的一致。以第2种情况为例，为实现经济的内部均衡，显然要求政府采取增加社会总需求的措施进行调控，这会通过边际进口倾向的作用导致进口的相应增加，在出口保持不变时，这会带来经常账户的逆差增加，从而使原有的国际收支顺差状况改变而趋向平衡。这样，政府在采取措施实现内部均衡的同时，内部均衡的改善也对外部均衡的实现发挥积极作用，因此，在此时是内外均衡一致的情况。而第1、第4种情况意味着内外均衡的冲突，因为政府在通过调节社会总需求实现内部均衡时，会引起外部经济状况失衡的加剧。可见，在米德的分析中，内外均衡的冲突一般是指在固定汇率下，由失业、经常账户逆差，或通货膨胀、经常账户盈余这两种特定的内外经济状况组成的。

米德的分析主要是针对固定汇率制度的情况，没有同时考虑资金流动对内外均衡问题的影响。在20世纪70年代实行浮动汇率制度后，有一部分人认为，可以依靠汇率与资金流动的自发变化调节国际收支，外部均衡可以不列入政府调控目标，也就不存在内外均衡冲突的问题了。但在浮动汇率制度下，政府同样面临着外部均衡问题，完全利用外汇市场自发调节国际收支是不可能的。在汇率变动受到政府的一定管理条件下，通过国内总需求的变动调节内外均衡仍是相当常见的做法，因此浮动汇率制度下也会出现许多与固定汇率制度下相类似的内外均衡冲突现象。而且，在汇率变动程度与固定汇率制度下相比非常剧烈的条件下，外部均衡与内部均衡之间的相互影响或干扰更加复杂，内外均衡冲突问题甚至可能更加深刻。例如，通过调节国内需求实现内部均衡目标时，国内需求的变动会通过多种途径造成汇率的变化，汇率又会通过一系列机制影响内部均衡。更严重的是，活跃在国际金融市场上的巨额资金不仅导致各国汇率的动荡，而且直接影响各国的宏观经济，使各国的国内经济政策受到更多制约，一国同时实现内外均衡目标会变得更加困难。因此，内外均衡的冲突始终是开放经济面临的重要问题。

当然，浮动汇率制度下的内外均衡冲突性质及表现形式都与固定汇率制度有很多不同。我们将米德分析中与开放经济特定运行区间相联系的内外均衡之间的冲突称为“狭义的内外均衡冲突”，而将一般情况下实现某一均衡目标的努力对另一均衡目标的干扰或破坏这一现象称为“广义的内外均衡冲突”。

造成内外均衡冲突的根源在于经济的开放性。对于开放经济来说，一方面，在运行中要保持自身的相对稳定，避免通货膨胀、失业等宏观经济失衡现象；另一方面，经济开放的最重要目的就是通过商品、服务、资金的国际流动增加本国福利，而内外均衡目标实际上就是对开放经济追求的内在稳定性与合理开放性进行描述。直接影响开放经济的内在稳定性与合理开放性的变量有很多。在开放条件下，这些变量之间通过各种机制发生着复杂的联系。在开放经济运行中，同时处于内外均衡区间的情况是很少的，各种变量变动造成的冲击都会使经济偏离最佳区间，政府必须运用可控制的变量也就是政策工具实现经济的稳定与合理开放。在一些区间内或状态下，经济的内在稳定性与合理开放性要求该变量的调整方向是相反的，实现某一均衡目标会带来另一均衡目标的恶化，这就形成了内外均衡的冲突。造成内外均衡之间发生冲突的原因可以分为三个。

第一，国内经济条件的变化。例如，在一国经济处于内外均衡时，该国消费者的消费偏好发生了更倾向于购买本国产品的转变。这种转变一方面增加了国内产品的需求，造成通货膨胀的压力；另一方面导致了经常账户的顺差增加。

第二，国际经济波动的传递。这种波动可分为实物性与金融性两类。从实物性波动的传递来看，假定 A、B 两国互为对方的贸易伙伴，当 B 国发生国内吸收的自发性收缩、经济陷入衰退时，B 国对 A 国产品的进口就会下降。对于 A 国来说，这会导致经常账户的赤字增加，同时出口的下降又会造成总需求的不足，带来经济衰退。从金融性波动的传递来看，如果国际金融市场上利率上升，则本国为了维护资金流动和汇率的稳定，势必要求提高国内利率，而这一维护外部均衡的努力会对国内经济产生紧缩作用，给内部均衡目标带来干扰或破坏，产生内外均衡相互冲突的问题。

第三，与基本经济因素无关的国际资金的投机性冲击。国际资金流动问题，尤其是其中的投机性资金流动问题自 20 世纪 80 年代以来对一国经济的内外均衡产生了越来越大的影响。例如，当预期一国货币即将贬值时，政府必须提高利率以补偿预期的贬值率，维持资金流动的稳定，但这会给国内经济带来很大的冲击，影响内部均衡目标的实现。需要指出的是，这种资金的投机性流动往往与经济基本面无关，具有自我实现的特点。

## 第二节　开放经济条件下的政策工具与调控原理

### 一、开放经济条件下的政策工具

按照政策工具的不同作用机制分类，开放经济下的政策工具可分为调节社会总需求的工具、调节社会总供给的工具、提供融资的工具等。

### （一）调节社会总需求的工具

由于社会总供给的变动相对缓慢，对宏观经济的调控最主要是通过对社会总需求进行调节实现的，所以宏观调控常被称为“需求管理”。对总需求的调节又可以分为两种类型：第一，主要调节社会需求的总水平，被称为“支出增减（支出变更）政策”（Expenditure-Changing Policy）；第二，主要调节社会需求的内部结构，在开放经济中，主要是指调节需求中外国商品和服务与本国商品和服务的结构比例，被称为“支出转换政策”（Expenditure-Switching Policy）。

1. 支出增减（支出变更）政策

支出增减（支出变更）政策主要是指财政政策与货币政策。财政政策是政府利用财政收入、财政支出和公债等对经济进行调控的经济政策，其主要工具包括财政收入政策、财政支出政策、公债政策、预算等。货币政策是中央银行通过调节货币供应量与利率以影响宏观经济活动水平的经济政策，其主要工具是公开市场业务、再贴现（再贷款）以及法定存款准备金率这三种。财政政策与货币政策都可以直接影响社会总需求，由此调节内部均衡；同时，社会总需求的变动又可以通过边际进口倾向影响进口和通过利率影响资本流动，由此调节外部均衡。

对于这一基本作用机制，需要指出以下几点。

第一，财政政策与货币政策在调节总需求的过程中有着各自不同的特点，主要体现在对利率的不同影响上。从对总需求进行扩张这一情况来看，财政支出扩张会造成利率上升，而货币政策扩张是通过降低利率刺激投资的。财政政策与货币政策的不同作用机制造成了它们在开放经济条件下的效力发生了不同的变化，这一点可以在宏观调控中得到运用。

第二，财政政策与货币政策可能对外部均衡还有特定的作用机制。除了通过总需求影响进口需求外，根据不同的国际收支理论，财政政策与货币政策还可能通过特定机制直接作用于国际收支。例如，当财政赤字与经常账户赤字都很严重时，这一双赤字问题有可能主要是由扩张的财政政策引起的，控制预算赤字会直接改善经常账户收支。又如，货币分析法认为国际收支中的资金流动是对货币供求进行调整，因此在货币需求稳定的条件下，中央银行的货币供给会直接影响资本与金融账户进而影响整个国际收支。

2. 支出转换政策

支出转换政策主要包括汇率政策与直接管制政策。在不进行管制的情况下，汇率政策主要通过确定汇率制度与汇率水平对经济产生影响。在宏观调控中，汇率政策的主要问题是确定合理的汇率水平。汇率政策对社会总需求的转换机制在于：本币汇率的贬值，使本国产品在外国市场上变得相对便宜，外国产品在本国市场上相对昂贵，这将诱发本国居民将需求由外国产品转向本国的进口替代品，从而减少进口需求；同时，刺激外国居民减少对自己国内产品的需求，增加对贬值国出口品的需求。可见，汇率政策首先作用于净出口，其次在此基础上作用于社会总需求，对社会总需求的结构与数量都有影响。

对于汇率政策还需要指出以下几点。

第一，调节汇率水平的方式与汇率制度密切相关。在固定汇率制度下，政府行使汇率政策是通过调整平价进行的。这种方式的特点是很难频繁地进行调整，例如，布雷顿森林体系下就规定了汇率只有在国际收支出现“根本性不均衡”时才能进行调整。在浮动汇率制度下，汇率是根据外汇市场的供求灵活变动的，政府如果将汇率作为一种政策工具，就必须干预外汇市场，这样才能主动调节汇率水平。

第二，汇率政策本身并不完全是一个独立的政策。在很多情况下，汇率政策意味着依靠其他政策工具对汇率水平进行管理，这常常是通过货币政策实现的。在以货币政策维系固定的汇率水平时，中央银行必须在该汇率水平上被动地吸纳任何超额供给或需求，这会导致其无法控制基础货币的数量，基本丧失了货币政策的自主权。另外，还有学者指出，财政政策也可以对汇率进行管理，这主要是针对大量预算赤字造成经常账户赤字从而导致贬值的情况，心理预期因素对这一管理的效力起着重要作用。

第三，汇率政策发挥预期的效力是受到诸多制约的。进出口商品的需求弹性、总供给的结构、闲置资源的存在、边际吸收倾向等因素都会影响汇率政策的效力。同时，在当今外汇市场上游资数量极其庞大的情况下，一国中央银行对外汇市场的影响力是有限的，常常是各国联合干预才能收到一定效果。另外，汇率是开放经济中的核心变量，它的影响不限于社会总需求，而是对开放经济各方面、各层次都有深刻影响，因此在运用汇率政策实现内外均衡时必须考虑它的溢出效应。

直接管制政策，是指政府对经济交易实施的直接行政控制。政府的直接管制可能遍及经济领域的各个方面，例如，国内商品的价格管制、国内金融管制、国际经济交易中的贸易管制（如关税、进出口配额等）与金融管制（如外汇管制等）。直接管制政策就其性质来说属于支出转换政策，因为它通过改变各种商品的相对可获得性达到支出转换的目的。直接管制政策的利弊都很突出。一方面，它具有立竿见影、灵活易行的特点，可以针对不同情况迅速收到效果；另一方面，它不可避免地使市场产生扭曲，会导致资源配置的低效率，导致黑市交易和走私等非法活动，而且易引起其他国家的报复。国际经济组织和经济学家多半不赞成采用直接管制政策，但在历史上发达国家和发展中国家都不同程度地采用过直接管制政策。

（二）调节社会总供给的工具

宏观经济是在社会总需求与社会总供给的相互作用中运行的，供给方面的因素会对内外均衡产生重要影响。调节社会总供给的工具一般又可称为“结构政策”，包括产业政策和科技政策等，旨在改善一国的经济结构和产业结构，提高产品质量，降低生产成本，增强社会产品的供给能力。供给政策的特点是长期性，在短期内难以有显著的效果，但它可以从根本上提高一国的经济实力与科技水平，为实现内外均衡创造条件。

（三）提供融资的工具

融资政策是在短期内利用资金融通的方式，弥补国际收支出现的超额赤字以实现经济稳定的一种政策。融资政策包括官方储备的使用和国际信贷的使用。从一国宏观调控角度来看，融资政策主要体现为国际储备政策。对外部均衡调控的首要问题就是“融资还是调整”（financing or adjusting），因为如果国际收支偏离外部均衡标准是由临时性、短期的冲击引起的，那么可以用融资方法弥补以避免调整的负面影响；如果是国内经济原因等中长期因素导致的，那么势必要求运用其他政策进行调整。可见，融资政策与调节社会总需求的支出政策之间具有一定的互补性和替代性。

## 二、开放经济下政策调控的基本原理

开放经济的政策目标包括内部均衡与外部均衡两部分，如果仍像封闭条件下一样单纯运用控制社会需求总量的政策进行调控，会在很多情况下造成内外均衡之间的冲突，开放经济的政策调控需要有新的思路。自 20 世纪 50 年代以来，关于政策配合的丁伯根原则与政策指派的有效市场分类原则等理论的出现发展了开放经济的政策调控理论，并且对经济学中的经济政策研究起了很大的推动作用。

### （一）丁伯根原则

荷兰经济学家丁伯根（J. Tinbergen）是第一位诺贝尔经济学奖得主（1969），他最早提出了将政策目标和工具联系在一起的正式模型，指出要实现 $N$ 种独立的政策目标，至少需要相互独立的 $N$ 种有效的政策工具。

假定只存在两个目标与两种工具，政策调控追求的目标是工具的线性函数。在这一情况下，只要决策者能够控制两种工具，每种工具对目标的影响是独立的，决策者就能通过政策工具的配合达到理想的目标水平。从数学上来看，只要两个政策工具线性无关，就可以求解出达到最佳目标水平时需要的水平。但如果决策者只有一个独立的工具而试图实现两个目标，是不可能成功的。

可以将这一结论进行推广。如果一个经济具有线性结构，决策者有 $N$ 个目标，只要有至少 $N$ 个线性无关的政策工具，就可以实现这 $N$ 个目标。对于开放经济而言，这一结论具有鲜明的政策含义：只运用支出增减政策通过调节支出总量的途径同时实现内外均衡目标是不够的，必须寻找新的政策工具并进行合理配合。

丁伯根原则指出了应运用 $N$ 种独立的工具进行配合实现 $N$ 个独立的政策

目标，这一结论对于经济政策理论具有深远意义。丁伯根原则对目标的实现过程具有如下特点：一是假定各种政策工具可以供决策当局集中控制，从而通过各种工具的紧密配合实现政策目标；二是没有明确指出每种工具有无必要在调控中侧重某一目标的实现。这两个特点不尽与实际情况符合或者不能满足实际调控的需要。蒙代尔于 20 世纪 60 年代提出的关于政策指派的有效市场分类原则弥补了这一缺陷。

（二）政策指派与有效市场分类原则

蒙代尔对于政策调控的研究是基于这样一个出发点：在许多情况下，不同的政策工具实际上掌握在不同的决策者手中，例如，货币政策属于中央银行的权限，财政政策则由财政部门掌管，如果决策者不能紧密协调这些政策而是独立进行决策的话，就不能达到最佳的政策目标。蒙代尔得出的结论是，如果每个工具被合理地指派给一个目标，并且在该目标偏离最佳水平时按规则进行调控，那么在分散决策的情况下仍有可能得到最佳调控目标。

关于每个工具应如何指派给相应目标，蒙代尔提出了有效市场分类原则。这一原则的含义是：每个目标应指派给对这个目标有相对最大影响力因而在影响政策目标上有相对优势的工具。如果在指派问题上出现错误，则经济会产生不稳定性而距离均衡点越来越远。根据这一原则，蒙代尔区分了财政政策、货币政策影响内外均衡的不同效果，提出了以货币政策实现外部均衡目标、财政政策实现内部均衡目标的指派方案。

蒙代尔假定，相对而言，预算对国民收入、就业等国内经济变量影响较大，而利率则对国际收支影响较大。在上述假定条件下，蒙代尔认为，当国内宏观经济和国际收支都处于失衡状态时，应采用财政政策解决经济衰退问题，扩大预算。同时，应采用紧缩性货币政策解决国际收支问题。扩张性财政政策与紧缩性货币政策的如此反复使用，最终会达到开放经济下内外均衡。如果政策指派方式相反，即以财政政策解决外部均衡问题，以货币政策解决内部均衡问题，经济就会离内外均衡点越来越远，如图 9-1 所示。

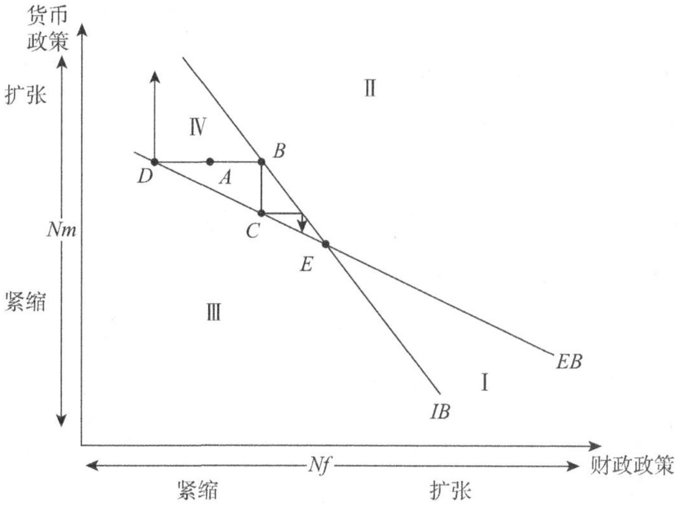


**图 9-1　蒙代尔的政策指派原则**

由此，我们得到如下几种财政政策与货币政策搭配，如表 9-2 所示。

**表 9-2　财政政策与货币政策的搭配**

| 经济状况 | 财政政策 | 货币政策 |
| --- | --- | --- |
| 失业/国际收支逆差 | 扩张 | 紧缩 |
| 通货膨胀/国际收支逆差 | 紧缩 | 紧缩 |
| 通货膨胀/国际收支顺差 | 紧缩 | 扩张 |
| 失业/国际收支顺差 | 扩张 | 扩张 |

# 第三节　开放经济条件下的货币政策、财政政策

作为实现内外均衡目标最主要的政策工具，财政政策与货币政策在开放经济条件下对经济的作用机制、政策效果等与封闭条件下的情况相比均发生了非常大的变化。

分析开放经济条件下财政政策与货币政策效力的主要工具是 20 世纪 60 年代提出的蒙代尔-弗莱明模型（Mundell-Fleming Model）。这一模型是从货

币金融角度对开放经济进行宏观分析的基本分析框架。这个分析框架是以标准的IS-LM模型为基础的，在西方的文献中，蒙代尔-弗莱明模型被称为开放经济条件下进行宏观分析的“工作母机”（Workhorse），对国际金融学的发展有重大影响。

蒙代尔-弗莱明模型的分析对象是一个开放的小型国家，对国际资金流动采取了流量分析，其分析前提如下。

第一，总供给曲线是水平的。这意味着产出完全由总需求水平确定。另外，名义汇率与实际汇率之间不存在区别。

第二，即使在长期内，购买力平价也不存在。因此，浮动汇率制度下汇率完全依据国际收支状况进行调整。

第三，不存在汇率将发生变动的预期，投资者风险中立。

## 一、固定汇率制度下的货币政策、财政政策

在固定汇率制度下，政府有义务在固定的汇率水平上按市场要求被动地买进卖出外汇，因此外汇储备量完全受国际收支状况的影响，这使政府不能控制货币供应量。由国际收支因素导致的货币供应量的波动，是固定汇率制度下经济调整的一般机制。

分析的框架是IS-LM-BP模型，在由国民收入与利率构成的坐标空间中展开分析。其中，反映商品市场平衡的是曲线*IS*，这一曲线斜率为负，政府支出增加及本币汇率贬值都会使之右移。反映货币市场平衡的是曲线*LM*，这一曲线斜率为正，货币供应量增加会使之右移。反映外汇市场平衡的是曲线*BP*，这一曲线的斜率有三种情况。

外汇市场平衡条件为

$$BP=CA+K=X-M+K=X(q)-M(Y)+K(i,i^*)$$

因此，这一曲线的形状由资金流动性的不同决定。

（1）当资金完全不流动时，这一曲线意味着经常账户的平衡。对于某一实际汇率水平，存在着与之对应的、能使经常账户平衡的收入水平，曲线*BP*在坐标空间内就是与这一收入水平垂直的直线。本币汇率的贬值会使之右移。

（2）当资金完全流动时，资金流动情况决定了国际收支平衡与否。由于假定风险中立以及对汇率的静态预期，当该小国利率水平完全与世界利率水平一致时，该国国际收支处于平衡状态，资金的流动将调整任何形式的经常账户收支不平衡。此时，曲线 *BP* 是一条水平线，汇率的贬值对之无影响。

（3）当资金不完全流动时，资本与金融账户、经常账户对国际收支都有影响。此时，曲线 *BP* 是一条斜率为正的曲线。这是因为对于既定的汇率水平，收入增加引起的经常账户逆差需要提高利率以吸引资金流入进行弥补。资金流动性越大，这一曲线就越平缓，因为比较小的利率增加就能吸引更多的资金流入。本币汇率的贬值同样使之右移。IS-LM-BP 均衡模型如图 9-2 所示。

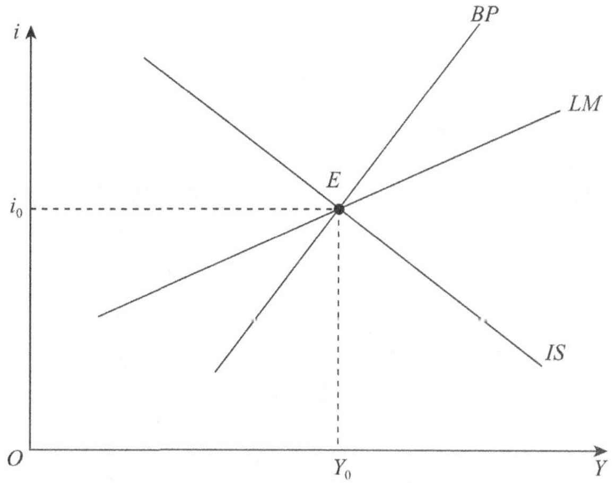


**图 9-2　IS-LM-BP 均衡模型**

## （一）资金完全不流动时的货币政策、财政政策

在固定汇率制度条件下，资金完全不流动时的经济平衡状态如图 9-3 所示。

1. 货币政策

假定中央银行在货币市场上购买证券会带来基础货币的增加，通过货币乘数作用使货币供应量增加。货币供应量的增加意味着有更多资金可用于提供信贷，这带来了利率的降低。利率降低会刺激投资需求的上升，这导致总需求的上升并提高了国民收入。由于边际进口倾向的作用，国民收入增加会带来进口增加，在出口不变时，经常账户收支处于赤字状态。也就是说，在短期内，扩张性货币政策带来了利率的降低、国民收入的提高、经常账户的恶化。以上分析如图 9-4 所示。

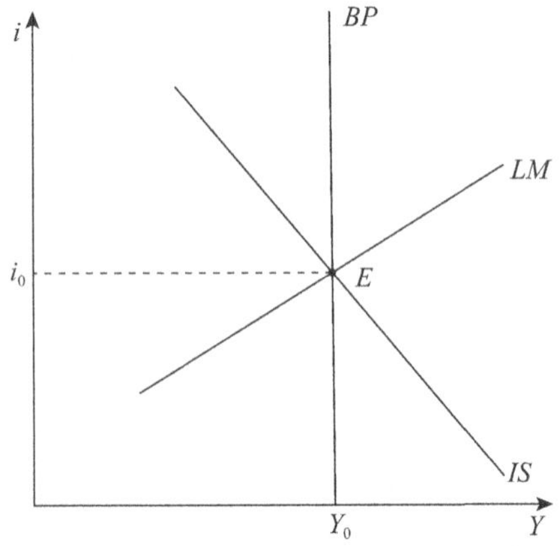


**图 9-3　在固定汇率制度条件下，资金完全不流动时的经济平衡状态**

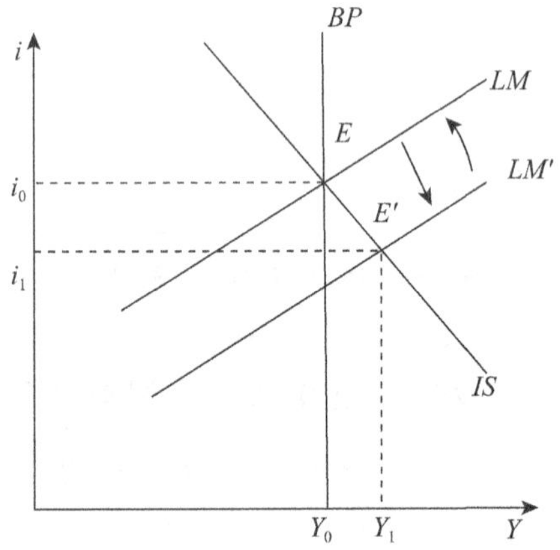


**图 9-4　在固定汇率制度条件下，资金完全不流动时的货币政策**

在图 9-4 中，货币扩张使曲线 $LM$ 右移至曲线 $LM'$，它与曲线 $IS$ 的交点变为点 $E'$，这是经济的短期平衡点。点 $E'$ 位于曲线 $BP$ 右方，这意味着经常账户处于赤字状态，即货币政策的短期效应。

在长期内，国际收支赤字会通过外汇储备带来货币供应量的减少。这会导致利率的上升以及投资与国民收入的下降。这一调整过程将会持续下去，直到国际收支平衡。由于汇率不发生波动，只有在国民收入恢复原状时才能结束调整过程。此时，货币供应量恢复期初水平，经济中其他变量均与货币扩张前相同，但中央银行基础货币的构成发生了变化——外汇储备降低了。从图 9-4 上看，意味着曲线 $LM'$ 左移直至恢复原来位置。

可以得出的结论是，在固定汇率制度条件下，当资金完全不流动时，货币供给的一次性增长会引起：①在短期内，利率下降，收入上升，国际收支恶化；②在长期内，收入、利率、国际收支状况恢复期初水平，但基础货币的内部结构发生变化（外汇储备下降）。

以上结论说明了，此时的货币政策在对国民收入等实际变量的长期影响上是无效的。

2. 财政政策

政府增加对商品与服务的支出，导致对本国商品总需求的增加，如图 9-5 所示，曲线 $IS$ 右移至曲线 $IS'$，曲线 $IS'$ 与曲线 $LM$ 的交点 $E'$ 就是经济新的短期平衡点，在这点 $E'$ 上，国民收入提高了，利率也相应地上升了，而国际收支则因为进口的增加而出现赤字。

在长期内，国际收支赤字将会导致货币供应量减少，这会造成曲线 $LM$ 左移，直至它与曲线 $IS$ 的交点位于曲线 $BP$ 之上，即国民收入恢复原有水平。此时，利率水平进一步提高。值得注意的是，在政府支出增加的情况下，社会的总支出（也就是国民收入）并没有增加，这意味着总支出的其他部分中有相应的减少，这一减少是通过利率提高带来的私人投资支出下降实现的。

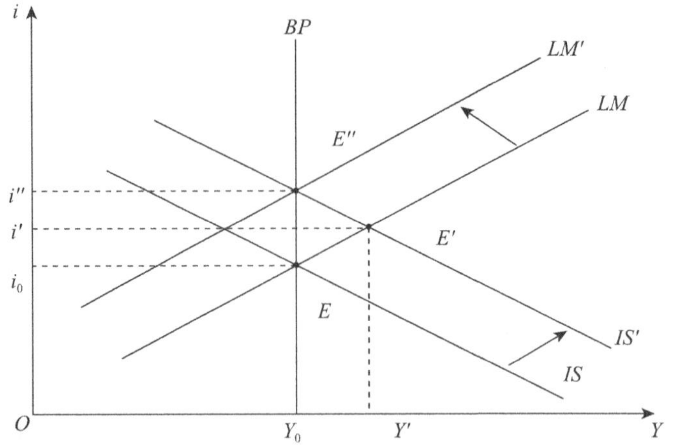


**图 9-5　在固定汇率制度条件下，资金完全不流动时的财政政策**

可以得出的结论是，在固定汇率制度条件下，当资金完全不流动时，财政支出的增加会引起：①在短期内，利率上升，收入上升，国际收支的经常账户恶化；②在长期内，利率进一步上升，收入与国际收支状况恢复期初水平，但基础货币及总支出的内部结构均发生变化。

以上结论同样说明了，此时的财政政策在对国民收入等实际变量的长期影响上是无效的。

### （二）资金不完全流动时的货币政策、财政政策

在固定汇率制度条件下，资金不完全流动时的经济平衡状态如图 9-6 所示。

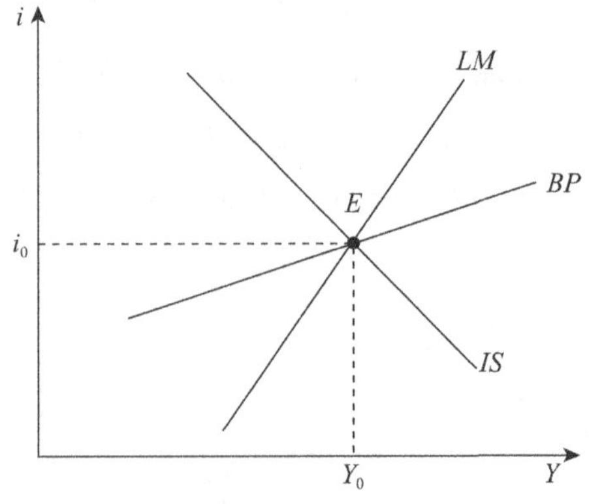


**图 9-6　在固定汇率制度条件下，资金不完全流动时的经济平衡状态**

1. 货币政策

中央银行执行扩张性货币政策，会使曲线 *LM* 右移至曲线 *LM*′。曲线 *LM*′ 与曲线 *IS* 的交点 *E*′就是经济的短期平衡点。在这一点上，收入增加了，利率则较原有水平下降了。点 *E*′位于曲线 *BP* 的右方，这意味着此时国际收支为赤字状态，造成这一赤字的原因一方面是收入增加引起的进口增加恶化了经常账户收支，另一方面是利率下降导致资本与金融账户收支恶化，如图 9-7 所示。

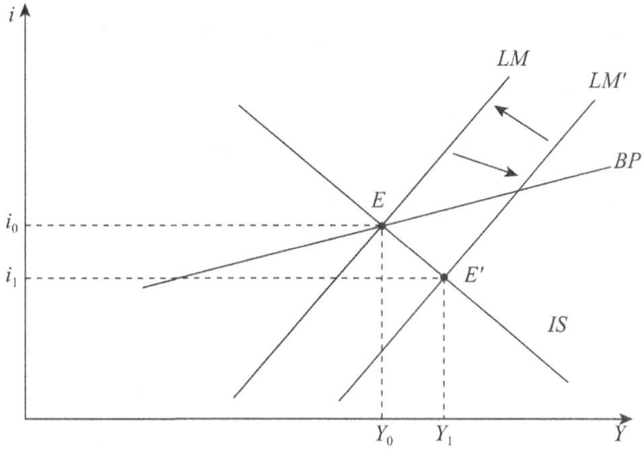


**图 9-7 在固定汇率制度条件下，资金不完全流动时的货币政策**

在长期内，国际收支的赤字会通过减少外汇储备使曲线 *LM*′左移。与前面分析相同，这一过程持续到曲线 *LM*′恢复原状为止。此时，除基础货币的内部构成发生变化外，货币供应量、利率、收入、国际收支等变量均恢复原状。

可以小结为，在固定汇率制度条件下，当资金不完全流动时，货币供给的一次性扩张会带来：①在短期内，利率下降，收入上升，国际收支恶化；②在长期内，利率、收入、国际收支均恢复期初水平，但基础货币的内部结构发生变化。

同样地，此时的货币政策在长期内是无效的。

2. 财政政策

政府财政支出的上升，会使曲线 *IS* 右移，与曲线 *LM* 形成的交点 *E*′就是新的短期平衡点。在点 $E'$ 上，利率上升了，国民收入增加了。这一短期平衡点的国际收支状况是需要分不同情况讨论的，因为在利率上升导致金融账户改善的同时，收入的增加却使进口上升，经常账户恶化。此时，国际收支状况取决于这两种效应的相对大小。在边际进口倾向不变的情况下，资金的流动性越大，利率上升，就越能吸引资金流入，进而更多地抵销经常账户的赤字。资金流动性状况体现在曲线 *BP* 的斜率上，流动性越大，曲线 *BP* 越平缓，我们可以依照曲线 *BP* 斜率的不同分别进行分析。

（1）如图 9-8 所示，当曲线 *BP* 斜率大于曲线 *LM* 斜率时，点 $E'$ 位于曲线 *BP* 的下方，意味着利率上升带来的资金流入不足以弥补收入增加带来的经常账户赤字，国际收支处于赤字状态。显然，曲线 *LM* 会左移直至三条曲线相交于同一点 $E''$。（见图 9-8）当经济处于长期平衡时，国民收入较短期平衡时下降，但高于期初水平，利率进一步上升，国际收支平衡。

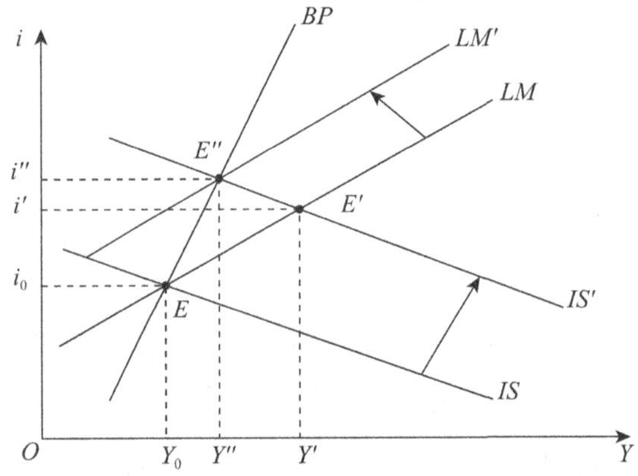


**图 9-8　在固定汇率制度条件下，资金不完全流动时的财政政策，曲线 *BP* 的斜率大于曲线 *LM* 的斜率**

（2）如图 9-9 所示，当曲线 *BP* 斜率等于曲线 *LM* 斜率时，曲线 *BP* 与曲线 *LM* 重合，点 $E'$ 自然也位于曲线 *BP* 之上，意味着利率上升与收入增加对国际收支的影响正好互相抵消，国际收支处于平衡状态（见图 9-9）。显然，这一短期平衡点也是经济的长期平衡点，经济不会进一步调整。

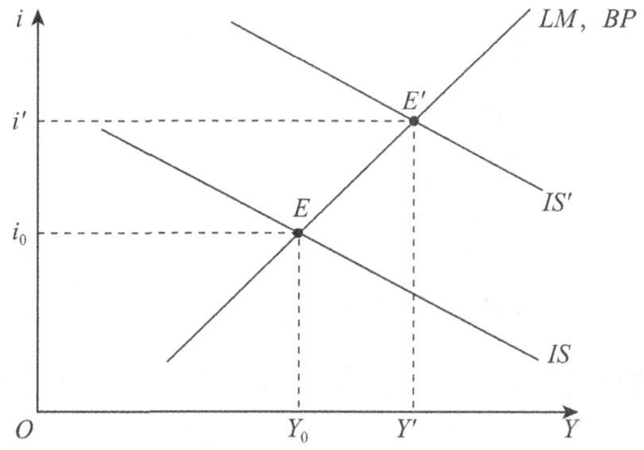


**图 9-9　在固定汇率制度条件下，资金不完全流动时的财政政策，曲线 *BP* 的斜率等于曲线 *LM* 的斜率**

（3）如图 9-10 所示，当曲线 *BP* 斜率小于曲线 *LM* 的斜率时，点 *E*′位于曲线 *BP* 的上方，意味着较高的资金流动性使利率上升带来的资本与金融账户改善效应超过收入上升带来的经常账户恶化效应，国际收支处于顺差。显然，在长期内，国际收支顺差会使曲线 *LM* 右移，直至三条曲线重新交于点 *E*″。当经济处于长期平衡时，国民收入进一步增加，利率较短期平衡水平下降，但高于期初水平，国际收支平衡。

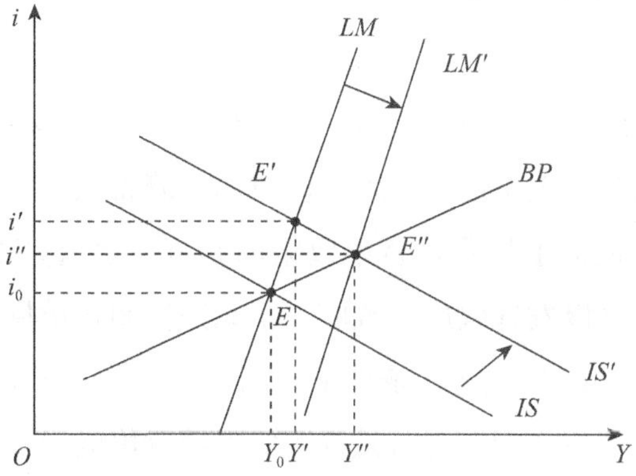


**图 9-10　在固定汇率制度条件下，资金不完全流动时的财政政策，曲线 *BP* 的斜率小于曲线 *LM* 的斜率**

可以小结为，在固定汇率制度条件下，当政府财政支出增加时：①在短期内，利率上升，收入增加，国际收支状况因资金流动性高低的差异而存在多种可能；②在长期内，利率和国民收入因资金流动性高低的差异而存在多种可能，但同期初相比，利率与收入都有提高。也就是说，此时的财政政策在长期内是有效的。

（三）资金完全流动时的货币政策、财政政策

在固定汇率制度条件下，资金完全流动时的经济平衡状态如图 9-11 所示。

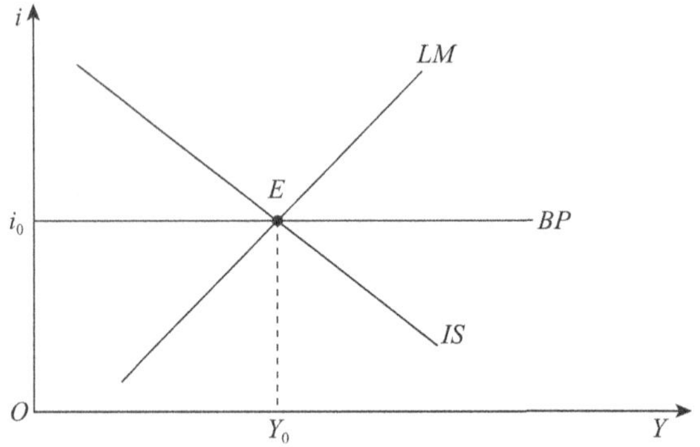


**图 9-11　在固定汇率制度条件下，资金完全流动时的经济平衡状态**

1. 货币政策

如图 9-12 所示，扩张性的货币政策将会引起利率下降，但在资金完全流动的情况下，本国利率微小的、不引人注意的下降都会导致资金的迅速流出，降低了外汇储备，抵消了扩张性货币政策的影响。也就是说，此时的货币政策甚至在短期内也难以发挥效应，政府完全无法控制货币供应量。

可小结为，在固定汇率制度条件下，当资金完全流动时，货币扩张在短期内也无法对经济产生影响。也就是说，此时的货币政策是无效的。

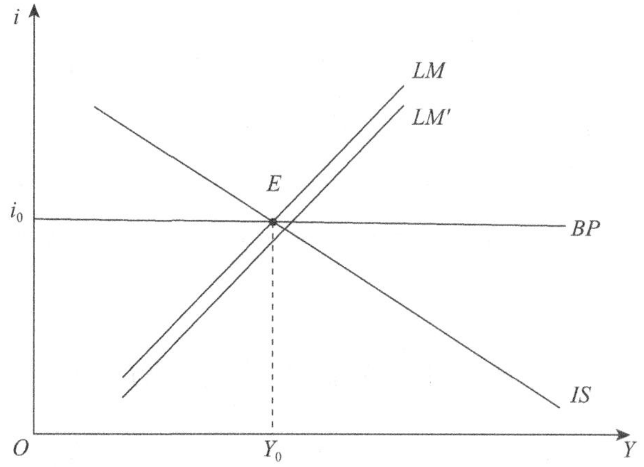


图 9-12　在固定汇率制度条件下，资金完全流动时的货币政策

2. 财政政策

如图 9-13 所示，扩张性财政政策将会引起利率的上升，而利率的微小上升都会增加货币供应量，使曲线 *LM* 右移直至利率恢复期初水平。也就是说，在曲线 *IS* 右移过程中，始终伴随着 LM 曲线的右移，以维持利率水平不变。在财政扩张结束后，货币供给也相应地扩张了，经济同时处于长期平衡状态。此时，利率水平不变，收入水平不仅高于期初水平，而且高于封闭经济条件下的收入水平。

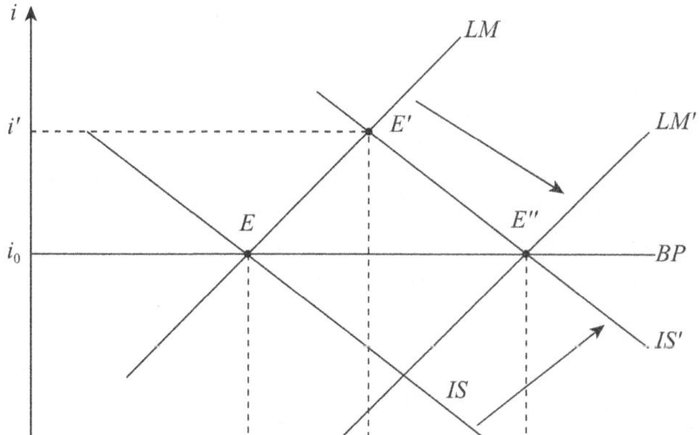


图 9-13　在固定汇率制度条件下，资金完全流动时的财政政策

可以小结为，在固定汇率制度条件下，当资金可完全流动时，财政扩张不能影响利率，但会带来国民收入较大幅度（与封闭条件下相比）的提高。也就是说，此时的财政政策是非常有效的。

综上所述，可以得出的结论是：在固定汇率制度条件下，长期内货币政策都是无效的，而财政政策一般相对有效（资金完全不流动时除外）。

## 二、浮动汇率制度条件下的货币政策、财政政策

在浮动汇率制度条件下，对货币政策、财政政策研究的分析方法与固定汇率制度有很大不同，这体现在以下两个方面。

第一，经济的主要调整机制不是由国际收支不平衡引起的货币供应量的调整，而是由国际收支不平衡引起的汇率调整。

第二，假定本币汇率贬值能改善经常账户收支、提高国民收入。也就是说，本币汇率贬值能使曲线 *BP* 与曲线 *IS* 右移，其中，曲线 *BP* 将以更大幅度右移。

### （一）资金完全不流动时的货币政策、财政政策

在浮动汇率制度条件下，当资金完全不流动时，国际收支平衡体现为经常账户收支的平衡。此时的经济平衡状态如图 9-14 所示。

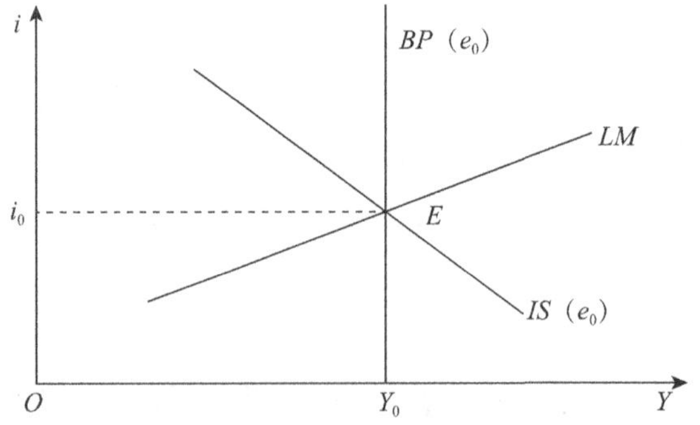


**图 9-14　在浮动汇率制度条件下，资金完全不流动时的经济平衡状态**

1. 货币政策

如图 9-15 所示，扩张性货币政策会使曲线 *LM* 右移至曲线 *LM′*，从而提高收入，降低利率，同时，国际收支出现赤字。与固定汇率制度条件下的情况不同，这一赤字不会造成货币供应量的下降，而是会造成本币汇率的贬值。本币汇率的贬值会使曲线 *BP* 及曲线 *IS* 右移，直至三条曲线重新相交于点 *E″* 为止。在新的经济平衡点上，本币汇率贬值，收入不仅高于期初水平，而且高于封闭条件下的收入提高水平。在这一平衡点上，由于经常账户平衡，私人消费与政府支出不变，所以收入提高必然意味着私人投资的提高，这便要求利率水平较期初有一定的下降。

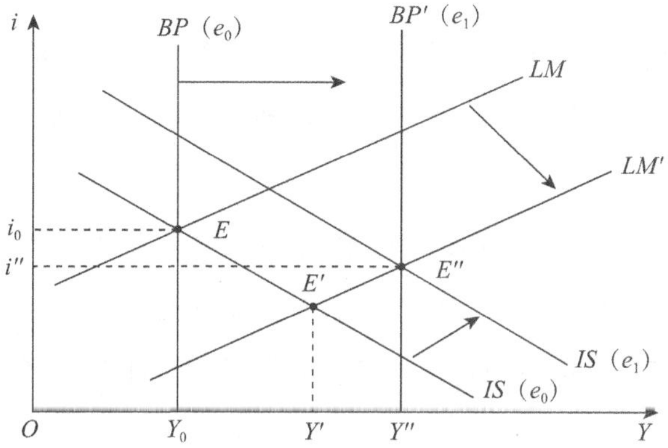


**图 9-15 在浮动汇率制度条件下，资金完全不流动时的货币政策**

因此，可以小结为，在浮动汇率制度条件下，当资金完全不流动时，扩张性货币政策会引起本国货币贬值、收入上升、利率下降。

可见，此时的货币政策是比较有效的。

2. 财政政策

如图 9-16 所示，扩张性财政政策会使曲线 *IS* 右移至曲线 *IS′*，从而提高收入，提高利率，同时，使国际收支出现赤字。同样地，本币贬值会使曲线 *BP* 及曲线 *IS′* 右移，直至三条曲线相交于点 *E″* 为止。在新的经济平衡点上，本币汇率贬值，利率上升，收入不仅高于期初水平，而且高于封闭条件下的收入提高水平。

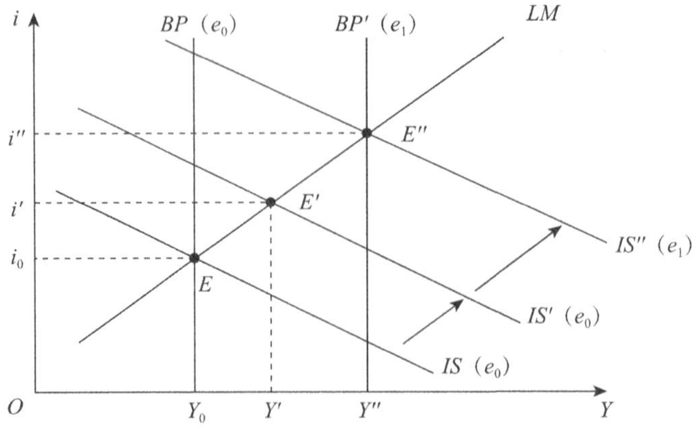


**图 9-16　在浮动汇率制度条件下，资金完全不流动时的财政政策**

可以小结为，在浮动汇率制度条件下，当资金完全不流动时，扩张性财政政策会引起本国货币贬值，收入上升，利率上升。可见，此时的财政政策是比较有效的。

### （二）资金不完全流动时的货币政策、财政政策

在浮动汇率制度条件下，当资金不完全流动时，经常账户收支和资本与金融账户收支都对国际收支的平衡产生重大影响。此时的经济平衡状态如图9-17所示。

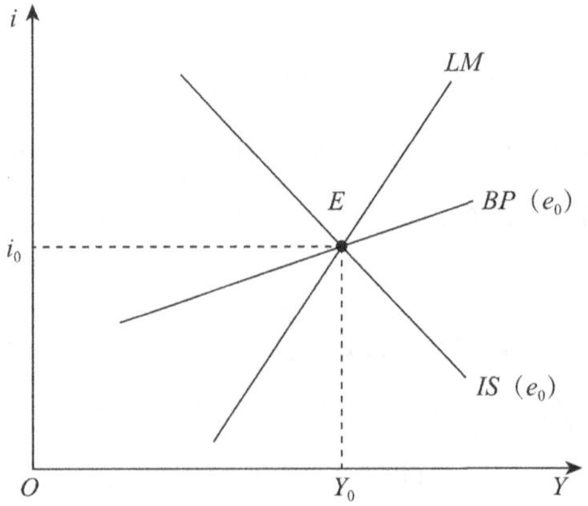


**图 9-17　在浮动汇率制度条件下，资金不完全流动时的经济平衡状态**

1. 货币政策

如图 9-18 所示，扩张性货币政策使曲线 *LM* 右移至曲线 *LM′*，造成收入上升，利率下降。对于国际收支状况而言，一方面收入上升导致了经常账户恶化，另一方面利率下降导致了金融账户恶化。因此，国际收支总的来说是恶化了，这要求本币贬值。本币贬值使得曲线 *IS*、曲线 *BP* 均向右移动，直至三条曲线相交于点 *E″*。在这一新的平衡点上，收入上升，本币贬值，但利率水平同期初相比难以确定，这取决于各条曲线的相对弹性。如果利率较期初上升了，就意味着经常账户恶化了，因为需要更多的资金流入以弥补经常账户赤字。从经常账户本身来说，意味着贬值对其产生的正效应小于收入增加对其产生的负效应。如果利率较期初下降，则情况反之。

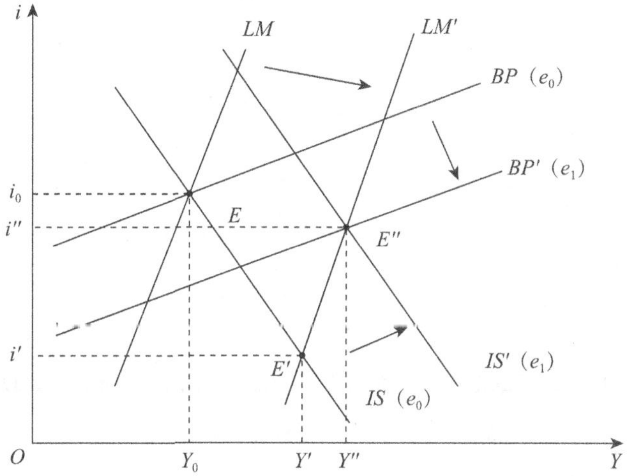


**图 9-18　在浮动汇率制度条件下，资金不完全流动时的货币政策**

可以小结为，在浮动汇率制度条件下，当资金不完全流动时，扩张性货币政策可以引起本币贬值、收入水平提高，利率水平则难以确定。可见，此时的货币政策是比较有效的。

2. 财政政策

扩张性财政政策会同时提高收入与利率，给国际收支账户带来双重影响。一方面收入提高会恶化经常账户收支，另一方面利率提高会改善金融账户收支。国际收支状况如何，取决于这两种效应的比较。或者，在其他条件不变时，取决于利率提高能吸引多少资金流入，也就是说，取决于资金流动性的大小。从图形上来看，我们可以按照曲线 *LM* 与曲线 *BP* 斜率的差异进行讨论。

（1）当曲线 *BP* 斜率大于曲线 *LM* 斜率时，曲线 *IS'* 与曲线 *LM* 的交点位于曲线 *BP* 的下方，说明国际收支处于赤字状态。国际收支的赤字造成本币贬值，带来曲线 *IS'* 与曲线 *BP* 的右移，直至三条曲线相交于一点 E″。在新的平衡点上，利率与收入不仅高于期初水平，而且高于封闭条件下的情况，本币贬值，如图 9-19 所示。

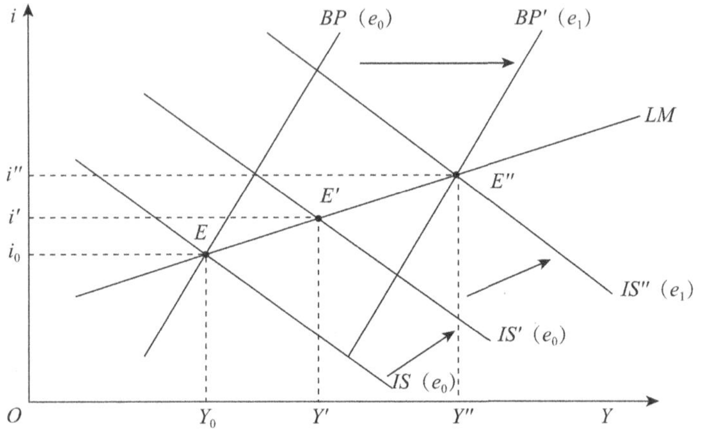


**图 9-19　在浮动汇率制度条件下，资本不完全流动时的财政政策，曲线 *BP* 的斜率大于曲线 *LM* 的斜率**

（2）当曲线 *BP* 斜率等于曲线 *LM* 斜率时，曲线 *IS'* 与曲线 *LM* 的交点位于曲线 *BP* 之上，说明国际收支恰好处于平衡状态。这样，经济就处于平衡状态，此时的情况与封闭条件下相同，利率、收入均高于期初水平，汇率不发生变化，如图 9-20 所示。

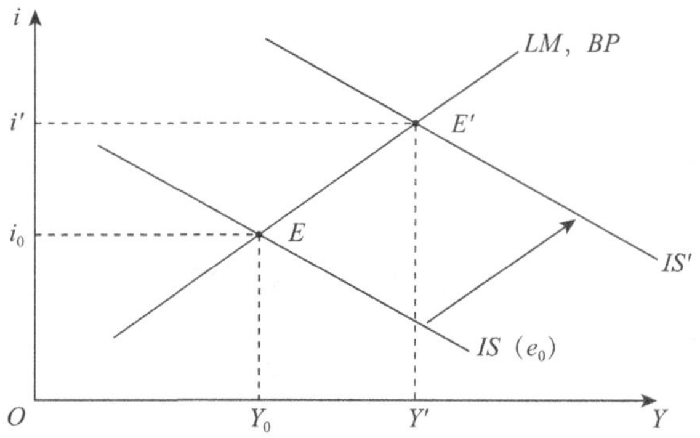


**图 9-20　在浮动汇率制度条件下，资本不完全流动时的财政政策，曲线 BP 的斜率等于曲线 LM 的斜率**

（3）当曲线 *BP* 斜率小于曲线 *LM* 斜率时，曲线 *BP* 越平缓，反映出资金的流动性越大，利率提高越能吸引资金流入。此时，曲线 *IS′* 与曲线 *LM* 的交点位于曲线 *BP* 的上方，说明国际收支出现了顺差，利率上升对国际收支的正效应超过了收入增加对国际收支的负效应。国际收支的顺差会使本币升值，这使得曲线 *IS′*、曲线 *BP* 左移，直至三条曲线重新相交于点 *E″*为止。在新的经济平衡点上，收入、利率水平都高于期初水平，但低于封闭条件下财政扩张后的情况，本币升值，如图 9-21 所示。

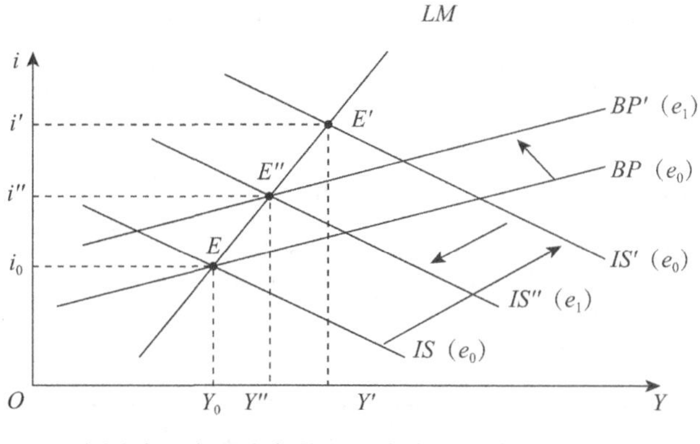


**图 9-21　在浮动汇率制度条件下，资本不完全流动时的财政政策，曲线 BP 的斜率小于曲线 LM 的斜率**

可以小结为，在浮动汇率制度条件下，当资金不完全流动时，政府扩张性财政政策一般会提高收入与利率，但对汇率的影响必须依资金流动性的不同具体分析。

也就是说，此时的财政政策还是比较有效的。

（三）资金完全流动时的货币政策、财政政策

在浮动汇率制度条件下，资金完全流动时经济平衡状态如图 9–22 所示。此时，由于金融账户情况决定了国际收支的平衡，在假定汇率变动对资金流动没有影响的前提下汇率变动对曲线 *BP* 没有影响。

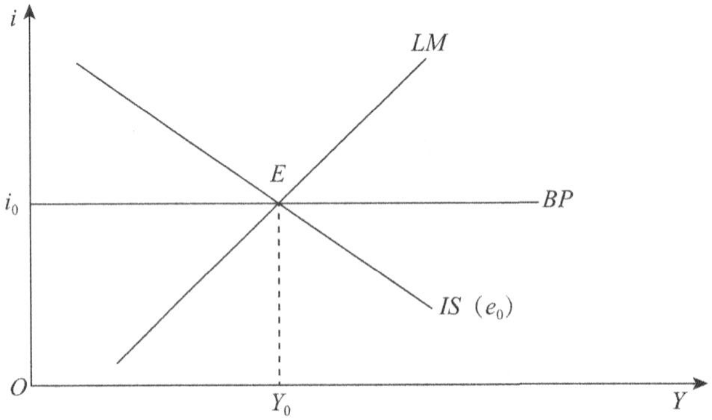


**图 9–22　在浮动汇率制度条件下，资金不完全流动时的经济平衡状态**

1. 货币政策

货币扩张造成的本国利率下降，会立刻通过资金流出造成本币贬值，这推动着曲线 *IS* 右移，直至与曲线 *LM* 相交确定的利率水平与世界利率水平相等为止，如图 9–23 所示。此时，收入不仅高于期初水平，而且高于封闭条件下货币扩张后的情况，本币贬值。

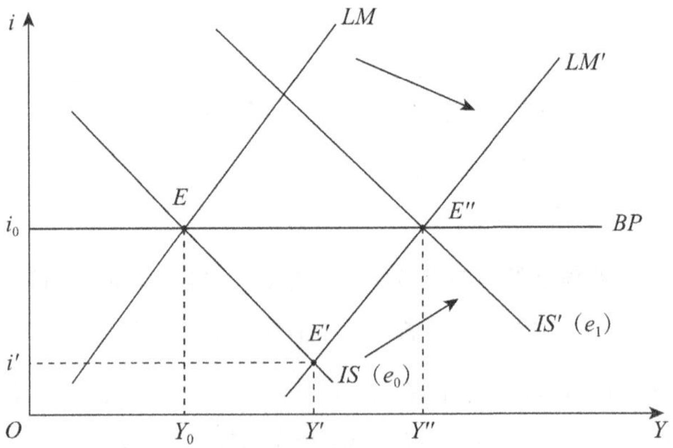


**图 9–23　在浮动汇率制度条件下，资金完全流动时的货币政策**

可以小结为，在浮动汇率制度条件下，当资金完全流动时，货币扩张会使收入增加，本币贬值，对利率无影响。可见，此时的货币政策是非常有效的。

2. 财政政策

财政扩张造成的本国利率上升，会立刻通过资金的流入造成本币升值，这将会推动曲线 $IS'$ 左移，直至返回原有位置，利率水平重新与世界利率水平相等为止。此时，与期初相比，利率不变，本币升值，收入不变。需要指出的是，此时收入的内部结构发生变化，财政政策通过本币升值对出口产生了完全挤出效应，即财政支出增加造成了等量的出口下降，如图 9-24 所示。

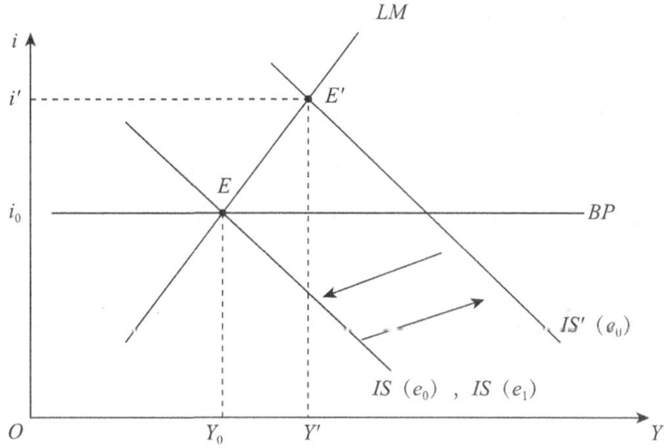


**图 9-24　浮动汇率制度条件下，资本完全流动时的财政政策**

可以小结为，在浮动汇率制度条件下，当资金完全流动时，扩张性财政政策会造成本币升值，对收入、利率均不能产生影响。可见，此时的财政政策是完全无效的。

蒙代尔-弗莱明模型是开放条件下财政货币政策的最重要工具。它说明了与封闭条件相比，开放经济中的财政货币政策对经济有着不同的作用机制，这些政策能够发挥效力，为以实现内外均衡为目的的政策搭配提供了指导。这一模型也具有一些固有的缺陷，其中最重要的是对资金流动的流量分析。

蒙代尔-弗莱明模型因具有凯恩斯主义性质以及分析简明的特点，在对开放宏观经济的分析中居于主导地位，被广泛运用于对各方面问题的研究。蒙代尔-弗莱明模型实际上是封闭条件下的 IS-LM 模型在开放条件下的衍生，特别适合分析需求管理问题。此外，蒙代尔-弗莱明模型还在其他很多方面得到改进。例如，引入资金流动不对称的问题，引入价格问题，引入预期变动因素，引入对大国的分析等，这些都使这一模型的运用范围更广，而且分析对象也不局限于财政政策、货币政策问题。

## 本章思考题

1. 开放经济条件下的宏观调控目标是什么，这与封闭条件下的情况有何区别？

2. 试论述内外均衡目标之间的关系。

3. 开放经济条件下的政策工具有哪些种类？

4. 简述开放经济条件下的政策搭配的基本原理。

5. 请比较固定汇率制度下财政政策与货币政策的效力。

6. 请比较浮动汇率制度下财政政策与货币政策的效力。

7. 国际资金流动是如何影响财政政策、货币政策效力发挥的？

# 第十章　政策的国际协调

上一章分析了开放经济下各种政策工具在实现内外均衡目标中的作用。我们一直假定本国的各项政策均对外国没有影响，因此，本国可在既定的外部环境下，完全根据国内需要进行政策搭配实现预期目标。这一假定是与现实情况不相符的。在开放经济条件下，各国经济存在着紧密的相互依存性，一国实现内外均衡目标的国内政策会对别国产生影响，从而引起别国的反应，这种反应反过来又影响本国经济。这种相互影响在一定程度上制约着一国实现内外均衡目标的努力，因此各国对国内政策进行国际协调是非常必要的。

本章首先利用开放经济下内外均衡分析的工作母机——蒙代尔-弗莱明模型扩展到两国情况下，分析一国的经济政策如何通过各种传导机制对外国产生影响，从而了解开放经济的相互依存性这一国际政策协调的理论前提；其次具体介绍国际政策协调的概念、形式、必要性、实践情况等内容；最后简单介绍几种国际政策协调的方案。

## 第一节　开放经济条件下的相互依存

### 一、两国蒙代尔-弗莱明模型简介

将上一章以一开放的小国经济为分析对象的蒙代尔-弗莱明模型扩展到两国情况，以此作为基本的分析框架考察开放经济的相互依存性问题。假定只存在着两个相同规模的国家，它们之间相互影响。这样，前文中本国无法影响到世界利率及外国国民收入的假定都要取消。因此，模型的其他假定不变，当资金完全流动时，原有模型可写为如下方程式。

本国商品市场：

$$Y=A\ (\bar{G},\ i,\ Y)\ +T\left(\frac{eP^*}{P},\ Y,\ Y^*\right) \tag{10-1}$$

外国商品市场：

$$Y^*=A^*\ (\bar{G}^*,\ i^*,\ Y^*)\ +T^*\left(\frac{P}{eP^*},\ Y^*,\ Y\right) \tag{10-2}$$

本国货币市场：

$$\frac{Ms}{P}=L\ (i,\ Y) \tag{10-3}$$

外国货币市场：

$$\frac{Ms^*}{P^*}=L^*\ (i^*,\ Y^*) \tag{10-4}$$

本国外汇市场： $i=i^*$ （10-5）

外国外汇市场： $i=i^*$ （10-6）

式（10-1）至或（10-6）中，凡带有 $^*$ 的都表示外国的相应变量。式（10-1）与式（10-2）分别代表本国和外国商品市场平衡条件，即两国的 *IS* 曲线。可见，与小国经济蒙代尔-弗莱明模型不同，由于另外一国的国民收入不再是常量而是可以变动的，在各国的经常账户方程中，均不能将外国国民收入这一变量省略。当一国国民收入增加时，外国国民收入通过边际进口倾向带来该国进口的上升，另外一国出口的增加，因此外国经常账户是本国国民收入的增函数。式（10-3）与式（10-4）分别代表本国和外国货币市场平衡条件，即两国的 *LM* 曲线。两国在各自的货币市场根据货币供求情况确定了各自的利率水平。当资金完全流动时，由于不存在汇率将发生变动的预期，只有在两国利率水平相同时，非抛补的利率平价才成立，此时两国外汇市场同时处于平衡状态。可见，当两国蒙代尔-弗莱明模型处于稳定状态时，两国利率水平必然相等。同样需要指出的是，与一国经济下一国只能被动地接受某一世界利率水平不同，在两国模型中，世界利率水平是由两国共同确定的，各国都可以通过调整本国利率水平对之进行影响。两国经济的平衡状态如图10-1所示。

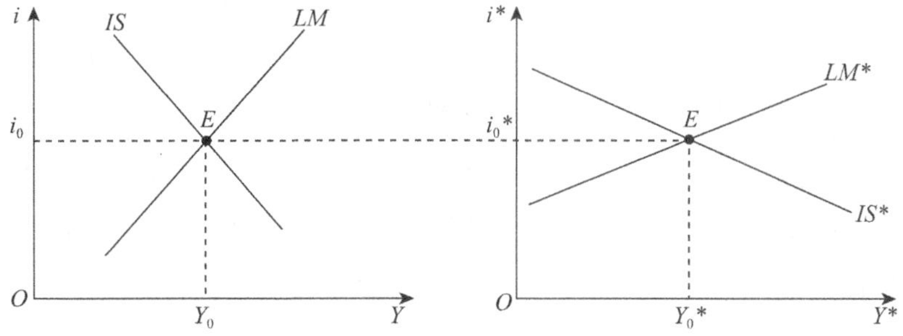


（a）本国经济　　（b）外国经济

**图 10-1　两国蒙代尔-弗莱明模型**

从上述各式可以看出，两国的国民收入通过贸易收支发生联系，两国的利率水平通过外汇市场发生联系，两国的价格水平通过实际汇率发生联系。因此，从这一基本模型中，可以分析出当一国经济面临突然冲击时，这一冲击在开放经济之间进行传递时存在的三种冲击传导机制。

### （一）收入机制

收入机制存在的原因在于：一国边际进口倾向的存在，使一国国民收入的变动导致该国进口（另一国出口）发生变动，通过乘数效应带来另一国国民收入的变动。一国经济中边际进口倾向越高，另外一国的出口乘数越大，通过这一机制向别国经济进行传递的效果就越显著。由于绝大多数国家之间都存在着商品贸易联系，因此收入机制是非常重要的。

### （二）利率机制

利率机制对冲击的传导主要是通过国际资金流动进行的。资金流动的目的在于逐利，当一国利率发生变动时，势必带来资金在国家间的流动，这便会带来相应变量（例如，外汇储备或汇率）发生变动，从而对另一国经济产生影响。国际资金流动程度越高，利率机制的传导效果就越显著。

### （三）相对价格机制

相对价格机制包含两个方面，一是汇率不变但一国国内的价格水平发生变动，二是本国名义汇率发生变动。由于实际汇率是由名义汇率和价格水平共同决定的，上述任何一种变动都会引起实际汇率的变动，带来两国商品国际竞争力的变化，从而对别国经济产生冲击。

在下文的分析中，暂不考虑相对价格机制的影响。另外，仅考虑本国变量对外国造成的溢出效应，不考虑外国变量进行调整后又引起本国变量相应变动的反馈效应。

## 二、固定汇率制度条件下经济政策的国际传导

### （一）货币政策的国际传导

在不考虑各国间相互影响时，本国扩张性的货币政策会引起曲线 $LM_0$ 右移至曲线 $LM_1$，本国利率下降，产出增加，如图 10-2 所示。

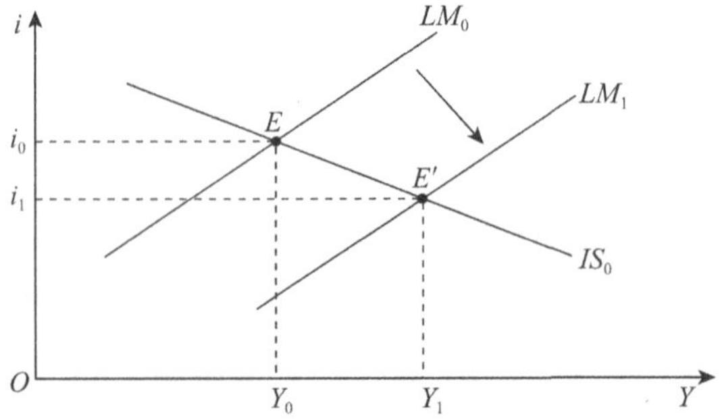


**图 10-2　在不考虑各国间相互影响时，固定汇率制度条件下货币扩张的短期效应**

1. 收入机制

在考虑收入机制时，本国产出的增加会引起本国进口的上升，也就是外国出口的上升，这使曲线 $IS_0^*$ 右移至曲线 $IS_1^*$，外国产出上升，利率提高，这一效应如图 10-3 所示。

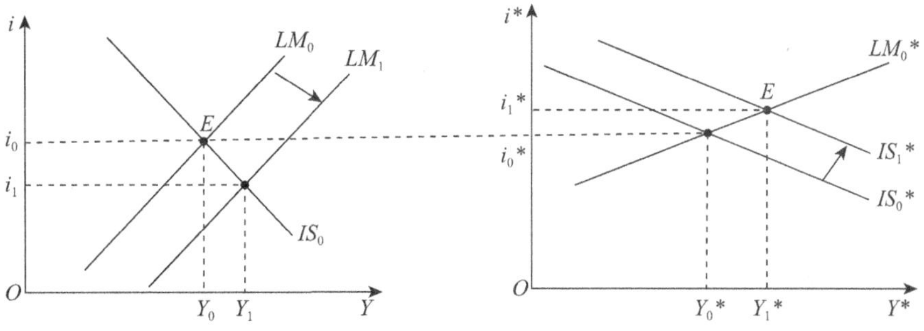


（a）本国经济　　（b）外国经济

**图 10-3　在考虑收入机制时，固定汇率制度条件下货币扩张的国际传导**

2. 利率机制

本国货币扩张使曲线 *LM* 右移，确定的本国利率水平为 $i_1$（$i_l<i_0$）。同时，外国曲线 *IS* 右移，确定的外国利率水平为 $i_1^*$，本国利率水平低于外国利率水平，资金从本国流向外国，在外汇市场上本币供给增加，外币需求增加。假定两国负有同等维护固定汇率的义务，两国政府会同时在外汇市场上进行干预。这导致本国外汇储备降低、货币供给减少，曲线 $LM_1$ 左移；外国外汇储备增加，货币供给增加，曲线 $LM_0^*$ 右移，这将分别导致本国利率上升，外国利率下降。

另外，在本国曲线 $LM_1$ 左移过程中，本国国民收入下降，这通过边际进口倾向带来外国出口降低，$IS_1^*$ 曲线左移。显然，当上述变动的共同效果使本国利率水平与外国利率水平相等时，两国经济重新处于平衡状态。此时，世界货币存量高于期初水平，两国利率水平相等时确定的世界利率水平低于货币扩张前的利率水平，两国产出水平都高于货币扩张前的产出水平，如图 10-4 所示。

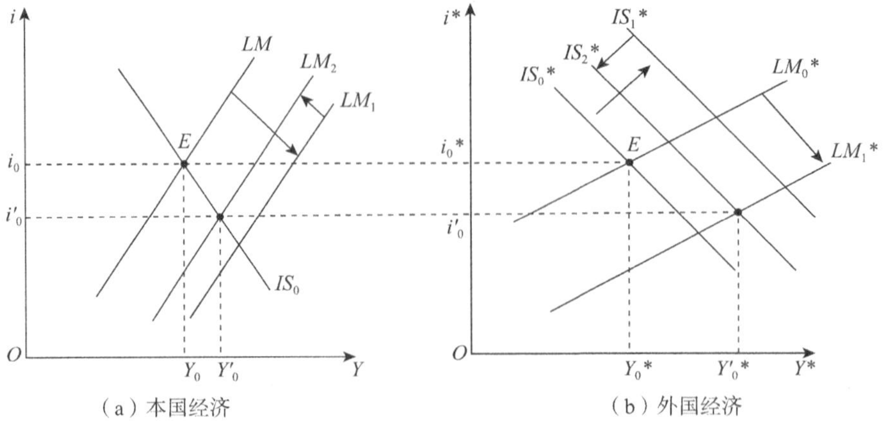


**图 10-4　在考虑收入、利率机制时，固定汇率制度条件下货币扩张的国际传导**

上述分析小结：在考虑各国经济的相互影响时，在固定汇率制度条件下，货币政策扩张的效应如下。

第一，货币政策扩张带来本国产出上升，在一国条件下，货币政策在资金完全流动时是无效的。此时，货币政策之所以能发挥效力，是因为它可以通过影响国内利率最终对世界利率产生影响。

第二，货币政策扩张带来外国产出上升，即国内货币政策对外国经济有正向的溢出效应。这一溢出效应通过收入机制与利率机制发挥作用，即本国收入增加通过本国进口的上升造成外国国民收入增加；本国利率降低通过资金流动使外国货币供给增加、利率下降，这也造成外国国民收入的增加。

（二）财政政策的国际传导

在不考虑各国间相互影响时，本国扩张性的财政政策会引起曲线 $IS_0$ 右移，本国利率上升，产出增加，如图 10-5 所示。

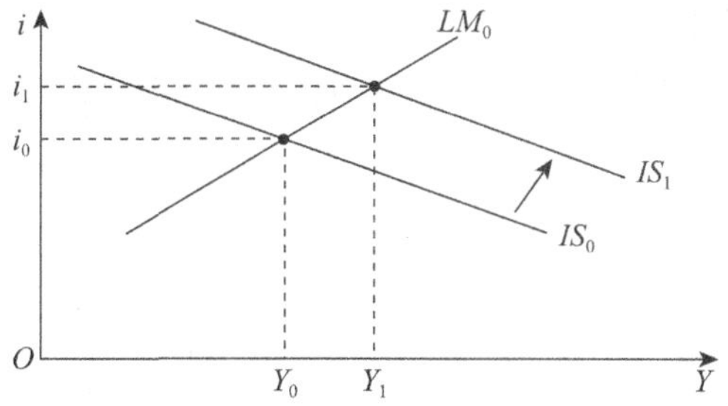


**图 10-5 在不考虑各国间相互影响时，固定汇率制度条件下财政扩张的短期效应**

1. 收入机制

本国产出增加同样通过边际进口倾向带来本国进口的增加，从而使外国国民收入增加。一般来说，通过收入机制的传递带来的外国国民收入增加幅度低于本国因财政扩张造成的收入增加幅度，在图 10-6 中体现为曲线 $IS_0^*$ 较小幅度地右移，外国的国民收入与利率也都提高。

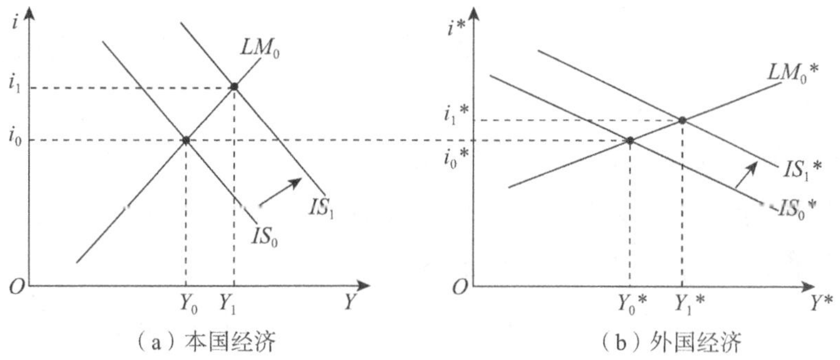


**图 10-6 在考虑收入机制时，固定汇率制度条件下财政扩张的国际传导**

2. 利率机制

在考虑收入机制时，本国与外国的利率水平都提高了，其中，本国利率水平提高得更多。资金从外国流入本国，本国的货币供给扩张，曲线 $LM_0$ 右移，本国国民收入增加，本国利率下降；外国的货币供给收缩，曲线 $LM_0^*$ 左移，外国国民收入下降，外国利率水平上升。同时，曲线 $LM$ 右移带来的本国国民收入增加又通过收入机制带来外国国民收入的一定增加，曲线 $IS_1^*$ 略有右移，这在造成外国利率水平进一步上升的同时，也抵消了一部分由曲线

$LM_0^*$ 左移导致的外国国民收入下降。以上调整过程将会持续到两国利率水平相等为止。此时，世界货币存量不变，两国利率水平相等时确定的世界利率水平高于财政扩张前的利率水平，两国产出水平都高于财政扩张前的产出水平，如图 10-7 所示。

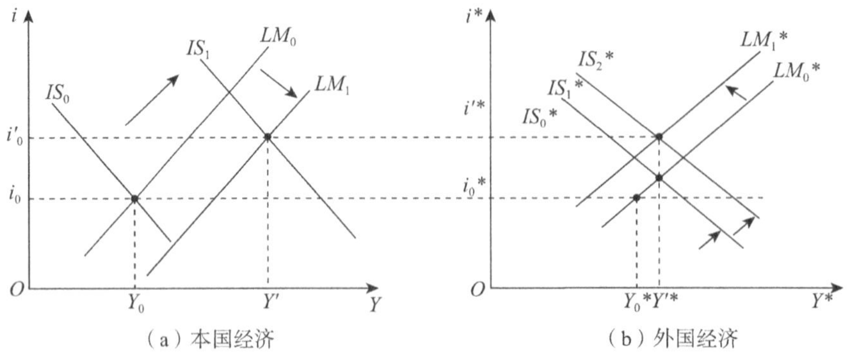


**图 10-7　在考虑收入机制时，固定汇率制度条件下财政扩张的国际传导**

上述分析小结：当考虑各国经济的相互影响时，在固定汇率制度条件下，财政政策扩张的经济效应如下。

第一，财政政策扩张造成本国产出上升，与一国条件下相比，财政政策对本国产出的扩张效应略低。这是因为此时它会通过对国内利率的影响提升世界利率水平，对投资产生了一定的挤出效应。

第二，财政政策扩张造成外国产出上升，即国内财政扩张政策对外国经济有正向的溢出效应。这一溢出效应也是通过收入机制与利率机制发挥作用的，即本国国民收入增加通过本国进口的上升造成外国国民收入增加，而本国更高的利率水平通过资金流动使外国货币供给减少，利率上升，这又抵销了一部分收入的增加。可见，此时财政政策的溢出效应低于同等情况下货币政策的溢出效应。

## 三、浮动汇率制度条件下经济政策的国际传导

与固定汇率制度条件下的情况不同，在浮动汇率制度条件下，国际收支不平衡不会引起货币供给的调整，而是会造成名义汇率的调整。因此，此时

经济政策在国际上传导的效应也发生变化。

### （一）货币政策的国际传导

在仅考虑收入机制时，本国货币扩张的效应与前面分析相同，即它造成曲线 $LM_0$ 右移，本国国民收入增加，后者又通过边际进口倾向使曲线 $IS_0^*$ 右移，外国国民收入也有一定程度的增加。此时，本国利率水平低于外国利率水平，资金从本国流向国外。与固定汇率制度不同的是，在浮动汇率制度条件下，这一资金流动不会造成本国货币供给的变动，而是会造成本国货币贬值，外国货币升值，这使本国产品的国际竞争力增强，曲线 $IS_0$ 右移，本国产出增加，本国利率水平上升；外国产品的国际竞争力下降，曲线 $IS_1^*$ 将左移，外国产出下降，外国利率下降，以上过程将持续到两国利率水平相等时为止。当经济重新处于平衡状态时，世界货币存量增加，本国国民收入较期初增加，而外国国民收入较期初下降，世界利率水平低于原有水平，如图 10-8 所示。

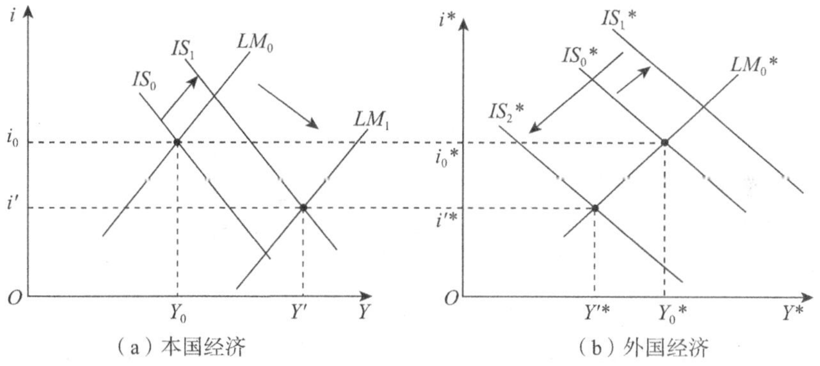


**图 10-8 考虑收入、利率机制时，浮动汇率制度条件下货币扩张的国际传导**

上述分析小结：当考虑各国经济的相互影响时，在浮动汇率制度条件下，货币扩张的经济效应如下。

第一，货币扩张造成本国产出上升，与一国条件下相比，此时货币政策对本国产出的扩张效应略低，这是因为本国货币扩张造成了世界利率水平下降，本国货币贬值幅度减少了。

第二，货币扩张造成外国产出下降，即国内货币政策对外国经济有负向的溢出效应。这一负向的溢出效应是因为在本国收入增加通过收入机制带来外国国民收入一定增加的同时，本国较低的利率通过利率机制使本国货币贬值、外国货币升值，这使外国经常账户恶化从而带来外国国民收入更大程度的下降。因此，此时的本国货币扩张是一种典型的“以邻为壑”政策，本国产出扩张的一部分是以外国产出的相应下降实现的。

（二）财政政策的国际传导

仅考虑收入机制时，财政扩张的效应与前面分析相同，即它造成曲线 $IS_0$ 右移、本国国民收入上升，后者又通过边际进口倾向使曲线 $IS_0^*$ 右移，外国国民收入也有一定程度的增加。此时，本国利率水平与外国利率水平都提高了，但本国利率水平提高得更多。显然，利率机制的作用会使资金大量流入本国，本国货币升值，曲线 $IS_1$ 左移，本国利率下降；外国货币贬值，曲线 $IS_1^*$ 右移，外国利率上升。以上过程将持续到两国利率水平相等为止，此时的世界利率水平高于期初水平，本国与外国国民收入均较期初增加，如图 10-9 所示。

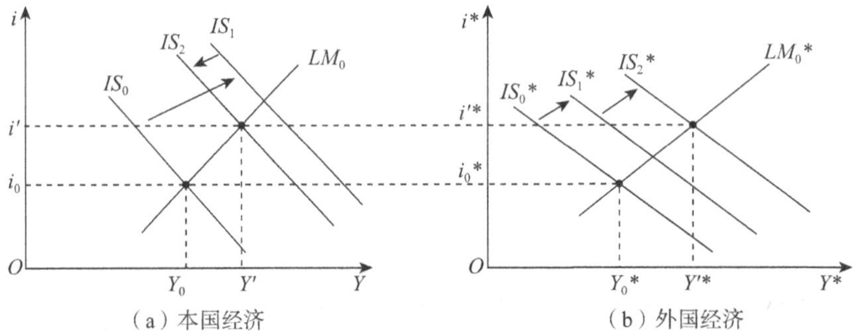


**图 10-9　考虑收入、利率机制时，浮动汇率制度条件下财政扩张的国际传导**

上述分析小结：当考虑各国经济的相互影响时，在浮动汇率制度条件下，财政政策扩张的经济效应如下。

第一，财政政策扩张造成本国产出上升，与一国条件下相比，此处本国财政政策对本国产出存在扩张效应。这是因为此时它会通过对国内利率的影响提升世界利率水平，这使得财政政策的扩张效应不会完全被本币货币升值抵消。

第二，财政政策扩张造成外国产出上升，即本国财政扩张政策对外国经济有正向的溢出效应。这一溢出效应也是通过本国收入机制与利率机制发挥作用，即本国国民收入增加通过本国进口的上升造成外国国民收入增加，而本国更高的利率水平通过本币升值使外国出口增加从而进一步提高了外国国民收入。可见，此时财政政策的溢出效应与货币政策的溢出效应正好相反。

## 第二节　国际政策协调的基本概念及方案简介

### 一、国际政策协调的基本概念

国际政策协调的含义有狭义与广义之分。从狭义角度来说，国际政策协调，是指各国在制定国内政策的过程中，通过各国间的磋商等方式对某些宏观政策进行共同的设置。从广义角度来说，凡是在国际范围内能对各国国内宏观政策产生一定程度制约的行为均可视为国际政策协调。此处的国际政策协调是从广义角度来说的。

依据进行政策协调的程度，国际政策协调可由低到高分为以下六个层次。

第一，信息交换。信息交换是各国政府相互交流本国为实现经济内外均衡采取的宏观调控的政策目标范围、政策目标侧重点、政策工具种类、政策搭配原则等信息，但仍在独立、分散基础上进行本国的决策。通过信息交换，各国政府可以避免对别国政策调控活动的估计错误，更好地分析本国经济与外国经济之间的溢出效应。信息交换是一种最低层次的国际政策协调形式。

第二，危机管理。危机管理，是指针对世界经济中出现的突发性、后果特别严重的事件，各国进行共同的政策调整以缓解、度过危机。危机管理这一协调形式是偶然出现的、临时性的措施，主要目的在于防止各国独善其身的政策使危机更加严重或蔓延。

第三，避免共享目标变量的冲突。共享目标变量，是指两国要面对的同一目标，例如，浮动汇率制度下两国之间的汇率。由于两国共享目标是同一个，如果两国对之设立了不同的目标值，就意味着两国之间直接的冲突，两国之间的相应政策成为具有竞争性的“以邻为壑”政策。国家间的竞争性贬值是共享目标冲突的最典型形式。

第四，合作确定中介目标。两国国内的一些变量变动会通过国家间的经济联系形成一国对另一国的溢出效应，因此各国有必要对这些中介目标进行合作协调，以避免它们对外产生不良的溢出效应。这一中介目标既有可能是共享目标变量，也有可能是其他变量，如固定汇率制度下的一国货币供给量。

第五，部分协调。部分协调，是指不同国家就国内经济的某一部分目标或工具进行协调。例如，仅对各国的国际收支状况进行协调，而国内经济的其他变量则不纳入协调范围。又如，仅对各国的货币政策进行协调，而听任各国根据具体情况独立使用财政政策。

第六，全面协调。全面协调，是指将不同国家的所有主要政策目标、工具都纳入协调范围，从而最大限度地获取政策协调的收益。

进行国际政策协调的方式有两种，即相机性协调与规则性协调。所谓相机性协调，是指根据经济面临的具体条件，在不存在规定各国应采取何种协调措施的规则情况下，通过各国间的协商确定针对某一特定情况各国应采用的政策组合。这一方法实际上是一国经济调控中相机决策的推广。一般认为，这一方法的优点在于可以针对不同的条件就更广泛的问题进行协调，而缺点在于可行性与可信性较差。从可行性来看，每次政策协调行动实际上意味着各国政府间的一次讨价还价，这样一次次的政策协调会带来很高的决策成本，并且难以对各国政府进行制约，易产生竞相违约及“搭便车”现象，缺乏可持续性。从可信性来看，这种方式下的协调措施完全由各国协商决定，缺乏一个明晰的规则，因此会产生较大的不确定性，难以通过影响公众的心理预期发挥政策效力。

规则性协调，是指通过制定出明确规则指导各国采取政策措施进行协调的协调方式。规则性协调的优点在于决策过程清晰，政策协调可以在较长时期内稳定进行，可信性高，因此受到了更多重视。在此需要指出的是，如果货币金融方面的协调规则对各国实现内外均衡的一些基本问题都做了比较完整的规定，这一协调规则实际上就构成了国际货币制度。

国际政策协调的收益在于避免独立分散决策带来的低效率，而它的成本则是各国政策协调丧失一定的政策自主性。国际政策协调既享有紧密合作的利益，也必须付出丧失某种程度的独立性代价。因此，国际政策协调的中心问题在于如何在避免破坏性限制的情况下给经济带来多方面的利益，同时为每个国家保留最大限度追求合理经济目标的自由。

但在是否应该实行国际政策协调这一问题上仍存在争议。这是因为政策协调的收益并不是非常显著或确定的。并且，国际政策协调的性质是各国政府间的讨价还价行为，这就决定了它面临着一些难以逾越的障碍。首先，从协调行为本身来讲，各国利益的差异导致了进行协调必然是相互之间缺乏完全的信任，都希望尽可能地少付出，多得益。其次，各国政府对经济运行机制的不同看法，对政策目标的不同偏好，政策工具运用条件的差异，也带来了协调中的困难。最后，国际政策协调面临着政治上的障碍，国内不同政党之间观点的差异、政府与民众观点的差异都会使国际政策协调难以进行。还有一个很重要的因素是，我们一直假定了解经济运行的真实情况，通过协调可以获得更大收益，但问题是实际上我们不能非常准确地描述出经济运行的真实情况，如果依据这些不一定准确的经济理论进行协调，则可能使情况变得更糟。

## 二、几种国际政策协调方案简介

在国际政策协调实践以相机形式进行的同时，经济学家设计出了很多具有特定规则的国际政策协调方案，产生了很大影响。其中，最重要的方案包括：托宾（J. Tobin）提出的全球对外汇交易征收交易税的托宾税方案、麦金农（R. Mckinnon）提出的恢复固定汇率制度的麦金农方案、威廉姆森（J. Williamson）等提出的汇率目标区方案。

### （一）对全球外汇交易进行征税的托宾税方案

托宾税方案提出的背景是国际资金流动，尤其是短期投机性资金流动规模急剧膨胀造成汇率的不稳定。1972年，托宾在普林斯顿大学演讲时提议“往飞速运转的国际金融市场这一车轮中掷些沙子”，首次提出对现货外汇交易课征全球统一的交易税，经济学家后来把这种外汇交易税称为“托宾税”。

托宾税具有两个特征：单一低税率和全球性。迄今为止，西方经济学家提议的税率从外汇交易值的0.05%到1%不等；托宾本人于1978年提出的税率是1%，1994年提出税率为0.5%；多恩布什（Dornbush）的建议是0.25%；德国经济学家Uwe Jens提出的税率是0.05%。至于全球性，托宾及其支持者主张至少在主要资本主义国家，最好在世界范围实施此项外汇交易税。

托宾税的功能有两个。

第一，抑制投机、稳定汇率，这也是最重要的功能。根据前文的非抛补的利率平价，在不存在托宾税的情况下，市场处于平衡状态使预期的汇率变动率等于两国间利率差，如果这两者之间存在差异，投机活动就会发生。例如，假定美元一年期利率为7%，日元一年期利率为2%，则预期美元将在1年后贬值5%时市场处于平衡状态。当存在托宾税时，外汇交易成本问题将会非常显著。由于套利交易涉及两次外汇交易，即即期外汇市场与未来现汇市场的两次方向相反的操作，只有当预期的汇率变动率与两国汇率差之间的差异超过这一交易成本时，投机交易才可能发生。例如，假定托宾税税率为1%，则套利交易的纳税成本为2%，只有预期美元贬值率在高于7%（5%+2%）时，才会发生相应的资金流动及投机交易。假如国内外利率相同，只要预期一种货币价值变动的百分率小于托宾税的2倍，托宾税就能成功地抑制货币投机交易。因此，实施托宾税可使一国政府在中短期内依据自身经济状况和目标推行更灵活的利率政策而无须担忧它会受到短期资金流动的冲击。而且，由于托宾税是针对短期资金的往返流动设置的，不仅不会阻碍反而有利于生产率等基本面差异引致的贸易和长期投资，因为后者的收益较高，相关的货币流动期限较长，汇率的稳定对之更有利。由此可见，托宾税能抑制投机、稳定汇率，使外汇交易对经济基本面的差异和变化做出反应，引导资金流向生产性实体经济。

第二，可以为全球性收入再分配提供资金来源。考虑到目前全球外汇交易的天文数字，即使对外汇交易课征税率很低的税收，也能筹到巨额资金。如果能通过国际合作把这笔巨额资金用于全球性收入再分配，那么将对世界做出极大贡献。托宾税的筹资功能并非托宾本人提议该税的初衷，但得到了很多机构和学者的重视，这是因为世界银行、国际货币基金组织等国际机构近年来资金来源因各捐款大国经济的不景气增长缓慢，而资金运用则因支持前计划经济国家转型、为发展和环境等国际合作项目融资及为陷入货币危机的有关国家提供贷款等原因日益增加，资金缺口问题严重。

托宾税自 20 世纪 70 年代提出以来在学术界和政界引起热烈反响与争论，但事实上至今仍无国家在实践中实施该税。一般认为，托宾税这一方案有三个问题难以解决。

第一，如何评价投机在外汇市场中的作用。投机具有双重性，一方面，投机造成了市场价格的波动；另一方面，正是投机者主动承担风险才使市场正常运转，这突出体现在远期外汇市场上。而且，投机在某些情况下具有熨平汇率波动的功能。因此，实施托宾税有可能损害市场的流动性，使外汇市场更趋动荡。

第二，托宾税存在许多技术上的难题。例如，从税基的确定角度来看，根据公平原则，托宾税应尽可能覆盖一切参与外汇交易的个人、企业、金融中介机构、政府和国际组织。但这样的税基不能把不同性质的外汇交易区别开来，对投机者和非投机者都同等地课以此税显然有悖托宾税的宗旨。另外，从应税交易的识别角度来看，托宾税主要针对的是投机性现货交易，但目前外汇市场上最活跃的投机活动发生在衍生工具领域。对衍生工具交易征税将使税收的征收监管更加复杂，并且可能严重破坏衍生市场的发展，从而进一步危及外汇市场的稳定性。最后，在税率确定上，目前的建议都具有很大的随意性，如使用低税率，不一定能有效地阻止投机交易；如果采用足以阻止投机的高税率又将使外汇交易量大为缩减，损害金融市场的活力和效率。

第三，托宾税存在政策协调方面的阻碍。托宾税是一种国际政策协调方案，各国在协调中可能出现许多障碍难以克服。例如，能否将所有国家都纳入协调范围。如果有的小国不愿采用，那么在其他主要国家都征收托宾税时，它会迅速发展为避税型离岸金融中心，使托宾税无法收到预期效果。另外，托宾税的收入分配问题因为其明显的利益性而可能引起各国的激烈争吵。

总的来说，托宾税是一种非常有影响的，尤其是20世纪90年代在国际资本流动问题非常突出的条件下格外引起注意的协调方案。但它也存在一些问题，还处在争议中。

### （二）恢复固定汇率制度的麦金农方案

20世纪70年代初，在国际货币制度由固定汇率制度转向浮动汇率制度后，许多经济学家对现行的浮动汇率制度非常不满意，提出了各种在恢复固定汇率制度基础上进行国际协调的方案，其中最著名的是美国经济学家麦金农提出的设想。

麦金农方案最早提出于1974年，后在20世纪80年代中又经过多次修正。麦金农认为，恢复固定汇率制度的主要理由在于以浮动汇率制度为特征的国际货币制度缺乏效率。除了通常对浮动汇率制度的批评外，麦金农是从两个角度分析浮动汇率制度的不足的。首先，从国际角度来看，汇率的波动除了增加各国外部环境的不确定性外，并不能自动实现调节经常账户的目的。麦金农认为，经常账户反映的是各国投资与储蓄的差额，因此汇率的变动可以实现经常账户平衡是一个错误的教条，本币贬值带来的经常账户的改善将立即被国内吸收的相应增长所抵消。其次，从国内角度来看，汇率的频繁波动意味着各国货币价值的不稳定，由此引发的货币替代及各国资产之间的转换活动使一国的货币需求难以确定，各国原有的货币政策因此难以有效地实现控制通货膨胀等目的，一国通过本国的政策搭配实现内外均衡的努力更加困难了。根据以上分析，麦金农得出了浮动汇率制度不利于实现内外均衡的国内政策搭配与国际政策协调的结论，提出应在恢复固定汇率制度的基础上进行国际政策协调。

具体来看，麦金农方案对国际政策协调的设计包括如下内容。

第一，各国应依据购买力平价确定彼此之间的汇率水平，实行固定汇率制度。麦金农认为，购买力平价是良好的均衡汇率确定标准，可以在较长时期维持一国国际竞争力的稳定，为各国实现国际收支均衡创造条件。麦金农还具体规定了这一购买力平价的计算方法，即采用批发物价指数，并且只包括可贸易商品。在固定汇率制度的实施方法上，麦金农指出，可以先在美国、德国、日本这三个主要工业国家试行，并且可以通过逐步缩小汇率波动区间的方法最终过渡到固定汇率制度。

第二，各国应通过协调货币供给的方法维持固定汇率制度。从全球角度来看，全球货币供给数量的确定依据应该是在考虑经济增长的基础上，维持全球的物价水平稳定。这一全球货币供给量在各国间的分配原则为：在考虑各国经济具体情况的差异（例如，经济增长情况、不可贸易商品部门发展情况、货币流通速度等因素）后，能使各国可贸易商品的相对比价维持稳定，从而使依据购买力平价确定的名义汇率保持稳定。麦金农认为，引起汇率不稳定的主要原因是货币替代以及各国间金融资产的替代活动，因此在发生这类冲击时，各国应采取对称的、非冲销的外汇市场干预措施以稳定汇率，由此带来的各国货币供给调整实际上是全球货币供给根据各国货币需求的变动自发调节其在各国之间的分配。例如，当一国因国内的货币供给过多而出现较严重的通货膨胀时，该国货币购买力的下降将引起居民将该国货币转换成外国货币，外汇市场上出现该国货币贬值的压力，由此带来的外汇市场干预活动将使该国货币供给下降，该国通货膨胀得到遏制。这样，通过货币供给的国际协调，能带来全球的物价稳定与汇率稳定，实现各国的内外均衡。

麦金农方案在提出后，被作为最典型的、以恢复固定汇率制度为主要特征的协调方案而受到广泛重视。这一方案提出应从全球角度而不能局限于某一隅讨论物价稳定问题，这对于各国实现内外均衡目标的努力来说，是非常富有启迪意义的。但是，麦金农方案也因其具有较多的货币主义特征而受到很多批评，这些批评可归结为如下几个方面。

第一，这一方案在实现汇率稳定性的同时，牺牲了汇率的灵活性。许多研究者指出，麦金农对汇率与经常账户之间的关系认识是不全面的，在相当多的情况下，利用汇率的调整实现外部均衡是非常必要的，并且这种调整方式成本较低。实际上，国际政策协调的一个重要方面就是确定何种程度与形式的汇率灵活性，而麦金农方案在这一问题上的处理无疑太过极端，不利于各国内外均衡目标的实现。

第二，这一方案简单地以购买力平价作为均衡汇率的确定标准也是值得斟酌的。购买力平价作为一种汇率决定理论存在种种问题，例如，理论成立的严格假设、计量上的困难、各种因素引起的结构性偏离等，这些因素制约着购买力平价在经济宏观调控中的运用。

第三，这一方案以协调各国货币供给维持固定汇率制度的设想是难以在实际经济中实现的。麦金农设计的这种固定汇率制度的维持方法，源于他认为货币替代及各国金融资产之间的替代是引起汇率变动的重要原因。但在实际上，经济运行中面临的冲击既有这种货币性冲击，也有实物性冲击。在后一种情况下，仅仅通过货币供给的调整是不够的。尤其是在国际资本流动问题非常突出时，投机性冲击完全可能引发固定汇率制度危机，麦金农方案并没有对解决国际资本流动条件下的固定汇率制度的维持问题做出特定贡献。

作为恢复固定汇率制度的突出代表，麦金农方案的影响是非常大的。

### （三）汇率目标区方案

作为国际政策协调方案之一的汇率目标区方案是 1987 年由威廉姆森和米勒（M. H. Miller）将汇率目标区制从政策协调角度进行扩展形成的，它又被称为“扩展的汇率目标区方案”或“蓝图方案”。

汇率目标区方案在一系列方面与麦金农方案存在着明显区别。麦金农方案主张实行固定汇率制度，而汇率目标区方案则主张实行更有弹性的汇率制度，汇率变动范围达中心汇率上下 10%。除此之外，汇率目标区方案的要点还包括以下内容。

第一，中心汇率的确定不应依据购买力平价，而应依据威廉姆森提出的基本要素均衡汇率理论（Fundamental Equilibrium Exchange Rates，FEER）来确定。威廉姆森认为，购买力平价作为政府制定汇率政策的指导是非常不合理的，因为它最大的问题在于没有考虑到实际的宏观经济运行状况。从宏观调控的角度出发，威廉姆森认为，政府应追求的汇率水平是在中期内（一般指 5 年）实现经济内外均衡的汇率，此即所谓的 FEER。FEER 的理论渊源可以追溯到国际货币基金组织在 20 世纪 70 年代对汇率合理水平的分析，经威廉姆森发展后，在国际货币基金组织的汇率政策确定中发挥了主导性作用。FEER 如图 10-10 所示。

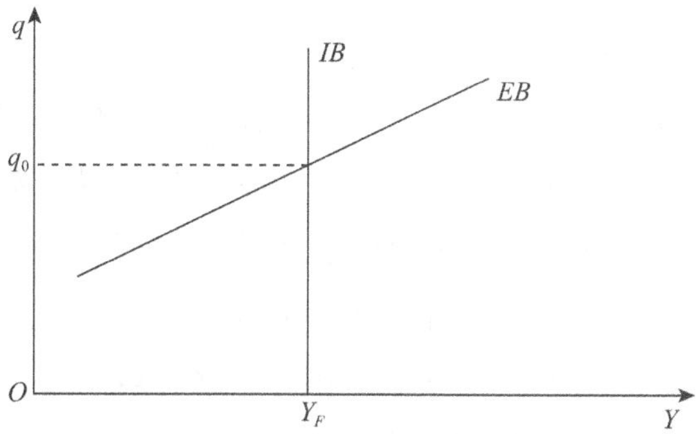


**图 10-10　FEER**

在图 10-10 中，横轴表示国民收入，纵轴表示实际汇率（直接标价法），$Y_F$ 代表经济处于自然失业率状态时确定的产出水平。曲线 *IB* 代表经济的内部均衡状态，是一条垂直于横轴的直线，因为只有在产出状况处于自然失业率确定的水平上时，经济中才既不会出现通货膨胀现象也不会出现失业问题，显然这与实际汇率无关。如果将外部均衡定义为某种经常账户余额，那么使经常账户收支保持在这一水平上的实际汇率与国民收入的组合构成的曲线 *EB* 就代表了经济的外部均衡。由于随着国民收入的增长，本币相应贬值才能使经常账户维持原状，这一曲线斜率为正。曲线 *IB* 与曲线 *EB* 相交于一点时，经济同时实现内外均衡，此时确定的汇率水平即为 FEER。由于 FEER 是一种实际汇率，因此汇率目标区制中要求名义汇率根据各国通胀率及时进行调整，以保持实际汇率不变。

第二，在对汇率目标区的维持上，汇率目标区方案提出了各自都以货币政策实现外部均衡，以财政政策实现内部均衡这一搭配思路进行宏观调控上的政策协调。更具体来说，这一政策协调方案如下。

（1）各国以利率政策维持相互之间的汇率。对于 $n$ 个国家来说，存在着（$n$-1）种汇率，也就要求相应的（$n$-1）种利率差价以使外汇市场维持平衡。

（2）在 $n$ 个国家相互之间的利率差价确定后，只要一国确定一具体的利率水平，全球各国的利率水平就随之确定了。该国利率水平确定的原则是：应使在此基础上推算出的全球平均利率水平刚好在足以控制全球通货膨胀的前提下达到最大的全球产出水平。

（3）该国应独立运用财政政策控制国内的产出，以使各国经济的运行保持在均衡状态。由于汇率可以在一定区域内波动，因此各国的货币政策获得了一定的自主性，可以在汇率变动处于目标区时根据国内需要进行调整，而当汇率变动超过目标区范围时再利用利率政策实现外部目标。

汇率目标区方案引起的学术界与政界的重视和争议是其他政策协调方案难以比拟的，因为这一方案几乎涉及了国际金融领域内的所有重大问题，对政策协调的具体实施方法又规定得极为详尽。一般认为，汇率目标区方案的基本精神在20世纪80年代中期的《卢浮宫协议》中得到某种程度的体现，随后的一段时期，美元与日元的汇率之间也的确存在着某一形式的目标区。但是总的来说，汇率目标区自身存在的一些问题使它很难真正得到实施。这些问题如下。

第一，汇率目标在这一制度的优劣判断是非常复杂的。目标区既具有稳定汇率波动的“蜜月效应”，也具有加剧汇率波动的“离婚效应”。在国际资本流动引起的投机冲击日益增多的条件下，它可能会带来汇率变动更大的不稳定性。

第二，汇率目标区方案借以确定中心汇率的所谓FEER本身也存在很多问题。例如，它是一个价值判断色彩非常浓厚的概念。对于什么是内部均衡，什么是外部均衡都依据分析者个人观点而定，因此不同的人计算出的FEER数值差异很大。又如，这一汇率的计量分析非常复杂，这使它不像购买力平价那样易于理解和确定，应用价值因此下降。

第三，汇率目标区方案描述的政策协调规则也是存在问题的。例如，有的分析者认为，用财政政策维持经常账户目标更具有比较优势。以对经常账户进行改善为例，货币扩张在通过本币贬值改善经常账户收支的同时，本国收入的相应增长又导致进口上升从而在一定程度上降低了贬值效果；而通过财政紧缩改善经常账户收支，不仅可以通过降低利率带来本币贬值、出口上升，而且这一紧缩会引起本国收入下降，进口相应也下降。又如，有的学者认为，财政政策的灵活性有限，难以根据各种情况灵活地调整政府收支，所以它不可能有效率而及时地维持内部均衡。

尽管存在这些问题，汇率目标区方案还是非常重要的，而且处于不断发展中。例如，它倡导的基本均衡汇率正在发展成一种独立的汇率决定理论，其他的研究者也从此角度提出很多与之相近的均衡汇率概念，这实际上标志着汇率理论得到了一定发展。在西方，FEER 与购买力平价是政府和学术界研究汇率水平是否合理的最主要的两种依据。又如，汇率目标区这种汇率制度在近年来引起了许多关注，对其研究反映在汇率理论中汇率变动的制度特征问题产生上。作为一种国际政策协调方案，汇率目标区方案在理论上的贡献远远超过实践上的贡献。

## 本章思考题

1. 两国蒙代尔－弗莱明模型与以小国为分析对象的蒙代尔－弗莱明模型有哪些区别？

2. 冲击在国际上是如何进行传导的？

3. 请运用两国蒙代尔－弗莱明模型分析不同汇率制度下财政政策、货币政策的溢出效应。

4. 简述托宾税方案的主要内容。

5. 试对汇率目标区方案与麦金农方案进行比较。

# 参考文献


［1］陈彪如．国际金融概论［M］．上海：华东师范大学出版社，1999.

［2］陈岱孙，厉以宁．国际金融学说史［M］．北京：中国金融出版社，1991.

［3］陈信华．外汇经济学［M］．上海：立信会计出版社，1994.

［4］法博奇 J，莫迪利亚尼．资本市场：机构与工具［M］．唐旭，等译．北京：经济科学出版社，1998.

［5］国际货币基金组织．国际收支和国际投资头寸手册：第 6 版［M］．北京：中国金融出版社，2008.

［6］国际货币基金组织．国际收支手册：第 5 版［M］．罗平，译．北京：中国金融出版社，1994.

［7］国际货币基金组织年报［M］．北京：中国金融出版社，2000.

［8］国际货币基金组织．世界经济展望［M］．北京：中国金融出版社，1999.

［9］国际货币基金组织．国际收支手册：第 4 版［M］．北京：中国金融出版社，1988.

［10］姜波克．国际金融新编：第 6 版［M］．上海：复旦大学出版社，2018.

［11］姜波克．国际金融学［M］．北京：高等教育出版社，1999.

［12］李健．金融创新与发展［M］．北京：中国经济出版社，1999.

［13］李扬征．国际金融学［M］．北京：科学出版社，2004.

［14］马君潞，陈平，范小云．国际金融［M］．北京：高等教育出版社，2011.

［15］梅尔文．国际货币与金融：第 6 版［M］．欧阳向军，等译．上海：上海人民出版社，2002.

[16] NIEHANS J. 国际货币经济学：第 1 版 [M]. 王庆辉，译. 台北：巨流图书公司，1987.

[17] 钱荣堃. 国际金融 [M]. 天津：南开大学出版社，2002.

[18] 世界银行. 世界发展报告 [M]. 北京：中国财政经济出版社，2000.

[19] 吴志明，杨胜刚. 国际金融：第 5 版 [M]. 北京：高等教育出版社，2021.

[20] 易纲，海闻. 国际金融 [M]. 上海：上海人民出版社，1999.

[21] 张亦春，郑振龙，林海. 金融市场学：第 6 版 [M]. 北京：高等教育出版社，2020.